사회복지사 1급

20일 만에 끝내는 핵심요약집

시대에듀

사회복지사란 현대사회에서 발생하고 있는 다양한 사회적, 개인적 문제를 겪는 청소년, 노인, 여성, 가족, 장애인 등의 사람들에게 사회복지 관련 전문지식을 이용하여 문제를 진단 · 평가함으로써 문제 해결을 돕고 지원하는 업무를 담당하는 자를 말합니다.

사회복지사 자격제도는 사회복지시설 종사자 무자격 시대인 1970년대 이전으로부터 사회복지사업종사자 자격증 시대, 사회복지사 자격증 시대로의 단계적 발전을 거듭해 왔으며, 2003년부터는 사회복지사의 전문성 향상을 위해 사회복지사 1급 국가시험이 시행되었습니다. 사회복지사 1급 국가시험의 경우 2003년 제1회 시행 이후 2008년까지 응시인원은 평균 1만 5천 명의 수준이었으며, 2009년 이후에는 평균 2만 5천 명 이상을 유지하고 있습니다.

실제 현장에 종사하는 사회복지사는 2급을 포함하여 자격증을 발급받은 자 중 약 13%만이 종사하고 있어, 전문 인력들이 사회복지 노동시장에 적정하게 진입하지 못하고 있다는 평가를 받고 있습니다. 그러나 앞으로 국가적 차원의 복지제도의 확충 등으로 인해 사회복지사 자격 수요인원 또한 꾸준히 증가할 것으로 예상됩니다.

시대에듀의 사회복지사 수험연구소에서는 사회복지사 1급 수험생들을 대상으로 하여 본 도서를 출간하였습니다. 영역별 꼭 알아야 하는 이론, 시험에 자주 출제되는 핵심이론을 출제경향 및 최신 개정 법령을 반영하여 수록하였습니다. 또한 각 이론에 해당하는 문제들을 담아 출제경향을 파악할 수 있도록 하였으며, 이론 학습 후 문제에 바로 적용해 볼 수 있도록 하였습니다.

본 도서를 통하여 시험 대비 마무리 단계에 접어드신 분께서는 취약 부분을 보충하고 강점은 더욱 완벽히 할 수 있는 기회를 가지시기 바라며, 시험 준비의 시작점에 계신 분에게는 빠른 시간 내에 이론을 정리할 수 있는 디딤돌이 되기를 바랍니다.

시대에듀는 원하는 분야에서 자신의 역량을 발휘할 수 있는 전문인을 희망하며 사회복지사에 도전하는 모든 수험생들의 합격을 진심으로 기원합니다.

사회복지사 수험연구소 씀

시험안내 INFORMATION

시험정보

관련부처	+	시행기관	+	자격관리
보건복지부		한국산업인력공단		한국산업인력공단

시험과목 및 시험방법

구 분	시험과목	문제형식	시험영역	시험시간(일반)
1교시	사회복지기초(50문항)	객관식 5지선다형	• 인간행동과 사회환경 • 사회복지조사론	50분
2교시	사회복지실천(75문항)		• 사회복지실천론 • 사회복지실천기술론 • 지역사회복지론	75분
3교시	사회복지정책과 제도(75문항)		• 사회복지정책론 • 사회복지행정론 • 사회복지법제론	75분

합격자 결정기준

❶ 매 과목 4할 이상, 전 과목 총점의 6할 이상을 득점한 자를 합격예정자로 결정함

❷ 합격예정자에 대해서는 한국사회복지사협회에서 응시자격 서류심사를 실시하며 심사결과 부적격 사유에 해당되거나, 응시자격 서류를 정해진 기한 내에 제출하지 않은 경우에는 합격예정을 취소함

　※ 필기시험에 합격하고 응시자격 서류심사에 통과한 자를 최종합격자로 결정

❸ 최종합격자 발표 후라도 제출된 서류 등의 기재사항이 사실과 다르거나 응시자격 부적격 사유가 발견될 때에는 합격을 취소함

시험일정

원서접수
2025년 12월 중
→
시험시행
2026년 1월 중
→
합격예정자 발표
2026년 2월 중
→
응시자격 서류제출
2026년 2~3월 중
→
최종합격자 발표
2026년 3월 중

※ 정확한 시험일정은 시행처인 한국산업인력공단(Q-net)의 확정공고를 필히 확인하시기 바랍니다.

사회복지사 1급, 역대 시험은 어떻게 출제되었나?

2025년 제23회

접수자	응시자	응시율	최종합격자	합격률
32,445명	25,305명	77.9%	9,830명	38.8%

사회복지사 1급 자격시험의 2022년 제20회 합격률이 '36.1%', 2023년 제21회 합격률이 '40.1%'를 기록하는 등 비교적 높은 합격률을 보이다가, 지난 2024년 제22회 합격률이 '29.6%'로 낮아진 바 있습니다. 그리고 이번 2025년 제23회 합격률이 '38.8%'를 보이면서 이전의 높은 합격률을 회복하였습니다. 다만, 지난 제22회 시험의 낮은 합격률이 전반적인 난이도상의 문제라기보다는 일부 최신 정책이나 최근 개정 법령 반영 때문으로 볼 때 시행처에서 대략 30% 중후반대 합격률을 목표로 문제를 출제하는 것으로 보입니다.

요컨대, 최근 몇 년간 사회복지사 시험은 전반적으로 제한된 영역 안에서 비교적 무난한 난이도의 문항들이 출제되고 있습니다. 실제로 신출문제나 고난도 문제들이 이전에 비해 다소 줄어들었으므로, 수험생으로서 기본적인 마음가짐으로 학습에 열중한다면 충분히 결실을 거둘 수 있을 것으로 보입니다.

2024년 제22회

접수자	응시자	응시율	최종합격자	합격률
31,608명	25,458명	80.5%	7,554명	29.6%

2023년 제21회 합격률이 '40.1%'를 기록하는 등 비교적 높은 합격률을 보인 반면, 2024년 제22회 합격률은 '29.6%'로 상대적으로 낮은 합격률을 보이고 있습니다. 사실 지난 시험에서 주된 감점 요인은 제20회 시험의 경우 신출문제의 상대적으로 높은 비중에서, 제21회 시험의 경우 확대된 출제범위에서 찾을 수 있습니다. 그러나 제22회 시험은 신출문제의 비중도 그리 높지 않은 데다가 출제범위 또한 비교적 예상된 범위 내에 있었습니다. 다만, 2024년도 기준 정책이나 최근 개정된 법령 관련 구체적인 수치를 묻는 문항과 같이 최신의 정보들을 직접 찾아 학습해야만 맞힐 수 있는 어려운 문항들도 일부 있었으므로 비교적 낮은 합격률의 수치를 어느 정도 이해할 수 있겠습니다.

2023년 제21회

접수자	응시자	응시율	최종합격자	합격률
30,528명	24,119명	79%	9,673명	40.1%

2022년 제20회 합격률이 '36.1%'를 기록한 반면 2023년 제21회 합격률은 그보다 높은 '40.1%'를 기록하였습니다. 사실 지난 제20회 시험의 주된 감점 요인이 신출문제에 있었다면, 제21회 시험에서는 앞선 시험들과 비교해 볼 때 체감상 보다 확대된 출제범위에 있는 것으로 보입니다. 특히 눈여겨보아야 할 것은 최근 자격시험의 문항들이 그와 유사한 다른 자격시험의 문항들(예 청소년상담사 등)을 그대로 가져오거나 이를 약간 변형하여 제시하는 경우들을 종종 볼 수 있다는 점입니다.

2022년 제20회

접수자	응시자	응시율	최종합격자	합격률
31,016명	24,248명	78.2%	8,753명	36.1%

2021년 제19회 합격률이 '60.4%'를 기록한 반면 2022년 제20회 합격률이 '36.1%'를 기록했다는 것은, 제20회 시험이 제19회 시험에 비해 상대적으로 어려웠음을 보여줍니다. 사실 제19회 시험의 경우 일부 문항들에서 수험생들의 혼란을 유발하는 의도적인 함정문제들이 감점의 주요 원인이었다면, 제20회 시험에서는 신출문제와 함께 보다 세부적인 내용을 묻는 문제가 감점의 주요 원인이었다고 볼 수 있습니다.

2021년 제19회

접수자	응시자	응시율	최종합격자	합격률
35,598명	28,391명	79.8%	17,158명	60.4%

전반적인 난이도 측면에서 이전 시험에 비해 쉬웠던 것으로 보입니다. 사례형 문항의 보기 내용도 비교적 짧았고, 선택지의 내용도 심화된 양상을 보이지는 않았습니다. 다만, 일부 문항들의 선택지들이 수험생들의 혼란을 유발하고 있으며, 간간이 출제자가 의도적으로 만들어놓은 함정도 눈에 띕니다. 사실 이와 같은 문제들은 평소 충분한 학습으로 해결할 수 있는데, 막상 시험장에서는 알고 있는 문제도 틀릴 수 있는 만큼 섣불리 답안을 선택하기보다는 선택지를 끝까지 살펴본 후 최종적으로 가장 적합한 답안을 선택하여야 합니다.

생생 합격수기

INTERVIEW

불필요한 부분은 과감히 생략하고 중요 부분은 세밀하게!

사회복지사 1급 합격자 김경태

오랜 대학 강단에서의 생활을 뒤로한 채 사회복지로의 새로운 길을 나섰을 때, 저는 따뜻한 봉사에의 열정과 냉정한 현실에의 인식 속에서 방황하였습니다. 이는 과거 시민사회단체에 몸담고 있을 당시 느꼈던 젊은 날의 패기와는 사뭇 다른 것이었습니다. 사회봉사의 막연한 즐거움을 위해 제가 가진 많은 것들을 내려놓아야 한다는 것이 그리 쉽지는 않았습니다. 그로 인해 사회복지사라는 새로운 인생의 명함을 가져야겠다는 굳은 결심을 가지지는 않았습니다. 그러나 사회복지학을 공부하면서 '나'에 대한 관심이 '우리'와 '사회'로 확장하고 있음을 느꼈을 때, 이제는 막연한 행동이 아닌 보다 전문적이고 체계적인 수행의 과정이 필요함을 깨달았습니다. 그것이 바로 제가 사회복지사 1급 자격시험에 도전한 이유였습니다.

언제나 시작에는 시행착오가 따라오기 마련입니다. 더욱이 저는 뒤늦게 시험 준비를 하게 되어 과연 어디서부터 시작해야 하는지 알 수 없었습니다. 이미 2학기 시작과 함께 시험 준비에 몰두하던 동기들을 생각할 때마다 뒤쳐진 제 자신의 모습이 안타까웠습니다. 그래도 일단 결심을 굳힌 만큼 작은 목표를 향해 돌진하기로 마음먹었습니다. 8영역이나 되는 방대한 분량이 부담스럽게 다가왔지만, 대학교재와 전문 학습서를 함께 이용하여 나만의 체계적인 공부법을 개발하였습니다.

한 과목에 이틀의 시간을 부여하여, 하루는 학습서에 중요한 내용들을 정리하고, 다음 하루는 정리한 내용들을 숙지하는 방식이었습니다. 공부할 내용이 많으므로 최대한 불필요한 부분을 제외하는 과정이 필요했습니다. 중요한 부분에는 나만의 표시를 해두고, 대학교재에서 관련된 내용을 점검하는 것도 잊지 않았습니다. 따로 정리노트를 만들지는 않았지만, 학습서에 정리한 내용들로 그것을 대체하였습니다. 정리한 내용들을 숙지한 이후 예상문제들을 살펴보는 것도 잊지 않았습니다. 아무래도 학습서의 내용은 요약된 것이기에, 다른 중요한 사항들을 놓칠 수도 있기 때문입니다. 아마도 시험에 응시한 다른 분들도 대부분 비슷

한 방법을 이용하지 않았을까 생각해 봅니다. 하지만 이미 시험을 치른 경험자로서 사회복지사 1급 시험에 합격하기 위한 기본적인 자세에 대해 이야기하고 싶습니다.

첫째, 암기는 삼가라.

방대한 공부 분량을 암기로 소화한다는 것은 무리입니다. 그것은 오히려 공부에의 열의를 떨어뜨릴 수 있는 극약이 될 수 있습니다. 더욱이 최근 시험에서는(특히 사회복지법제론의 경우) 중요 부분에 대한 집중적인 질문보다는 다양한 범위에서의 매우 포괄적인 질문이 많이 제시되었습니다.

둘째, 문제를 많이 풀어보라.

사실 저는 기출문제들을 많이 접하지는 못했습니다. 다만 학습서에 있는 문제들을 풀어보며, 내용 정리에서 놓친 부분들을 많이 보완할 수 있었습니다. 그리고 무엇보다도 문제를 많이 풀어봄으로써 시험에 대한 감각을 조율할 수 있었습니다.

셋째, 시간 사용에 유의하라.

이 말은 단지 학습 진도를 효율적으로 관리하라는 의미만은 아닙니다. 고사장에서 매 교시 주어지는 시간이 문제를 세심히 살피는 데 넉넉한 것은 아니므로, 문제 풀이에 몰두하는 가운데 종종 시간을 확인하는 과정이 필요하다는 것입니다. 이는 시험을 보기 전날 실전상황을 가정하여 기출문제를 풀어보는 것으로 해결되리라 생각합니다.

선택의 결과에 대한 책임이 언제나 본인에게 있듯, 합격의 여부 또한 평소 자신이 얼마나 열심히 공부에 임했는가에 달려 있는 듯합니다. 저와 마찬가지로 새로운 도전에 임하여 미래를 꿈꾸는 모든 분들께 좋은 결과가 있기를 진심으로 기원합니다.

새롭게 공부를 시작한다면… 그래, 이왕 하는 거 끝을 보자!

사회복지사 1급 합격자 **최 소 은**

3년 전 저는 가정주부로서 반복되는 일상에 이미 지친 상태였습니다. 그리고 아이를 낳은 이후에는 점점 '나'의 존재가 작아지는 듯한 느낌에 약간의 우울증을 앓기까지 하였습니다. 오후 시간 아이를 낮잠 재우고 잠시 집안일에서 벗어날 때면, 알 수 없는 우울한 감정이 가슴 깊숙한 곳에서 올라오는 것이었습니다. 더 이상 남편도 아이도 나의 생활에 활기를 북돋워 주기에는 역부족이라는 사실을 깨닫게 되었습니다.

그러던 어느 날 학창 시절 절친했던 한 친구의 전화를 받았습니다. 그 친구와 마지막으로 연락을 한 것도 이미 수년이 지났습니다. 전화상 친구의 목소리는 매우 밝았습니다. 오랜 기다림 끝에 만난 연인처럼, 우린 그동안에 일어났던 사소한 일들에 대해 수다를 나누었습니다. 그러던 중 그 친구도 저와 비슷하게 우울증을 앓았음을 알게 되었습니다. 그리고 결혼하기 직전 많은 조언을 건네주었듯이, 이번에도 그 친구는 제게 인생의 선배로서 자신의 경험담을 늘어놓았습니다. 자신의 삶을 찾기 위해 사회복지사를 공부하게 된 것, 그리고 지역아동센터에서 일을 하게 된 것 등… 저는 친구의 이야기를 들으면서 그것이 곧 나의 미래임을 직감하게 되었습니다. 제가 사회복지사 공부를 하기로 결심한 계기는 그와 같습니다.

오랫동안 책을 멀리했기에 새롭게 공부를 시작한다는 것이 쉽지는 않았습니다. 더욱이 아이를 키우는 입장이라 일반대학은 생각도 할 수 없었습니다. 하지만 이미 결심을 굳힌 터라 사이버온라인 강의를 신청하였고, 주경야독의 힘든 역경을 이겨내자고 스스로를 다독였습니다. 시험에 대한 엄청난 스트레스를 극복하고 한 학기를 무사히 마쳤습니다. 친정어머니의 도움으로 실습도 끝냈습니다. 하지만 문득 친구의 말이 떠올랐습니다. "시간만 있으면 1급 시험을 볼 텐데…"라는 아쉬움의 한숨과 함께… 저는 순간 지금의 도전을 끝까지 밀고 나가고 싶은 열의에 사로잡혔습니다.

시험에 대비하기 위해서는 대학교재보다 수험서를 이용하는 것이 낫다는 주위의 충고를 듣고, 시대에듀의 수험서를 구매하였습니다. 확실히 시험에 나오는 것들을 중심으로 정리가 체계적으로 되어 있었고 중요한 부분에 대한 보충 설명이 비교적 상세히 나와 있어, 공부를 하는 데 훨씬 수월하였습니다. 중요한 단어나 문장에 대해 등급을 나누어 형광펜으로 체크를 해두었고, 시험 전날을 대비하기 위해 암기용 노트를 작성하기도 하였습니다. 또한 어떤 문제들이 출제되고 있는지 기출문제를 점검하고, 공부한 내용들을 재확인하기 위해 수시로 예상문제들을 살펴보았습니다.

실제 시험문제들을 접해 보니, 생각보다 쉬운 게 아님을 알게 되었습니다. 온라인 강의로 들었던 내용들에서 벗어나 시사 상식이라든지 사회적인 이슈 등이 매우 포괄적으로 다루어지고 있음을 확인하게 되었습니다. 그래서 수험서 한 쪽 귀퉁이에 신문에 게재된 사회복지관련 기사들을 붙여놓고는 이론적인 내용과 접목시켜 보는 것도 잊지 않았습니다.

시험 날 아이를 남편에게 맡기고는 비장한 각오로 시험장을 향했습니다. 아마도 1년에 단 한 번인 기회라, 더욱이 친정과 남편에게 양해를 구하며 어렵게 해왔던 공부라, 이번이 아니면 끝이라는 생각이 마음을 더욱 무겁게 만들었나 봅니다. 무사히 모든 시험을 마치고 집으로 향하던 길… 저는 다시금 친구의 말을 되새겨 보며 가슴속으로 이렇게 외쳤습니다.

"이제 시작이다!"

지역아동센터에서 사회복지사로 일을 시작하게 되었을 때, 저는 남편과 아이에 대한 미안함보다는 그동안 잃어버린 그 무엇을 되찾은 듯한 마음에 들떠 있기까지 하였습니다. 아마도 센터를 찾는 아이들의 밝은 미소가 제 마음에 있던 어두운 그림자를 사라지게 만든 것 같습니다. 시작이 반이라는 말이 있는 것처럼, 제 인생의 절반도 이제부터 시작하게 된 것입니다.

이것이 궁금해요

Q 사회복지사는 무슨 일을 하나요?

A 사회복지사는 개인적, 가정적, 사회적으로 어려움을 겪고 있는 사람들이 스스로 문제를 해결하여 자신이 원하는 삶을 찾고, 안정된 생활을 할 수 있도록 돕는 전문인력입니다. 사회복지사는 과거 아동보육시설과 공공부문에서만 활동하던 것에서 최근에는 기업, 학교, 군대, 병원 등으로 활동영역이 확대되었으며, 다양한 분야에서 사회복지에 대한 수요가 증가하고 있는 만큼 향후 사회 전반에서 사회복지사의 업무가 요구될 것으로 보입니다.

Q 사회복지사 자격증을 취득하기 위해 어떤 조건이 필요한가요?

A 대학에서 사회복지학을 전공하거나, 학점은행제, 평생교육원 등에서 필요한 수업을 이수하여 자격을 취득할 수 있습니다. 일정 학점의 수업이수와 현장실습 요건이 충족되면 사회복지사 2급 자격의 취득이 가능하며, 2020년 입학생부터는 17과목의 수업이수와 160시간의 현장실습 요건을 충족해야 합니다. 1급은 사회복지학 학사학위 취득자, 대학원에서 사회복지학 또는 사회사업학을 전공한 석사 또는 박사학위 취득자가 별도의 시험을 통해 자격을 취득하게 됩니다.

사회복지사 2급 자격증을 취득하는 인력이 많아지면서 기관에 따라서 1급 자격증 소지자에 대한 요구로 차별화가 있을 수 있으며, 장기적으로 사회복지현장에서 일하며 관리자급으로 승진 및 경력을 쌓고자 한다면 사회복지사 1급 자격증을 취득하는 것이 경쟁력이 있다고 할 수 있습니다.

Q 사회복지관련 교과목과 명칭은 다르나 같은 내용을 배운 경우, 관련 교과목으로 인정될 수 있나요?

A 사회복지학 전공교과목과 관련 교과목 중 명칭이 상이한 경우, 교과의 내용이 동일한 교과목은 '동일교과목 심의'를 통해 동일교과목 여부를 판단할 수 있습니다. 단, 동일교과목 심의대상은 사회복지학과 또는 관련학과에서 개설한 교과목의 경우에 한하며 심의결과에 따라 인정 여부가 판단되므로, 동일교과목으로 인정되지 않을 수 있음을 참고하시기 바랍니다.

※ 심의범위 : 사회복지학과 또는 관련학과에서 개설한 교과목
※ 동일과목 심의 '관련학과'란 보건복지부령이 정하는 사회복지학 전공교과목 중 필수 10개 과목(대학 · 전문대학 기준) 또는 필수 6과목(대학원 기준)이 전공과목(학점)으로 개설되어 있는 학과를 말함(심의 요청한 과목을 제외하고도 해당 기준을 충족해야 함)

🅠 사회복지사는 어떤 적성을 가진 사람에게 적합할까요?

🅐 투철한 소명의식과 봉사정신을 갖춘 사람에게 적합하며, 관련 분야에 대한 충분한 전문지식과 직업인으로서의 사명감이 있어야 사회복지사로 활동할 수 있습니다. 복지서비스 수요자를 직접 대면하는 일이 많은 만큼 사람에 대한 공감능력과 이해심, 사회성이 요구됩니다. 직무수행 과정에서 다양한 일이 발생하므로 직관적인 대처능력도 필요합니다. 복지서비스 대상자와의 관계를 수평적으로 설정하고 파트너십을 형성하며, 사람의 삶이 변화되는 과정에 대한 책임감과 대상자에 대한 진실성 있는 자세도 중요합니다.

또한, 국민의 세금으로 복지제도가 운영되는 만큼 최소 비용으로 최대 효과를 낼 수 있는 복지서비스를 기획할 수 있어야 하며, 복지 대상자를 결정할 합리적 기준도 마련해야 합니다. 따라서 냉철한 판단력이 요구됩니다.

사회복지 프로그램 및 서비스를 지속적으로 개발해야 하므로 다양한 분야에 대한 호기심과 높은 창의력도 필요합니다.

🅠 사회복지사 1급 시험의 응시현황과 합격률이 궁금합니다. 알려주세요.

🅐 사회복지사 1급 연도별 현황(최근 5년)

구 분	응시인원(명)	합격인원(명)	합격률(%)	시험과목	문항 수
제23회(2025년)	25,305	9,830	38.8	필수 8과목	200
제22회(2024년)	25,458	7,554	29.6		
제21회(2023년)	24,119	9,673	40.1		
제20회(2022년)	24,248	8,753	36.1		
제19회(2021년)	28,391	17,158	60.4		

🅠 정신보건사회복지사 자격증을 취득하고 싶어요!

🅐 정신보건사회복지사는 사회복지사 1급 자격 소지자가 보건복지부장관이 지정한 전문요원수련기관에서 1년 이상의 수련을 마치고 자격시험에 통과하면 정신보건사회복지사 2급을 취득할 수 있습니다. 사회복지학 또는 사회사업학을 전공한 석사학위 이상 소지자는 전문요원수련기관에서 3년 이상의 수련을 마치면 정신보건사회복지사 1급을 취득할 수 있습니다.

이 책의 구성과 특징 FEATURE

※〈20일 만에 끝내는 사회복지사 1급 핵심요약집〉은 자격시험 대비를 위해 효과적으로 구성되었습니다. 다음의 특징을 충분히 활용한다면 방대한 양의 사회복지사 1급 자격시험도 차근차근 완벽하게 학습할 수 있습니다.

영역별 핵심이론

꼭 알아야 하는 핵심이론을 출제 테마별로 구성하였습니다. 시험에 자주 출제되는 내용만을 압축 정리하여 효과적으로 이론학습을 정리 또는 마무리할 수 있습니다. 전체적인 학습에는 정독을, 빠른 복습을 원할 때는 색으로 표시된 부분을 중점으로, 각 상황에 맞춰 학습할 수 있습니다. 또한 더 알아야 하는 내용의 경우 '더 알아보기'에 담아 더욱 알찬 학습을 할 수 있도록 하였습니다.

실제기출

실제 시험에서는 어떤 형식으로 출제되었는지 핵심이론을 공부하기 전 또는 학습 후 바로바로 풀이해 보세요. 최신 기출문제를 우선적으로 수록하여 최근의 출제경향까지 꼼꼼히 파악할 수 있습니다.

적중예상

기출문제로는 부족하다! 좀 더 세부적인 내용을 묻는 예상문제를 통해 더욱 다양한 유형을 파악하고 내 실력을 점검해 보세요.

개념쏙쏙

빈칸 채우기, OX 문제, 점잇기 문제 등을 통해 개념을 확실히 체크해 보세요! 헷갈리는 용어, 이론들까지 깔끔하게 마무리할 수 있습니다.

출제키워드 마스터북

최신 출제경향을 파악하자! 제23회 시험의 출제키워드를 정리한 핸드북으로 출제흐름을 파악하고, 매일매일 10분 동안 암기해 보세요.

적중예상

지역사회복지와 관련된 개념에 관한 설명으로 옳은 것은?

① 지역사회 자체는 지역사회복지의 실천이 될 수 없다.
② 지역사회복지실천은 공식적인 전문가에 의해서만 이루어진다.
③ 지역사회조직사업은 공공 및 민간 사회복지기관의 전문사회복지사에 의해 계획적 · 조직적으로 이루어진다.
④ 지역사회개발은 지역사회의 변화보다는 지역적 가치의 계승을 강조한다.
⑤ 지역사회보호는 시설보호의 강점을 유지하기 위해 등장한 개념이다.

정답 ③

해설

개념쏙쏙

1. 로스(Ross)는 지역사회의 현재조건에 대한 지역주민들의 불만에 의해 (   )이/가 형성된다고 보았다.
2. 지역사회조직의 과정을 순서대로 나열하시오.

사실 파악 → 계획 수립 → (㉠) → (㉡) → 활동 평가

정답
1. 추진회
2. ㉠ 계획실시 촉진
   ㉡ 자원의 활용 · 동원

2025년 제23회 출제키워드

제1과목 사회복지기초

제1영역 인간행동과 사회환경

● 발달의 유사개념
· 성장 : 신체 크기의 증대, 근력의 증가, 인지의 확장 등과 같은 양적 확대
· 성숙 : 부모로부터 받은 유전인자가 지니고 있는 정보에 따라 일어나는 생물학적 변화
· 학습 : 환경에 의해 개인이 내적으로 변하는 것

● 인간발달의 원리
· 일정한 순서 및 방향성 : 상부(상체)에서 하부(하체)로, 중심부위에서 말초부위로, 전체활동에서 특수활동의 방향으로 발달 진행
· 연속성 : 발달은 전 생애 동안 계속됨
· 유전 & 환경과의 상호작용 : 발달은 유전적 요인뿐만 아니라 환경과의 상호작용으로 진행
· 개인차의 존재 : 발달은 지속성, 누적성으로 인해 미리 예측이 가능하지만, 개인차가 존재
· 분화와 통합의 과정 : 발달은 분화와 통합의 과정으로 진행
· 점성원리(점성원칙) : 점성의 원리 적용
· 결정적 시기의 존재 : 발달이 가장 용이하게 이루어지는 적절한 시기인 결정적 시기 존재

● 인간발달이론이 사회복지실천에 미친 영향
· 사회적 영향력을 평가할 수 있는 준거틀 제공
· 인간과 환경 간의 상호작용을 파악할 수 있도록 함
· 발달에 영향을 주는 신체적, 심리적, 사회적 요인을 이해할 수 있도록 함
· 적응 및 부적응 판단 기준 제공
· 성장 과정에서의 문제 원인을 이해하는 데 도움을 줌
· 생활상의 전환 과정에 따른 안정성 및 변화 양상을 파악
· 다양한 연령층의 클라이언트를 이해할 수 있는 기반 제공

● 프로이트의 정신분석이론 중 방어기제
· 억압 : 죄의식이나 괴로운 경험, 수치스러운 생각을 의식에서 무의식으로 밀어내는 것, 선택적인 망각
· 부인 또는 부정 : 의식화되는 경우 감당하기 어려운 고통이나 욕구를 무의식적으로 부정하는 것
· 합리화 : 현실에 더 이상 실망을 느끼지 않기 위해 또는 정당하지 못한 자신의 행동에 그럴듯한 이유를 붙이기 위해 자신의 말이나 행동을 정당화하는 것
· 반동형성 : 자신이 가지고 있는 무의식적 소망이나 충동을 본래의 의도와 달리 반대되는 방향으로 바꾸는 것

이 책의 목차

CONTENTS

부 록 출제키워드 마스터북

제1과목 사회복지기초

제1영역 인간행동과 사회환경 ································· **4**
출제 테마 17

제2영역 사회복지조사론 ································· **38**
출제 테마 19

제2과목 사회복지실천

제1영역 사회복지실천론 ································· **78**
출제 테마 19

제2영역 사회복지실천기술론 ································· **116**
출제 테마 17

제3영역 지역사회복지론 ································· **150**
출제 테마 17

제3과목 사회복지정책과 제도

제1영역 사회복지정책론 ································· **186**
출제 테마 17

제2영역 사회복지행정론 ································· **220**
출제 테마 16

제3영역 사회복지법제론 ································· **252**
출제 테마 19

20일 만에 끝내는 핵심요약집

사회복지사
1급

알고 가자! 시험은 이렇게 출제되었다!

2025년 제23회 시험분석

제1영역 　'인간행동과 사회환경'은 이전 시험과 마찬가지로 비교적 평이한 문항들이 주를 이루었습니다. 이번에도 인간발달에 관한 각 이론들의 차별화된 특징과 함께 주요 개념들에 대해 묻는 문항들이 다수 출제되었는데, 난이도상 어렵지 않은 내용이므로 기본학습을 충실히 하였다면 쉽게 맞힐 수 있었을 것으로 보입니다. 또한 유아기, 아동기, 청소년기, 청년기, 중년기, 노년기의 발달 특성을 각 1문항씩 출제하는 등 전반적으로 고른 영역에서 출제하고자 노력한 흔적이 엿보입니다. 다만, 브론펜브레너 (Bronfenbrenner)의 생태학적 체계모델을 연속해서 3문항 출제한 것이 옥에 티로 보입니다.

제2영역 　'사회복지조사론'은 수험생들이 가장 어렵게 생각하는 영역인데, 그 이유는 단순히 이론의 구체적인 내용을 제시하기보다는 이를 응용하는 방식으로 출제되기 때문입니다. 다만, 이번 시험에서는 사례문제의 비중이 줄어든 반면, 조사연구 혹은 측정을 위한 개념과 다양한 방법들의 특징을 묻는 문항들이 상대적으로 증가하였습니다. 통계적 가설검증이나 조사설계 등 일부 문항들이 수험생들을 당혹스럽게 만들었을 것으로 보이나, 그 외의 다른 문항들은 출제범위를 벗어나지 않은 채 비교적 쉽게 출제되었으므로 평소 이해학습을 충실히 한 수험생들에게는 무난한 영역이었다고 볼 수 있습니다.

2024년 제22회 시험분석

제1영역 　'인간행동과 사회환경'에서 특징적인 것은 인간발달이론, 사회체계이론 등 다양한 학자들을 중심으로 한 이론적인 내용을 다루는 문항들과 각 발달단계별 특성을 묻는 문항들이 비교적 균등하게 출제되었다는 점입니다.

제2영역 　'사회복지조사론'은 사례문제의 비중이 줄어든 반면, 이론 진술이나 개념의 진위를 판별하는 방식의 문항들이 상대적으로 증가하였는데, 출제자가 각 선지의 내용들을 교묘하게 변경하여 오답을 유도하는 방식의 문항들이 제법 눈에 띄었습니다. 그로 인해 실험설계, 표본조사 등 까다로운 내용들이 비교적 무난하게 출제되었음에도 이전과 비슷한 난이도를 유지한 것으로 보입니다.

2023년 제21회 시험분석

제1영역 　'인간행동과 사회환경'에서 특징적인 것은 인간발달이론, 사회체계이론 등 다양한 학자들을 중심으로 한 이론적인 내용을 다루는 문항의 비중이 상대적으로 줄어든 반면, 발달단계별 특성을 묻는 문항들이 다수 출제되었다는 점입니다.

제2영역 　'사회복지조사론'은 Y척도의 유형, 종단연구의 유형, 사회조사의 목적에 따른 연구 유형 등이 응용문제로 출제되었고, 실험설계의 유형이 사례문제로 제시되었습니다. 문항들은 전반적으로 고른 영역에서 출제되었으나, 질적 연구방법으로서 참여행동연구에 관한 문항이나 단일사례설계의 결과 분석 방법에 관한 문항과 같이 보다 심층적인 문제가 수험생들을 곤혹스럽게 만들었습니다.

제1과목

사회복지기초

제1영역   인간행동과 사회환경

제2영역   사회복지조사론

인간행동과 사회환경

Theme 1 | 인간발달의 이해

1 발달과 유사한 개념

성 장 (Growth)	• 신체 크기의 증대, 근력의 증가, 인지의 확장 등과 같은 양적 확대를 의미한다. • 특히 신체적 부분에 국한된 변화를 설명할 때 주로 사용된다.
성 숙 (Maturation)	• 부모로부터 받은 유전인자가 지니고 있는 정보에 따라 일어나는 생물학적 변화를 의미한다. • 경험이나 훈련에 관계없이 일어나는 것으로, 내적·유전적 메커니즘에 의해 출현되는 신체적·심리적 변화를 말한다.
학 습 (Learning)	• 훈련과정을 통해 행동이 변화하는 과정을 의미한다. • 특수한 경험이나 훈련 또는 연습과 같은 외부자극이나 조건, 즉 환경에 의해 개인이 내적으로 변화하는 것을 의미한다.

2 인간발달의 관점

① 인간발달은 전 생애에 걸쳐 나타나는 질서정연하고 연속적인 과정이다.
② 상승적 변화와 퇴행적(하강적) 변화를 의미한다.
③ 양적 변화와 질적 변화, 내적 변화와 외적 변화를 포함한다.
④ '환경 속의 인간(Person In Environment)'은 인간발달 이해를 위한 기본 관점이다.

3 인간발달의 기본전제

① 인간은 부분이 아닌 전체로서 이해되어야 한다.
② 인간발달은 모체 내에 수태되는 순간부터 죽음에 이르는 순간까지 긴 인생과정에 걸쳐 일어나는 모든 변화를 포함한다.
③ 인간의 삶은 시간에 따라 진행되면서 지속성과 변화의 양상을 보인다.
④ 인간의 발달과 행동은 그에 관련된 상황이나 인간관계의 맥락에서 분석되어야 한다.
⑤ 인간행동의 이해를 위하여 유전적 요인과 환경적 요인의 상호작용을 분석하여야 한다.
⑥ 생애주기의 연령구분은 국가와 사회적 환경에 따라 다양하게 나타난다.

4 인간발달의 원리

① **일정한 순서 및 방향성** : 상부에서 하부로, 중심부위에서 말초부위로, 전체활동에서 특수활동의 방향으로 발달이 진행된다.

② **연속성** : 발달은 전 생애 동안 계속된다. 그러나 발달의 속도가 일정한 것은 아니다.

③ **유전 및 환경과의 상호작용** : 발달은 유전적 요인뿐만 아니라 외부로부터 받은 환경과의 상호작용으로 진행된다.

④ **개인차의 존재** : 발달은 일관된 주기에 따라 지속되고 누적되므로 미리 예측이 가능하다. 다만, 발달에는 개인차가 존재하므로 발달의 속도나 진행 정도가 동일하지 않다.

⑤ **분화와 통합의 과정** : 발달은 분화와 통합의 과정으로 진행된다.

⑥ **점성원리** : 발달은 기존의 기초 위에서 다음의 발달이 이루어지며 점성의 원리가 적용된다.

⑦ **결정적 시기의 존재** : 신체발달 및 심리발달에는 발달이 가장 용이하게 이루어지는 가장 적절한 시기(결정적 시기)가 있다.

5 인간발달이론이 사회복지실천에 미친 영향(인간발달이론의 유용성)

① 인간의 전반적 생활주기를 이해할 수 있는 개념의 준거틀을 제공한다.

② 발달에 영향을 미치는 사회적 영향력을 평가할 수 있는 준거틀을 제공한다.

③ 인간과 환경 간의 상호작용을 파악할 수 있도록 한다.

④ 출생에서 사망에 이르기까지 각 발달단계에서 수행해야 할 발달과업을 제시한다.

⑤ 개인의 발달에 영향을 주는 다양한 신체적, 심리적, 사회적 요인을 이해할 수 있도록 한다.

⑥ 개인의 적응과 부적응을 판단하기 위한 기준을 제공한다.

⑦ 개인적인 발달상의 차이를 파악할 수 있도록 한다.

⑧ 개인의 성장 과정에서 나타나는 문제의 원인을 이해하는 데 도움을 준다.

⑨ 특정 발달단계에서 특징적으로 나타나는 발달적 요인을 설명할 수 있다.

⑩ 이전 단계의 결과를 토대로 각 단계의 성공 및 실패 여부를 설명할 수 있다.

⑪ 생활전이(Life Transition), 즉 생활상의 전환 과정에 따른 안정성 및 변화 양상을 파악할 수 있다.

⑫ 다양한 연령층의 클라이언트를 이해할 수 있는 기반을 제공한다.

⑬ 발달단계별 욕구에 따른 사회복지제도의 기반을 제공한다.

적중예상

발달의 유사개념으로서 신체의 크기나 근육의 세기 등 양적 증가를 의미하는 것은?

① 발 전
② 성 숙
③ 성 장
④ 개 발
⑤ 학 습

정답 ③

해설

- 성장(Growth) : 신체의 크기나 근육의 세기 등의 양적인 증가를 의미한다.
- 성숙(Maturation) : 내적·유전적 메커니즘에 의해 출현되는 신체적·심리적 변화를 의미한다.

개념쏙쏙

1. 인간발달은 (   )와/과 통합의 과정으로 진행된다.
2. 인간발달은 (   )적 변화와 함께 (   )적 변화를 의미한다.
3. (   )은/는 환경에 의해 개인이 내적으로 변하는 것을 의미한다.
4. 인간발달이론은 인간발달의 각 단계에서 수행해야 할 (   )을/를 제시한다.
5. 중추부에서 (   )(으)로, 상체에서 (   )의 방향으로 발달한다.

정답

1. 분화
2. 상승, 퇴행
3. 학습
4. 발달과업
5. 말초, 하체

Theme 2 | 프로이트(Freud)의 정신분석이론

1 특 징

① 정신적 결정론(심리결정론) : 인간의 기본적 성격구조는 대략 5세 이전의 과거 경험에 의해 결정된다.
② 무의식의 강조 : 인간의 행동은 의식적 과정이라기보다는 인식할 수 없는 무의식에 의해 동기가 유발된다.
③ 심리성적 욕구의 강조 : 인간의 무의식적 동기 중 심리성적 욕구, 즉 '리비도(Libido)'가 인간의 행동과 사고의 동기가 된다.
④ 내적 갈등의 역동 : 인간 정신은 다양한 힘들이 상호작용하는 에너지 체계이다. 개인은 이러한 에너지를 방출하여 긴장을 감소하고자 하나 사회의 통제에 의해 제약을 받는다.

2 주요 개념

① 리비도(Libido) : 성본능 · 성충동의 본능적인 성적 에너지
② 자유연상 : 마음속의 모든 생각을 떠오르는 대로 말하게 하는 방법
③ 정신의 3요소 : 의식, 전의식, 무의식
④ 성격의 3요소 : 원초아(Id), 자아(Ego), 초자아(Superego)

3 심리성적 발달단계

구 분	특 징
구강기 또는 구순기 (0~1세)	• 리비도의 구강 집중(빨기, 물기, 삼키기) – 자애적 쾌락 • 최초의 양가감정을 경험 • 고착현상 : 손가락 빨기, 손톱 물어뜯기, 음주, 흡연, 수다
항문기 (1~3세)	• 성적 관심 : 항문 • 배변훈련을 통한 사회화의 기대에 직면 • 자율성과 수치심을 주로 경험하는 시기 • 고착현상 : 항문공격적(항문폭발적) 성격(파괴적, 강한 소유욕), 항문보유적 성격(결벽증, 인색함, 완벽주의)
남근기 (3~6세)	• 오이디푸스 콤플렉스(거세불안), 엘렉트라 콤플렉스(남근선망) • 초자아 성립
잠복기 또는 잠재기 (6~12세)	• 성적 욕구가 억압되어 성적 충동 등이 잠재되어 있는 시기 • 활발한 지적 탐색 • 리비도 및 동일시의 대상 : (동성)친구
생식기 (12세 이후)	• 잠재되어 있던 성 에너지가 무의식에서 의식의 세계로 분출 • 2차 성징 • 성적 관심의 대상 : 이성친구 • 생식기의 이상적 발달은 이타적인 사람으로의 성숙으로 연결

4 방어기제의 종류

구 분	특 징
억 압 (Repression)	의식에서 용납하기 어려운 욕망, 충동들을 의식에서 무의식으로 밀어내는 것. 선택적 망각 예 하기 싫은 숙제를 잊었다고 말하는 경우
합리화 (Rationalization)	정당하지 못한 행동에 사회적으로 그럴듯한 이유나 설명을 대는 것. 정당화 예 여우와 신포도
반동형성 (Reaction Formation)	무의식 속에 받아들여질 수 없는 생각 등을 정반대로 표현 예 미혼모가 아이를 가졌을 때 그 아이에 대해 과도한 애정을 가지는 경우
투 사 (Projection)	사회적으로 비난받는 자신의 행동을 다른 사람에게 전가하고 남을 탓하는 경우 예 일의 잘못된 결과를 상사나 아랫사람의 책임으로 전가하는 경우
퇴 행 (Regression)	현재의 발달단계보다 더 이전의 발달단계로 후퇴 예 대소변을 잘 가리던 아이가 동생이 태어난 후 밤에 오줌을 싸는 경우
전치 또는 치환 (Displacement)	자신이 어떤 대상에 느낀 감정을 보다 덜 위협적인 다른 대상에게 표출 예 종로에서 뺨 맞고 한강에서 눈 흘긴다.
보 상 (Compensation)	다른 분야의 실패나 약점을 보충하여 자존심·장점을 고양시키는 경우 예 작은 고추가 맵다.
대 치 (Substitution)	사람의 에너지를 원래의 목표에서 대용 목표로 전환시킴으로써 긴장을 해소하는 방식 예 꿩 대신 닭
승 화 (Sublimation)	정서적 긴장이나 원시적 에너지의 투입을 사회적으로 인정될 수 있는 행동 방식으로 표출하는 것 예 예술가가 자신의 성적 욕망을 예술로 승화하는 경우
전 환 (Conversion)	심리적인 갈등이 신체 감각기관이나 수의근 계통의 증상으로 바뀌어 표출되는 것 예 글쓰기에 심한 갈등을 느끼는 소설가에게서 팔의 마비가 나타나는 경우
신체화 (Somatization)	심리적인 불안이나 스트레스가 신체 감각기관이나 수의근 계통 이외의 증상으로 표출되어 나타나는 것 예 실적이 낮은 영업사원이 실적보고를 회피하고 싶을 때 배가 아픈 현상
동일시 (Identification)	자기가 좋아하거나 존경하는 대상과 자기 자신 또는 그 외의 대상을 같은 것으로 인식하는 것 예 자신이 좋아하는 연예인의 옷차림을 따라 하는 경우
취 소 (Undoing)	자신의 공격적 욕구나 충동으로 벌인 일을 무효화함으로써 죄의식이나 불안감정에서 벗어나고자 하는 것 예 전날 부부싸움 끝에 아내를 구타한 남편이 퇴근 시 장미꽃 한 다발을 아내에게 선물하는 경우
상 환 (Restitution)	죄책감을 씻기 위해 일부러 어렵고 고된 일을 겪는 경우 예 자신은 어렵고 힘들게 생활하면서 모아 놓은 수입을 모두 사회단체에 기부하는 경우

실제기출 [2024]

에릭슨(E. Erikson)의 심리사회적 발달단계 위기와 성취 덕목(Virtue)이 옳게 연결된 것은?

① 근면성 대 열등감 – 성실(Fidelity)
② 주도성 대 죄의식 – 목적(Purpose)
③ 신뢰 대 불신 – 의지(Will)
④ 자율성 대 수치심과 의심 – 능력 (Competence)
⑤ 정체감 대 정체감 혼란 – 희망(Hope)

정답 ②

해설
Theme 3의 '5. 프로이트와 에릭슨의 인간 발달단계' 참고

실제기출 [2023]

에릭슨(E. Erikson)의 이론으로 옳지 않은 것은?

① 개인의 성격은 전 생애를 통하여 발달한다.
② 청소년기의 주요 발달과업은 자아정체감 형성이다.
③ 각 단계의 발달은 이전 단계의 발달을 토대로 이루어진다.
④ 성격발달에 있어서 환경과의 상호작용이 중요하다고 본다.
⑤ 학령기(아동기)는 자율성 대 수치와 의심의 심리사회적 위기를 겪는다.

정답 ⑤

해설
학령기(5~12세)는 근면성 대 열등감의 심리사회적 위기를 겪는다.

| Theme 3 | 에릭슨(Erikson)의 심리사회이론 |

1 의 의

① 에릭슨은 사회심리학적 이론의 대표적 학자로서, 사회문화적 환경이 성격발달에 지대한 영향을 미친다고 보았다.
② 어떤 심리적 현상이라도 반드시 생물학적 · 행동적 · 경험적 · 사회적 요인 간의 상호작용으로 이해해야 한다고 보았다.
③ 사회적 힘이 성격발달에 미치는 영향을 강조(프로이트의 심리성적 발달의 5단계를 8단계로 확장)하였다.
④ 정신분석이론을 확대하여 자아의 성장 가능성을 제시하고 인간발달에 관한 새로운 통찰력을 부여했지만, 이론의 개념들이 불명확하고 실증적인 연구가 부족하다는 한계가 있다.

2 인간관

① 인간은 합리적 · 이성적 · 창조적 존재이다.
② 인간의 행동은 의식수준에서 통제가 가능한 자아(Ego)에 의해 동기화된다.
③ 인간의 행동은 개인의 심리적 · 사회문화적 영향의 상호작용에 의해 형성된다.

3 주요 개념

① 자아(Ego) : 외부환경에 적응하는 과정을 통해 형성된다.
② 자아정체감(Ego Identity) : 내적 측면과 외적 측면으로 구분된다.
③ 점성원리 또는 점성원칙(Epigenetic Principle) : 인간발달은 최적의 시기가 있고, 모든 단계는 예정된 계획대로 전개된다.

4 발달의 단계별 특성

① 1단계 : 유아기(기본적 신뢰감 대 불신감 – 희망 대 공포)
ㄱ 유아기는 0~18개월까지 지속되며, 생의 의욕과 긍정적 세계관을 기르는 데 기초가 되는 단계이다.
ㄴ 부모(주로 어머니)의 보살핌과 일관성이 중요하다.
② 2단계 : 초기아동기(자율성 대 수치심 · 회의 – 의지력 대 의심)
ㄱ 초기아동기는 18개월~3세까지 지속되며, 독립심과 존중감을 기르는 데 기초가 되는 시기이다.
ㄴ 배변훈련의 과정이 이루어지며, 부모가 아동에게 강압적일 경우 아동은 수치심을 느끼게 되며, 어느 정도 자기의사를 존중하는 방향일 경우 자기통제 감각을 습득하게 된다.

③ 3단계 : 학령전기 또는 유희기(주도성 대 죄의식 – 목적의식 대 목적의식 상실) – 언어능력 및 운동기술의 발달로 외부세계와 교류하며 주도성을 습득하게 된다.

④ 4단계 : 학령기(근면성 대 열등감 – 능력감 대 무능력감) – 주위 또래집단이나 교사 등 주위환경을 지지기반으로 사회의 생산적 성원이 되기 위해 한 걸음 나아간다.

⑤ 5단계 : 청소년기(자아정체감 대 정체감 혼란 – 성실성 대 불확실성) – 여러 가지 역할 속에서 방황과 혼란을 경험하며, '심리사회적 유예기간(Psychosocial Moratorium)'이라는 특수한 상황에 의해 용인된다.

⑥ 6단계 : 성인 초기(친밀감 대 고립감 – 사랑 대 난잡함) – 사회적 친밀감을 형성하며, 성적 · 사회적 관계형성이 이루어진다.

⑦ 7단계 : 성인기(생산성 대 침체 – 배려 대 이기주의) – 가정과 사회에서 중요한 역할을 수행하는 시기로서, 자기중심적인 사고에서 벗어나 타인에 대한 보호, 양보하는 미덕을 보인다.

⑧ 8단계 : 노년기(자아통합 대 절망 – 지혜 대 인생의 무의미함) – 인생을 종합하고 평가하는 시기로서, 지나온 생을 반성하는 단계이다.

5 프로이트와 에릭슨의 인간발달단계

발달단계	프로이트	에릭슨
영아기 (출생~18개월 또는 2세)	구강기(0~1세) 최초의 양가감정	유아기(0~18개월) 기본적 신뢰감 대 불신감 – 희망
유아기 (18개월 또는 2~4세)	항문기(1~3세) 배변훈련, 사회화	초기아동기(18개월~3세) 자율성 대 수치심 · 회의 – 의지력
전기아동기 (학령전기, 4~6세)	남근기(3~6세) 오이디푸스 콤플렉스, 초자아	학령전기 또는 유희기(3~5세) 주도성 대 죄의식 – 목적의식
후기아동기 (학령기, 6세 또는 7세~12세)	잠재기(6~12세) 지적 탐색	학령기(5~12세) 근면성 대 열등감 – 능력감
청소년기 (13~19세)	생식기(12세 이후) 2차 성징	청소년기(13~19세) 자아정체감 대 정체감 혼란 – 성실성
청년기 (성인 초기, 20~29세)	–	성인 초기(20~24세) 친밀감 대 고립감 – 사랑
중년기 (장년기, 30~65세)	–	성인기(24~65세) 생산성 대 침체 – 배려
노년기 (65세 이후)	–	노년기(65세 이후) 자아통합 대 절망 – 지혜

적중예상

에릭슨(E. Erikson)의 심리사회적 위기와 자아 강점의 연결이 옳지 않은 것은?

① 신뢰 대 불신 – 희망
② 근면성 대 열등감 – 능력
③ 친밀감 대 고립감 – 사랑
④ 정체감 대 역할혼미 – 목적
⑤ 자율성 대 수치심 – 의지

정답 ④

해설

Theme 3의 '5. 프로이트와 에릭슨의 인간발달단계' 참고

개념쏙쏙

프로이트와 에릭슨이 구분한 인간발달단계 중 '같은' 시기끼리 연결하시오.

프로이트	에릭슨
1. 남근기 •	• ① 유아기
2. 잠재기 •	• ② 학령전기 또는 유희기
3. 구강기 •	• ③ 청소년기
4. 생식기 •	• ④ 학령기

정답

1 ② / 2 ④ / 3 ① / 4 ③

Theme 4	칼 융(Jung)의 분석심리이론

1 의의

① 프로이트의 이론을 확대 혹은 재해석하였다. 특히 프로이트가 강조한 원초아(Id) 대신 자기(Self)를 존재의 중심으로 제시함으로써 정신역동이론의 발전에 기여하였다.
② 다양한 학문 영역의 방대한 자료들을 토대로 원형, 집단무의식, 아니마와 아니무스 등 독창적인 개념들을 제시하였다.
③ 4가지 정신기능으로 사고, 감정, 직관, 감각을 제시하면서, 이를 결합시켜 모두 8가지 심리유형을 제시하였다.

2 특징

① 전체적 성격을 '정신(Psyche)'으로 보았으며, 성격의 발달을 '자기실현(Self-actualization)의 과정'으로 보았다.
② 프로이트의 성적 에너지인 '리비도(Libido)'의 개념을 확장하여 인생 전반에 걸쳐 작동하는 생활에너지 또는 정신 작용에 사용되는 창의적 에너지로 보았다.
③ 정신을 크게 의식, 무의식으로 구분하며, 무의식을 다시 개인무의식, 집단무의식으로 구분하였다.
④ 인간을 하나의 통일된 전체적 존재, 성장지향적 존재로 보았다.
⑤ 양성론적 입장을 취하고 있다.
⑥ 인간은 중년기를 전환점으로 자아(Ego)가 자기(Self)에 통합되며 성격발달이 이뤄진다고 보았다.

3 주요 개념

① 자아(Ego) : 의식과 무의식을 결합시키는 원형적인 심상, 의식의 개성화 과정에서 생기는 것
② 자기(Self) : 의식과 무의식을 포함한 전체 정신의 중심, 성격 전체의 일관성, 통합성, 조화를 이루려는 무의식적 갈망
③ 집단무의식 : 모든 인류에게 공통적·보편적으로 존재하는 것, 조상 대대로의 경험의 침전물
④ 원형 : 인간의 정신에 존재하는 보편적이고 근원적인 핵
⑤ 리비도 : 인생 전반에 작동하는 생활에너지로 간주
⑥ 콤플렉스 : 개인의 사고를 방해하거나 의식의 질서를 교란하는 무의식 속의 관념덩어리
⑦ 개성화(Individuation) : 자기실현을 의미하는 것으로서, 모든 콤플렉스와 원형을 끌어들여 성격을 조화하고 안정성을 유지하는 것
⑧ 페르소나 : 개인이 외부에 표출하는 이미지, 가면, 사회적 역할

⑨ 음영 또는 그림자 : 인간 내부의 동물적 본성 또는 어둡거나 사악한 부정적 측면
⑩ 아니마 : 무의식에 존재하는 남성의 여성적 측면
⑪ 아니무스 : 무의식에 존재하는 여성의 남성적 측면

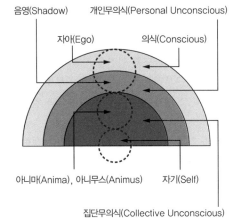

[융(Jung)의 정신 구조]

4 심리학적 유형

① 태도 유형 – 성격의 태도 혹은 에너지의 방향성

외향형	• 정신에너지(리비도)가 외부세계를 향함 • 외향적인 사람은 자신 있게 직접적으로 행동에 참여
내향형	• 정신에너지(리비도)가 내부세계를 향함 • 내향적인 사람은 망설이며 일이 어떻게 될지를 곰곰이 생각

② 기능 유형 – 성격을 구성하는 기능

사고형	• 관념적이고 지적인 기능으로, 세계와 본질을 이해하려고 힘씀 • 객관적인 진실과 원리원칙에 의해 판단하며 논리적, 분석적이고 규범과 기준을 중시
감정형	• 주체의 입장에서 사물의 가치를 평가하는 것으로, 인간에게 유쾌, 고통, 분노, 공포, 비애 등 주관적 경험 • 사람과의 관계, 보편적 선 등에 관심을 가지며 원칙보다 상황적, 우호적 판단을 중시
감각형	• 지각적 또는 현실적 기능으로, 외계의 구체적 사실들이나 표상 • 구체적이고 사실적인 측면에 초점을 두고 매우 일관성 있는 현실수용을 중시
직관형	• 무의식적 과정과 잠재적 내용들에 의한 지각기능 • 미래의 가능성과 육감에 초점을 두어 변화와 다양성을 중시

Theme 5	아들러(Adler)의 개인심리이론

1 특 징

① 생애 초기의 경험이 성인기에 많은 영향을 준다.

② 인간을 전체적 · 통합적으로 본다.

③ 인간은 목표를 향해 움직이는 창조적이고 책임감 있는 존재이다.

④ 보상은 잠재력을 발휘하도록 인간을 자극하는 건전한 반응이다.

⑤ 인간의 열등감은 근본적으로 모든 인간이 무엇인가를 추구할 수 있는 동기가 되며 그 형태는 각자의 생활양식과 일치된 방식으로 매우 다양하다.

⑥ 인간은 유전과 경험을 토대로 창조적 자기를 형성한다.

2 주요 개념

① **열등감과 보상(Inferiority and Compensation)**

　㉠ 열등감은 개인이 잘 적응하지 못하거나 해결할 수 없는 문제에 직면하는 경우 나타나는 무능력감을 말한다. 동기유발의 요인으로 인간의 성숙과 자기완성을 위해 필수적인 요소이다.

　㉡ 보상은 잠재력을 발휘하도록 유도하는 자극으로서 열등감을 극복하기 위한 연습이나 훈련에의 노력과 연결된다.

② **우월성의 추구 또는 우월을 향한 노력(Striving for Superiority)**

　㉠ 자신의 약점을 극복하고 잠재력을 극대화하기 위한 노력이다. 우월에 대한 욕구는 열등감을 보상하려는 선천적인 욕구에서 비롯된다.

　㉡ 우월의 목표는 긍정적 경향(사회적 이타성 강조)과 부정적 경향(개인적 우월성 강조) 모두가 포함될 수 있다.

③ **사회적 관심(Social Interest)**

　㉠ 사회적 관심은 선척적으로 타고나는 것이다.

　㉡ 개인의 목표를 사회적 목표로 전환하는 것으로서 심리적 성숙의 판단기준이 된다.

---

④ 생활양식(Style of Life)
  ㉠ 4~5세경에 결정되며 특히 가족관계 또는 가족 내에서의 경험이 중요한 영향을 미친다.
  ㉡ 삶의 목표에 도달하기 위해 스스로 설계한 좌표로 사회적 관심과 활동수준에 따라 다음과 같이 '지배형/획득형/회피형/사회적으로 유용한 형'으로 구분된다.

지배형	• 활동수준은 높으나 사회적 관심은 낮은 유형이다. • 독선적이고 공격적이며 활동적이지만 사회적 관심이 거의 없다.
획득형	• 활동수준은 중간이고 사회적 관심은 낮은 유형이다. • 기생적인 방식으로 외부세계와 관계를 맺으며, 다른 사람에게 의존하여 자신의 욕구를 충족한다.
회피형	• 참여하려는 사회적 관심도 적고 활동수준도 낮은 유형이다. • 성공하고 싶은 욕구보다 실패에 대한 두려움이 더 강하기 때문에 도피하려는 행동을 자주 한다.
사회적으로 유용한 형	• 사회적 관심과 활동수준이 모두 높은 유형이다. • 사회적 관심이 크므로 자신과 타인의 욕구를 동시에 충족시키며, 인생과업을 완수하기 위해 다른 사람과 협력한다.

⑤ 창조적 자기 또는 창조적 자아(Creative Self)
  ㉠ 개인이 인생의 목표를 직시 및 결정하고 선택하는 능력을 말하며, 특히 성격형성에서 자유와 선택을 강조하는 개념이다.
  ㉡ 자기의 창조적인 힘이 인생의 목표와 목표추구 방법을 결정하며, 사회적 관심을 발달시킨다.
  ㉢ 개인은 유전과 경험을 토대로 창조적 자기를 형성하며, 자신의 고유한 생활양식을 형성한다.
⑥ 가상적 목표(Fictional Finalism)
  현재의 행동에 영향을 미치는 미래에 대한 기대로서의 이상을 의미한다.

Theme 6 | 스키너(Skinner)의 행동주의이론

1 특 징

① 인간행동은 외적 자극, 환경적 자극에 의해 동기화된다.
② 인간행동은 결과에 따른 보상 혹은 처벌에 의해 유지된다.
③ 인간행동은 법칙적으로 결정되고 예측이 가능하며, 통제될 수 있다.
④ 인간행동은 학습될 수도, 학습에 의해 수정될 수도 있다.
⑤ 개인의 행동발달 유형은 개인의 유전적 배경 및 환경적 조건에 따라 다르게 나타난다.
⑥ 환경의 변화를 통해 문제를 해결할 수 있는 기반을 제공한다.
⑦ 변별자극은 어떤 반응이 보상될 것이라는 단서 혹은 신호로 작용하는 자극이다.

2 고전적 조건형성의 기본원리(학습원리)

시간의 원리 (근접의 원리)	• 조건형성의 과정에서 조건 자극은 무조건 자극보다 시간적으로 동시에 또는 약간 앞서서 주어져야 함 • 조건형성의 방법 : 동시조건형성, 지연조건형성, 흔적조건형성, 역행조건형성 등
강도의 원리	• 자극의 강도는 처음에 제시되는 조건 자극보다 나중에 제시되는 무조건 자극이 더 커야 함 • 무조건 자극의 강도가 강할수록 조건형성이 용이하게 이루어짐
일관성의 원리	• 질이 다른 여러 가지 자극을 주는 것보다 일관된 자극을 주는 것이 바람직 • 동일한 조건 자극을 일관성 있게 강화할수록 조건형성이 용이하게 이루어짐
계속성의 원리	• 반복 연습은 학습에 필수적 • 자극과 반응 간의 관계를 반복하여 횟수를 거듭할수록 조건형성이 용이하게 이루어짐

3 강화와 처벌

구 분	특 징
정적 강화	유쾌 자극을 부여하여 바람직한 반응의 확률을 높임 예 교실 청소를 하는 학생에게 과자를 줌
부적 강화	불쾌 자극을 제거하여 바람직한 반응의 확률을 높임 예 발표자에 대한 보충수업 면제를 통보하여 학생들의 발표를 유도함
정적 처벌	불쾌 자극을 부여하여 바람직하지 못한 반응의 확률을 낮춤 예 장시간 컴퓨터를 하느라 공부를 소홀히 한 아이에게 매를 가함
부적 처벌	유쾌 자극을 제거하여 바람직하지 못한 반응의 확률을 낮춤 예 방청소를 소홀히 한 아이에게 컴퓨터를 못 하게 함

4 강화계획

구 분		특 징
계속적 강화 계획		• 반응의 횟수나 시간에 상관없이 기대하는 반응이 나타날 때마다 강화를 부여함 • 학습 초기단계에는 효과적이나, 일단 강화가 중지되는 경우 행동이 소거될 가능성 있음
간헐적 강화 계획	고정간격 계획	• 요구되는 행동의 발생빈도에 상관없이 일정한 시간 간격에 따라 강화를 부여함 • 지속성이 거의 없으며, 강화시간이 다가오면서 반응률이 증가하는 반면 강화 후 떨어짐 예 주급, 월급, 일당, 정기적 시험 등
	가변간격 계획	• 일정한 시간 간격을 두지 않은 채 평균적으로 확인할 수 있는 시간 간격이 지난 후에 강화를 부여함 • 느리고 완만한 반응률을 보이며, 강화 후에도 거의 쉬지 않음 예 1시간에 3차례의 강화를 부여할 경우, 25분, 45분, 60분으로 나누어 강화를 부여함
	고정비율 계획	• 행동중심적 강화방법으로서, 일정한 횟수의 바람직한 반응이 나타난 다음에 강화를 부여함 • 빠른 반응률을 보이지만 지속성이 약함 예 옷 공장에서 옷 100벌을 만들 때마다 1인당 100만 원의 성과급을 지급함
	가변비율 계획	• 반응행동에 변동적인 비율을 적용하여 불규칙한 횟수의 바람직한 행동이 나타난 후 강화를 부여함 • 반응률이 높게 유지되며, 지속성도 높음 예 카지노의 슬롯머신, 복권 등
	반응률이 높은 순	가변비율(VR) > 고정비율(FR) > 가변간격(VI) > 고정간격(FI)

5 기타 주요 개념

구 분	특 징
변별자극	보다 정교하게 이루어지는 학습으로 유사한 자극에서 나타나는 조그만 차이에 따라 다른 반응을 보이는 것
소 거	일정한 반응 뒤에 강화가 주어지지 않으면 반응은 사라짐
토큰경제	바람직한 행동들에 대한 체계적인 목록을 정한 후 그러한 행동이 이루어질 때 보상토큰을 하는 것
타임아웃	이전의 강화를 철회하는 일종의 벌
체계적 둔감법	낮은 수준의 자극에서 높은 수준의 자극으로 상상을 유도함으로써 혐오나 불안에서 서서히 벗어나도록 하는 것

1 특 징

① 인간행동은 개인 · 행동 · 환경의 상호작용으로 발달한다는 상호결정론을 주장한다.
② 사회학습이란 인간은 어떤 모델의 행동을 관찰하고 모방함으로써 학습하게 된다는 것이다.
③ 모델링을 통한 관찰학습과 모방학습을 강조한다.
④ 학습은 모델의 행동을 모방하거나 대리적 조건형성(Vicarious Conditioning)을 통해 이루어진다.
⑤ 다른 아동이 보상이나 벌을 받는 것을 관찰함으로써 간접적 강화를 받는 것을 '대리적 강화'라 한다.

2 주요 개념

① 모방(Imitation) 또는 모델링(Modeling)
　㉠ 대리경험에 의한 학습을 의미
　㉡ 시연을 통해 행동을 습득할 수 있으며, 각 단계마다 칭찬을 해주면 효과적임
　㉢ 쉽고 간단한 것부터 습득하여 점차 어렵고 복잡한 것으로 진전됨
② 인 지
　㉠ 사회적 학습은 주로 인지적 활동에 해당
　㉡ 학습된 반응을 수행할 의지는 인지적 통제하에 있음
③ 자기강화, 자기효율성, 자기조절
　㉠ 자기강화(Self-reinforcement) : 자신이 통제할 수 있는 보상을 스스로에게 주어 자신의 행동을 유지 · 변화
　㉡ 자기효율성 또는 자기효능감(Self-efficacy) : 어떤 행동을 성공적으로 수행할 수 있다는 신념
　㉢ 자기조절(Self-regulation) : 수행과정, 판단과정, 자기반응과정을 통해 자신의 행동을 스스로 평가 · 감독

3 자기효율성(자기효능감)에 영향을 미치는 요인

① 성취경험 : 실제적 성취경험은 자기효율성의 가장 강력한 요인
② 대리경험(대리학습) : 관찰학습을 통해 다른 사람의 수행에 대한 정보 수집
③ 언어적 설득 : 다른 사람의 칭찬이나 확신을 주는 말
④ 개인의 정서적 각성 : 자기효율성이 높은 상태에서 불안 · 회의 등 부정적 감정을 도전 · 성공을 향한 열의로의 전환

4 관찰학습의 과정

① 주의집중과정 : 모델에 주의를 집중시키는 과정

② 보존과정(기억과정, 파지과정) : 모방한 행동을 상징적 형태로 기억 속에 담는 것

③ 운동재생과정 : 모델을 모방하기 위해 언어 및 심상으로 기호화된 표상을 외형적인 행동으로 바꾸는 단계

④ 동기화과정(자기강화과정) : 관찰을 통해 학습한 행동은 강화를 받아야 동기화가 이루어지며, '강화'는 행동을 학습한 후 그 행동을 수행할 여부를 결정하는 데 중요한 역할을 함

5 사회학습이론이 사회복지실천에 미치는 영향

① 사회복지사가 클라이언트의 행동을 명확히 인지하고 행동과의 연관성을 파악하는 것이 가능해졌다.

② 어떤 행동이 있을 때와 없을 때 서로 어떻게 다른지 관찰하는 '사정 (Assessment)'의 중요성을 강조하였다.

③ 관찰과 모방이 클라이언트의 문제행동을 제거하는 데 유용하다는 것을 입증하였다.

더 알아보기

스키너의 행동주의이론과 반두라의 사회학습이론의 비교

구 분	스키너 행동주의이론	반두라 사회학습이론
공통점	• 인간의 행동을 불러일으키는 요인은 환경적 자극이라고 봄 • 학문적 연구를 통해 인간본성을 설명할 수 있다고 봄 • 강화속성 또는 환경적 자극의 변화를 통해 인간행동이 변화 가능하다고 봄	
차이점	• 기계론적 환경결정론 • 인간행동에 대해 객관적인 자극-반응의 관계만을 강조	• 상호적 결정론 • 인간행동에 대해 인지와 같은 주관적 요소를 강조

Theme 8 | 피아제(Piaget)의 인지발달이론

1 특 징

① 인지적 구성주의 관점은 영유아 대상 프로그램의 이론적 토대가 될 수 있다.
② 인간은 환경에 능동적으로 적응하는 존재이다.
③ 인지발달은 개인과 환경의 상호작용에서 이루어지는 적응과정이다.
④ 인지발달은 동화기제와 조절기제를 활용하여 환경에 적응하는 것이다.
⑤ 의사결정 과정에서의 의식적인 사고 과정을 중요시한다.
⑥ 아동은 능동적인 학습자로서, 성인의 직접적인 가르침 없이도 인지구조가 발달된다.
⑦ 인지능력의 발달은 아동과 환경 간의 상호작용에 의해 단계적으로 성취되며 발달단계의 순서는 변하지 않는다.

2 주요 개념

① 도식(Schema) : 기본적인 인지구조 또는 그것에 대한 전체적인 윤곽이나 지각의 틀
② 적응(Adaptation) : 자신이 주위환경의 조건을 조정하는 능력 – 동화와 조절의 평형화 과정에 의해 발달
③ 조직화(Organization) : 상이한 도식들을 자연스럽게 서로 결합하는 것
④ 자아중심성 또는 자기중심성(Egocentrism) : 자신과 대상을 서로 구분하지 못하는 것

3 적응의 과정

동 화 (Assimilation)	• 새로운 지각물이나 자극이 되는 사건을 자신이 이미 가지고 있는 도식이나 행동양식에 맞춰가는 인지적 과정이다. • 기존 도식으로 새로운 경험을 맞추어 보는 경향으로서, 인지구조의 양적 변화를 가져온다.
조 절 (Accommodation)	• 기존 도식이 새로운 대상을 동화하는 데 적합하지 않은 경우 새로운 대상에 맞도록 기존의 도식을 변경하여 인지하는 과정이다. • 새로운 도식이 형성되는 과정으로 볼 수 있으며, 인지구조의 질적 변화를 가져온다.
평형상태 (Equilibrium)	• 동화와 조절의 결과, 조직된 유기체의 각 구조들이 균형을 이루는 상태이다. • 모든 도식은 평형상태를 지향하며, 새로운 경험의 유입으로 인해 발생하는 인지적 불평형상태를 해소하여 사고와 환경 간의 조화로운 관계를 모색한다.

4 인지발달단계

① 감각운동기 또는 감각적 동작기(Sensorimotor Stage, 0~2세)
　　㉠ 자신과 외부대상을 구분하지 못한다.
　　㉡ 대상영속성을 이해하기 시작한다.
　　㉢ 목적지향적인 행동을 한다.

② 전조작기(Preoperational Stage, 2~7세)
　　㉠ 사고는 가능하나 직관적인 수준이며, 아직 논리적이지 못하다.
　　㉡ 보존개념을 어렴풋이 이해하기 시작하지만 아직 획득하지 못한 단계이다.
　　㉢ 대상영속성을 확립하며, 상징놀이, 물활론, 자아중심성을 특징으로 한다.

③ 구체적 조작기(Concrete Operational Stage, 7~12세)
　　㉠ 구체적 사물을 중심으로 이론적·논리적 사고가 발달한다.
　　㉡ 자기중심성 및 비가역성을 극복한다.
　　㉢ 유목화·서열화·보존개념을 획득한다.

④ 형식적 조작기(Formal Operational Stage, 12세 이상)
　　㉠ 추상적 사고가 발달한다.
　　㉡ 가설의 설정, 연역적·조합적 사고가 가능하다.
　　㉢ 실제 경험하지 않은 영역에 대해 논리적인 활동계획을 수립한다.

5 감각운동기(0~2세)의 발달과정

① 반사활동(0~1개월) : 빨기, 쥐기 등 반사행동을 통해 외부세계에 대처
② 1차 순환반응(1~4개월) : 여러 신체 부분들이 서로 협응, 순환반응
③ 2차 순환반응(4~8개월) : 외부 대상·사건에 관심
④ 2차 도식협응(8~12개월) : 이 시기부터 대상영속성 개념 발달
⑤ 3차 순환반응(12~18개월) : 실험적 사고에 열중
⑥ 통찰 또는 사고의 시작(18~24개월) : 정신적 기능이 단순한 감각운동 수준에서 상징적 수준으로 변화

6 피아제 인지발달이론의 평가

① 개인의 사회적·정서적 발달이 일련의 고정된 과정을 거친다는 결정론적 양상을 보인다.
② 아동이 교육이나 훈련 없이 자연적으로 자신의 인지구조를 발달시켜 나간다는 주장에 대해 비판적인 시각이 지배적이다.
③ 발달속도의 차이, 발달의 성차 및 개인차에 대해 구체적으로 언급하지 않았다.
④ 성인기 이후의 발달을 다루고 있지 않다.

실제기출 [2025]

콜버그(L. Kohlberg)의 이론에 관한 설명으로 옳은 것은?

① 전인습적 수준 : 사회적인 인정에 관심을 가지고 착한 행동을 함으로써 타인의 인정을 받고자 한다.
② 인습적 수준 : 개인의 양심에 비추어 옳고 그름을 판단한다.
③ 인습적 수준 : 행동의 결과가 가져오는 보상이나 처벌에 의해 옳고 그름을 판단한다.
④ 후인습적 수준 : 사회질서의 유지를 위해 법과 규칙은 준수되어야 하지만, 민주적인 절차를 통해 바뀔 수 있다고 생각한다.
⑤ 후인습적 수준 : 규칙을 준수하고 사회질서를 유지하는 것이 도덕적 행동이라 생각한다.

정답 ④

해설

① 인습적 수준에 해당하는 내용이다.
② 후인습적 수준에 해당하는 내용이다.
③ 전인습적 수준에 해당하는 내용이다.
⑤ 인습적 수준에 해당하는 내용이다.

실제기출 [2022]

콜버그(L. Kohlberg)의 도덕성 발달이론에 관한 설명으로 옳지 않은 것은?

① 법과 질서 지향 단계는 인습적 수준에 해당한다.
② 피아제(J. Piaget)의 도덕성 발달이론에 기초를 제공하였다.
③ 전인습적 수준에서는 행동의 원인보다 결과에 따라 옳고 그름을 판단한다.
④ 보편적 윤리 지향 단계에서는 정의, 평등 등 인권적 가치와 양심적 행위를 지향한다.
⑤ 도덕적 딜레마가 포함된 이야기를 아동, 청소년 등에게 들려주고, 이야기 속 주인공의 행동에 대한 도덕적 판단과 그 근거를 질문한 후 그 응답에 따라 도덕성 발달단계를 파악하였다.

정답 ②

해설

콜버그(Kohlberg)는 피아제(Piaget)의 이론에 대한 관심에서 출발하여 도덕적 사고에 초점을 두고 도덕성 발달에 관한 이론을 제시하였다.

Theme 9 | 콜버그(Kohlberg)의 도덕성 발달이론

1 의 의

① 피아제의 도덕성 발달에 관한 이론을 청소년기와 성인기까지 확장하였다.
② 인지발달 수준 및 도덕적 판단능력에 따라 도덕성 발달 수준을 3수준, 6단계로 구분하였다.
③ 도덕성 발달이 개인의 인지구조와 환경 간 상호작용의 결과이며, 도덕적 판단에 위계적 단계가 있음을 강조하였다.

2 도덕성 발달단계

① 전인습적 수준(4~10세) : 자기중심적인 도덕적 판단을 특징으로 하며, 사회적인 기대나 규범, 관습으로서의 인습을 잘 이해하지 못한다. 행동의 원인보다 결과에 따라 옳고 그름을 판단한다.

제1단계 타율적 도덕성	• 신체적·물리적 힘에 의한 처벌과 복종 지향 • 자기보다 강한 사람에 의한 처벌을 피하기 위해 자기중심적으로 복종 • 규칙은 절대적인 것으로서 변경이 불가능
제2단계 개인적·도구적 도덕성	• 상대적 쾌락주의에 의한 개인적 욕구충족 지향 • 자기욕구 충족을 선(善)으로 간주, 물질적 이해타산을 추구 • 각자의 욕구와 쾌락에 따라 상대적으로 도덕성 결정

② 인습적 수준(10~13세) : 사회적인 기대나 규범, 관습으로서의 인습에 순응적인 양상을 보이며, 다른 사람의 입장과 견해를 이해할 수 있다.

제3단계 대인관계적 도덕성	• 좋은 인간관계의 조화로운 도덕성을 강조 • 규칙이나 관습, 권위에 순응, 착한 소년·소녀를 지향 • 자신의 의사를 앞세우기보다 다른 사람들에 동조함으로써 그들과 관계를 유지하며, 그들에게서 인정을 받고자 함
제4단계 법·질서· 사회체계적 도덕성	• 법과 질서, 보편적인 사회규범을 토대로 도덕판단 • 권위와 사회질서를 존중, 사회적인 의무수행 중시 • 사회질서의 유지를 위해 법에 복종해야 한다는 점 강조

③ 후인습적 수준(13세 이상) : 자기 자신이 인정하는 도덕적 원리에 근거하여 법이나 관습보다는 자신의 가치기준에 따라 도덕적 판단을 한다.

제5단계 민주적 · 사회계약적 도덕성	• 타인의 권리를 존중, 자유 · 평등 · 계약의 원리 지향 • 민주적 절차로 수용된 법을 존중하는 한편 상호 합의에 의한 변경 가능성 인식 • 개인의 자유나 행복 등의 개인적 가치가 법보다 우선한다는 점을 어렴풋이 인식하기 시작
제6단계 보편윤리적 도덕성	• 법을 초월하여 어떠한 논리적 보편성에 입각한 양심과 상호 존중 지향 • 개인의 양심과 보편적인 윤리원칙에 따라 옳고 그름을 인식 • 법과 질서가 지켜지는 사회라도 보편윤리적인 원리들을 모두 실현하고 있는 것은 아니라는 점을 인식

3 콜버그 도덕성 발달이론의 평가

① 콜버그가 주장한 도덕성의 단계적 발달과정이 과연 불변적인 순서로 진행되는가의 문제가 제기된다.
② 발달단계의 순서에서 퇴행이란 없다고 주장하였으나 일부 연구에서 퇴행이 발견된다.
③ 단계에서 단계로의 이행을 아동의 자발적인 행동의 결과로 간주함으로써, 도덕성 발달에 영향을 미칠 수 있는 교육이나 사회화의 상황적 · 환경적 영향력을 간과했다.
④ 모든 문화권에 보편적으로 적용하기에 한계가 있다.
⑤ 아동의 도덕적 사고에 관한 이론이지 도덕적 행동에 관한 이론은 아니므로, 이와 같은 도덕적 사고와 도덕적 행동 간의 일치성에 의문이 제기된다.
⑥ 도덕적 사고를 지나치게 강조한 반면, 도덕의 원천으로서 이타심이나 사랑 등의 정의적인 측면을 소홀히 다루고 있다.
⑦ 여성이 남성보다 도덕수준이 낮다는 성차별적 관점을 가지고 있다.

로저스(C. Rogers)의 이론에 관한 설명으로 옳지 않은 것은?

① 인간의 내재된 잠재력을 강조한다.
② 인간의 욕구발달단계를 제시한다.
③ 인간의 자아실현 경향성을 강조한다.
④ 인간의 주관적 경험을 강조한다.
⑤ 인간을 통합적 존재로 본다.

정답 ②

해설

인간의 욕구발달단계를 제시한 대표적인 인본주의이론의 학자로 매슬로우(Maslow)가 있다.

매슬로우(A. Maslow)의 이론에 관한 설명으로 옳은 것은?

① 인간의 무의식을 강조하였다.
② 인간의 본성은 본래 선하다고 주장하였다.
③ 인간행동에 대한 환경결정론을 강조하였다.
④ 자기완성의 필수요인으로 열등감 극복을 강조하였다.
⑤ 모방학습의 중요성을 강조하였다.

정답 ②

해설

① 인간의 무의식을 강조한 것은 프로이트(Freud)의 정신분석이론으로, 인간의 행동은 무의식에 의해 동기가 유발된다고 하였다.
③ 인간의 모든 행동이 각 개인에게 주어진 환경적 자극에 의해 획득된다는 환경결정론을 표방한 것은 행동주의이론이다.
④ 아들러(Adler)의 개인심리이론은 열등감이 동기유발의 요인으로서, 인간의 성숙과 자기완성을 위한 필수적인 요소라고 하였다.
⑤ 반두라(Bandura)의 사회학습이론은 상호결정론적 입장을 표방하여, 모델링을 통한 관찰학습과 모방학습을 강조하였다.

Theme 10 | 인본주의이론

1 로저스(Rogers)의 현상학이론

① 인간의 주관적 경험을 강조하며, 주관적 현실세계만이 존재한다고 본다.
② 인간을 통합적 존재로 규정하며, 전체론적 관점에서 접근해야 한다고 주장한다.
③ 인간을 유목적적인 존재인 동시에 합리적이고 미래지향적인 존재로 규정한다.
④ 인간은 능력이 있고 자기이해와 자기실현을 위한 잠재력을 가지고 있다고 본다.
⑤ 개인의 잠재력 실현을 위해서는 무조건적인 긍정적 관심이 중요하다고 강조한다.
⑥ 주요 개념
  ㉠ 자기 : 주체로서의 나(I)·객체로서의 나(Me), 현실적 자기(Real Self)·이상적 자기(Ideal Self)
  ㉡ 자기와 경험 간의 일치, 긍정적 관심에 대한 욕구, 자기인정에 대한 욕구
  ㉢ 현상학적 장(Phenomenal Field) : 특정 순간에 개인이 지각하고 경험하는 모든 것
  ㉣ 자기실현 경향성 : 인간은 성장과 자기증진을 위하여 끊임없이 노력하며 고통이나 성장방해요인에 직면하여 극복할 수 있는 성장지향적 유기체
  ㉤ 완전히 기능하는 사람(Fully Functioning Person)
    • 인간은 완성의 존재가 아닌 되어 가는 존재(Becoming)
    • 훌륭한 삶이란 상태가 아닌 과정이며, 목적이 아닌 방향을 의미
    • 창조적이고 충실하게 살아감
    • 개방적으로 체험하고 '자신'이라는 유기체에 대해 신뢰함
    • 자신의 느낌과 반응에 따라 충실하고 자유롭게 삶
    • 자신의 선택에 따른 실존적인 삶을 추구

2 매슬로우(Maslow)의 욕구이론

① 인간은 선천적으로 생존적 경향과 자아실현적 경향을 함께 가진 존재이다.
② 인간의 본성은 본질적으로 선하다.
③ 각 개인은 통합된 전체로 간주된다.
④ 인간에게는 창조성이 내재해 있으므로 특별한 자질이나 능력을 요구하지 않는다.

⑤ 욕구 5단계
   ㉠ 생리적 욕구(제1단계) : 의·식·주, 먹고 자는 것, 종족 보존 등 최하위 단계의 욕구
   ㉡ 안전(안정)에 대한 욕구(제2단계) : 신체적·정신적 위험에 의한 불안과 공포에서 벗어나고자 하는 욕구
   ㉢ 애정과 소속에 대한 욕구(제3단계) : 가정을 이루거나 친구를 사귀는 등 어떤 조직이나 단체에 소속되어 애정을 주고받고자 하는 욕구
   ㉣ 자기존중(존경)의 욕구(제4단계) : 소속단체의 구성원으로서 명예나 권력을 누리려는 욕구
   ㉤ 자아실현의 욕구(제5단계) : 자신의 재능과 잠재력을 충분히 발휘하여 자기가 이룰 수 있는 모든 것을 성취하려는 최고 수준의 욕구
⑥ 욕구 7단계 및 욕구의 구분

단 계	욕구 5단계	욕구 7단계	구 분
제1단계	생리적 욕구	생리적 욕구	결핍 욕구
제2단계	안전(안정)에 대한 욕구	안전(안정)에 대한 욕구	
제3단계	애정과 소속에 대한 욕구	애정과 소속에 대한 욕구	
제4단계	자기존중(존경)의 욕구	자기존중(존경)의 욕구	
제5단계	자아실현의 욕구	인지적 욕구	성장 욕구
제6단계	–	심미적 욕구	
제7단계		자아실현의 욕구	

⑦ 상위욕구는 하위욕구가 일정 부분 충족되었을 때 나타날 수 있다.
⑧ 자기실현을 한 사람(자기실현자)의 특성
   ㉠ 현실 중심적이다.
   ㉡ 문제해결능력이 탁월하다.
   ㉢ 수단과 목적을 구분한다.
   ㉣ 환경과 문화에 영향을 받지 않는다.
   ㉤ 사회적인 압력에 굴하지 않는다.
   ㉥ 민주적인 가치를 옹호한다.
   ㉦ 인간적·공동체적이며, 인간적인 관계를 깊이 한다.
   ㉧ 공격적이지 않은 유머를 즐긴다.
   ㉨ 자신과 남을 있는 그대로 받아들인다.
   ㉩ 자연스러움과 간결함을 좋아한다.
   ㉪ 솔직하며, 감성이 풍부하다.
   ㉫ 창의적·개방적이다.
   ㉬ 자율적이고 실수를 두려워하지 않는다.
   ㉭ 사람과 주변환경을 객관적이고 명확하게 지각한다.

| Theme 11 | 태내기(태아기) |

1 태내기의 특징

① 시기 구분

수정이 이루어지는 순간부터 출생하기까지의 시기이다.

발생기 (Germinal Stage)	• 수정란이 자리를 잡고 태반이 발달하는 시기로, 수정 후 약 2주간을 말한다. • 수정란의 착상으로 모체와의 의존관계가 확립되며, 양막과 양수가 생성되고 태반이 형성되기 시작한다.
배아기 (Embryonic Stage)	• 착상 후부터 임신 8주까지를 말한다. • 수정란의 내면이 외배엽, 중배엽, 내배엽으로 분리되는 시기로, 이때 중요한 신체기관과 신경계가 형성되기 시작한다.
태아기 (Fetal Stage)	• 임신 3개월부터 출생까지를 말한다. • 뼈세포가 발달하며, 각 기관의 구조가 더욱 정교해지고 기능이 보다 원활해진다.

② 배아의 구성(배아의 3배엽 세포층)

- ㉠ 외배엽(Ectoderm) : 뇌, 척추, 피부 등의 조직을 형성한다.
- ㉡ 중배엽(Mesoderm) : 근육, 뼈, 혈관 등의 조직을 형성한다.
- ㉢ 내배엽(Endoderm) : 폐, 간, 소화기관 등의 조직을 형성한다.

2 태아의 성장

① 임신 초기(임신 1~3개월)

- ㉠ 임신 1개월 : 원초적 형태의 심장, 소화기관이 발달한다.
- ㉡ 임신 2개월 : 인간의 모습을 갖추기 시작한다.
- ㉢ 임신 3개월 : 팔, 다리, 손, 발의 형태가 나타난다.

② 임신 중기(임신 4~6개월)

- ㉠ 태아의 손가락, 발가락, 피부, 지문, 머리털 등이 형성된다.
- ㉡ 심장박동이 규칙적이며, 태동을 느낄 수 있다.

③ 임신 말기(임신 7~9개월)

- ㉠ 태아 발달 완성, 신체 내부기관들이 기능하게 된다.
- ㉡ 이 시기 이후에는 태아가 모체에서 분리되어도 생존이 가능하다.

❸ 태아에게 영향을 미치는 요인

① 임산부의 영양상태
② 임산부의 약물 복용과 유해물질에의 노출
③ 임산부의 흡연과 음주
④ 임산부의 연령
⑤ 임산부의 질병
⑥ 사회 · 경제적 요인
⑦ 그 외 분만횟수, 임산부의 정서상태 등

❹ 태아 관련 질환

① 다운증후군(Down's Syndrome)
  ㉠ 몽고증이라고도 하며, 염색체 이상으로 발생한다.
  ㉡ 약 95%가 21번째 염색체가 3개(정상은 2개) 있어서 전체가 47개(정상은 46개)로 되어 있는 기형이다.
  ㉢ 나이가 많은 초산부(35세 이상)의 태아에게서 잘 발생하며, 600~700명 중 1명꼴로 분포한다.

② 에드워드증후군(Edward's Syndrome)
  ㉠ 18번 염색체가 3개로 선천적 기형증후군에 해당한다.
  ㉡ 다운증후군 다음으로 흔하여 약 8,000명 중 1명 빈도로 발생한다.
  ㉢ 장기의 기형 및 정신지체장애가 발생하며, 대부분 출생 후 10주 이내에 사망한다.

③ 클라인펠터증후군(Klinefelter's Syndrome)
  ㉠ 성염색체가 XXY, XXYY, XXXY 등 이상 형태를 보인다.
  ㉡ 남성염색체가 있음에도 불구하고 여성의 신체적 특성을 보인다.

④ 터너증후군(Turner's Syndrome)
  ㉠ 성염색체 이상으로 X염색체가 1개, 전체 염색체 수가 45개이다.
  ㉡ 외견상 여성이나 2차적 성적 발달이 없고 목이 짧다.

⑤ 혈우병(Hemophilia)
  ㉠ 혈액이 응고되지 않는 선천적 장애에 해당한다.
  ㉡ 성염색체인 X염색체 이상으로 발병하며, 질병 저항력이 저하된다.

⑥ 페닐케톤뇨증(Phenylketonuria)
  ㉠ 단백질 대사 이상 장애로 음식물 속에 들어 있는 페닐알라닌 분해 효소가 부족하여 발생한다.
  ㉡ 출생 즉시 특수한 식이요법으로 정상생활 유지가 가능하다.

적중예상

임신 중 태아기에 기형 혹은 저체중을 발생시키는 요인으로 옳지 않은 것은?

① 간접흡연
② 항생제 섭취
③ 알코올 섭취
④ 폴리염화비페닐(PCB)에 노출
⑤ 철분 섭취

정답 ⑤

해설

철분은 혈액 속 적혈구를 만드는 데 있어서 필수적인 영양소이다. 태아는 임신 중기부터 모체의 철분을 흡수하여 자신의 혈액을 만들기 시작하므로, 이때 임산부는 철분을 충분히 섭취하는 것이 좋다.

개념쏙쏙

1. 태아기 중 심장박동이 규칙적이며, 태동을 느낄 수 있는 시기는 (   )이다.
2. 다운증후군은 약 95%가 21번째 염색체가 (㉠)개 있어서 전체가 (㉡)개로 되어 있는 기형이다.
3. (   )은/는 혈액이 응고되지 않는 선천적 장애에 해당하며, 성염색체인 X염색체 이상으로 발병된다.
4. 터너증후군은 X염색체를 하나만 가진 (㉠)에게 나타나고, 클라인펠터증후군은 X염색체를 더 많이 가진 (㉡)에게 나타난다.

정답

1. 임신 중기(4~6개월)
2. ㉠ 3
   ㉡ 47
3. 혈우병
4. ㉠ 여성
   ㉡ 남성

Theme 12 | **영아기(출생~18개월 또는 2세)**

1 개 요

① 신체적 성장 및 인지적 성장이 급속히 이루어진다.
② 부모와의 애착형성이 매우 중요한 시기이다.
③ 프로이트의 구강기, 에릭슨의 유아기, 피아제의 감각운동기에 해당한다.

프로이트의 구강기 (0~1세)	최초의 양가감정
에릭슨의 유아기 (0~18개월)	기본적 신뢰감 대 불신감 - 희망 대 공포
피아제의 감각운동기 (0~2세)	대상영속성 획득, 목적지향적 행동

2 신체의 발달

① 인간의 일생에 있어서 신체적 성장이 가장 빠른 속도로 이루어지는 '제1성장 급등기'에 해당한다.
② 영아는 먼저 머리와 몸통, 팔의 상체를 사용하는 법을 배우며, 이후에 사지를 사용하는 법을 배운다.
③ 머리의 크기가 전신의 약 1/4로 다른 부위에 비해 상대적으로 크다.
④ 남아가 여아에 비해 체중이 약간 더 나가며, 생후 1년 이내에 몸무게가 2~3배 정도 증가한다.
⑤ 빨기, 깨물기, 삼키기 등 입 주위의 신체기관을 통해 현실거래를 하며, 빨기반사, 젖찾기반사, 모로반사 등의 반사운동을 나타내 보인다.

3 인지의 발달

① 인지적 성장은 영아기에 급속도로 이루어지며, 몇 가지 반사능력만으로 점차 목적의식을 가지고 행동하는 존재로 발달한다.
② 영아는 지각에 의존하여 자신이 직접 보고, 듣고, 느끼고, 행동함으로써 이해하고 기억한다.
③ 영아는 전체보다는 부분을, 정지된 것보다는 움직이는 것을, 흑백보다는 유색을, 직선보다는 곡선을 선호하여 지각한다.
④ 자기 스스로 정보를 받아들이면서 다양한 감각을 배운다.
⑤ 대상이 보이지 않더라도 대상이 계속해서 존재한다는 '대상영속성(Object Permanence)'을 점차 이해하기 시작한다.
⑥ 원인과 결과 사이의 관계에 대한 인식인 원인론을 이해하고, 자신의 욕구를 충족하기 위한 의도적인 행동을 수행한다.

4 정서의 발달

① 영아기의 정서는 특정 자극에 대해 특정한 행동을 하도록 하는 동기를 부여한다.
② 기쁨, 분노, 공포 등의 '1차 정서'와 당황, 수치, 죄책감, 질투, 자긍심 등의 '2차 정서'를 나타낸다.
③ 영아와 양육자 간의 친밀한 정서적 유대감이 강조되며, 어머니는 영아의 애정의 대상이 된다.
④ 부모와의 긍정적인 애착형성은 이후 사회적 관계형성 능력의 기초가 된다.
⑤ 생후 6개월에서 1년 정도의 기간에는 낯가림과 분리불안을 경험하게 된다.

더 알아보기

영아기 반사운동의 주요 유형

• 생존반사

젖찾기반사 (탐색반사)	영아는 입 부근에 부드러운 자극을 주면 자극이 있는 쪽으로 입을 벌린다.
연하반사 (삼키기반사)	영아는 음식물이 목에 닿으면 식도를 통해 삼킨다.
빨기반사	영아는 입에 닿는 것은 무엇이든 빤다.

• 원시반사

바빈스키반사	영아의 발바닥을 간질이면 발가락을 발등을 향해 부채 모양으로 편 후 다시 오므린다.
모로반사 (경악반사)	영아는 큰 소리가 나면 팔과 다리를 벌리고 마치 무엇인가 껴안으려는 듯 몸 쪽으로 팔과 다리를 움츠린다.
걷기반사 (걸음마반사)	바닥에 영아의 발을 닿게 하여 바른 자세가 갖추어지면 영아는 걷는 것처럼 두 발을 번갈아 떼어놓는다.
쥐기반사 (파악반사)	영아의 손바닥에 무엇을 올려놓으면 손가락을 쥐는 것과 같은 반응을 한다.

적중예상

영아기의 발달 특성으로 옳은 것은?

① 프로이트의 유아기, 에릭슨의 구강기, 피아제의 인지발달단계에서 감각운동기에 해당한다.
② 인간의 일생에서 정신적 성장이 가장 빠른 시기에 해당한다.
③ 남아가 여아보다 키와 몸무게에서 약간 작은 경향이 있다.
④ 상체보다는 다리를 사용하는 법을 배운다.
⑤ 머리에서 발가락으로 발달이 진행된다.

정답 ⑤

해설

① 프로이트의 구강기, 에릭슨의 유아기, 피아제의 인지발달단계에서 감각운동기에 해당한다.
② 인간의 일생에서 신체적 성장이 가장 빠른 시기에 해당한다.
③ 여아가 남아보다 키와 몸무게에서 약간 작은 경향이 있다.
④ 다리보다는 상체를 사용하는 법을 배운다.

개념쏙쏙

1. 영아기는 프로이트의 (㉠), 에릭슨의 (㉡), 피아제의 (㉢)에 해당한다.
2. ( )은/는 대상이 보이지 않더라도 대상이 계속해서 존재하는 속성을 말한다.
3. 영아기에는 머리의 크기가 전신의 약 ( )(으)로 다른 부위에 비해 상대적으로 크다.

정답

1. ㉠ 구강기
   ㉡ 유아기
   ㉢ 감각운동기
2. 대상영속성
3. 1/4

유아기(3~6세)의 발달 특성에 관한 설명으로 옳지 않은 것은?

① 성역할의 내면화가 이루어진다.
② 영아기(0~2세)보다 발달속도가 느려진다.
③ 에릭슨(E. Erikson)의 주도성 대 죄책감 단계에 해당된다.
④ 프로이트(S. Freud)의 남근기에 해당된다.
⑤ 피아제(J. Piaget)의 자율적 도덕성 단계에 도달한다.

정답 ⑤

해설

유아기(3~6세)는 피아제(Piaget)의 전조작기 도덕성 수준의 타율적 도덕성 단계에 해당한다. 참고로 구체적 조작기 도덕성 수준의 자율적 도덕성 단계에 해당하는 시기는 대략 7~12세의 아동기(혹은 후기아동기)이다. 타율적 도덕성 단계에서 규칙은 일방적·절대적이고 변경이 불가능한 것으로 인식되는 반면, 자율적 도덕성 단계에서 규칙은 상호 합의에 의해 이루어지고 변경이 가능한 것으로 인식된다.

아동기(7~12세)의 발달에 관한 설명으로 옳지 않은 것은?

① 가역적 사고가 발달한다.
② 단체놀이를 통해 분업의 원리를 학습한다.
③ 운동기술이나 근육의 협응 능력이 정교해진다.
④ 형식적 조작사고에서 구체적 조작사고로 전환된다.
⑤ 에릭슨(E. Erikson)은 근면성의 발달을 중요한 과업으로 보았다.

정답 ④

해설

구체적 조작사고가 발달하는 것은 아동기(7~12세)이며, 형식적 조작사고가 발달하는 것은 청소년기(13~19세)이다. 즉, 구체적 조작사고에서 형식적 조작사고의 단계로 전환된다.

1 유아기(18개월 또는 2세~4세)

① 개 요

ⓐ 프로이트의 항문기, 에릭슨의 초기아동기, 피아제의 전조작기 초기에 해당하는 시기이다.
ⓑ 자아가 발달하지만 자기중심적이다.
ⓒ 발달이 머리 부분에서 점차 신체의 하부로 확산되며, 걷는 능력이 정교해진다.
ⓓ 달리기와 뛰기 등 운동능력이 발달하며, 대근육과 소근육 운동의 활동을 한다.
ⓔ 정신적 표상에 의한 상징놀이가 가능하다.
ⓕ 사물의 크고 작음을 지각하지만 방향이나 위치에 대한 지각은 발달하지 않는다.
ⓖ 언어와 사회적 기준을 배우기 시작하고 괄약근이 발달하여 배변훈련을 통해 대소변을 가리게 된다.

② 신체의 발달

ⓐ 머리가 집중적으로 발달하고 점점 신체의 끝으로 확대되어 하체의 길이가 길어지고 가늘어지는 등 신체 비율의 변화가 나타난다.
ⓑ 걷기가 발달하며, 달리기나 뛰기 등의 운동도 발달한다.
ⓒ 대근육이나 소근육이 발달한다.
ⓓ 신체성장 비율은 영아기보다 낮지만 꾸준히 성장한다.

③ 인지 및 정서의 발달

ⓐ 상징적 사고 : 정신적 표상에 의한 상징놀이가 가능, 언어활동이 급격히 증가한다.
ⓑ 자기중심적 사고 : 자기중심성 때문에 다른 사람의 입장에서 볼 수 없다.
ⓒ 물활론적 사고 : 생명이 없는 대상에게 감정과 생명을 불어넣는다.
ⓓ 전환적 추론 : 전개념적 사고의 한계 때문에 귀납적 추론이나 연역적 추론을 하지 못하는 대신 전환적 추론을 한다.
ⓔ 인공론적 사고 : 자기중심적 사고의 특성으로 사물이나 자연현상이 자신을 위해 존재한다고 생각한다.
ⓕ 또래나 형제와 경쟁하거나 협동한다.
ⓖ 다투는 일도 많아지며, 각각의 장면에 어울리는 정서의 표출을 볼 수 있다.

2 전기아동기(학령전기, 4~6세)의 특징

① 프로이트의 남근기, 에릭슨의 학령전기, 피아제의 전조작기 중·후기에 해당한다.

② 또래집단과의 상호작용을 통해 사회기술을 습득한다.

③ 신체적 발달 : 운동기능 발달, 신경계의 전달능력 향상, 발달의 지속적인 진행

④ 인지 및 사회정서 발달 : 직관적 사고, 중심화 및 비가역적 사고, 자아개념 및 자아존중감 형성, 도덕적 사고, 사회적 관심, 성역할 학습, 집단 놀이를 통한 사회적 관계 형성 및 사회적 기술과 역할 습득

3 후기아동기(학령기, 6세 또는 7세~12세)의 특징

① 프로이트의 잠복기, 에릭슨의 학령기, 피아제의 구체적 조작기에 해당한다.

② 운동과 놀이를 통해 신체 발달과 상상력, 추리력, 판단력, 사고력 발달로 자신감과 독립심이 발달한다.

③ 신체적 발달

　ⓐ 10세 이전에는 남아가 여아보다, 11~12세경에는 여아가 남아보다 발육이 우세

　ⓑ 신체 각 부위의 비율 변화(얼굴 면적은 전체의 10%로 줄어들고, 뇌는 성인의 95% 정도로 발달)

　ⓒ 유치가 영구치로 바뀌며, 걷기·달리기 등의 운동기능은 더욱 발달

④ 인지 및 사회정서 발달 : 타인의 시각에서 사물을 보는 능력 발달, 서열화·유목화·보존개념의 완전한 획득, 자기존중감 발달, 협동·경쟁·협상·분업의 원리 체득

더 알아보기

아동기에 고려할 수 있는 사회복지실천 개입

• 지능은 정상이지만 듣기, 말하기, 읽기, 쓰기 등 학습에 어려움을 겪는 학습장애에 대한 치료 프로그램 개발

• 대인관계의 문제로 인해 나타나는 반응성 애착장애에 대한 개별·집단치료 프로그램 개발

• 사회적 범죄로서의 아동학대에 대처하기 위한 다각적인 노력

[참고]
인간발달단계와 관련하여 문제상에 제시되는 각 발달단계별 연령은 학자에 따라 혹은 교재에 따라 약간씩 다르게 제시되고 있습니다. 예를 들어, 아동기(후기아동기)의 연령을 '6~12세', '7~12세'로, 청년기의 연령은 '19~29세', '20~39세'로 구분하기도 하며, 중년기(장년기)의 연령은 '30~65세', '36~64세' 혹은 '40~64세'로 구분하기도 합니다.

청소년기(13~19세)의 발달에 관한 설명으로 옳은 것은?

① 조합기술(Combination Skill)이 획득된다.
② 가설연역적 사고에서 경험귀납적 사고로 전환된다.
③ 마샤(J. Marcia)는 자아정체감을 4가지 유형으로 구분했다.
④ 2차 성징은 직접적인 생식기능과 관련된 성적 성숙이다.
⑤ 상상적 청중(Imaginary Audience)과 개인적 우화(Personal Fable)를 통해 자아중심성에서 벗어날 수 있다.

정답 ③

해설

마샤(Marcia)는 자아정체감을 정체감 성취, 정체감 유예, 정체감 유실, 정체감 혼란(혼미)의 4가지 유형으로 구분하였다.

청년기(20~39세)의 발달에 관한 설명으로 옳은 것은?

① 자아통합이 완성되는 시기로 삶 전체에 대한 평가를 시도한다.
② 전환적 추론이 가능해진다.
③ 부모로부터의 독립에 대한 양가감정에서 해방된다.
④ 피아제(J. Piaget)는 구체적 조작사고가 발달한다고 보았다.
⑤ 에릭슨(E. Erikson)은 친밀감 대 고립의 심리사회적 위기가 발생한다고 보았다.

정답 ⑤

해설

① 자아통합의 시기는 노년기(65세 이후)로, 역할 재조정, 여가시간 활용, 죽음에 대한 대비 등을 발달과제로 한다.
② 유아기의 인지발달적 특징에 해당한다. 유아기에는 전개념적 사고의 한계 때문에 전환적 추론을 한다.
③ 청년기에는 부모로부터 분리 및 독립하여 자율성을 찾는 과정에서 양가감정(Ambivalence)을 갖게 된다. 이는 부모로부터의 독립에 대한 갈망과 함께 부모로부터 분리되는 것에 대한 불안감에서 비롯된다.
④ 구체적 조작사고가 발달하는 시기는 아동기(7~12세)이며, 청소년기(13~19세)에는 형식적 조작사고가 발달한다고 보았다.

Theme 14 | 청소년기, 청년기

1 청소년기(13~19세)

① 개 요
　㉠ 프로이트의 생식기, 에릭슨의 청소년기, 피아제의 형식적 조작기 초기
　㉡ 아동기에서 성인기로 전환하는 과도기적 특성
　㉢ 질풍노도의 시기, 제2의 반항기, 사회적 주변인의 시기

② 신체적 발달 – 제2성장 급등기
　㉠ 급격한 신장 증가 및 뼈와 근육의 성장(사춘기, 2차 성징)
　㉡ 신체 변화에 대한 심리적 반응을 보이기도 함
　㉢ 11~13세에는 여자가 남자보다 키와 몸무게에서 우세, 이후에는 남자가 여자보다 우세

③ 인지의 발달
　㉠ 개인 가치관과 사회규범과의 관계 이해
　㉡ 상대론적 입장에서 사고
　㉢ 추상적 사고, 가설–연역적 추론, 인과관계 추론, 조합적 사고 등이 가능
　㉣ 상상적 청중과 개인적 우화와 같은 자기중심성을 보이기도 함

④ 정서의 발달
　㉠ 심리적 이유기 : 부모나 가족으로부터 분리되어 친구나 자기 자신에게 의존하려는 경향
　㉡ 또래집단과의 강한 유대
　㉢ 심리사회적 유예시기
　㉣ 자아정체감 대 정체감 혼란의 시기
　㉤ 청소년기 자아정체감의 범주(Marcia)

정체감 성취	여러 범주 중 가장 유익한 것으로 정체감 성취에 도달하기 위해 일정 기간 격렬한 결정과정을 겪는다(위기+, 전념+).
정체감 유예	정체성 위기 동안 격렬한 불안을 경험한 사람으로 아직 가치나 직업을 정하지 못하여 명확한 역할에 전념하지 못한다(위기+, 전념−).
정체감 유실	정체감 위기를 경험하지 않은 사람들의 범주로 자신이 아닌 부모나 사회의 요구에 따라 결정함으로써 발달과 변화의 다양한 다른 기회를 차단당한다(위기−, 전념+).
정체감 혼란	어떤 견해와 방향성도 확고하지 않은 상태로 직업적 역할을 수행하기 위한 노력도 없다(위기−, 전념−).

② 청년기(성인 초기, 20~29세)

① 개 요
- ㉠ 에릭슨의 성인 초기, 피아제의 형식적 조작기 전기
- ㉡ 신체적 기능이 최고조에 달하며, 발달과업에서 신체적 요소보다는 사회문화적 요소를 중요시하는 시기
- ㉢ 자아정체감을 이미 형성한 사람은 타인과의 상호관계에 집중할 수 있음
- ㉣ 청년기의 가장 큰 변화는 직업 준비를 위한 탐색과 혼인 준비 등
- ㉤ 자기주장이 쟁점화되는 시기

② 정서의 발달
- ㉠ 부모로부터의 독립
- ㉡ 부모로부터 분리 및 독립하여 자율성을 찾는 과정에서 양가감정을 가짐
- ㉢ 성역할 정체감이 확고해짐으로써 성적 사회화
- ㉣ 직업준비와 직업선택, 결혼

③ 신체의 발달
- ㉠ 신체적 황금기로서 신체적 성숙이 거의 완성되며, 활기와 힘이 최고 수준을 유지하는 시기이다.
- ㉡ 골격의 발달은 대략 17~21세경에 완성되며, 신체적 수행능력은 19~26세 사이에 정점에 도달한다.

④ 인지의 발달
- ㉠ 청소년기에 형식적 조작사고가 발달하기 시작한 이후 청년기의 어느 시점에 이르러 인지발달이 더 이상 이루어지지 않는다고 주장하는 학자들도, 그 이후에도 인지발달이 지속적으로 이루어진다고 주장하는 학자들도 있다.
- ㉡ 일반적으로 청년기에는 지능발달이 거의 없는 한편, 인지기술 상실도 뚜렷이 나타나지 않는다.

더 알아보기

청년기의 자아정체감 형성과 관련된 문제
- 정체감 유실 현상 : 가족을 비롯한 자기에게 중요한 다른 사람들의 요구에 따라 자신의 정체감을 미숙하게 결정짓는 것
- 부정적인 정체감 형성 : 사회가 자신에게 부여한 부정적인 낙인을 받아들이면서 이것에 일치하는 방향으로 계속 행동함으로써 형성하게 되는 정체감

1 중년기(장년기, 30~65세)

① 에릭슨의 성인기, 피아제의 형식적 조작기 중·후기에 해당하는 시기이다.
② 신체의 변화
　㉠ 신진대사의 둔화, 신체적 능력과 건강이 감퇴하기 시작한다.
　㉡ 갱년기 현상이 나타나며, 여성의 경우 40대 후반~50대 초반에 에스트로겐의 감소와 함께 폐경을 경험한다. 남성의 경우 테스토스테론의 감소로 성기능 저하 및 성욕감퇴를 경험하나, 생식능력은 있다.
　㉢ 폐경기 여성은 얼굴 홍조현상, 두통, 골다공증, 수면장애 등을 경험한다.
③ 인지적·성격적 변화
　㉠ 인지능력이 감소한다는 견해와 함께 인지능력은 감소하지 않으며 오히려 특정 측면의 인지능력은 강화된다는 견해가 공존한다.
　㉡ 단기기억력은 약화되지만 장기기억력에는 변화가 없고, 오랜 인생의 경험에서 터득한 지혜로 인해 문제해결능력은 높아진다는 견해도 있다.
　㉢ 유동성 지능은 퇴보하기 시작하나, 결정성 지능은 계속 발달하는 경향이 있다.
　㉣ '개성화'를 통해 자아의 에너지를 외적·물질적인 차원에서 내적·정신적인 차원으로 전환한다.
　㉤ '중년의 위기'로 인해 불안이나 우울, 무기력감, 자신감 상실 등의 정신적 위기를 경험한다.
　㉥ 여성의 경우 자녀의 독립, 남편의 일에 대한 몰두 등에 의해 나타나는 일종의 우울 증상으로서 '빈 둥지 증후군'에 직면한다.
④ 사회적 변화
　㉠ 사회경제적 활동능력이 최고조에 달하며, 직장 내에서 자신의 위치를 확립하고 리더십을 발휘한다.
　㉡ 인생의 전성기이지만 갑작스러운 실직을 경험하기도 하며, 직업 스트레스와 함께 자발적 또는 비자발적 직업전환에 직면하기도 한다.
　㉢ 평균수명 연장과 조기정년에 대비하여 자신의 적성에 부합하는 여가 및 취미활동을 개발하고자 노력한다.
　㉣ 직업적 성취를 위해 노력하며, 직업 관리를 통해 개인적 목표와 사회적 목표를 통합한다.

⑤ 중년기의 주요 발달과제(Levinson)
  ㉠ 자신의 과거에 대해 재평가하기
  ㉡ 삶의 구조를 수정하기(인생의 남은 부분에 대해 새롭게 시작하기)
  ㉢ 개성화에 이르기(개별화에 따른 상반된 경험들을 통합하기) 등

2 노년기(65세 이후)

① 개요
  ㉠ 생물학적·심리적·사회적으로 점진적이고 퇴행적인 발달로서 노화가 이루어진다.
  ㉡ 자아통합의 시기로서, 사회관계망의 축소로 인해 사회적 역할 변화를 경험한다.
  ㉢ 펙(Peck)은 '자아분화 대 직업역할 몰두'를 노년기의 주요 이슈로 보았다.
  ㉣ 신체변화에 대한 적응, 인생에 대한 평가, 역할 재조정, 여가시간 활용, 죽음에 대한 대비 등을 주요 특징이자 발달과업으로 한다.

② 인지적 변화
  ㉠ 연령이 증가함에 따라 정보처리속도가 감소하며, 특히 감각기관을 통해 입수되는 정보를 운동반응으로 전환하는 능력이 감소한다.
  ㉡ 전반적인 성취도는 떨어지지만 지적능력이 전적으로 떨어지지 않으며, 단기기억의 감퇴 속도가 장기기억의 감퇴 속도보다 빠르다.

③ 심리사회적 변화
  ㉠ 지위와 역할의 상실에 대해 적응하며, 내향성, 의존성, 보수성, 경직성이 증가한다.
  ㉡ 우울증 경향이 두드러지며 친근한 사물에 애착하고, 옛것을 회상한다.
  ㉢ 변화를 두려워하는 보수성, 경직성 경향이 증가한다.

④ 퀴블러-로스(Kübler-Ross)의 죽음의 직면(적응)단계
  ㉠ 부정 : "그럴 리가 없어"라며, 자신이 곧 죽는다는 사실을 부인한다.
  ㉡ 분노 : "왜 하필이면 나야"라며, 다른 사람들은 멀쩡한데 자신만 죽게 된다는 사실에 대해 분노한다.
  ㉢ 타협 : "우리 딸 결혼식 날까지 살 수 있도록 해 주세요"라며, 죽음을 피할 수 없음을 깨달은 채 인생과업을 마칠 때까지 생이 지속되기를 희망한다.
  ㉣ 우울 : 병의 진행에 의한 절망감과 함께 세상의 모든 것들과의 결별에서 오는 상실감을 토로한다.
  ㉤ 수용 : 죽음에 대해 담담하게 생각하고 이를 수용하게 된다.

■ 사회체계와 인간행동

① 사회체계이론의 특징

- ㉠ 인간행동을 이해하는 데 있어서 한 체계와 다른 체계 간의 관계성에 초점을 둔다.
- ㉡ 체계와 환경을 구분하는 경계가 존재하며, 경계는 사회적인 구조로서 행동을 통해서만 드러난다.
- ㉢ 전체 체계는 부분의 합 이상의 의미를 지니며, 모든 체계는 부분인 동시에 전체로서의 속성을 지닌다.
- ㉣ 체계의 한 부분이 변화하면 그 변한 부분은 다른 부분들을 변화시키기 위해 상호작용을 하는 특성이 있다.

② 주요 개념

- ㉠ 엔트로피(Entropy) : 체계 내부의 에너지만 소모함으로써 유용한 에너지가 감소하는 상태 – 폐쇄체계적
- ㉡ 역엔트로피(Negentropy) : 체계 외부로부터 에너지가 유입됨으로써 체계 내부의 불필요한 에너지가 감소하는 상태 – 개방체계적
- ㉢ 균형(Equilibrium) : 외부환경으로부터 새로운 에너지의 투입 없이 현상을 유지하려는 속성
- ㉣ 항상성(Homeostasis) : 개방체계적인 속성으로서 환경과 지속적으로 소통하면서 역동적인 균형을 이루는 상태
- ㉤ 호혜성 : 한 체계에서 일부가 변하면 그 변화가 모든 다른 부분들과 상호작용하여 나머지 부분도 변화하는 성질
- ㉥ 다중종결성 : 체계를 구성하는 요소들의 상호작용적 성격에 따라 유사한 조건이라도 각기 다른 결과를 초래하는 경우
- ㉦ 동등종결성 : 서로 다른 조건이라도 유사한 결과를 초래하는 경우
- ㉧ 경계 : 체계를 구성하는 소단위, 모든 사회체계에서 볼 수 있는 사회적 구조
- ㉨ 시너지(Synergy) : 체계 내부 간 또는 체계 외부와의 상호작용이 증가함으로써 체계 내의 에너지 양이 증가함
- ㉩ 홀론(Holon) : 전체와 부분을 별개로 나눌 수 없다는 사실을 전제로, 작은 체계들 속에서 그들을 둘러싼 큰 체계의 특성이 발견되기도 하고 작은 체계들이 큰 체계에 동화되기도 하는 체계의 이중적 성격을 나타냄
- ㉪ 피드백(Feedback) : 체계가 목표달성을 위해 올바르게 작동하고 있는지 혹은 잘못된 방향으로 나아가고 있는지에 대해 정보를 얻는 것. 정보의 투입에 대한 반응으로 일종의 적응 기제

③ 파슨즈(Parsons)의 사회체계의 4가지 기능

적응	체계가 외부환경으로부터 자원을 획득하고 이를 분배하거나 보존하는 활동이다.
목표달성	체계가 내부적으로 목표의 우선순위를 정하고, 해당 목표를 달성하기 위해 상위체계인 외부환경과 교류하면서 체계 내부의 구성부분들을 동원하는 기능이다.
통합	체계가 내부적으로 부분들의 상호작용을 조정하고 유지하는 활동이다.
잠재적 유형유지 또는 형태유지	체계 내에 발생하는 긴장을 다루는 활동을 말하는 것으로, 특히 목표달성 및 통합을 성취하도록 하는 데 있어서 매우 중요한 기능이다.

2 생태체계이론

① 생태체계이론의 특징
   ㉠ 인간과 환경을 동시에 고려해야 한다고 주장하고, 인간과 사회환경 사이의 관계를 이해하는 준거틀을 제시하고 있다.
   ㉡ 개인과 환경이 지속적으로 상호작용하는 적응의 과정을 통해 개인-환경 간의 적합성이 획득된다.
   ㉢ 문제의 원인을 인간과 환경 간의 복잡하고 다변화하는 상호연관성에 초점을 둔다.
   ㉣ 사회복지실천과정의 사정 단계에 유용하게 활용된다.
② 브론펜브레너(Bronfenbrenner)의 5가지 환경체계

미시체계	• 개인의 가장 근접한 환경 • 개인의 성장 시기에 따라 달라지며 상호호혜성에 기반을 두는 체계 • 가족, 학교, 이웃 등의 물리적 환경과 사회적 환경, 환경 내에서 갖게 되는 지위, 역할, 활동, 대인관계 등을 의미
중간체계	• 서로 상호작용하는 두 가지 이상 미시체계들 간의 관계망 • 개인이 다양한 역할을 동시에 수행한다는 의미가 내포
외체계 또는 외부체계	개인이 직접 참여하거나 관여하지는 않지만 개인에게 영향을 미치는 환경체계
거시체계	• 개인이 속한 사회의 이념(신념)이나 제도, 즉 정치, 경제, 문화 등의 광범위한 사회적 맥락을 의미 • 개인의 생활에 직접적으로 개입하지는 않지만 간접적으로 영향력을 행사하며, 하위체계에 지지기반과 가치준거를 제공
시간체계	• 전 생애에 걸쳐 일어나는 변화를 비롯하여 사회역사적인 환경을 포함 • 개인이 어느 시대에 출생하여 성장했는지에 따라 개인의 발달 및 삶의 양상이 크게 좌우

실제기출 [2023]

집단에 관한 설명으로 옳은 것은?

① 2차 집단은 인간의 성격형성을 목적으로 한다.
② 개방집단은 구성원의 개별화와 일정 수준 이상의 심도 깊은 목적 달성에 적합하다.
③ 구성원의 상호작용이 중요하므로 최소 단위는 4인 이상이다.
④ 형성집단은 특정 목적 없이 만들 수 있다.
⑤ 집단 활동을 통해 집단에 관한 정체성인 '우리의식'이 형성된다.

정답 ⑤

해설

① 2차 집단은 인위적으로 형성된 집단으로 특정 목적 달성을 위해 구성된다.
② 개방집단은 신규 구성원을 계속 받아들이기 때문에 일정 수준 이상의 심도 깊은 목적 달성에 접합하지 않다.
③ 공동의 목적이나 관심사를 가진 최소 2명 이상의 일정한 구성원을 집단이라 한다.
④ 형성집단은 특정 위원회나 팀처럼 일정한 목적을 달성하기 위해 개인들이나 사회기관, 학교, 회사 등과 같은 조직에 의해 구성된 집단이다.

실제기출 [2020]

개방형 가족체계에 관한 설명으로 옳은 것은?

① 외부체계와의 상호작용을 하지 않는다.
② 체계 내의 가족기능은 쇠퇴하게 된다.
③ 에너지, 정보, 자원을 다른 체계들과 교환한다.
④ 주변 환경으로부터 고립되어 있다.
⑤ 지역사회와의 교류가 제한된다.

정답 ③

해설

• 개방형 가족체계 : 가족구성원 간에 상호작용과 외부체계와의 상호작용이 원만하다. 이러한 가족은 그 영역이 지역사회의 공간으로 확대되는 동시에 외부문화도 가족공간으로 유입된다.
• 폐쇄형 가족체계 : 가족 간의 의사소통이 부족하고 외부체계와의 상호작용을 하지 않는다. 따라서 외부와의 상호작용과 사람, 물건, 정보, 자원 등의 출입을 제한한다. 이러한 가족은 자녀의 활동에 대한 부모의 통제가 강하다.

Theme 17 │ 가족체계, 집단체계

1 가족체계

① 가족의 개념
   ㉠ 부부와 그들의 자녀로 구성되는 기본적 사회단위
   ㉡ 서로에 대한 의무를 가지고 함께 거주하는 사람으로 구성된 1차 집단

② 가족체계의 역동성
   ㉠ 전체로서의 가족은 각 가족원 개인 특성의 합보다 크다.
   ㉡ 가족은 변화와 안정성의 균형을 맞추려고 노력한다.
   ㉢ 한 가족구성원의 변화는 가족성원 전체에 영향을 미친다.
   ㉣ 가족성원의 행동은 순환적 인과관계로 가장 잘 설명된다.
   ㉤ 가족은 더 큰 사회체계에 속하며 많은 하위체계를 포함한다.

③ 가족의 형태 : 핵가족, 확대가족, 노인가족, 한부모가족, 계부모가족, 혼합가족, 다문화가족 등

④ 가족체계의 외부와의 경계

개방형	가족성원들의 행위를 제한하는 규칙이 집단의 합의과정에서 도출되며 에너지, 정보, 자원을 다른 체계들과 교환함
폐쇄형	가족성원들의 외부와의 상호작용과 출입을 엄격히 제한하며 외부체계와의 상호작용을 하지 않음
임의형	가족성원들 각자 자신, 가족의 영역을 확보하며 개별적 패턴 형성

더 알아보기

머독(Murdock)이 제시한 가족의 4가지 기능

성적 기능	남녀의 사랑을 기초로 이루어지며 부부 간의 성적 욕구를 충족시키는 기능
재생산 기능	성생활의 결과로 자녀를 출산하는 기능(가족만의 고유한 기능)
경제적 기능	가족원은 산업사회에 노동력을 제공하고 그 대가로 임금을 받으며, 필요한 물자를 구입(생산·소비 기능)
사회적 기능	자녀가 사회에 잘 적응하고 바람직한 인격을 형성하도록 도움

2 집단체계

① 집단의 개념
  ㉠ 2인 이상(혹은 3인)의 사회적 집합체이다.
  ㉡ 같은 집단에 소속해 있다는 집단의식과 공동의 목적이나 관심사가 있다.
  ㉢ 목적을 성취함에 있어서 상호의존적이다.

② 집단의 유형
  ㉠ 집단 목적에 따른 분류

치료집단	지지집단, 교육집단, 성장집단, 치유집단, 사회화집단
과업집단	구체적 과업의 달성, 성과물의 산출, 명령이나 지시의 수행
자조집단	서로 유사한 문제나 공동의 관심사를 가진 사람들의 자발적 구성을 통한 경험 공유, 바람직한 변화를 위한 상호 원조

  ㉡ 개방 여부에 따른 분류

개방집단	집단 활동 중 새로운 참가자가 중도에 그만둔 참가자를 대신하여 참여
폐쇄집단	집단 활동 중 새로운 참가자가 집단에 추가될 수 없음

  ㉢ 형성 원인에 따른 분류

1차 집단	• 혈연과 지연에 의해 자연발생적으로 구성된 집단 • 직접적인 상호작용을 통해 관계를 맺는 소규모 집단 예 가족, 친구 등
2차 집단	특정 목적 달성을 위해 자발적 · 인위적으로 형성된 집단 예 종교집단, 경제집단, 정치집단 등

③ 집단의 역동성
  ㉠ 집단이 발달함에 따라 나타나는 속성이다.
  ㉡ 지위와 역할이 분화되고 하위집단이 형성된다.
  ㉢ 집단규범은 집단이 기대하는 행동의 기준이다.
  ㉣ 개인적 목적이 집단의 명시적 목적과 일치하지 않을 수 있다.
  ㉤ 응집력은 구성원들이 상호 간에 그리고 집단에 대해 끌리는 정도이다.
  ㉥ 갈등은 집단관계에서 건설적 힘이 되고 상호작용의 자극과 토대가 되기도 한다.
  ㉦ 집단구성원은 전체로서의 집단에 대한 정체성을 갖는데, 이는 다양한 집단 활동을 통해 형성되는 '우리의식(We-feeling)'이라 할 수 있다.

④ **집단의 구조적 요소** : 응집, 규범구조, 하위집단 구조, 지도력 구조

Theme 1 | 과학적 방법과 조사연구

1 과학의 목적

지식의 제공, 규칙성의 일반화, 변수들 사이의 관계 기술 및 설명, 이론을 바탕으로 한 현상 예측

2 과학적 조사의 특징

① 논리적 · 체계적이며, 철학이나 신념보다는 이론에 기반한다.
② 일정한 규칙과 절차를 통해 이루어진다.
③ 확률에 의한 인과성이 있다.
④ 일시적 · 잠정적인 결론이다.
⑤ 일반화를 통해 보편적인 것을 지향한다.
⑥ 간결화를 통해 최소한의 설명변수로 최대의 설명력을 유도한다.
⑦ 구체화를 통해 검증하고자 하는 개념을 정확히 측정한다.
⑧ 간주관성에 의해 서로 다른 동기에도 불구하고 동일한 결과가 나타난다.
⑨ 관찰로부터 수집된 자료를 토대로 한다.
⑩ 경험적인 검증 가능성에 의해 이론의 유용성이 인정된다.
⑪ 새로운 이론에 의해 언제든 수정이 가능하다.
⑫ 허위화의 가능성에 대해 개방적이다.

3 과학적 조사 : 연역법과 귀납법은 상호보완적

연역법	• 이미 참으로 인정된 보편적 원리를 가지고 현상에 연역시켜 설명하는 방법이다. 법칙과 이론으로부터 어떤 현상에 대한 설명과 예측을 도출하는 방법으로 이해할 수 있다. • 가설 설정 → 조작화 → 관찰 · 경험 → 검증 **예** "모든 사람은 죽는다."-"A는 사람이다."-"그러므로 A는 죽는다."
귀납법	• 확률에 근거한 설명으로 과학은 관찰과 경험으로부터 시작한다고 보는 견해에서 비롯된다. 관찰과 자료의 수집을 통해서 보편성과 일반성을 가지는 하나의 결론을 내린다. • 주제 선정 → 관찰 → 유형의 발견(경험적 일반화) → 임시결론(이론) **예** "까마귀 1은 검다."-"까마귀 2는 검다."-"……"-"까마귀 9999는 검다."-"그러므로 모든 까마귀는 검을 것이다."

4 과학철학

① **귀납주의** : 현상에 대한 구체적이고 객관적인 관찰 및 실험을 강조한다.

② **연역주의** : 일반적인 원리나 법칙을 통한 가설 설정과 함께 경험적 관찰에 의한 가설 검증을 강조한다.

③ **논리적 실증주의** : 논리성을 강조한 스펜서 및 베이컨의 주장이 논리실증주의로 발전된 형태로, 일반적인 진술과 명제는 경험적으로 검증될 때 의미가 있다고 주장한다.

④ **논리적 경험주의** : 관찰이 과학의 출발점임을 인정하면서도, 유일한 관찰에 의해서는 완전한 진리를 규명할 수 없다는 견해에 따라 '진리의 입증(Verification)' 대신 '진리의 확인(Confirmation)'의 개념으로 전환하였다.

⑤ **후기실증주의** : 사회를 자연과 동일시한 채 관찰에 의한 경험적 검증을 통해 사회의 법칙을 묘사하려는 실증주의에 대한 대안으로 등장하였다. 객관적인 지식에 대한 직접적 확증은 불가능하다고 보며, 연구가 결코 정치적 가치나 이데올로기로부터 완전히 자유로울 수 없음을 인정한다.

⑥ **반증주의** : 연역적 이론이 확증될 수는 없지만 예측의 실패에 의해 명백히 반증될 수 있다고 보며 논리적으로 연역법에 의존한다.

⑦ **포스트모더니즘** : 이성적 주체로서의 인간관과 주체의 인식에 의해 파악되는 객관적 실재로서의 지식관을 특징으로 한 모더니즘을 비판하면서, 객관적 실재의 개념을 불신하고 진리에 대한 객관적 기준을 거부한다.

5 사회과학과 자연과학 방법론의 비교

사회과학	자연과학
• 인간 행위와 사회현상을 연구대상으로 한다.	• 자연현상을 연구대상으로 한다.
• 독창적인 성격을 가진 학문이다.	• 누적적인 성격을 가진 학문이다.
• 연구자가 연구대상인 사회의 일부이다.	• 연구대상은 연구자 외부에 존재한다.
• 연구자의 가치관이나 개인적 특성에 의해 영향을 받는다.	• 연구자의 가치관이나 개인적 특성에 영향을 받지 않는다.
• 명확한 결론에 도달하기 어렵다.	• 명확한 결론에 도달할 수 있다.
• 새로운 이론이라도 기존의 이론과는 단절되지 않은 성격을 가진다.	• 기존의 이론과는 전혀 다른 새로운 이론이 빈번히 탄생된다.
• 예측력이 상대적으로 낮다.	• 예측력이 상대적으로 높다.
• 실증적인 방법과 반실증적인 방법을 혼용한다.	• 실증적인 방법을 사용한다.
• 제한적 · 확률적 법칙이 존재한다.	• 보편적 · 결정론적 법칙이 존재한다.
• 사회문화적 특성에 영향을 받는다.	• 사회문화적 특성에 영향을 받지 않는다.
	• 관찰대상물과 관찰자가 분명히 구별될 수 있다.

적중예상

다음 중 과학적 조사의 특징으로만 모두 묶인 것은?

ㄱ. 논리적
ㄴ. 경험적인 검증 가능성
ㄷ. 상호주관성
ㄹ. 결과물의 불변성

① ㄱ, ㄴ, ㄷ
② ㄱ, ㄷ
③ ㄴ, ㄹ
④ ㄹ
⑤ ㄱ, ㄴ, ㄷ, ㄹ

정답 ①

해설

ㄹ. 과학적 연구는 새로운 이론에 의해 언제든지 수정이 가능하다.

개념쏙쏙

1. 과학적 조사의 논리전개방식 중 (연역법 / 귀납법)은 확률에 근거한 설명으로 과학은 관찰과 경험으로부터 시작한다고 보는 견해에서 비롯된다.
2. 연역법과 귀납법은 ( ) 관계를 형성한다.
3. 자연과학은 ( )을/를 연구대상으로 한다.

정답

1. 귀납법
2. 상호보완적
3. 동식물, 자연현상

Theme 2	사회복지조사 연구방법

1 연구방법론

① 목 적
  ㉠ 보고 : 연구 결과를 추론이나 결론을 내리지 않고 간단한 자료로써 발표한다.
  ㉡ 기술 : 인간의 행동이나 사회현상을 기술한다.
  ㉢ 설명 : 기술된 현상의 발생 원인을 설명함으로서 사회현상과 인과관계를 설명한다.
  ㉣ 예측 : 이론의 기초적인 명제로부터 보다 복잡한 명제를 추론한다.

② 특 성
  ㉠ 경험주의적 접근방법을 사용한다.
  ㉡ 구체적이며 객관적인 접근방법을 사용한다.
  ㉢ 다양한 이론들에 의한 종합 과학적 접근방법을 사용한다.
  ㉣ 인간행동과 사회환경에 대한 법칙을 모색한다.
  ㉤ 인간의 합리적인 사고 작용을 토대로 한다.

2 사회복지조사

① 목적 : 사회적 욕구 이해, 사회복지 관련 이론 개발, 사회복지실천방법의 기초 구성, 사회복지실천 효과 측정, 사회복지이론과 실천의 과학화 도모, 사회개량을 통한 사회적 약자 보호

② 특징 : 사회복지서비스의 계획적 제공, 사회복지 프로그램 및 정책적 대안의 개입 효과 평가, 적합성 여부에 대한 간접적 시험

③ 필요성
  ㉠ 개인 및 지역주민의 복지욕구를 충족시키고 사회적 문제의 해결방안을 찾기 위해 관련 자료를 수집한다.
  ㉡ 과학적 방법을 활용하여 클라이언트에 관한 자료를 체계적으로 수집·기술·분석·해석함으로써 클라이언트의 문제 해결을 위한 유효한 정보를 제공한다.
  ㉢ 전문직 활동으로서 사회복지활동에 대한 사회적 책임성을 구현한다.
  ㉣ 사회복지조사과정에서 나타날 수 있는 조사대상에 대한 비윤리적인 행위를 예방한다.
  ㉤ 과학적이고 객관적인 방법을 통해 서비스 프로그램의 효과성 및 효율성을 평가·검증한다.
  ㉥ 사회복지조사방법의 적절한 활용을 통해 체계적인 업무 수행이 가능하도록 하며, 이를 통해 사회복지실천능력을 제고한다.

ⓐ 사회복지실천현장에서 문제 해결을 위한 적절한 개입 유형 및 개입 시점을 찾아내며, 개입의 효과성 평가를 위한 기준을 제시한다.
ⓞ 사회복지실천이론 및 조사방법에 대한 검증을 통해 사회복지의 일반적 지식 확대 및 실천기술 개발에 공헌한다.

④ 사회복지조사 연구윤리
  ㉠ 조사대상자의 사생활을 보호하고 익명성을 보장해야 한다.
  ㉡ 조사대상자에게 조사의 목적 및 내용, 조사의 범위와 절차, 조사의 혜택과 위험성, 개인정보보호 등에 관한 내용을 사전에 충분히 알려주어야 한다.
  ㉢ 조사대상자의 자발적인 참여와 동의를 이끌어내야 한다.
  ㉣ 조사대상자에게 직간접적인 피해를 주지 않도록 해야 한다.
  ㉤ 조사대상자를 속이거나 특정 답변을 유도해서는 안 된다.
  ㉥ 조사연구에 있어서 인간을 수단으로 이용해서는 안 된다.
  ㉦ 동료조사자들에 대한 정보 개방을 통해 조사의 효율성을 기해야 한다.
  ㉧ 조사과정에서 드러난 문제점과 실패도 모두 보고해야 한다.
  ㉨ 조사대상자의 익명성 자체가 조사내용의 비밀유지를 보장하는 것은 아니다.
  ㉩ 조사연구의 공익적 가치가 조사연구의 윤리보다 우선하는 것은 아니다.
  ㉪ 연구의 전 과정에서 결정주의적 성향을 지양해야 한다.

더 알아보기

사회복지조사 또는 과학적 조사방법론의 필요성
• 실천현장에서 수행하는 업무에 조사 관련 지식이 필요함
• 서비스의 질을 높일 수 있는 실천기술 개발을 위해 필요함
• 지역주민의 욕구조사를 위해 필요함
• 사회복지사가 제공하는 서비스에 대한 평가를 위해 필요함

적중예상

사회복지조사의 필요성에 관한 설명으로 옳은 것을 모두 고른 것은?

ㄱ. 개인 및 지역주민의 복지욕구를 충족시키기 위해
ㄴ. 전문직 활동으로서 사회복지활동에 대한 사회적 책임성 구현을 위해
ㄷ. 조사대상에 대한 비윤리적인 행위를 예방하기 위해
ㄹ. 실천지식과 기술의 주관적 판단의 강화를 위해

① ㄱ, ㄴ, ㄷ
② ㄱ, ㄷ
③ ㄴ, ㄹ
④ ㄹ
⑤ ㄱ, ㄴ, ㄷ, ㄹ

정답 ①

해설
ㄹ. 사회복지조사는 과학적이고 객관적인 방법을 통해 프로그램의 효과성 및 효율성을 평가·검증하기 위해 필요하다.

개념쏙쏙

1. 연구방법론은 (   ) 접근방법을 사용한다.
2. 사회복지조사에서는 조사대상자에게 특정 답변을 유도하는 것은 (허용된다 / 허용되지 않는다).
3. 사회복지조사에서는 조사자의 (   )이/가 조사의 결과에 영향을 미친다.

정답
1. 경험주의적
2. 허용되지 않는다
3. 주관적 가치

실제기출 [2025]

다음 가설에 포함된 변수에 관한 설명으로 옳은 것은?

> 사회복지사가 느끼는 업무부담에 따른 소진정도는 동료와의 친밀도에 따라 달라질 것이다.

① 소진정도 : 통제변수
② 업무부담 : 매개변수
③ 소진정도 : 독립변수
④ 업무부담 : 종속변수
⑤ 동료와의 친밀도 : 조절변수

정답 ⑤

해설

Theme 3의 '4. 변수' 중 '② 변수의 기능적 관계에 따른 분류' 참고

실제기출 [2024]

영가설(Null Hypothesis)과 연구가설(Research Hypothesis)에 관한 설명으로 옳은 것은?

① 연구가설은 연구의 개념적 틀 혹은 연구모형으로부터 도출될 수 있다.
② 연구가설은 그 자체를 직접 검정할 수 있다.
③ 영가설은 연구가설의 검정 결과에 따라 채택되거나 기각된다.
④ 연구가설은 수집된 자료에서 나타난 차이나 관계가 표본추출에서 오는 우연에 의한 것으로 진술된다.
⑤ 연구가설은 영가설에 대한 반증의 목적으로 설정된다.

정답 ①

해설

연구가설은 연구문제에 대한 잠정적 대답으로서, 보통 가설이라 하면 연구가설을 말한다. 이러한 연구가설은 이론과 관련성을 가지는데, 이론이나 선행연구에 기초해서 도출되기도 혹은 다른 가설들로부터 떠오르기도 한다. 즉, 기존의 이론적 체계나 개념적 틀 혹은 연구모형을 이용하여 연구문제를 설정할 수 있는 것이다.

Theme 3 | 조사연구의 요소

1 연구문제

① 연구문제의 조건
   독창성, 경험적 검증 가능성, 윤리적 배려, 현실적 제한
② 연구문제 선정에 영향을 미치는 요인
   사회과학적 연구 패러다임, 조사자의 가치, 반응성의 정도, 조사자의 방법론, 조사의 분석단위, 시간적 요인
③ 분석단위와 관련된 오류
   개인주의적 오류, 생태학적 오류, 환원주의적 오류

2 개념적 정의와 조작적 정의

① 개념적 정의
   ㉠ 연구의 대상, 현상 등을 보다 명확하고 정확하게 표현하기 위해 개념적으로 정의하는 것이다.
   ㉡ 문제의 개념적 정의화는 사전적으로 정의를 내리는 것으로, 추상적·주관적인 양상을 보인다.
② 조작적 정의
   ㉠ 추상적인 개념적 정의를 실증적·경험적으로 측정이 가능하도록 구체화하여 정의하는 것이다.
   ㉡ 조작적 정의의 최종산물은 수량화(계량화)이며, 이는 양적 조사에서 중요한 과정에 해당한다.

3 가설의 유형

① 연구가설
   ㉠ 연구문제에 대한 잠정적 대답으로서, 연구자가 제시한 작업가설에 해당한다.
   ㉡ 경험적으로 검증 가능하도록 진술한 가설로서 흔히 '실험적 가설' 혹은 '과학적 가설'이라고도 한다.
   ㉢ 보통 "A는 B보다 ~이다" 또는 "A는 B와 관계(차이)가 있다"는 식으로 표현된다.
   예 "남녀 간 월 평균소득은 차이가 있다."
② 영가설(귀무가설)
   ㉠ 연구가설과 논리적으로 반대의 입장을 취하는, 처음부터 버릴 것을 예상하는 가설로서 직접 검증을 거쳐야 하는 가설이다.
   ㉡ 연구가설을 반증하기 위해 사용되는 가설이다.
   ㉢ 보통 "A는 B와 관계(차이)가 없다"는 식으로 표현된다.
   예 "남녀 간 월 평균소득은 차이가 없다."

③ 대립가설
  ㉠ 영가설에 대립되는 가설로서, 영가설이 거짓일 때 채택하기 위해 설정하는 가설이다.
  ㉡ 연구자가 주장하고자 하는 가설, 즉 연구자가 참으로 증명되기를 기대하는 가설로서 종종 연구가설과 동일시된다.
  ㉢ 보통 "~의 관계(차이)가 있을 것이다"라고 기술하는 명제를 말한다.
    예 "남녀 간 월 평균소득은 차이가 있을 것이다."
    ※ 두 개 모집단의 평균을 각각 μ_1, μ_2로 표기할 때, 영가설(H_0)은 $\mu_1 = \mu_2$, 대립가설(H_1)은 $\mu_1 \neq \mu_2$로 나타낼 수 있다.

4 변 수

① 정 의
  2가지 또는 그 이상의 값으로 경험적으로 분류할 수 있는 개념을 말하는 것으로서, 연구대상의 경험적 속성을 나타내는 동시에 그 속성에 계량적 수치, 계량적 가치를 부여할 수 있는 개념을 의미

② 변수의 기능적 관계에 따른 분류
  ㉠ 독립변수(원인변수, 설명변수, 예측변수) : 일정하게 전제된 원인을 가져다주는 기능을 하는 변수
  ㉡ 종속변수(결과변수, 피설명변수, 피예측변수) : 독립변수의 원인을 받아 일정하게 전제된 결과를 나타내는 기능을 하는 변수
  ㉢ 매개변수 : 독립변수와 종속변수 간에 직접적 관련이 없으나, 두 변수의 중간에서 매개자 역할을 하여 두 변수 간에 간접적인 관계를 맺도록 하는 변수
  ㉣ 외생변수 : 2개의 변수 간에 상관관계가 있는 것처럼 보이지만 실제로는 가식적인 관계에 불과한 경우 그와 같은 가식적인 관계를 만드는 제3의 변수
  ㉤ 왜곡변수 : 2개의 변수 간의 관계를 정반대로 나타나게 하는 제3의 변수
  ㉥ 억압변수 : 2개의 변수 간에 상관관계가 있으나 그와 같은 관계가 없는 것처럼 보이게 하는 제3의 변수
  ㉦ 조절변수 : 종속변수에 영향을 미치는 독립변수의 인과관계를 조절할 수 있는 또 다른 독립변인
  ㉧ 통제변수 : 독립변수와 종속변수 간의 관계를 명확히 파악하기 위해 그 관계에 영향을 미칠 수 있는 제3의 변수를 통제하는 변수

③ 변수의 속성 정도에 따른 분류
  ㉠ 이산변수 : 명목척도와 서열척도로 측정되는 변수
  ㉡ 연속변수 : 등간척도와 비율척도로 측정되는 변수

사회복지조사 과정을 순서대로 나열한 것은?

> ㄱ. 표집방법을 수립하였다.
> ㄴ. 연구문제의 잠정적 결론으로 가설을 설정하였다.
> ㄷ. 연구가 필요한 주제를 선정하였다.
> ㄹ. 검증된 측정도구로 자료를 수집하였다.
> ㅁ. 자료를 분석하고 가설의 지지여부를 결정하였다.

① ㄱ → ㄴ → ㅁ → ㄷ → ㄹ
② ㄴ → ㄱ → ㄷ → ㄹ → ㅁ
③ ㄴ → ㄷ → ㄱ → ㅁ → ㄹ
④ ㄷ → ㄱ → ㄹ → ㅁ → ㄴ
⑤ ㄷ → ㄴ → ㄱ → ㄹ → ㅁ

정답 ⑤

해설

사회복지조사 과정(조사연구의 절차)
연구문제 설정 → 가설 설정 → 조사설계 → 자료 수집 → 자료 분석 → 보고서 작성

다음에서 설명하는 조사유형을 바르게 짝지은 것은?

> ㄱ. 동일한 표본을 대상으로 시간을 달리하여 추적 관찰하는 연구
> ㄴ. 일정 연령이나 일정 연령 범위 내 사람들의 집단이 조사대상인 종단연구

① ㄱ : 경향조사
　 ㄴ : 코호트(Cohort)조사
② ㄱ : 경향조사
　 ㄴ : 패널조사
③ ㄱ : 코호트(Cohort)조사
　 ㄴ : 경향조사
④ ㄱ : 패널조사
　 ㄴ : 경향조사
⑤ ㄱ : 패널조사
　 ㄴ : 코호트(Cohort)조사

정답 ⑤

해설

Theme 4의 '3. 시간적 차원에 따른 분류' 중 '② 종단조사(동태적 속성)' 참고

Theme 4 | 조사연구의 과정 및 유형

1 조사연구의 과정

조사문제 형성 → 가설 형성 → 조사설계 → 자료 수집 → 자료 분석 및 해석 → 보고서 작성

2 조사의 목적에 따른 분류

① 탐색적 조사(예비조사, 형식적 조사)
　㉠ 조사설계를 확정하기 이전에 타당성을 검증하기 위해 예비적으로 실시한다.
　㉡ 문헌조사, 경험자조사, 특례조사 등이 해당한다.

② 기술적 조사
　㉠ 현상이나 주제를 정확하게 기술하는 것을 주목적으로 한다.
　㉡ 실업자 수, 빈곤가구 수 등 사회복지 문제에 대하여 정확하게 실태 파악을 하여 정책적 대안을 마련하기 위한 목적에서 실시한다.
　㉢ 여론조사나 인구 · 주택센서스 등이 해당한다.

③ 설명적 조사
　㉠ 특정 변수에 영향을 미치는 요인에 대한 조사이다.
　㉡ 가설을 검증하려는 조사로서, 사회적 문제의 발생 원인을 밝히고, 정책대안을 마련하기 위해 활용된다.

3 시간적 차원에 따른 분류

① 횡단조사(정태적 속성)
　㉠ 어느 한 시점에서 다수의 분석단위에 대한 자료를 수집하는 연구이다.
　㉡ 횡단조사는 탐색, 기술 또는 설명적 목적을 가질 수 있다.
　㉢ 현황조사(Status Survey), 상관적 연구 등이 해당한다.

② 종단조사(동태적 속성)
　㉠ 둘 이상의 시점에서 동일한 분석단위를 연구하는 것을 말한다.
　㉡ 횡단조사에 비해 복잡하고 비용이 많이 든다.

ⓒ 종단조사의 주요 유형

경향분석 (추세 조사)	• 일정한 기간 동안 전체 모집단 내의 변화를 연구하는 것으로, 일정 주기별 인구변화에 대한 조사에 해당한다. • 어떤 광범위한 연구대상의 특정 속성을 여러 시기를 두고 관 찰·비교하는 방법이다.
코호트 조사 (동년배 조사)	• 동기생·동시경험집단 연구 혹은 동류집단 연구에 해당한다. • 일정한 기간 동안 어떤 한정된 부분 모집단의 변화를 연구하는 것으로, 특정 경험을 같이하는 사람들이 가지는 특성들에 대해 2번 이상의 다른 시기에 걸쳐서 비교·연구하는 방법이다.
패널조사 (패널 연구)	• 동일집단 반복연구에 해당한다. • '패널(Panel)'이라 불리는 특정응답자 집단을 정해 놓고 그들 로부터 상당히 긴 시간 동안 지속적으로 연구자가 필요로 하 는 정보를 획득하는 방법이다.

4 그 밖의 조사연구 유형 분류

① 용도에 따른 분류
- ㉠ 순수조사 : 사회적 현상에 대한 지식 자체만을 순수하게 획득하려는 조사
- ㉡ 응용조사 : 조사 결과를 문제 해결과 개선을 위해 응용하여 사용하려는 조사

② 조사대상의 범위 혹은 표본추출의 여부에 따른 분류
- ㉠ 전수조사 : 모집단 전체를 대상으로 조사하는 방식
- ㉡ 표본조사 : 모집단의 일부만을 추출하여 이를 토대로 모집단 전체를 추정하는 방식

③ 자료수집의 성격 혹은 데이터의 성격에 따른 분류
- ㉠ 양적 조사 : 정량적 데이터 중심의 양적 측정을 하는 조사
- ㉡ 질적 조사 : 정성적 데이터 중심의 질적 측정을 하는 조사

④ 사례조사와 서베이조사
- ㉠ 사례조사 : 특정 사례를 조사하여 문제를 종합적으로 파악하고, 그에 대한 실증적인 분석을 실행하는 조사
- ㉡ 서베이조사 : 집단을 대상으로 추출된 표본에 대하여 표준화된 조사도구를 사용하여 직접 질문함으로써 필요한 자료를 수집하는 조사

⑤ 현장연구조사(현지조사)와 실험조사
- ㉠ 현장연구조사 : 연구문제를 설정하거나 가설을 형성하기 위해 현장에 나가서 직접 자료를 수집하는 조사
- ㉡ 실험조사 : 조사자가 외생적 요인들을 의도적으로 통제하고 인위적인 관찰조건을 조성함으로써 독립변수의 효과를 측정하거나 독립변수가 종속변수에 영향을 미치는 인과관계에 대한 가설을 검증하는 조사

❶ 측 정

① 정 의

일정한 규칙에 의거하여 대상의 속성에 값을 부여하는 과정이다.

② 측정의 신뢰도

㉠ '신뢰도'란 측정도구가 측정하고자 하는 현상을 일관성 있게 측정하는 능력을 말한다.

㉡ 측정도구의 신뢰도를 높이기 위해서는 설문문항 수가 많을수록 좋다. 다만, 설문문항 수가 많다고 해서 무조건 신뢰도가 정비례하여 커지는 것은 아니다.

㉢ 어떤 측정도구를 사용해서 동일한 대상을 측정하였을 때 항상 같은 결과가 나온다면 이 측정도구는 신뢰도가 매우 높다고 할 수 있다.

㉣ 신뢰도는 연구조사 결과와 그 해석에 있어서 충분조건은 아니지만 필요조건에 해당한다고 볼 수 있다.

③ 측정의 타당도

㉠ '타당도'는 조사자가 측정하고자 한 것을 실제로 정확히 측정했는가의 문제이다.

㉡ 타당도는 실증적 수단인 조작적 정의나 지표가 측정하고자 하는 개념을 제대로 반영하는 정도를 의미한다.

㉢ 사회과학 영역에서 특히 타당도가 문제시되는 이유는 간접적으로 측정할 수밖에 없는 사회과학 고유의 특성 때문이다.

❷ 척 도

① 정 의

측정을 하기 위한 도구로서, 측정하고자 하는 대상에 수치나 기호를 부여하는 것이며, 체계적 · 논리적으로 연관되어 있는 여러 문항으로 이루어진 복합적인 측정도구이다.

② 유 형

척도	특성
명목척도 (Nominal Scale)	단순한 분류의 목적을 위해 특정 대상의 속성에 수치를 부여하는 것 예 성별, 인종, 종교, 결혼여부, 직업, 출신 지역, 계절 등
서열척도 (Ordinal Scale)	일종의 순위척도로서 측정대상을 속성에 따라 서열이나 순위를 매길 수 있도록 수치를 부여한 척도 예 사회계층, 선호도, 교육 수준(중졸 이하/고졸/대졸 이상), 수여 받은 학위(학사/석사/박사), 변화에 대한 평가, 서비스 효율성 평가, 사회복지사 자격등급 등
등간척도 (Interval Scale)	일종의 구간척도로서 측정하고자 하는 사물대상이나 현상을 분류하고 서열을 정할 수 있을 뿐만 아니라 이들 분류된 범주 간의 간격까지도 측정할 수 있는 척도 예 지능, 온도, 시험점수, 학점, 물가지수, 사회지표 등
비율척도 (Ratio Scale)	척도를 나타내는 수가 등간일 뿐만 아니라 의미 있는 절대영점을 가지고 있는 경우에 이용되는 척도 예 연령, 무게, 키, 수입, 출생률, 사망률, 이혼율, 교육연수(정규교육을 받은 기간), 가족 수, 사회복지학과 졸업생 수 등
리커트 척도 (Likert Scale)	• 서열척도의 일종으로 척도의 신뢰도와 타당도를 높이기 위해 일련의 수 개 문항들을 하나의 척도로 사용함 • '총화평정 척도' 또는 '다문항 척도'라고도 하며, 각 문항별 응답점수의 총합이 특정하고자 하는 개념을 대표한다는 가정에 근거함
거트만 척도 (Guttman Scale)	• 서열척도의 일종으로 '척도도식법'이라고도 함 • 경험적 관측을 토대로 척도가 구성됨으로써 이론적으로 우월하다는 장점이 있음 • 2개 이상의 변수를 동시에 측정하는 다차원적 척도로서, 사용되기는 거의 불가능하다는 단점이 있음
보가더스 (Bogardus) 의 사회적 거리척도	• 서열척도의 일종으로서, 7개의 서열화된 척도를 연속체상에 배치하여 이론적으로 응답자가 서열적인 선택을 하도록 만든 것 • 소시오메트리가 개인을 중심으로 하여 집단 내에 있어서의 개인 간의 친근관계를 측정하는 데 반해, 사회적 거리척도는 주로 집단 간(가족과 가족, 민족과 민족)의 친근 정도를 측정함
서스톤 척도 (Thurstone Scale)	• 등간-비율척도의 일종으로서, 어떤 사실에 대하여 가장 긍정적인 태도와 가장 부정적인 태도를 나타내는 양극단을 등간적으로 구분하여 수치를 부여함으로써 등간척도를 구성하는 방법 • 리커트 척도를 구성하는 문항들의 간격이 동일하지 않다는 문제점을 보완하기 위한 것으로 중요성이 있는 항목에 가중치 부여, 리커트 척도에 비해 비교적 많은 시간과 노력이 소요됨 • 다양한 평가자들의 의견 가운데 극단적인 의견을 배제함으로써 공정성을 보완함
의의차별척도 (Semantic Differential Scale)	'의미분화척도' 또는 '어의구별척도'라고도 하며, 어떤 대상이 개인에게 주는 주관적인 의미를 측정하는 방법

내적 일관성 방법에 근거하여 신뢰도를 측정하는 방법으로 옳은 것을 모두 고른 것은?

> ㄱ. 검사-재검사법
> ㄴ. 조사자 간 신뢰도
> ㄷ. 알파계수
> ㄹ. 대안법

① ㄱ
② ㄷ
③ ㄴ, ㄷ
④ ㄱ, ㄷ, ㄹ
⑤ ㄴ, ㄷ, ㄹ

정답 ②

해설

Theme 6의 '1. 신뢰도 검증방법' 참고

신뢰도를 측정하는 방법으로 옳지 않은 것은?

① 동일한 상황에서 동일한 측정도구로 동일한 대상을 다시 측정하는 방법
② 측정도구를 반으로 나누어 2개의 독립된 척도로 구성한 후 동일한 대상을 측정하는 방법
③ 상관관계가 높은 문항들을 범주화하여 하위요인을 구성하는 방법
④ 동질성이 있는 2개의 측정도구를 동일한 대상에게 측정하는 방법
⑤ 전체 척도와 척도의 개별항목이 얼마나 상호연관성이 있는지 분석하는 방법

정답 ③

해설

검사를 구성하는 문항들의 상관관계를 분석하여 상관이 높은 문항들을 묶어주는 통계적 방법은 요인분석(Factor Analysis)으로서, 이는 구성타당도 혹은 개념타당도(Construct Validity)를 측정하는 방법에 해당한다.

Theme 6 | 신뢰도

1 신뢰도 검증방법

① 검사-재검사 신뢰도(재검사법)
  ㉠ 동일한 대상에 동일한 측정도구를 서로 상이한 시간에 2번 측정한 다음 그 결과를 비교하여 신뢰도를 평가하는 방법이다.
  ㉡ 반복검사로 인한 주시험효과(검사요인효과)의 문제점이 있다.

② 동형검사 신뢰도(대안법)
  ㉠ 유사한 형태의 둘 이상의 측정도구를 사용하여 동일한 표본에 적용한 결과를 서로 비교하여 신뢰도를 측정하는 방법이다.
  ㉡ 검사 개발 시 각각의 검사의 동등성을 보장하는 것이 중요하다.

③ 반분신뢰도(반분법)
  ㉠ 측정도구를 임의대로 반으로 나누고 그 각각을 독립된 척도로 간주하여 이들의 측정 결과를 서로 비교하는 방법이다.
  ㉡ 측정도구를 반분하는 과정에서 검사의 초반과 후반에 연습효과나 피로효과가 발생할 수 있다.

④ 문항내적 합치도(내적 일관성 분석법)
  ㉠ 단일의 신뢰도 계수를 계산할 수 없는 반분법의 단점을 고려하여 가능한 한 모든 반분신뢰도를 구한 다음 그 평균값을 신뢰도로 추정하는 방법이다.
  ㉡ '크론바흐 알파계수'는 일반적으로 가장 널리 사용되는 신뢰도의 지표로서 0~1의 값을 가지며, 값이 높을수록 신뢰도가 높다. 특히 크론바흐 알파값이 0.6~0.7 이상이면 척도의 신뢰도가 있다고 간주한다.

더 알아보기

크론바흐 알파계수(Cronbach's α Coefficient)

- 내적 일관성 분석법에 따라 신뢰도를 측정하는 척도이다.
- 척도를 구성하는 전체 문항 조합들의 상관관계 평균값을 계산한 것이다.
- 신뢰도가 낮은 경우 신뢰도를 저해하는 항목을 찾을 수 있다.
- 신뢰도 측정의 계수를 '크론바흐 알파값'이라 한다.
- 계수는 0~1의 값을 가지며, 값이 높을수록 신뢰도가 높다.
- 알파값은 0.6~0.7 이상이 바람직하며, 0.8~0.9 정도를 신뢰도가 높은 것으로 본다.

2 신뢰도에 영향을 주는 요인

① 개인차 : 개인차가 클수록 신뢰도 계수도 커진다.
② 문항 수 : 문항 수가 많은 경우 신뢰도는 커지지만 정비례하여 커지는 것은 아니다.
③ 문항반응 수 : 문항반응 수가 적정수준을 초과하는 경우 신뢰도는 평행선을 긋게 된다.
④ 검사유형 : 속도검사를 전후반분법으로 추정할 경우 전 · 후반 점수 간 상관계수는 낮아진다.
⑤ 신뢰도 추정방법(검증방법) : 서로 다른 신뢰도 추정방법에 따라 얻어진 신뢰도 계수는 각기 다를 수밖에 없다.

3 신뢰를 높이는 주요 방법

① 측정도구를 명확하게 구성하여 모호성을 제거해야 한다.
② 측정 항목 수를 충분히 늘리고 항목의 선택범위(값)를 넓혀야 한다.
③ 조사대상자가 알지 못하는 내용에 대해서는 측정하지 않거나 이해할 수 있는 형태로 바꾸어야 한다.
④ 면접자들이 조사대상자를 대할 때 일관성을 유지해야 한다.

Theme 7 | 타당도

1 내용타당도(Content Validity)

① 측정항목이 연구자가 의도한 내용대로 실제로 측정되고 있는가 하는 문제와 연관된다.
② 논리적 사고에 입각한 주관적인 타당도로서 객관적인 자료에 근거하지 않는다.
③ 교수·학습 과정에서 교육목표 성취 여부를 묻는 학업성취도 검사의 타당도 검증을 위해 널리 사용되며, 교과타당도와 교수타당도로 구분하기도 한다.

2 기준타당도(Criterion Validity)

① 경험적 근거에 의해 타당도를 확인하는 방법으로 이미 전문가가 만들어놓은 검증된 측정도구에 의한 측정 결과를 기준으로 한다.
② 평가의 기준 변수가 현재의 상태로 향하는 '동시타당도', 미래의 시점을 향하는 '예측타당도'로 구분된다.

동시타당도	• '일치적 타당도'라고도 하며, 새로운 검사를 제작했을 때 새로 제작한 검사의 타당도를 위해 기존에 타당도를 보장받고 있는 검사와의 유사성 혹은 연관성에 의해 타당도를 검정하는 방법이다. • 계량화를 통해 타당도에 대한 객관적인 정보를 제공할 수 있으며, 타당도의 정도를 나타낼 수 있는 장점이 있다. • 기존에 타당도를 입증받고 있는 검사가 없을 경우 타당도를 추정할 수 없으며, 타당도가 입증된 검사가 있을지라도 그 검사와의 관계에 의해 동시적 타당도가 검정되므로 기존에 타당도를 입증받은 검사에 의존할 수밖에 없다. • 타당도 계수는 응답자집단의 응답 결과에 의해 추정되므로, 응답자집단이 보다 이질적일 때 타당도 계수가 높아지는 경향을 보이는 반면, 응답자집단이 동질적인 경우 타당도 계수는 낮아진다.
예측타당도	• '예언타당도'라고도 하며, 어떠한 행위가 일어날 것이라고 예측한 것과 실제 대상자 또는 집단이 나타낸 행위 간의 관계를 측정하는 것이다. • 검사 점수가 미래의 행위를 얼마나 잘 예측하느냐가 관건이다. • 예를 들어 진로적성 검사 결과 예술 영역에서 높은 점수를 받은 청소년이 이후 예술 분야에서 탁월한 성과를 보이는 경우, 그 검사의 예측적 타당도가 높다고 할 수 있다. • 검사도구가 미래의 행위를 예언하므로 채용, 선발, 배치 등의 목적을 위해 사용할 수 있으나, 이러한 검사의 타당도 계수를 위해 오랜 시간을 기다려야 한다.

③ 개념타당도 또는 구성타당도(Construct Validity)

① 인간의 심리적 특성이나 성질을 심리적 개념으로 분석하여 조작적 정의를 부여한 후 검사 점수가 조작적 정의에서 규명한 심리적 개념들을 제대로 측정하였는가를 검증한다.

② 수렴타당도, 변별타당도, 요인분석 등의 방법으로 분석할 수 있다.

수렴타당도 (집중타당도)	검사 결과가 이론적으로 해당 속성과 관련 있는 변수들과 어느 정도 높은 상관관계를 가지고 있는지를 측정한다.
변별타당도 (판별타당도)	검사 결과가 이론적으로 해당 속성과 관련 없는 변수들과 어느 정도 낮은 상관관계를 가지고 있는지를 측정한다.
요인분석	검사를 구성하는 문항들의 상관관계를 분석하여 상관이 높은 문항들을 묶어주는 통계적 방법이다.

더 알아보기

측정의 신뢰도와 타당도

- 측정의 신뢰도는 측정을 반복했을 때 동일한 결과를 얻게 되는 정도를 말하는 반면, 측정의 타당도는 측정한 값과 실제 값 간의 일치 정도를 의미한다.
- 만약 체중계를 이용하여 몸무게를 측정했을 때 항상 일정 수치만큼 더 무겁게 혹은 더 가볍게 측정되었다면, 이는 신뢰도는 높지만 타당도는 낮은 것으로 볼 수 있다.

신뢰도와 타당도의 관계

- 타당도가 높기 위해서는 신뢰도가 높아야 한다.
- 신뢰도가 높다고 하여 반드시 타당도가 높은 것은 아니다.
- 타당도가 낮다고 하여 반드시 신뢰도가 낮은 것은 아니다.
- 타당도가 없어도 신뢰도를 가질 수 있다.
- 타당도가 있으면 반드시 신뢰도가 있다.
- 타당도는 신뢰도의 충분조건이고, 신뢰도는 타당도의 필요조건이다.
- 타당도와 신뢰도는 비대칭적 관계이다.

자료수집방법에 관한 설명으로 옳은 것은?

① 관찰법은 참여자가 면접에 비협조적인 경우에도 활용 가능하다.
② 우편조사법은 대면면접법에 비해 조사자의 편견을 배제하기 힘들다.
③ 전화면접법은 대면면접법에 비해 익명성 보장이 어렵다.
④ 대면면접법은 복잡한 질문의 사용을 배제해야 한다.
⑤ 대면면접법 중 반구조화된 면접은 질문의 순서, 질문 문항 등을 명확하게 제시해야 한다.

정답 ①

해설
① 관찰법은 관찰 대상자(참여자)가 표현능력은 있더라도 조사에 비협조적이거나 면접을 거부할 경우에도 활용 가능하다.
② 우편조사법에서 조사자는 응답자의 외모나 차림새 등의 편견을 용이하게 통제할 수 있다.
③ 대면면접법은 전화면접법에 비해 익명성 보장이 어려우므로 피면접자가 솔직한 응답을 회피할 수 있다.
④ 대면면접법은 복잡한 질문을 사용할 수 있으며, 질문의 내용을 응답자가 잘 이해하지 못하는 경우에 면접자가 설명해 줄 수도 있다.
⑤ 대면면접법 중 구조화된 면접(표준화면접)은 질문의 순서, 질문 문항 등이 명확히 제시된 면접조사표(Interview Schedule)에 의거하여 모든 응답자에게 동일한 질문순서와 동일한 질문내용에 따라 면접을 수행한다.

피면접자를 직접 대면하는 면접조사가 우편설문에 비해 갖는 장점이 아닌 것은?

① 응답자의 익명성 보장 수준이 높다.
② 보충적 자료 수집이 가능하다.
③ 대리 응답의 방지가 가능하다.
④ 높은 응답률을 기대할 수 있다.
⑤ 조사내용에 대한 심층적 이해가 가능하다.

정답 ①

해설
응답자의 익명성이 결여되어 피면접자가 솔직한 응답을 회피할 수 있다.

자료수집방법 I (관찰법, 면접법)

1 관찰법

인간의 감각기관을 이용하여 사물대상이나 현상을 인식하는 기본적인 방법으로서, 응답자의 행동이나 태도를 관찰함으로써 자료를 수집하는 귀납적 방법이다.

장점	• 현재의 상태를 가장 생생하게 기록할 수 있다. • 응답과정에서 발생하는 오류를 줄일 수 있다. • 언어와 문자의 제약 때문에 측정하기 어려운 사실도 조사가 가능하다. • 관찰 대상자의 무의식적인 행동이나 인식하지 못한 문제도 관찰이 가능하다. • 관찰 대상자가 표현능력은 있더라도 조사에 비협조적이거나 면접을 거부할 경우 효과적이다.
단점	• 관찰 대상자의 내면적인 특성이나 사적 문제, 과거 사실에 대한 자료는 수집할 수 없다. • 관찰 대상자가 관찰을 당하고 있다는 사실을 알고 있을 경우 평소에 하던 행동과는 다른 행동양식을 보일 수 있다. • 관찰 대상자의 변화양상을 포착할 수 없으므로 결과를 일반화하는 데 제약이 있다. • 관찰자가 선택적으로 관찰하게 되는 경우가 있다. • 관찰자의 제한적 감각능력 또는 시간·공간 등의 한계로 인해 대상의 모든 면을 관찰하는 것이 불가능하다. • 행위를 현장에서 포착해야 하므로 행위가 발생할 때까지 기다려야 한다. • 시간과 비용, 노력이 많이 소요된다.

2 면접법

면접자와 피면접자의 질문과 대답에 의해 자료를 수집하는 방법이다.

장점	• 다양한 조사내용을 비교적 장기간에 걸쳐서 상세하게 조사할 수 있다. • 면접자가 자료를 직접 기입하므로 응답률이 매우 높으며, 대리 응답의 가능성이 낮다. • 질문의 내용을 응답자가 잘 이해하지 못하는 경우에 면접자가 설명해 줄 수 있고 응답자의 내용이 분명하지 않은 경우에도 면접자가 응답의 내용을 점검할 수 있어서 응답의 오류를 줄일 수 있다. • 질문지에 포함된 내용 외에도 연구에 필요한 기타 관련 정보들을 수집할 수 있다. • 오기나 불기를 예방할 수 있다. • 적절한 질문을 현장에서 결정할 수 있는 융통성이 있다. • 비언어적 행위를 직접 관찰할 수 있다. • 개별적으로 진행하는 면접환경을 표준화할 수 있으며, 응답환경의 구조화를 통해 면접환경을 통제할 수 있다. • 면접일자, 시간, 장소 등을 기록할 수 있다. • 면접 시에 복잡한 질문지를 사용할 수 있다. • 면접에 응할 수 있는 분위기 조성이 가능하다. • 어린이나 노인에게는 대면면접방법이 가장 적절하다.

단점	• 비용과 시간이 많이 소요된다. • 면접자와 응답자 사이에 친숙한 분위기가 형성되지 않거나 상호 이해가 부족한 경우에 조사 외적인 요인들로부터 오류가 개입될 가능성이 있다. • 응답자가 기록한 사실에 대해 확인할 시간을 줄 수 없다. • 응답자의 익명성이 결여되어 정확한 내용을 도출하기 어렵다. • 응답자에 대한 편의가 제한적이다.

더 알아보기

면접의 유형

표준화 면접 (구조화된 면접)	• 면접자가 면접조사표를 만들어서 상황에 구애됨이 없이 모든 응답자에게 동일한 질문순서와 동일한 질문내용에 따라 수행하는 방법이다. • 비표준화된 면접에 비해 응답 결과에 있어서 상대적으로 신뢰도가 높지만 타당도는 낮다. • 반복적인 면접이 가능하며, 면접 결과에 대한 비교가 용이하다. • 면접의 신축성·유연성이 낮고 깊이 있는 측정을 도모할 수 없다.
비표준화 면접 (비구조화된 면접)	• 면접자가 면접조사표의 질문내용, 형식, 순서를 미리 정하지 않은 채 면접상황에 따라 자유롭게 응답자와의 상호작용을 통해 자료를 수집하는 방법이다. • 표준화된 면접에 비해 응답 결과에 있어서 상대적으로 타당도가 높지만 신뢰도는 낮다. • 면접의 신축성·유연성이 높으며, 깊이 있는 측정을 도모할 수 있다. • 반복적인 면접이 불가능하며, 면접 결과에 대한 비교가 어렵다.
반표준화 면접 (반구조화된 면접)	• 일정한 수의 중요한 질문을 표준화하고 그 외의 질문은 비표준화하는 방법이다. • 면접자가 면접지침에 따라 응답자에게 상황에 적합한 변형 질문을 제시할 수 있다. • 사실과 가설을 확인할 수 있을 뿐만 아니라 새로운 사실이나 가설을 발견할 수도 있다. • 종류로는 초점집단면접법, 임상면접법 등이 있다.

1 질문지법(설문지법)

응답자에 대한 질문을 위해 제작된 설문지를 이용하는 것으로서, 일반적으로 조사자의 도움 없이 응답자가 직접 작성하는 방식으로 이루어진다.

① 장점
- ㉠ 시간과 비용이 절약된다.
- ㉡ 응답자의 편의에 따라 대답을 완성할 수 있다.
- ㉢ 익명성이 보장되어 응답자가 안심하고 응답할 수 있다.
- ㉣ 표준화된 언어 구성으로 모든 응답자에게 동일하게 적용된다.
- ㉤ 조사자의 편견이 배제될 수 있다.
- ㉥ 보다 넓은 범위에서 쉽게 응답자에게 접근할 수 있다.

② 단점
- ㉠ 질문의 요지를 설명할 수 있는 융통성이 낮다.
- ㉡ 질문지의 회수율이 매우 낮다.
- ㉢ 비언어적 행위나 특성을 기록할 수 없다.
- ㉣ 관심도가 낮은 질문의 내용에는 기록하지 않을 가능성이 있다.
- ㉤ 복합적인 질문지 형식을 사용할 수 없다.

더 알아보기

설문지 작성 시 고려사항
- 질문은 사실적이고 객관적이어야 한다.
- 질문의 내용은 간단명료해야 한다.
- 부정적 질문이나 이중질문, 유도질문을 삼가며, 복잡한 내용을 하나의 문항으로 묶어 질문하지 않는다.
- 응답자가 이해하기 어려운 전문용어나 방언을 삼가며, 용어 사용 시 응답자의 능력과 특성을 고려한다.
- 답변하기 쉬운 질문이나 일반적인 질문은 앞쪽에 배치한다.
- 개방형 질문이나 민감한 질문 혹은 특수한 질문은 뒤쪽에 배치한다.
- 신뢰도 측정을 위해 짝(Pair)으로 된 문항들은 가급적 서로 떨어진 상태로 배치한다.
- 폐쇄형 질문의 응답 범주는 총망라적이며, 상호배타적이어야 한다.
- 질문지를 완성하기 전 본조사 대상과 같은 조건의 사람들로 하여금 사전조사 또는 사전검사를 실시한다.

자기기입식 설문조사와 면접 설문조사의 비교

구 분	자기기입식 설문조사	면접 설문조사
가용한 자원	시간·비용·노력이 상대적으로 적게 들며, 절차상 기술이 비교적 단순함	시간·비용·노력이 상대적으로 많이 소요되며, 절차상 고도의 기술이 필요함
적용 가능 표본의 크기	비교적 큰 표본에 적용 가능	큰 표본에는 적용하기 어려움
균일성 여부	균일성 확보 용이	균일성 보장 어려움
비밀의 보장	비밀보장 가능	비밀보장 어려움
응답의 정확성	시간적인 여유로 비교적 정확한 응답 도출 가능	제한된 상황에서의 압박으로 정확한 응답 도출이 어려울 수 있음

② 전화조사법

일정 과정의 교육을 받은 전화조사원이 전화로 응답자에게 질문을 하는 방식으로 이루어진다.

① 장 점
- ㉠ 적은 비용으로 단시간에 조사할 수 있어 비용과 신속성 측면에서 매우 경제적이다.
- ㉡ 전화번호부를 이용하여 비교적 쉽고 정확하게 표본을 추출할 수 있다.
- ㉢ 직접 면접이 어려운 사람의 경우에 유리하며, 개별면접에 비해 응답률이 높다.
- ㉣ 조사자는 응답자의 외모나 차림새 등의 편견을 용이하게 통제할 수 있다.
- ㉤ 표본의 대표성과 넓은 분포성을 가진다.

② 단 점
- ㉠ 대인면접에 비해 소요시간이 짧은 대신 분량이 제한된다.
- ㉡ 대인면접에서와 같이 많은 조사내용에 관한 자료를 수집하기 어렵다.
- ㉢ 모집단이 불완전하며, 응답자가 선정된 표본인지를 확인하기 어렵다.
- ㉣ 응답자의 주변상황이나 표정, 태도를 확인할 수 없다.
- ㉤ 응답자가 특정한 주제에 대해 응답을 회피하는 경우가 있다.
- ㉥ 대표성의 문제가 발생할 수 있다.

Theme 10 | **자료수집방법 III(우편조사법, 인터넷조사법)**

① 우편조사법

조사자와 응답자가 대면하지 않은 채 질문 및 답변을 우편으로 교류하는 방식으로 이루어진다.

① **장점**
  ㉠ 시간과 공간의 제약에 크게 구애받지 않으므로 비용이 절감된다.
  ㉡ 면접조사에서 쉽게 접근할 수 없는 대상을 포함시킬 수 있다.
  ㉢ 조사자는 응답자의 외모나 차림새 등의 편견을 용이하게 통제할 수 있다.
  ㉣ 응답자가 충분한 시간적 여유를 가지고 응답할 수 있도록 한다.
  ㉤ 응답자의 익명성이 보장되고 사려 깊은 응답이 가능하다.

② **단점**
  ㉠ 응답률, 회수율이 낮다.
  ㉡ 응답내용이 모호한 경우에 응답자에 대한 해명의 기회가 없다.
  ㉢ 질문 문항에 대해 단순성이 요구된다.
  ㉣ 오기나 불기 등이 발생할 수 있다.
  ㉤ 직접적인 답변 외의 비언어적인 정보를 수집하기 어렵다.
  ㉥ 융통성이 부족하며 환경에 대한 통제가 어렵다.

③ **회수율을 높이기 위한 방법**
  ㉠ 독촉을 한다.
  ㉡ 설문내용의 중요성을 인식시킨다.
  ㉢ 이타적 동기에 호소하는 등의 유인책을 사용한다.
  ㉣ 회수용 봉투와 우표를 동봉한다.
  ㉤ 표지글을 매력적이고 가독성이 높은 서체로 완성한다.
  ㉥ 설문지를 가급적 간단명료화한다.
  ㉦ 연구자에 대한 정보를 자세히 기록하지 않는다.

더 알아보기

우편조사법에 이용될 질문지 작성 시 유의할 점

• 필요한 문항의 체계적 구비
• 질문의 간결성
• 응답에 적절한 질문
• 흥미와 중요성
• 응답내용의 편중 배제
• 명확한 응답 유도
• 주관식과 객관식의 선택

---

2 인터넷(온라인)조사법

인터넷 네트워킹을 이용하여 자료를 수집하는 방식으로, 최근 컴퓨터의 보급과 인터넷의 발달로 인해 그 활용도가 증가하고 있다.

① 장점
  ㉠ 시간 및 공간상의 제약이 다른 방법에 비해 상대적으로 적다.
  ㉡ 조사가 신속히 이루어지며, 쌍방향 소통이 가능하다.
  ㉢ 조사비용이 적게 들며, 조사대상자가 많은 경우에도 추가 비용이 들지 않는다.
  ㉣ 멀티미디어 자료를 활용할 수 있다.
  ㉤ 특수계층의 응답자에게도 적용 가능하다.
  ㉥ 이메일 등을 통해 추가질문을 할 수 있다.

② 단점
  ㉠ 컴퓨터와 인터넷을 사용할 수 있는 사람만을 대상으로 할 수 있다.
  ㉡ 컴퓨터 시스템을 사용하므로 고정비용이 발생한다.
  ㉢ 복잡하거나 문항 수가 많은 경우에 적합하지 않다.
  ㉣ 표적집단 확인이 대면면접에 비해 제한적이다.
  ㉤ 표본의 대표성 문제가 제기될 수 있다.
  ㉥ 응답자에 대한 통제가 쉽지 않으며, 응답률과 회수율이 낮게 나타날 수 있다.

적중예상

다음 중 인터넷조사법의 장점으로 옳지 않은 것은?

① 조사를 신속하게 진행할 수 있다.
② 각종 멀티미디어 자료를 활용할 수 있다.
③ 조사대상자가 많은 경우에 추가 비용이 들지 않는다.
④ 응답률과 회수율이 비교적 높다.
⑤ 특수계층의 응답자에게도 적용 가능하다.

정답 ④

해설

인터넷조사법은 응답자에 대한 통제가 쉽지 않으며, 응답률과 회수율이 낮게 나타날 수 있다.

개념쏙쏙

1. 우편조사법의 회수율을 높이기 위한 방법으로 설문지를 (상세히 / 간단명료하게) 작성할 필요가 있다.
2. 우편조사법과 인터넷조사법은 시간 및 공간상의 제약이 다른 방법에 비해 상대적으로 (적다 / 크다).
3. 우편조사법에 이용될 질문지 작성 시 (주관식 / 객관식)을 선택할 경우 비교적 대답하기 쉽고 집계하기에 간편하다.

정답

1. 간단명료하게
2. 적다
3. 객관식

내용분석과 내러티브 탐구에 관한 비교로 옳지 않은 것은?

① 내용분석은 2차적 자료를 분석하고, 내러티브 탐구는 1차적 자료를 분석한다.
② 모두 비관여적 혹은 비반응성 연구이다.
③ 내용분석에 비해 내러티브 탐구는 과정중심적으로 접근할 수 있다.
④ 내용분석은 내러티브 탐구에 비해 보다 많은 사례를 분석할 수 있다.
⑤ 모두 자료를 해석하고 구조화하는 데 연구자의 객관성 유지가 필요하다.

정답 ②

해설

내용분석은 비관여적(혹은 비반응성) 연구방법인 반면, 내러티브 탐구는 관여적(혹은 반응성) 연구방법이다. 내러티브 탐구는 인간 경험을 진술하는 일련의 사건들에 대한 이야기나 내러티브 또는 기술들을 연구하는 질적 연구방법으로, 1명 이상의 개인들을 면접하거나 관련 문서들을 활용하여 자료들을 수집함으로써 인생 이야기를 전개해 나간다.

내용분석에 관한 설명으로 옳지 않은 것은?

① 역사적 분석과 같은 시계열 분석에 어려움이 있다.
② 인간의 의사소통 기록을 체계적으로 분석한다.
③ 분석상의 실수를 언제라도 수정할 수 있다.
④ 양적 조사와 질적 조사에 공통으로 사용할 수 있다.
⑤ 기존 자료를 활용하여 타당도 확보가 어렵다.

정답 ①

해설

내용분석은 장기간에 걸쳐 일어난 과정을 조사할 수 있으므로 역사적 분석과 같은 시계열 분석도 적용 가능하며, 시간과 비용 면에서도 경제적이다.

Theme 11 | 자료수집방법 Ⅳ(내용분석법)

1 개념 및 특징

① 개 념
- ㉠ 여러 가지 문서화된 매체들을 중심으로 연구대상에 필요한 자료들을 수집하는 방법으로, 인간의 의사소통의 기록을 객관적·체계적·수량적으로 기술한다.
- ㉡ 기존의 기록물이나 역사자료 등을 분석하는 비관여적 조사로서, 분석의 대상으로 인간의 모든 형태의 의사소통 기록물을 활용할 수 있다.

② 특 징
- ㉠ 의사전달 메시지 자체가 분석의 대상이다.
- ㉡ 문헌연구의 일종에 해당한다.
- ㉢ 현재 메시지는 물론 잠재적 내용도 분석의 대상이다.
- ㉣ 과학적 연구방법의 요건을 필요로 한다.
- ㉤ 양적·질적 분석방법을 모두 사용할 수 있다.

③ 부호와 범주화
- ㉠ 부호화 혹은 코딩 : 내용분석은 본질적으로 어떤 개념적 틀에 따라 의사소통을 코딩하는 작업으로 볼 수 있다.
  - 예 신문사설은 진보적인지 혹은 보수적인지로 부호화할 수 있고, 라디오 방송은 선정적인지 그렇지 않은지로 부호화할 수 있으며, 소설은 낭만적인지 그렇지 않은지로 부호화할 수 있다.
- ㉡ 범주화 : 범주는 내용의 특징을 분류하는 체계로서, 내용분석을 위한 기준항목의 특성을 파악하기 위해 사용되는 개념적인 틀이다. 내용분석법에서는 범주 설정에 있어서 포괄성과 상호배타성을 확보해야 한다.
- ㉢ 문서화된 자료를 분석하는 코딩기법
  - 개방코딩 : 연구자가 인터뷰, 관찰, 각종 문서 등의 자료를 토대로 밝히고자 하는 어떠한 현상에 대해 최초로 범주화를 시키는 과정
  - 축코딩 : 개방코딩을 하는 과정에서 해체되고 분해된 원자료를 재조합하는 과정
  - 선택코딩 : 핵심범주를 선택하며, 선택한 핵심범주를 다른 범주들과 연관지어 이들 간의 관련성을 확인하고 범주들을 연결시키는 과정

2 분석단위

① 기록단위(Recording Unit)

 ㉠ 단어(상징) : 조사에서 일반적으로 적용되는 최소단위(복합단위 포함)

 ㉡ 주제(테마) : 가장 단순한 형태는 주어와 술어로 구성된 단순문장

 ㉢ 인물 : 소설, 연극 등에서 등장인물의 속성을 파악함으로써 작가의 성품 등 유추 가능

 ㉣ 문장(문단 또는 단락) : 분석단위로 쓰이기는 하나, 하나의 단일 범주로 분류하기 어려움

 ㉤ 항목(품목) : 메시지의 생산자에 의해 이용되는 전체단위

② 맥락단위(Context Unit) : 기록단위가 들어 있는 상위단위로, 기록단위의 의미를 파악하는 데 사용

3 장단점

① 장 점

 ㉠ 비관여적 접근을 통해 조사대상자 혹은 정보제공자의 반응성을 유발하지 않는다.

 ㉡ 비용과 시간을 절감할 수 있다.

 ㉢ 가치, 욕망, 태도, 창의성, 인간성 또는 권위주의 등 다양한 심리적 변수를 효과적으로 측정할 수 있다.

 ㉣ 장기간의 종단연구가 가능하며, 역사연구 등 소급조사가 가능하다.

 ㉤ 여타의 관찰 또는 측정방법에 대한 타당성 여부를 조사하기 위해 사용될 수 있다.

 ㉥ 여타의 연구방법과 병용이 가능하다. 즉, 실험적 연구의 결과 또는 개방형 질문의 응답내용 등에 대한 내용분석이 가능하다.

 ㉦ 다른 조사에 비해 실패 시의 위험부담이 적으며, 필요한 경우 재조사가 가능하다.

② 단 점

 ㉠ 기록된 자료에만 의존해야 하며, 자료의 입수가 제한되어 있는 경우도 적지 않다.

 ㉡ 단어나 문장, 표현이나 사건을 통해 명백히 드러난 내용과 숨겨진 내용을 구분하는 데 어려움이 있다.

 ㉢ 분류 범주의 타당도 확보가 곤란하다.

 ㉣ 자료분석에 있어서 신뢰도가 흔히 문제시된다.

적중예상

내용분석법의 장점이 아닌 것은?

① 시간과 비용을 절약할 수 있다.
② 다른 조사방법에 비해 안정적이다.
③ 다른 방법과 함께 사용할 수 있다.
④ 자료와 분석의 타당도 확보가 용이하다.
⑤ 다른 방법에 대한 타당성 여부를 검증할 수 있다.

정답 ④

해설

내용분석법은 조사대상이 기록물에 한정되며, 신뢰도는 비교적 높으나 타당도가 낮다는 단점을 지닌다.

개념쏙쏙

1. 내용분석법의 분석단위 중 ( )은/는 메시지의 생산자에 의해 이용되는 전체단위이다.
2. 내용분석법의 신뢰도는 (낮으며 / 높으며), 타당도는 (낮은 / 높은) 편이다.
3. 기록단위가 들어 있는 상위단위를 ( )(이)라 한다.

정답

1. 항목(품목)
2. 높으며, 낮은
3. 맥락단위

실제기출 [2025]

실험설계에서의 내적 타당도 저해요인으로 옳지 않은 것은?

① 실험집단과 통제집단의 참여자 간 프로그램 내용에 대해 소통하면서 상호작용이 이루어졌다.
② 프로그램 진행과정에서 일부 대상자가 참여를 중단하였다.
③ 사전검사 결과 학교 부적응 학생들이 실험집단에 과도하게 모인 것이 확인되었다.
④ 사전검사와 사후검사 척도가 동일하기 때문에 참여자의 학습효과가 발생하였다.
⑤ 일부 참여자들이 프로그램에 참여하고 있다는 것을 의식해서 평소와는 다르게 행동하였다.

정답 ⑤

해설

Theme 12의 '3. 실험설계의 타당도' 중 '① 내적 타당도' 참고

실제기출 [2023]

연구의 외적 타당도를 저해하는 상황으로 옳은 것은?

① 연구대상의 건강 상태가 시간 경과에 따라 회복되는 상황
② 자아존중감을 동일한 측정도구로 사전-사후검사하는 상황
③ 사회적 지지를 다른 측정도구로 사전-사후검사하는 상황
④ 실험집단과 통제집단 간 연령 분포의 차이가 크게 발생하는 상황
⑤ 자발적 참여자만을 대상으로 연구표본을 구성하게 되는 상황

정답 ⑤

해설

외적 타당도를 저해하는 요인으로서 표본의 대표성
표본이 모집단의 일반적인 성격에서 크게 벗어난 특이한 일부인 경우 해당 표본에서 조사된 결과를 전체집단으로 확대 해석하기가 어렵다.

Theme 12	실험설계의 특성 및 타당도

1 정 의

실험설계란 연구에 적용된 독립변수에 대한 조작을 통해 그 조작의 결과 종속변수에 어떠한 변화가 나타나는가를 평가하는 방법으로, 인과관계에 대한 규명을 통해 미래의 사건을 예측할 수 있다.

2 특성 및 조건

① 특 성
　㉠ 비교 : 실험집단과 통제집단에 대한 비교를 통해 변화를 입증한다.
　㉡ 조작 : 시간적 선행성을 입증하기 위해 독립변수를 조작한다.
　㉢ 무작위할당 : 외재적 변수의 통제와 경쟁가설을 제거하기 위해 실험집단과 통제집단을 동질화한다.

② 조 건
　㉠ 독립변수의 조작 : 실험자가 독립변수를 인위적으로 변화시킨다.
　㉡ 외생변수의 통제 : 독립변수와 종속변수 이외의 종속변수에 영향을 미칠 수 있는 변수의 영향을 제거한다.
　㉢ 실험대상의 무작위화 : 무작위표집(무작위표본추출) 또는 무작위할당한다.

3 실험설계의 타당도

① 내적 타당도 : 연구과정 중 종속변수에서 나타나는 변화가 독립변수의 변화에 의한 것임을 확신할 수 있는 정도를 말한다.
　㉠ 내적 타당도 저해요인

성숙 또는 시간의 경과	시간의 흐름에 따라 독립변수의 순수한 영향 이외의 변화가 종속변수에 미치게 되는 경우
우연한 사건 또는 역사요인	조사기간 중에 연구자의 의도와는 상관없이 일어난 통제 불가능한 사건
상실요인 (실험대상의 탈락)	정책집행 기간 중에 관찰대상 집단 일부의 탈락 또는 상실로 인해 남아 있는 대상이 처음의 관찰대상 집단과 다른 특성을 갖게 되는 현상
통계적 회귀요인	극단적인 측정값을 갖는 사례들을 재측정할 때 평균값으로 회귀하여 처음과 같은 극단적 측정값을 나타낼 확률이 줄어드는 현상
검사요인 (테스트 효과)	프로그램의 실시 전과 실시 후에 유사한 검사를 반복하는 경우 프로그램 참여자들의 시험에 대한 친숙도가 높아져서 측정값에 영향을 미치는 현상

도구요인 (도구효과)	프로그램 집행 전과 집행 후에 측정자의 측정 기준이 달라지거나, 측정수단이 변화함에 따라 정책효과가 왜곡되는 현상
모방 (개입의 확산)	특정한 자극들에 의해 실험집단의 사람들이 효과를 얻게 되고, 그 효과들이 통제집단에게 영향을 미치는 현상
인과적 시간-순서 (인과관계 방향의 모호성)	시간적 우선성을 경험적으로 보여줄 수 없는 설계의 형태인 비실험설계에서는 원인변수와 결과변수 사이의 인과관계의 방향을 결정하기가 곤란함
선별요인 (선택요인)	단순히 두 집단구성원들이 서로 다르기 때문에 나타나는 경우

    ⓒ 내적 타당도의 제고방법

무작위할당 (Random Assignment)	연구대상을 실험집단과 통제집단으로 무작위로 배치함으로써 두 집단이 동질적이 되도록 함
배합 또는 매칭 (Matching)	연구주제에 영향을 미칠 수 있는 주요 변수들을 미리 알아내어 이를 실험집단과 통제집단에 동일하게 분포되도록 함
통계적 통제 (Statistical Control)	실험설계를 통해 통제할 필요성이 있는 변수들을 독립변수로 간주하여 실험을 실시한 다음, 그 결과를 통계적으로 분석하여 해당 변수의 영향을 통제

② 외적 타당도 : 연구 결과에 의해 기술된 인과관계가 연구대상 이외의 경우로 확대 · 일반화될 수 있는 정도를 말한다.

    ㉠ 외적 타당도 저해요인

표본의 대표성	표본이 모집단을 대표할 수 있어야 일반화의 정도가 높아짐
조사반응성 (반응효과)	실험대상자가 연구자의 관찰 사실을 의식하여 연구자가 원하는 방향으로 반응을 보인다면 일반화의 정도가 낮아짐

    ⓒ 외적 타당도의 제고방법

모집단에 대한 타당성 (Population Validity)	표본의 대표성을 높이는 방법으로서, 표본자료가 모집단의 특성을 충분히 반영하고 있는지 파악
환경에 대한 타당성 (Ecological Validity)	연구 결과가 연구환경을 벗어나 보다 현실적이면서 다양한 환경에서도 적용될 수 있는지 검토

Theme 13 | 실험설계의 종류

1 순수실험설계(진실험설계)

① 통제집단 사전사후 검사설계(통제집단 전후 비교설계)
　㉠ 개념 : 무작위할당으로 실험집단과 통제집단을 구분한 후 실험집단에 대해서는 독립변수 조작을 가하고, 통제집단에 대해서는 아무런 조작을 가하지 않은 채 두 집단 간의 차이를 전후로 비교하는 방법이다. 개입 전 종속변수의 측정을 위해 사전검사를 실시한다.
　㉡ 장점 : 두 집단의 동질성을 확보할 수 있으며 외생변수를 통제할 수 있다.
　㉢ 단점 : 검사효과를 통제할 수 없으며, 내적 타당도는 높으나 외적 타당도가 낮다.

② 통제집단 사후 검사설계(통제집단 후 비교설계)
　㉠ 개념 : 통제집단 사전사후 검사설계의 단점을 보완하기 위해 실험대상자를 무작위로 할당하고 사전조사 없이 실험집단에 대해서는 조작을 가하고 통제집단에 대해서는 아무런 조작을 가하지 않은 채 그 결과를 서로 비교하는 방법이다.
　㉡ 장점 : 사전검사의 영향을 제거해 준다.
　㉢ 단점 : 실험집단과 통제집단의 동질성을 확신할 수 없다.

③ 솔로몬 4집단설계
　㉠ 개념 : 연구대상을 4개의 집단으로 무작위할당한 것으로, 통제집단 사전사후 검사설계와 통제집단 사후 검사설계를 혼합해 놓은 방법이다.
　㉡ 장점 : 사전검사의 영향을 제거하여 내적 타당도를 높일 수 있는 동시에, 사전검사와 실험처치의 상호작용의 영향을 배제하여 외적 타당도를 높일 수 있다.
　㉢ 단점 : 실험집단과 통제집단의 선정과 관리가 어렵고 비경제적이다.

④ 요인설계
　㉠ 개념 : 독립변수가 복수인 경우 적용하는 방법으로서, 실험집단에 둘 이상의 프로그램을 실시하는 방법이다.
　㉡ 장점 : 둘 이상의 독립변수가 상호작용에 의해 종속변수에 미치는 영향을 파악할 수 있다.
　㉢ 단점 : 독립변수가 많은 경우 시간 및 비용의 측면에서 비경제적이다.

2 유사실험설계(준실험설계)

① 개념 : 실험설계의 실험적 조건에 해당하는 무작위할당, 독립변수의 조작, 통제집단, 사전·사후검사 중 한두 가지가 결여된 설계유형이다.

② 종 류

비동일 통제집단 (비교집단)설계	임의적인 방법으로 양 집단을 선정하고 사전·사후검사를 실시하여 종속변수의 변화 비교
단순시계열설계	실험조치를 하기 이전 또는 이후에 일정한 기간 동안 정기적으로 수차례 결과변수(종속변수)에 대한 측정을 하여 실험조치의 효과를 추정하는 방법
복수시계열설계 (다중시계열설계)	내적 타당도의 문제점을 개선하기 위해 단순시계열설계에 하나 또는 그 이상의 통제집단을 추가한 것
회귀불연속설계	대상을 실험집단과 통제집단으로 배정한 후 이들 집단에 대해 회귀분석을 함으로써 그로 인해 나타나는 불연속의 정도를 실험조치의 효과로 간주하는 방법

3 전실험설계(선실험설계)

① 개념 : 무작위할당에 의해 연구대상을 나누지 않고, 비교집단 간의 동질성이 없으며, 독립변수의 조작에 따른 변화의 관찰이 한두 번 정도로 제한된 경우에 실시하는 설계유형이다.

② 종 류

일회검사 사례설계 (1회 사례연구)	단일사례 또는 단일집단에 실험조치를 하고, 사후에 종속변수의 특성에 대해 검토하여 결과를 평가하는 방법
단일집단 사전사후 검사설계 (단일집단 전후 비교설계)	일회검사 사례설계(1회 사례연구)보다 진일보한 설계로서, 조사대상에 대해 사전검사를 한 다음 개입을 하며, 이후 사후검사를 하여 인과관계를 추정하는 방법
정태적 집단 비교설계 (고정집단 비교설계)	• 실험집단과 통제집단을 임의적으로 선정한 후 실험집단에는 실험조치를 가하는 반면, 통제집단에는 이를 가하지 않은 상태로 그 결과를 비교하는 방법 • 통제집단 사후 검사설계(통제집단 후 비교설계)에서 무작위할당을 제외한 형태로서, 상관관계 연구와 유사한 성격을 지님

4 비실험설계

① 개념 : 독립변수의 조작이 불가능하여 실험적인 연구를 실행할 수 없는 상황에서 적용하는 설계유형이다.

② 종류 : 횡단적 연구설계, 종단적 연구설계

실제기출 [2025]

사회복지실천현장에서 단일사례설계에 관한 설명으로 옳은 것을 모두 고른 것은?

ㄱ. AB 설계는 기초선 단계(A)와 개입 단계(B)로 구성된다.
ㄴ. 복수기초선설계는 AB 설계를 다양한 대상이나 상황 등에 적용하여 동일한 효과를 보이는지를 확인하는 설계방법이다.
ㄷ. 사례가 집단일 경우 개별 구성원의 정보들은 평균이나 전체 빈도 등으로 요약되어 단일사례로 취급될 수 있다.
ㄹ. 외적 타당도가 높아 일반화의 가능성이 높다.

① ㄱ
② ㄴ, ㄷ
③ ㄴ, ㄹ
④ ㄱ, ㄴ, ㄷ
⑤ ㄱ, ㄴ, ㄷ, ㄹ

정답 ④

해설

ㄹ. 단일사례설계에서는 개입의 효과성, 개입의 효과가 나타나기까지 걸리는 시간과 그 효과가 지속되는 시간, 개입의 효과가 다른 상황들에도 일반화될 수 있는지의 여부 등을 알 수 있다. 다만, 기본적으로 외적 타당도가 낮아서 조사 결과의 일반화 가능성은 낮다.

실제기출 [2024]

단일사례연구에 관한 설명으로 옳지 않은 것은?

① 복수의 각기 다른 개입방법을 연속적으로 도입할 수 없다.
② 시계열설계의 논리를 개별사례에 적용한 것이다.
③ 윤리적인 문제가 발생할 수 있다.
④ 실천과정과 조사연구과정이 통합될 수 있다.
⑤ 다중기초선설계의 적용이 가능하다.

정답 ①

해설

단일사례연구는 복수의 각기 다른 개입방법을 연속적으로 도입할 수 있다. 예를 들어, ABCD 설계는 하나의 기초선에 대해 여러 가지 각기 다른 개입방법을 연속적으로 도입하는 것으로서, 각기 다른 개입방법을 바꾸어가며 적용해서 비교하기 위한 설계유형이다.

Theme 14 | 단일사례설계

1 특성

① 사례가 하나이며, 주로 개인, 가족 및 소집단을 대상으로 한다.
② 하나의 대상 또는 사례를 가지고 반복적으로 관찰하여 개입의 효과를 평가한다.
③ 경향과 변화를 알 수 있도록 반복 측정한다.
④ 즉각적인 환류가 이루어진다.
⑤ 연구 결과를 일반화(외적 타당도)시킬 수 있는 가능성이 낮다.

2 기본용어

① 기초선(기준선) : 개입하기 이전의 단계로 연구자가 개입하기 전 대상자의 표적행동을 파악, 어떤 경향을 보이는지 관찰하는 기간(보통 'A'로 표시)
② 표적행동 : 개입을 통해 변화시키려는 행동
③ 개입(개입국면) : 표적행동에 대한 개입이 이루어지는 기간(보통 'B'로 표시)

3 기본구조

① 단일사례설계의 수행과정 : 문제의 확인·규정 → 변수의 선정 → 측정대상 선정 → 개입목표의 설정 → 조사설계 → 조사 실시 → 개입평가
② 단일사례설계의 유형
  ㉠ AB 설계(기초선 → 개입)
    • 기초선 단계에서는 표적행동의 빈도 등에 대한 반복 측정, 개입 단계에서 표적행동에 대한 개입활동과 함께 변화에 대한 관찰이 이루어진다.
    • 기초선 단계의 자료들은 통제집단으로서의 역할을 하는 반면, 개입 단계의 자료들은 실험집단으로서의 역할을 한다.
    • 설계가 간단하고 쉽게 적용할 수 있다.
    • 외생변수에 대한 통제가 없으므로 개입이 표적행동에 미치는 효과에 대한 신뢰도가 낮다.
  ㉡ ABA 설계(제1기초선 → 개입 → 제2기초선)
    • AB 설계에서 개입 이후에 또 하나의 기초선을 추가한 것이다.
    • 제2기초선을 추가함으로써 AB 설계에서의 낮은 신뢰도 문제를 해결할 수 있다.
    • 개입의 효과를 평가하기 위해 개입을 중단하는 것에서 윤리적인 문제가 있을 수 있다.

ⓒ ABAB 설계(제1기초선 → 제1개입 → 제2기초선 → 제2개입)
  • AB 설계에서 외생변수를 보다 효과적으로 통제하기 위해 제 2기초선과 제2개입을 추가한 것이다.
  • AB 설계 혹은 ABA 설계보다 외생변수의 영향을 효과적으로 통제할 수 있다.
  • ABA 설계와 마찬가지로 개입의 중단에 따른 윤리적 문제가 발생할 수 있다.
ⓓ BAB 설계(제1개입 → 기초선 → 제2개입)
  • 기초선 없이 바로 개입 단계로 들어가는 것으로서, 개입을 중단하고 기초선 단계를 거친 후 다시 개입하는 것이다.
  • 위기상황에 처해 있는 클라이언트를 대상으로 즉각적인 개입을 수행하는 데 유효하다.
  • 외생변수를 통제하기 어려우며, 개입의 효과가 지속되는 경우 기초선 단계와 제2개입 단계에서의 표적행동이 유사하므로 개입의 효과성 여부를 판단하는 데 어려움이 있을 수 있다.
ⓔ ABCD 설계 또는 복수요인설계(기초선 → 제1개입 → 제2개입 → 제3개입)
  • 하나의 기초선에 대해 여러 가지 각기 다른 개입방법을 연속적으로 도입하는 것이다.
  • 각기 다른 개입방법의 효과를 동시에 측정할 수 있다. 또한 클라이언트의 문제 해결에 유효하지 못한 개입을 수정하거나 개입이 실제 표적행동에 대한 변화를 가져오는지 설명하고자 할 때 유용하다.
  • 제2개입, 제3개입 단계에서의 효과를 이전 개입에 의한 선행효과와 명확히 구분하기 어려우며, 각각의 개입 단계들이 다음 단계에 미치는 영향을 통제하기 어렵다.
ⓕ 복수기초선설계 또는 다중기초선설계
  • 특정 개입방법을 여러 사례, 여러 클라이언트, 여러 표적행동, 여러 다른 상황에 적용하는 것이다.
  • ABAB 설계와 같이 개입 도중 기초선 확보를 위해 개입을 중단하는 데에 따른 윤리적인 문제가 없다.

적중예상

단일사례연구에 관한 설명으로 옳지 않은 것은?
① 개인과 집단뿐만 아니라 조직이나 지역사회도 연구대상이 될 수 있다.
② 외적 타당도가 높다.
③ 개입효과에 대한 즉각적인 피드백이 가능하다.
④ 조사연구과정과 실천과정이 통합될 수 있다.
⑤ 반복 측정으로 통제집단 효과를 볼 수 있다.

정답 ②

해설
단일사례연구는 반복 측정으로 통제집단을 대신하는 것이 장점이 될 수 있으나, 반복 측정으로 인한 조사대상자의 반응성(Reactivity) 문제를 야기하여 외적 타당도를 저해하는 단점도 가지고 있다.

개념쏙쏙

1. 개입을 통해 변화시키려는 행동을 ( )(이)라 한다.
2. 다음 단일사례설계의 수행과정의 빈칸을 채우시오.

> 문제의 확인 · 규정 → (㉠) → 측정대상 선정 → 개입목표 설정 → (㉡) → 조사 실시 → 개입평가

정답
1. 표적행동
2. ㉠ 변수의 선정
   ㉡ 조사설계

델파이기법에 관한 설명으로 옳지 않은 것은?

① 참여자의 다양한 아이디어를 수집할 수 있다.
② 기명으로 진행되기 때문에 참여자들의 책임성을 높일 수 있다.
③ 결과 도출을 위해 반복해서 진행할 수 있다.
④ 비대면을 원칙으로 한다.
⑤ 전문가들의 합의점을 찾는 데 목표를 둔다.

정답 ②

해설

델파이기법(Delphi Technique)은 익명의 전문가들을 패널로 활용하므로, 응답 시 다른 참여자의 영향력을 배제할 수 있는 장점이 있다.

델파이조사에 관한 설명으로 옳지 않은 것은?

① 전문가 패널을 대상으로 견해를 파악한다.
② 되풀이되는 조사과정을 통해 합의를 도출한다.
③ 반대 의견에 대한 패널 참가자들의 감정적 충돌을 줄일 수 있다.
④ 패널 참가자의 익명성 보장에 어려움이 있다.
⑤ 조사 자료의 정리에 연구자의 편향이 발생할 수 있다.

정답 ④

해설

델파이조사(전문가 의견조사)의 장단점

장점	• 직접 전문가들을 방문할 필요가 없으며, 전문가들이 응답하기 편리한 시간에 자유롭게 응답할 수 있다. • 익명으로 응답하므로 참여하는 사람들의 영향력을 배제할 수 있다.
단점	• 반복하여 응답을 받아내는 데 시간이 많이 소요된다. • 조사를 반복하는 동안 응답자 수가 줄어들 수 있다.

Theme 15 | 욕구조사와 평가조사

1 욕구조사

① 개념 : 한정된 지역 안에서 사람들의 욕구 수준을 확인해 내고 이를 수량화하는 방법

② 욕구의 4가지 유형(Bradshaw)

규범적 욕구	• 기준 또는 규범의 개념에 욕구를 대입한 것으로서, 관습이나 권위 또는 일반적 여론의 일치로 확립된 표준 또는 기준의 존재를 가정 • 기존의 서비스 수준과 실제 비율을 비교함으로써 구체적인 변화의 표적을 만들어 낼 수 있는 데 반해, 욕구의 단계들이 지식, 기술, 가치 등의 양상에 의해 수시로 변화한다는 문제점을 가짐
인지적 욕구 (체감적 욕구)	• 욕구는 사람들이 그들의 욕구로 생각하는 것, 또는 욕구가 되어야 한다고 느끼는 것 • 사람의 체감적 욕구는 각자의 기대수준에 따라 수시로 변경될 수 있다는 문제점을 가짐
표현적 욕구 (표출적 욕구)	• 욕구를 가진 당사자가 욕구를 충족시키기 위해 행위로 표현하는 욕구 • 개인이 특정 욕구를 가지고 있다고 해서 반드시 서비스를 원하는 것은 아니라는 문제점을 가짐
비교적 욕구 (상대적 욕구)	• 욕구는 한 지역사회에 존재하는 서비스 수준과 함께 다른 유사한 지역사회나 지리적 영역에 존재하는 서비스 수준 간의 차이로 측정 • 지역 간 욕구를 비교하기 위해서는 기본적으로 각 지역의 특성에 대한 조사가 선행되어야 한다는 문제점을 가짐

③ 자료수집방법

  ㉠ 사회지표조사 : 일정 인구가 생활하는 지역의 지역적 · 생태적 · 사회적 · 경제적 및 인구의 특성에 근거하여 지역사회의 욕구를 추정할 수 있다는 전제하에 사회지표를 분석한다.

   예 소득수준, 실업률, 주택보급률, 범죄율 등

  ㉡ 2차 자료 분석 : 지역주민을 대상으로 직접 자료를 수집하는 것이 아닌 지역사회 내 사회복지기관의 서비스 수혜자에 관련된 각종 기록을 검토하여 욕구를 파악한다.

   예 인테이크 자료, 면접기록표, 기관의 각 부서별 업무일지, 서비스대기자명단 등

  ㉢ 지역사회 서베이 : 지역사회의 일반 인구 또는 특정 인구의 욕구를 조사하기 위하여 이들 전체 인구를 대표할 수 있는 표본을 선정하고, 욕구를 조사하여 조사대상 전체의 욕구를 측정한다.

ⓔ 주요정보제공자 조사 : 지역사회 전반의 문제에 대해 잘 알고 있는 지역 지도자 또는 정치가, 기관의 서비스 제공자, 인접 직종의 전문직 종사자, 공직자 등을 대상으로 질문하여 그 표적집단의 욕구 및 서비스 이용 실태 등을 파악한다.

ⓜ 지역사회포럼 또는 지역사회공개토론회 : 지역사회에 실제 거주하거나 지역사회를 위해 활동하는 사람들을 대상으로 공개적인 모임을 주선하여 지역문제에 대한 설명을 듣는 것은 물론 직접 지역사회 내의 문제에 대해 의견을 피력한다.

ⓗ 공청회 : 지역주민의 관심 대상이 되는 주요한 사안과 관련하여 국회나 정부기관이 관련 분야의 학자나 이해당사자들을 참석하도록 하여 사전에 지역주민들의 의견을 듣도록 공개적으로 마련하는 자리를 말한다.

ⓐ 초점집단기법 : 소수 이해관계자들의 인위적인 면접집단 또는 토론집단을 구성하여 연구자가 토의주제나 쟁점을 제공한다.

ⓞ 명목집단기법 : 비교적 빠른 시간 내에 다양한 배경을 가진 집단의 이익을 수렴하기 위한 것이다.

ⓩ 델파이기법 : 전문가 · 관리자들로부터 우편이나 이메일로 의견이나 정보를 수집하여 그 결과를 분석한 후 그것을 다시 응답자들에게 보내어 의견을 묻는 식으로 만족스러운 결과를 얻을 때까지 계속하는 방법이다.

ⓒ 대화기법 : 지역주민들로 하여금 지역 문제에 대한 공통의 이해를 토대로 문제해결을 위해 연합행동을 펼치도록 하는 것이다.

ⓚ 민속학적 기법 : 사회적 약자계층의 문화적 규범 및 실천행위를 규명하는 데 활용할 수 있는 방법으로, 조사자의 관찰과 심층 인터뷰가 사용되며, 발견한 내용에 대한 서술적 형태의 묘사로 이루어진다.

② 평가조사의 종류

① **목적에 따른 분류** : 형성평가, 성과평가

② **기관평가와 개인평가** : 기관의 서비스 · 프로그램 평가, 프로그램 운영자 평가

③ **평가규범에 따른 분류** : 효과성 평가, 효율성 평가, 공평성 평가

④ **평가범위에 따른 분류** : 단일평가, 포괄평가

⑤ **평가의 평가(메타평가)** : 제삼자가 완성된 자체 평가 보고서들을 유용성, 비용, 타당성 등의 측면에서 다시 점검하는 평가

Theme 16 | 표집(표본추출)

1 표집의 정의와 특성

① **표집(표본추출)의 정의** : 모집단에서 모집단을 대표하도록 선택된 일부를 표본이라 하고 이러한 과정을 표본추출 혹은 표집이라 함
② **표집의 장점** : 시간과 비용 절약, 신속성, 전수조사의 한계 극복, 정확성, 다량의 정보 확보
③ **표집의 단점** : 표본의 대표성 문제가 제기되는 경우 일반화의 가능성 낮음, 모집단 크기가 작은 경우 표집 자체가 무의미, 표본설계가 복잡한 경우 시간과 비용 낭비

2 표집의 과정

모집단 확정 → 표집틀 선정 → 표집방법 결정 → 표집크기 결정 → 표본추출

3 표본의 크기

① 조사자가 선택하는 신뢰수준에 따라 달라진다.
② 필요한 통계학적 신뢰도를 확보할 수 있을 만큼 커야 한다.
③ 다른 조건이 일정할 경우 표본의 크기가 커지면 '표준오차'는 작아진다.
④ 표준오차가 작을수록 표본의 대표성은 높다.

4 표집오차와 표준오차

① **표집오차(Sampling Error)**
　㉠ 표본을 추출하는 과정에서 발생하는 오차로서 모수(모수치)와 표본의 통계치 간의 차이, 즉 표본의 대표성으로부터의 이탈 정도를 의미함
　㉡ 모집단의 크기가 아닌 표본의 크기에 의해 직접적 영향을 받음 (표본의 크기가 클수록 표집오차는 감소)
　㉢ 표집오차(표본오차)는 신뢰수준과 표준오차에 비례함
② **표준오차(Standard Error)**
　㉠ 표집 시 각각의 표본들의 평균은 전체 모집단의 평균과 차이를 보이게 됨
　㉡ 모집단에서 일정한 크기(n)의 표본을 다수 뽑아서 그 표본의 평균값들을 각각 구한 후 이들 표본평균값들 간 표준편차를 구하는 것

5 정규분포(Normal Distribution)

① 특 징

ㄱ 연속확률변수와 관련된 전형적인 분포 유형으로서, 정규분포의 모양과 위치는 분포의 평균과 표준편차로 결정된다.

ㄴ 표본의 크기가 30개 이상으로 클수록 '중심극한정리'에 의해 표본평균으로 구성된 표집분포가 모집단의 분포와 관계없이 정규분포에 가까워진다(표본의 크기가 작은 경우 표본평균은 정규분포를 따르지 않음).

ㄷ 표본의 대표성에 관한 유용한 정보를 제공한다.

ㄹ 표준오차는 표집분포의 표준편차에 해당한다. 평균의 표준오차는 표본크기의 제곱근에 반비례하므로, 평균의 표준오차를 1/2로 감소시키기 위해서는 표본크기를 4배로 늘려야 하며, 1/3으로 감소시키기 위해서는 표본크기를 9배로 늘려야 한다.

② 정규분포곡선

ㄱ 평균을 중심으로 연속적 · 대칭적 종 모양 형태를 지니며, 평균 값이 최빈값 및 중앙값(중위수)과 일치하는 정상분포이다.

ㄴ 표준정규분포의 평균은 '0'이고, 표준편차는 '1'에 해당한다.

ㄷ 평균값 '0'에서 전체 도수의 약 34%가 속해 있는 Z값은 '1', 약 48%가 속해 있는 Z값은 '2'이다(이때, Z점수는 원점수를 평균이 '0', 표준편차가 '1'인 Z분포상의 점수로 변환한 점수).

ㄹ '-1'과 '1' 사이의 Z값은 약 68.3%, '-2'와 '2' 사이의 Z값은 약 95.4%, '-3'과 '3' 사이의 Z값은 약 99.7%이다.

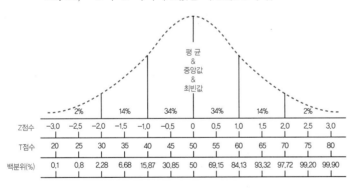

Theme 17 표본추출방법

1 확률표집방법

① 개념
  ㉠ 무작위적인 방법을 통해 표본을 추출하는 방법
  ㉡ 양적 연구에 빈번히 활용되는 방법
② 종류
  ㉠ 단순무작위 표집
    • 가장 기본적인 확률표집방법
    • 모집단을 구성하는 각 구성요소가 표본으로 뽑힐 확률이 동등하고 '0'이 아닌 경우 난수표, 제비뽑기, 컴퓨터를 이용한 난수의 추출방법 등을 사용하여 추출한 표집
  ㉡ 계통표집(체계적 표집)
    모집단 목록(→ 표집틀)에서 구성요소에 대해 일정한 순서에 따라 매 K번째 요소를 추출하는 방법

$$K=\frac{N}{n}(단, K는 표집간격, N은 모집단 수, n은 표본 수)$$

  ㉢ 층화표집
    • 모집단을 보다 동질적인 몇 개의 층(Strata)으로 나눈 후, 이러한 각 층으로부터 단순무작위 표집을 하는 방법
    • 집단 내 동질적, 집단 간 이질적인 특성
    • 비례층화표집, 비비례층화표집으로 구분
  ㉣ 집락표집(군집표집)
    • 모집단 목록에서 구성요소에 대해 여러 가지 이질적 구성요소를 포함하는 여러 개의 집락으로 구분 후 집락을 표집단위로 하여 무작위로 표본을 추출한 후 그 구성요소를 전수조사하는 방법(다단계 표본추출 가능)
    • 집단 내 이질적, 집단 간 동질적인 특성

2 비확률표집방법

① 개 념
　㉠ 조사자나 면접자의 주관적인 판단에 의하여 모집단에서 표본의
　　구성원들을 추출하는 것
　㉡ 질적 연구에 빈번히 활용되는 방법

② 종 류
　㉠ 편의표집(임의표집)
　　• 모집단의 정보가 없고 구성요소 간의 차이가 별로 없다고 판
　　　단될 때 표본선정의 편리성에 기준을 두고 임의로 표본을 선
　　　정하는 방법
　　• 연구자가 쉽게 이용 가능한 대상들을 표본으로 선택하는 방법
　　　으로서, 비용이 가장 적게 들고 시간을 절약할 수 있는 방법
　㉡ 판단표집(유의표집)
　　조사자가 그 조사의 성격상 요구하고 있는 사항을 충족시킬 수
　　있도록 적절한 판단과 전략을 세워, 그에 따라 모집단을 대표하
　　는 제 사례를 표본추출하는 방법
　㉢ 할당표집
　　• 모집단을 일정한 카테고리로 나눈 다음, 이들 카테고리에서
　　　정해진 요소 수를 작위적으로 추출하는 방법
　　• 추출된 표본이 연구자의 모집단에 대한 사전지식을 기초로 하
　　　여 모집단의 특성을 나타내는 하위집단별로 표본 수를 할당한
　　　다음 표본을 추출
　　• 할당표집은 연구자의 모집단에 대한 사전지식에 기초한다는 점
　　　에서 층화표집과 매우 유사하나, 층화표집이 무작위적인 데 반
　　　해 할당표집은 작위적이라는 점에서 차이가 있음
　　• 비확률표집이지만 가능한 한 모집단을 대표하는 표본을 얻고
　　　자 함. 다만, 모집단의 분류에 있어 연구자의 편향적 선정이
　　　이루어질 소지가 많은 단점이 있음
　㉣ 누적표집(눈덩이표집)
　　• 처음에 소수의 인원을 표본으로 추출하여 그들을 조사한 다
　　　음, 그 소수인원을 조사원으로 활용하여 그 조사원의 주위 사
　　　람들을 조사하는 방법
　　• 일반화의 가능성이 적고 계량화가 곤란하므로 질적 조사연구
　　　혹은 현장연구에서 널리 사용됨

보기와 같이 조사대상자들로부터 정보를 얻어 다른 조사대상자를 구하는 표본추출 방법은?

> 한 연구자가 마약 사용과 같은 사회적 일탈행위를 연구하기 위해 마약사용자 한 사람을 알게 되어 조사를 실시하였다. 이 사람을 통해 다른 마약사용자를 알게 되어 조사를 실시하였고, 또 이들을 통해 알게 된 다른 마약사용자들에 대한 조사를 실시하였다.

① 눈덩이표본추출방법
② 의도적표본추출방법
③ 할당표본추출방법
④ 임의표본추출방법
⑤ 연속표본추출방법

정답 ①

해설

누적표집(눈덩이표집)
처음에는 소수의 인원을 표본으로 한 다음 그 소수인원을 활용하여 조사하는 방식으로, 비밀을 확인하려는 목적으로 이용된다. 일반화의 가능성이 적고 계량화가 곤란하므로 질적 조사에 적합하며, 연구자가 특수한 모집단의 구성원을 전부 파악하고 있지 못할 때 적합한 방법이다.

개념쏙쏙

1. 집락표집은 집단 내 (이질적 / 동질적), 집단 간 (이질적 / 동질적)인 특성을 지닌다.
2. 확률표집법은 (질적 연구 / 양적 연구)에, 비확률표집법은 (질적 연구 / 양적 연구)에 많이 사용된다.
3. (　　)은/는 모집단 목록에서 구성요소에 대해 일정한 순서에 따라 매 K번째 요소를 추출하는 방법이다.

정답

1. 이질적, 동질적
2. 양적 연구, 질적 연구
3. 계통표집

실제기출 [2024]

질적 연구에 관한 설명으로 옳은 것은?

① 변수 중심의 분석이 이루어진다.
② 논리실증주의적 관점을 견지한다.
③ 인간행동의 규칙성과 보편성을 중시한다.
④ 모집단을 대표할 수 있는 표본을 추출한다.
⑤ 관찰로부터 이론을 도출하는 귀납적 방법을 활용한다.

정답 ⑤

해설

질적 연구는 과정에 관심을 가지며 선(先)조사 후(後)이론의 귀납적 방법을 주로 활용하는 반면, 양적 연구는 결과에 관심을 가지며 선(先)이론 후(後)조사의 연역적 방법을 주로 활용한다.

실제기출 [2021]

질적 조사의 엄격성(Rigor)을 높이는 방법으로 옳은 것을 모두 고른 것은?

ㄱ. 장기간 관찰
ㄴ. 표준화된 척도의 사용
ㄷ. 부정적 사례(Negative Cases) 분석
ㄹ. 다각화(Triangulation)

① ㄱ, ㄴ
② ㄱ, ㄷ
③ ㄴ, ㄹ
④ ㄱ, ㄷ, ㄹ
⑤ ㄱ, ㄴ, ㄷ, ㄹ

정답 ④

해설

ㄴ. 표준화된 척도는 주로 양적 조사에서 측정오류를 줄이고 측정의 신뢰도와 타당도를 높이기 위해 사용한다.

Theme 18 | 질적 연구방법론

1 개 념

① 질적 연구방법은 정성적 연구로서 언어, 몸짓, 행동 등 상황과 환경적 요인들을 조사하는 방법이다.
② 연구자가 대상자와 긴밀한 상호작용을 하면서 연구를 진행한다.
③ 현상학적 인식론에 바탕을 두기 때문에 주관성과 상황적 변화를 강조한다.
④ 가설의 수립과 검증을 통해 보편적 진리를 밝히는 데 한계가 있다고 주장한다.
⑤ 심층면접, 참여관찰 등의 자료수집 방법을 주로 사용한다.

2 특 징

① 자료의 원천으로서 자연스러운 상황, 즉 현장에 초점을 둔다.
② 탐색적 연구에 효과적이며, 참여자들의 관점, 그들의 의미에 초점을 둔다.
③ 연구자 자신이 자료수집의 도구가 되어 대상과 긴밀한 관계를 유지하면서 주관적으로 수행하므로 대체해서는 안 된다.
④ 과정에 관심을 가지며, 선(先)조사 후(後)이론의 귀납적 방법을 활용한다.
⑤ 타당성 있으며, 실질적이고 풍부한 깊이 있는 자료의 특징을 가진다.
⑥ 양적 연구에 비해 외적 타당도 확보에 어려움이 있으며, 연구 결과의 일반화 가능성이 낮다.
⑦ 서로 다른 연구자들의 연구에 의해 동일한 결과가 재연될 수 있는가에 대한 신뢰성이 문제시되므로, 질적 연구자들은 관찰 결과의 일관성이 아닌 연구자가 기록하는 내용과 실제로 일어나는 상황 간의 일치성 정도를 신뢰성으로 간주하는 경향이 있다.
⑧ 연구의 엄격성(Rigor)을 높이기 위한 방안
  ㉠ 장기적 관여 혹은 관찰(Prolonged Engagement)을 위한 노력
  ㉡ 동료 보고와 지원(동료집단의 조언 및 지지)
  ㉢ 연구자의 원주민화(Going Native)를 경계하는 노력
  ㉣ 해석에 적합하지 않은 부정적인 사례(Negative Cases) 찾기
  ㉤ 삼각측정 또는 교차검증(Triangulation)
  ㉥ 감사(Auditing)
  ㉦ 연구윤리 강화 등

3 문제점

① 시간이 많이 소요된다.

② 자료 축소의 어려움이 있다.

③ 표준화된 절차가 결여된다.

④ 다수의 표본으로 조사하기 어렵다.

⑤ 다른 연구자들에 의한 재연이 어려우므로 신뢰도 확보에 문제가 있다.

⑥ 연구자와 대상자 간의 친밀한 관계는 연구의 엄밀성을 해칠 수 있다.

더 알아보기

질적 자료 분석의 과정에서 범하기 쉬운 오류

- 편협성 또는 지역주의(Provincialism)
- 원주민화(Going Native)
- 감정적 반응(Emotional Reactions)
- 성급한 결론(Hasty Conclusion)
- 의심스러운 원인(Questionable Cause)
- 보이지 않는 증거(Suppressed Evidence)
- 잘못된 딜레마 또는 그릇된 문제 제기(False Dilemma)

삼각측정 또는 교차검증(Triangulation)

- 질적 연구 결과의 신뢰도를 제고하기 위한 방법으로, 연구자의 편견 개입 가능성을 줄이고 자료의 객관성을 높이기 위해 실시한다.
- 하나의 개념을 측정하기 위해 2개 이상의 관련 자료를 수집함으로써 상호 일치도가 높은 자료를 판별하여 사용할 수 있다.

부정적인 사례(Negative Case)

- 연구자의 관점에서 자신의 기대 혹은 설명이 일치되지 않은 예외적인 사례를 말한다.
- 예외적인 사례의 분석은 연구자로 하여금 자료 분석 과정에서 자기 자신의 결점을 찾아내도록 하는 역할을 한다.

적중예상

다음 중 질적 자료 분석의 과정에서 범하기 쉬운 오류와 관련이 있는 것을 모두 고르면?

```
ㄱ. 감정적 반응
ㄴ. 원주민화
ㄷ. 지역주의
ㄹ. 보이지 않는 증거
```

① ㄱ, ㄴ, ㄷ
② ㄱ, ㄷ
③ ㄴ, ㄹ
④ ㄹ
⑤ ㄱ, ㄴ, ㄷ, ㄹ

정답 ⑤

해설

Theme 18의 '더 알아보기' 중 '질적 자료 분석의 과정에서 범하기 쉬운 오류' 참고

개념쏙쏙

1. 질적 연구방법론은 시간이 (적게 / 많이) 소요되며, 신뢰도 확보가 (용이하다 / 불리하다).
2. 질적 연구방법론은 과정에 관심을 가지며, (연역적 / 귀납적) 방법을 사용한다.
3. 질적 연구방법론은 일반화의 가능성이 (낮다 / 높다).

정답

1. 많이, 불리하다
2. 귀납적
3. 낮다

양적 연구방법에 관한 설명으로 옳지 않은 것은?

① 논리실증주의에 기반한다.
② 주관적이며 직관적인 관점에서 접근한다.
③ 구조화된 조사표에 대한 활용 빈도가 높다.
④ 변인에 대한 통제와 측정이 가능하다.
⑤ 질적 연구보다 일반화의 가능성이 높다.

정답 ②

해설

② 양적 연구는 객관적이며 논리적인 관점에서 접근하는 반면, 질적 연구는 주관적이며 직관적인 관점에서 접근한다.
① 양적 연구는 실증주의, 논리실증주의에 이론적 근거를 두는 반면, 질적 연구는 해석학, 현상학에 이론적 근거를 둔다.
③ 양적 연구는 구조화된 조사표(설문지)나 실험에 대한 활용 빈도가 높은 반면, 질적 연구는 관찰이나 심층면접 등에 대한 활용 빈도가 높다.
④ 양적 연구는 변인에 대한 통제와 측정이 가능한 반면, 질적 연구는 변인에 대한 통제가 사실상 불가능하고 계량적 측정이 어렵다.
⑤ 양적 연구는 연구 결과의 일반화 가능성이 높은 반면, 질적 연구는 연구 결과의 일반화 가능성이 낮다.

혼합연구방법(Mixed Methodology)에 관한 설명으로 옳지 않은 것은?

① 철학적, 개념적, 이론적 틀을 기반으로 한다.
② 설계유형은 병합, 설명, 구축, 실험이 있다.
③ 양적 설계에 질적 자료를 단순히 추가하는 것은 아니다.
④ 각각의 연구방법을 통해 얻은 결과가 서로 확증되는지 알아보기 위해 사용한다.
⑤ 질적 연구방법으로 발견한 연구주제를 양적 연구방법을 이용하여 탐구하기도 한다.

정답 ②

해설

혼합연구방법의 설계유형은 삼각화 설계, 내재적 설계, 설명적 설계, 탐색적 설계가 있다.

Theme 19 | 양적 연구방법론

1 개 념

① 정량적 연구로서 대상의 속성을 계량적으로 표현하고 그들의 관계를 통계분석을 통해 밝혀내는 조사이다.
② 실증주의적 인식론에 바탕을 두기 때문에 객관성과 보편성을 강조한다.
③ 가설의 수립과 검증을 통해 진리를 밝힐 수 있다고 주장한다.
④ 주로 질문지나 실험 등의 방법을 사용하며, 구조화된 면접과 관찰을 사용하기도 한다.

2 특 징

① 사소하거나 예외적인 상황은 배제하여 가설에서 설정한 관계를 확률적으로 규명하려 한다.
② 이론적 배경으로는 구조적 기능주의, 논리적 경험주의, 실제주의, 실증주의, 행동주의 등이 있다.
③ 동일한 연구조건이라면 같은 결과가 산출된다고 보기 때문에 연구자를 교체할 수 있다.
④ 관찰자에 관계없이 사물은 보편적으로 실재한다고 본다.
⑤ 결과에 관심을 가지며, 선(先)이론 후(後)조사의 연역적 방법을 활용한다.
⑥ 신뢰성 있는 결과의 반복이 가능하다.
⑦ 일반화 가능성이 높다.

3 문제점

① 다른 변인의 통제가 어렵다.
② 구체화의 문제가 있다.
③ 인위적·통제적·강조적이다.
④ 타당도 확보에 어려움이 있다.
⑤ 하나의 가설에 변수가 많을수록 가설검증에 불리하다.

질적 연구와 양적 연구의 특성 비교

질적 연구	양적 연구
• 질적 방법의 사용을 옹호한다.	• 양적 방법의 사용을 옹호한다.
• 행위자 자신의 준거틀에 입각하여 인간의 행태를 이해하는 데 관심을 갖는 현상학적 입장을 취한다.	• 개인들의 주관적 상태에는 관심을 두지 않고 사회현상의 사실이나 원인들을 탐구하는 논리실증주의적 입장을 취한다.
• 주관적이고 과정지향적이다.	
• 자연주의적·비통제적 관찰을 이용한다.	• 객관적이고 결과지향적이다.
• 자료에 가깝다(내부자 시각).	• 자료와 거리가 있다(외부자 시각).
• 타당성이 있는 실질적이고 풍부한 깊이가 있는 자료의 특징을 가진다.	• 신뢰성 있는 결과의 반복 가능한 특징을 가진다.
• 일반화할 수 없다(단일사례연구).	• 일반화할 수 있다(복수사례연구).
• 총체론적이다.	• 특정적이다.
• 동태적 현상을 가정한다.	• 안정적 현상을 가정한다.

혼합연구방법(Mixed Method)

• 체계적인 관찰이나 설문지를 사용하는 양적 연구와 함께 내담자에 대한 깊이 있는 관찰이나 면접을 사용하는 질적 연구를 혼합한 연구방법에 해당한다.
• 질적 연구와 양적 연구의 관계에 대한 학자들의 견해는 차이가 있으며, 그 주된 주제는 어느 접근법이 더 나은가, 두 접근법의 통합이 가능한가, 두 접근법이 상반된 결과를 도출하는가 등으로 구분된다.
• 실제로 양적 연구와 질적 연구를 통합한 혼합연구방법에서는 두 접근법의 상반된 결과 도출에 따른 문제점이 제기되는데, 특히 타당도 확보를 위한 질적 연구의 전통적 관점에서 반증사례를 어떻게 처리할 것인지, 이를 전형적인 것으로 혹은 예외적인 것으로 간주할 것인지, 그와 같은 차이 또는 모순이 연구 결과 전반에 어떠한 영향을 미치는지 등에 대해 주의를 기울일 것을 요구하고 있다.

혼합연구방법의 설계유형

삼각화 설계 (Triangulation Design)	• 정성적 자료와 정량적 자료가 대등한 위상을 가지는 설계방식 • 정성적 및 정량적 분석 결과를 직접 대조시켜 각각의 결과의 유효성을 재차 검증하거나 정성적 방법을 정량적 방법으로 변환시키기 위해 사용됨
내재적 설계 (Embedded Design)	• 한쪽의 자료유형이 다른 쪽의 자료유형에 포섭된 설계방식 • 포섭하는 자료유형이 일차적인 역할을 수행하는 반면, 포섭된 자료유형은 이차적인 역할을 수행함
설명적 설계 (Explanatory Design)	• 정량적 분석 결과를 설명하기 위해 정성적 분석이 추가되는 설계방식 • 정량적 조사로 일반적인 논리와 이해를 얻은 후 정성적 조사를 통해 통계적 결과에 대한 분석을 수정하고 정량적 조사로 발견하지 못한 현상을 발견할 수 있음
탐색적 설계 (Exploratory Design)	• 첫 번째 분석이 완료된 후 다른 분석을 시작하는 2단계 설계방식 • 설명적 설계와 달리 정성적 분석이 완료된 후 정량적 분석이 이루어지는 경우가 대부분임

2025년 제23회 시험분석

제1영역 '사회복지실천론'은 사회복지사 시험에서 주로 출제되는 내용들을 중심으로 전반적으로 고른 영역에서 출제되었습니다. 다만, 실천영역 특성상 정답과 오답이 명확히 구분되지 않는 문항들이 제법 있기에 수험생들을 혼란에 빠뜨리기 쉬웠습니다. 예를 들어 한국 사회복지사 윤리강령에서 '클라이언트에 대한 윤리기준'은 이를 직접 찾아서 학습하지 않는 이상 5가지 선지에서 정답을 고르기 어렵고, 사회복지실천현장의 예와 분류에서 1차 현장과 2차 현장은 그것이 명확히 구분되지 않는 경우도 있으므로 다른 조건들을 통해 문제 풀이에 접근해야 했다는 점입니다.

제2영역 '사회복지실천기술론'은 클라이언트 개인이나 가족, 집단을 중심으로 한 여러 가지 모델들이 고르게 출제되었습니다. 정신역동모델, 심리사회모델, 클라이언트중심모델, 과제중심모델, 해결중심모델, 임파워먼트모델, 위기개입모델 등을 비롯하여 여러 가지 가족치료모델의 개입 목표 및 기법에 관한 문항들이 출제되었습니다. 다만, 이번 시험에서는 밀러와 롤닉(Miller & Rollnick)의 동기강화모델이나 '노아방주의 원칙' 등 생소한 이론모델이나 개념용어가 제시되었는데, 관련 내용이 추후 재등장할지 추이를 지켜볼 필요가 있습니다. 또한 이번 시험에서도 단일사례설계와 같은 타 영역에 어울릴 법한 문항이 모습을 보였습니다.

제3영역 '지역사회복지론'은 전반적으로 고른 영역에서 다양한 내용들이 출제되었습니다. 특히 전반부 문항들은 마치 관련 영역의 표준이라 할 만큼 매우 익숙한 형태로 낯익은 지문들이 등장하여 비교적 쉽게 맞힐 수 있었을 것으로 보이나, 지역사회복지실천모델의 문항들에 이르러 세부적인 내용들을 선지로 제시함에 따라 수험생들로 하여금 갑자기 난도가 상승한 듯한 당혹감을 안겼을 것으로 보입니다. 그리고 지역사회개발모델에서 사회복지사의 역할에 관한 문항이 많은 논란을 불러일으켰는데, 5가지 선지 모두 사실상 옳은 내용임에도 불구하고 아마도 '핵심 역할'이라는 이유로 특정 선지를 틀린 내용으로 간주한 것은 적절치 않아 보입니다.

2024년 제22회 시험분석

제1영역 '사회복지실천론'은 특히 사회복지실천의 윤리와 전문적 관계에 관한 내용이 비중 있게 다루어졌습니다. 난이도는 전반적으로 예전과 비슷한 듯 보이나, 한국 사회복지사 윤리강령의 '클라이언트에 대한 윤리기준'이나 밀포드(Milford) 회의에서 발표된 사회복지실천의 공통요소와 같이 암기를 필요로 하는 문항도 보였습니다.

제2영역 '사회복지실천기술론'은 클라이언트 개인이나 가족, 집단을 중심으로 한 여러 가지 모델들이 고르게 출제되었습니다. 또한 집단 대상 사회복지실천에서는 집단 모델의 분류와 집단사회복지실천의 사정단계, 중간단계, 종결단계 등이 고르게 출제되었습니다. 이와 같이 이 영역에서는 출제자가 문제를 고르게 출제하기 위해 고심한 흔적이 보이는데, 이는 다양한 이론 모델에 대한 체계적인 학습의 필요성을 강조합니다.

제3영역 '지역사회복지론'은 전반적으로 고른 영역에서 다양한 내용이 출제되었습니다. 이전에는 지역사회복지실천모델 중 로스만(Rothman), 웨일과 갬블(Weil & Gamble)의 모델에서 다수의 문항이 출제되었다면, 이번에는 특히 포플(Popple)의 모델이 눈에 띄었으며, 지역사회복지실천모델과 관련하여 로스(Ross), 샌더스(Sanders) 등이 제안한 사회복지사의 역할에 관한 문항도 비교적 무난하게 출제되었습니다.

2023년 제21회 시험분석

제1영역 '사회복지실천론'은 사회복지실천의 역사적 발달과정을 필두로 사회복지사의 자질과 역할, 사정 기술과 면접 기술, 관계의 원칙 및 개입의 원칙, 사회복지실천모델과 통합적 접근 등 출제자가 고른 영역에서 문제를 출제하기 위해 노력한 흔적이 보입니다. 다만, 최근 몇 년간 중요하게 다루어져 왔던 인권 특성이나 윤리원칙과 윤리강령에 관한 문제가 보이지 않았으며, '사회복지실천기술론' 영역과의 내용상 중복을 염려했기 때문인지 가족 대상 실천이나 집단 대상 실천에 관한 문제가 상대적으로 적었습니다.

제2영역 21회 시험에서 가장 어려웠던 영역으로 보입니다. 그 이유는 특정 이론모델을 다루는 문항의 경우에도 그것의 전반적인 내용을 알아야만 풀 수 있는 방식으로 출제되었고, 단순 유추로는 풀이하기 어렵도록 선택지를 구성하였으며, 수험생들의 혼동을 유발하는 문항들도 포함하고 있기 때문입니다. 이 영역은 최근 몇 년간 사회복지실천모델을 고르게 출제하는 한편 가족 대상 실천을 중요하게 다루는 양상을 보이고 있으므로, 이 점 감안하여 심화학습을 하여야 할 필요가 있겠습니다.

제3영역 '지역사회복지론'은 전반적으로 고른 영역에서 비교적 쉽게 출제되었습니다. 지역사회의 기능과 이념, 우리나라와 영국의 지역사회복지 역사, 지역사회복지실천에 관한 이론, 로스만, 테일러와 로버츠, 웨일과 갬블의 지역사회복지실천모델, 지역사회복지실천의 단계 등이 어김없이 출제되었습니다. 지역주민 참여수준에 관한 문항이 처음 출제되었고 사회복지관의 사업 내용이나 사회적기업의 특징에 관한 문항이 약간 까다롭게 제시되었으나, 정부정책에 따라 수시로 변경되는 자활사업, 지역자활에 관한 문항이 출제되지 않았으므로 크게 어려워지는 않았다고 볼 수 있습니다.

제2과목

사회복지실천

제1영역   사회복지실천론

제2영역   사회복지실천기술론

제3영역   지역사회복지론

사회복지실천론

제 1 영역

Theme 1 | 사회복지실천의 개념

1 사회복지실천의 정의(미국 사회복지사협회)

① 인간과 사회환경 간의 생태체계적인 관점에 기초하여 개인, 집단, 가족으로 하여금 자신들의 문제해결능력 및 대처능력을 향상시키도록 돕는 것이다.
② 인간이 필요로 하는 사회자원, 서비스, 기회 등의 환경체계가 원활하게 상호작용할 수 있도록 돕는 것이다.
③ 자원과 서비스를 제공하는 다양한 사회복지기관이나 조직들로 하여금 클라이언트에게 보다 좋은 서비스를 제공할 수 있도록 효과적이고 효율적인 운영을 추구하는 것이다.
④ 새로운 사회정책의 개발·향상을 목적으로 하는 실천 활동이다.

2 사회복지실천의 목적

① 개인의 삶의 질(Quality of Life), 문제해결능력과 대처능력 향상
② 개인과 환경 간 불균형 발생 시 문제를 감소시킴
③ 개인과 환경 간의 상호작용에 초점을 두고 사회정책 개발
④ 개인과 환경 간의 상호 유익한 관계 증진
⑤ 사회정의 증진

3 사회복지실천의 기능

① 사람들의 역량을 확대하고 문제해결능력 및 대처능력을 향상하도록 도움
② 사람들이 자원(서비스)을 획득하도록 원조
③ 조직이 개인의 요구에 부응하도록 도움
④ 개인과 환경 내의 다른 사람 및 조직과의 상호 관계 촉진
⑤ 조직 및 제도 간의 상호 관계에 영향력 행사

4 사회복지실천의 기능 범위

① 미시적 수준
  ㉠ 개인 간 상호작용에 기초하며 직접적 실천방법에 해당한다.
  ㉡ 부부관계, 자녀관계 등 개인 간의 심리상태에 문제가 있는 경우 사회복지사가 클라이언트와 일대일로 접근하여 문제해결을 돕는다.

② 중간적 또는 중시적 수준
  ㉠ 미시적 수준과 거시적 수준의 중간단계이다.
  ㉡ 지역사회를 중심으로 지역의 자원을 발굴하거나 관련 단체 간의 연계활동을 조정하며, 자조집단, 치료집단 등의 조직을 관리·운영한다.
③ 거시적 수준
  ㉠ 국가 또는 사회 전체를 대상으로 하며 간접적인 실천방법에 해당한다.
  ㉡ 특정 클라이언트에 대해 서비스를 제공하는 것이 아닌 사회복지정책개발 및 정책대안 등을 제시하여 간접적인 사회복지서비스를 제공한다.

5 사회복지실천현장의 분류

① 기관의 운영목적에 따른 분류

1차 현장	기관의 일차적인 기능이 사회복지서비스의 제공에 있으며, 사회복지사가 중심이 되어 활동하는 실천현장 예 종합사회복지관, 노인복지관, 장애인복지관, 사회복귀시설, 지역자활센터(자활지원센터), 지역아동센터 등
2차 현장	사회복지전문기관이 아니지만 사회복지사가 간접적으로 개입하여 사회복지서비스에 영향을 미치는 실천현장 예 병원, 학교, 교정시설, 보호관찰소, 정신보건시설, 주민센터 등

② 주거 제공 여부에 따른 분류

생활 시설	사회복지서비스에 주거서비스가 포함된 시설 예 노인요양시설, 노인의료복지시설, 장애인생활시설, 자립지원시설, 그룹홈, 청소년쉼터, 아동보호치료시설, 정신요양시설 등
이용 시설	사회복지서비스에 주거서비스가 포함되지 않으며, 자신의 집에 거주하는 클라이언트를 대상으로 서비스를 제공하는 시설 예 종합사회복지관, 노인복지관, 장애인복지관, 지역아동센터, 아동보호전문기관, 노인보호전문기관, 영유아보육시설, 재가복지봉사센터, 노인주간보호센터, 장애인주간보호센터, 쪽방상담소, 가정위탁지원센터 등

더 알아보기

사회복지의 개념 변화

과 거	현 재
• 잔여적 개념	• 제도적 개념
• 자선의 차원	• 시민권의 차원
• 선별적 서비스 제공	• 보편적 서비스 제공
• 최저수준 보장	• 최적수준 보장
• 빈곤은 개인의 문제	• 빈곤은 사회의 문제
• 문제 해결 중심	• 문제 예방 중심
• 민간 중심의 자발성	• 정부 차원의 공공성
• 빈민 구제에 역점	• 복지사회·복지국가 건설에 역점

Theme 2 | 사회복지실천의 이념과 철학

1 인도주의 또는 박애주의

① 사회복지의 근간이 되는 이념으로서, 봉사정신과 이타주의를 토대로 인도주의적인 구호를 제공한다.
② 자선조직협회(COS ; Charity Organization Society)의 우애방문자들이 무조건적인 봉사정신에 입각하여 사회빈곤층을 대상으로 인도주의적인 구호활동을 전개하였다.

2 사회진화론

① 사회복지실천의 사회통제적인 측면으로서, 중산층의 기독교적 도덕관을 토대로 사회부적합 계층을 사회적합 계층으로 변화시키는 것을 목표로 하였다.
② 그러나 실제로는 사회적합 계층인 우월한 자의 사회부적합 계층인 열등한 자에 대한 일방적인 시혜가 이루어졌다.

3 자유방임주의

① 개인의 자유를 최우선으로 하며, 국가의 간섭을 최대한 배제하려고 한다.
② 경제 위주의 정책을 통해 경제 성장과 부의 극대화를 이루고자 한다.

4 자유주의

① 자유주의는 개인의 자유를 존중하며, 최저수준의 삶의 질에 대해 정부의 책임을 인정한다.
② 선택주의적인 구빈사업을 통해 절대적인 빈곤을 해결하고자 한다.

5 개인주의

① 개인의 권리와 함께 의무를 강조하면서 빈곤의 문제를 개인의 책임으로 돌린다.
② 최소한의 수혜자격 원칙 또는 열등처우의 원칙을 통해 저임금 노동자에게 더 낮은 보조를 받도록 하였다.

6 민주주의 또는 사회민주주의

① 평등과 공동체 의식을 강조하는 이념으로서, 보편주의적인 성격을 띠며 집합적인 이익을 추구한다.
② 빈곤이나 장애 등을 사회적 책임으로 인식하며, 사회적 욕구에 대한 시민권을 인정한다.
③ 특히 사회개혁을 강조하며, 클라이언트의 자기결정권에 가치를 부여하고자 한 인보관 운동에서 두드러지게 나타났다.

7 신마르크스주의

① 국가를 자본가 계급의 계급 지배 도구로 간주하는 전통적인 마르크스주의의 입장을 견지하면서도, 국가가 정책 과정에서 어느 정도 자율성을 지닐 수 있음을 인정하는 이론이다.
② 개인주의의 본질적인 한계를 강조하며, 국가가 복지정책을 추구하는 과정에서 자본가 계급으로부터 자율성을 유지해야 한다고 주장한다.

8 다원주의

① 사회복지실천에서 개인의 독특성을 인정하여 다양한 계층의 다양한 문제에 접근하고자 한다.
② 소외계층에게 자신의 힘으로 변화를 이끌 수 있는 환경과 권한을 부여하며, 클라이언트의 인간적 존엄을 토대로 일방적 수혜자가 아닌 소비자 또는 고객으로서의 새로운 관계를 설정하였다.

Theme 3 | 사회복지실천의 가치와 윤리

1 사회복지실천의 가치

① 가치의 개념
  ㉠ 신념이고 선호이자, 좋고 나쁨을 판단하는 기준이다.
  ㉡ 다수의 사회구성원들이 좋거나 바람직하다고 여기는 것 혹은 개인의 선호도를 나타내는 행동을 선택하는 지침이다.
  ㉢ 구체적인 행동목표가 아니라 목표를 결정하는 기준이 된다.

② 가치의 분류
  ㉠ 궁극적 가치 : 보편적, 절대적, 추상적 가치
  ㉡ 차등적 가치 : 찬성과 반대가 가능한 가치
  ㉢ 수단적 가치 : 더욱 직접적으로 적용될 수 있는 실용적인 가치

③ 사회복지 전문직의 가치(Levy)

사람 우선 가치	전문직 수행의 대상인 사람 자체에 대해 전문직이 갖추고 있어야 할 기본적인 가치 예 개인의 가치와 존엄성 존중, 개인의 건설적 변화에 대한 능력과 열망, 상호책임성, 소속의 욕구, 인간의 공통된 욕구 및 개별성(독특성) 인정 등
결과 우선 가치	개인이 성장할 기회를 제공하고, 욕구를 충족시킬 수 있는 서비스를 제공하는 것에 역점을 두는 가치 예 개인의 기본적 욕구 충족, 교육이나 주택문제 등의 사회문제 제거, 동등한 사회참여 기회 제공 등
수단 우선 가치	서비스를 수행하는 방법 및 수단과 도구에 대한 가치 예 클라이언트의 자기결정권 존중, 비심판적인 태도 등

2 사회복지실천의 윤리

① 윤리의 개념
  ㉠ 어떤 행동의 옳고 그름에 대한 판단으로, 사회복지 가치기준에 맞는 실천을 하였는가에 대한 판단기준을 제시한다.
  ㉡ 인간의 행동을 통제하거나 규제하는 기준이나 원칙까지 포함하는 개념으로, 일반적으로 타인에 대한 책임감에서 우러나오는 인간에 대한 기대를 말한다.
  ㉢ 선악의 속성이나 도덕적 의무를 결정하는 일련의 지침에 해당한다.

② 윤리강령의 기능

    ㉠ 사회복지사들의 윤리적 민감성을 고양시켜 윤리적 실천을 제고하며, 법적 구속력을 지니지 않는다.

    ㉡ 사회복지사의 비윤리적 실천으로부터 클라이언트를 보호한다.

    ㉢ 실천현장에서 윤리적 갈등이 생겼을 때 윤리적 실천을 수행하기 위한 구체적인 지침을 제공한다.

    ㉣ 전문직으로서의 사명과 전문적 활동의 방법론에 관한 규범을 수립하는 데 있어서 기준을 제시한다.

    ㉤ 전문직으로서의 전문성을 확보하며, 이를 일반대중에게 널리 알리는 수단으로 활용된다.

③ 윤리적 절대주의와 윤리적 상대주의

    ㉠ 윤리적 절대주의

        • 보편타당한 행위규범으로서의 윤리가 절대적으로 존재한다고 보는 입장

        • 선과 악, 옳고 그름도 어떤 행위의 결과와 별개로 판단

    ㉡ 윤리적 상대주의

        • 보편타당한 행위규범으로서의 윤리가 존재하지 않는다는 입장

        • 행동의 동기보다는 결과를 중시

④ 사회복지실천의 윤리적 쟁점

    ㉠ 클라이언트 권리와 고지된 동의

    ㉡ 비밀보장, 폭로

    ㉢ 법률, 정책 및 기관 규정 등에 관한 사안

    ㉣ 한정된 자원의 분배

    ㉤ 전문적 관계 유지

더 알아보기

사회복지실천의 윤리문제

• 가치의 상충 : 사회복지사가 가장 빈번하게 겪게 되는 윤리적 딜레마로서, 2개 이상의 가치가 상충되는 경우

• 의무의 상충 : 인간을 다루는 수단으로서 선호하는 가치와 밀접하게 연관

• 클라이언트체계의 다중성 : 클라이언트, 문제 등에 대한 우선성 및 개입의 초점과 관련

• 결과의 모호성 : 클라이언트가 스스로 자기결정을 할 수 없는 경우에 최선책이 무엇인가 하는 것

• 능력 또는 권력의 불균형 : 클라이언트와 사회복지사 혹은 사회복지사 간의 능력, 정보, 권력의 불균형으로 인한 윤리적 딜레마

적중예상

다음 사회복지실천의 윤리와 관련한 설명 중 옳지 않은 것은?

① 사회복지 가치기준에 맞는 실천을 했는지에 대한 판단기준을 제시한다.

② 선악의 속성이나 도덕적 의무를 결정하는 일련의 지침에 해당한다.

③ 인간의 행동에 대한 통제 및 규제 원칙은 제외한다.

④ 클라이언트가 스스로 자기결정을 할 수 없는 경우에 최선책이 무엇인가 하는 결과의 모호성에 관한 윤리적 딜레마를 갖는다.

⑤ 윤리강령은 사회복지사의 비윤리적 실천으로부터 클라이언트를 보호한다.

정답 ③

해설

사회복지실천의 윤리는 인간의 행동을 통제하거나 규제하는 기준이나 원칙을 포함하는 개념으로, 일반적으로 타인에 대한 책임감에서 우러나오는 인간에 대한 기대를 말한다.

개념쏙쏙

1. 사회복지실천 가치의 분류로는 궁극적 가치, 수단적 가치, (   )이/가 있다.

2. 레비가 구분한 사회복지 전문직의 가치에서 서비스를 제공했을 때 초래하는 결과에 대한 가치관은 (   )을/를 말한다.

3. 사회복지사 (   )은/는 사회복지사의 비윤리적 실천으로부터 클라이언트를 보호하는 기능을 갖는다.

정답

1. 차등적 가치
2. 결과 우선 가치
3. 윤리강령

실제기출 [2025]

사회복지실천의 역사적 발달과정을 발생한 순서대로 옳게 나열한 것은?

ㄱ. 기능주의 학파와 진단주의 학파의 갈등
ㄴ. 밀포드(Milford) 회의에서 개별사회사업방법론을 기본으로 하는 사회복지실천의 공통요소 제시
ㄷ. 사회복지실천에 관한 이론과 방법을 최초로 체계화한 「사회진단」 출간
ㄹ. 사회복지실천방법으로 통합적 방법론 등장

① ㄱ-ㄴ-ㄷ-ㄹ
② ㄴ-ㄱ-ㄹ-ㄷ
③ ㄴ-ㄷ-ㄹ-ㄱ
④ ㄷ-ㄱ-ㄴ-ㄹ
⑤ ㄷ-ㄴ-ㄱ-ㄹ

정답 ⑤

해설

ㄷ. 1917년 리치몬드(Richmond)가 교육 및 훈련을 위해 사회복지실천과정의 이론을 최초로 정리한 「사회진단(Social Diagnosis)」을 저술함으로써 사회복지실천의 전문화에 기여하였다.
ㄴ. 1929년에 밀포드 회의(Milford Conference)를 통해 개별사회사업방법론의 공통 기반을 조성하였다.
ㄱ. 1920년대에 프로이트(Freud)의 정신분석이론을 기반으로 한 진단주의 학파가 발달하였고, 이에 대한 반발로 1930년대 후반에 기능주의 학파가 등장하였다.
ㄹ. 통합적 접근방법이 본격적으로 대두된 것은 1960~1970년대로, 이는 '결합적 접근방법', '중복적 접근방법', '단일화 접근방법'의 세 측면에서 통합을 이룬 형태로 나타났다.

실제기출 [2022]

기능주의 학파(Functional School)에 관한 내용으로 옳지 않은 것은?

① 개인의 의지 강조
② 인간의 성장 가능성 중시
③ '지금-이곳'에 초점
④ 인간과 환경의 관계 분석
⑤ 과거 경험 중심적 접근

정답 ⑤

해설

진단주의 학파는 과거 경험을 중심으로 현재의 자아기능을 설명하고자 하였다.

| Theme 4 | 서구 사회복지실천의 역사 |

1 전문적 사회복지실천의 출현 시기(19세기 후반~1900년)

① 자선조직협회(COS ; Charity Organization Society)
　ㄱ 1869년 영국 런던에서 처음으로 시작되었고, 독일의 '엘버펠트(Elberfeld) 제도'를 모방하였다.
　ㄴ 빈곤의 문제를 개인적인 속성에서 기인한 것으로 보았다.
　ㄷ 가난한 사람을 '가치 있는 자'와 '가치 없는 자'로 구분하였으며, 원조의 대상을 '가치 있는 자'로 한정하였다.
　ㄹ 인도주의 · 박애주의를 토대로 부르주아의 특권적인 지위를 정당화하는 양상을 보였다.
　ㅁ 주로 상류층 혹은 중산층 부인들로 구성된 우애방문원의 개별방문에 의해 개별적 조사와 등록이 이루어졌다.

② 인보관 운동(SHM ; Settlement House Movement)
　ㄱ 1884년 시작, 빈곤은 개인의 책임이 아닌 사회환경에 의한 것이므로, 전반적인 사회개혁을 통해 빈곤을 극복해야 한다고 주장했다.
　ㄴ 지식인과 대학생들이 직접 빈민가로 들어가 빈민들과 함께 생활하면서 지역사회의 교육 및 문화활동을 주도하였다.
　ㄷ 시혜가 아닌 문화, 지식, 교양, 가치 등에서 동등한 입장에서는 우애의 이념을 토대로 한다.
　ㄹ 빈민들의 생활실태를 파악하고 사회조사를 실시하였다.
　ㅁ 빈민들의 주택문제, 위생문제, 근로환경문제 등에 관심을 가지며, 사회개혁적인 운동을 펼쳐나갔다.
　ㅂ 3R 운동, 즉 정주(Residence), 조사(Research), 사회개혁(Reform)을 기초로 한다.
　ㅅ 최초의 인보관은 1884년 영국 런던에서 바네트 목사가 설립한 토인비 홀, 미국 최초는 1886년 코이트가 뉴욕에 설립한 근린길드, 미국의 가장 유명한 인보관은 1889년 아담스가 시카고에 설립한 헐 하우스이다.

2 전문적 사회복지실천의 확립기(1900년 전후~1920년 전후)

① 빈곤의 원인을 사회적 요인으로 보는 시각이 확대되어 1890년대 말부터 유급 전임직원을 고용하는 자선조직협회가 많아졌다.
② 1898년 미국 뉴욕 자선조직협회에 의해 사회복지전문인력 훈련과정이 개설되었다.
③ 프로이트(Freud)의 정신분석이론이 사회복지실천의 기초이론을 확립하는 데 큰 영향을 미쳤다.

④ 1915년 플렉스너(Flexner)가 "사회복지실천은 전문직이 아니며, 사회복지사도 전문가가 아니다"라고 비판함으로써 전문직으로서 사회복지실천에 대한 문제인식이 형성되었다.

⑤ 1917년 리치몬드(Richmond)가 교육 및 훈련을 위해 사회복지실천과정의 이론을 최초로 정리한 『사회진단(Social Diagnosis)』을 저술함으로써 사회복지실천의 전문화에 기여하였다.

⑥ 1929년 밀포드 회의(Milford Conference)를 통해 개별사회사업방법론의 공통 기반을 조성하였다.

3 전문적 분화기(1920년 전후~1950년 전후)

① 3대 방법론으로 분화 : 개별사회사업, 집단사회사업, 지역사회조직

② 진단주의와 기능주의
  ㉠ 진단주의 : 프로이트의 정신분석이론 기반, 인간에 대한 기계적·결정론적 관점 토대, 과거 경험 중심적 접근
  ㉡ 기능주의 : 인간의 자아와 의지, 성장 가능성 강조

4 사회복지실천의 통합 시도기(1950년 전후~1960년 전후)

① 사회변화에 효과적으로 대응하기 위해 거시적이고 통합적인 측면에서 접근할 필요성 제기

② 펄만(Perlman)의 문제해결모델
  ㉠ 진단주의 입장에서 기능주의를 부분적으로 통합한 절충모델
  ㉡ 반성적 사고의 과정 강조, 주체적 존재로서의 인간 강조, 인간의 삶 자체를 문제 해결 과정으로 간주

5 사회복지실천의 통합 발전기(1960년 전후~1980년 전후)

① 통합적 접근방법의 본격적인 대두 : 결합적 접근방법, 중복적 접근방법, 단일화 접근방법

② 클라이언트의 환경을 중시하는 모델 등장 : 위기개입모델, 과제중심모델, 생활모델 등

③ 임상사회사업, 집단사회사업, 지역사회조직사업 등 발전

6 새로운 관점의 등장(1980년 전후~현재)

① 다중관점의 필요성 대두

② 클라이언트의 강점 관점에 기초한 다양한 접근법과 개입전략 강조

1 초기 사회복지실천의 역사

① 일제강점기
  ㉠ 특 징
  • 일제의 구호정책은 식민정책의 일부로서 우리 민족이 일제에 충성하도록 하는 사회통제적인 목적으로 시행되었다.
  • 일제 사회정책의 중심을 이루었던 구빈사업은 외견상 상당히 다양해 보이지만 그 내용을 보면 극히 형식적, 온정적, 시혜적인 성격이 강했다.
  ㉡ 태화여자관(1921년) : 우리나라 최초의 사회복지관으로서, '태화기독교사회복지관'의 전신이다.
  ㉢ 방면위원제도(1927년) : 일본이 독일식 엘버펠트(Elberfeld) 구빈위원제도를 모방한 것으로, 관이 주도하는 제도였다.
  ㉣ 조선구호령(1944년)
  • 당시 일본의 구호법을 기초로 모자보호법과 의료보호법을 부분적으로 합성한 것이었다.
  • 1944년 제정되어 1961년 생활보호법이 제정될 때까지 우리나라 공적 부조의 기본이 되었다.

② 해방 이후~한국전쟁 이후
  ㉠ 특 징
  • 미군정 당국의 정책은 기아의 방지, 최소한의 시민생계 유지, 보건위생 및 치료, 응급 주택공급 등에 중점을 둔 것으로, 장기적·획기적인 사업추진을 고려하지 않았다.
  • 1950년 이후 외국 원조단체와 기관들이 들어와서 활발한 구호사업 및 자선사업을 전개하였으며, 점차적으로 사회복지전문가들이 유입되어 사회복지 프로그램을 개발하고 특히 가족 중심의 사회복지실천을 도입하였다.
  ㉡ 한국외원단체협의회(KAVA)
  한국인에 대한 기여와 봉사를 증대하기 위해 구성된 외국 민간원조단체의 한국연합회로서, 1952년 7개 기관이 모여 조직되었다가 1955년에 사무국을 둠으로써 비로소 연합회로서의 기능을 갖추게 되었다.

2 근·현대 사회복지실천의 주요 발달과정

① 1947년 이화여자대학교 기독교 사회사업학과 개설
② 1952년 한국사회사업연합회 창설
③ 1953년 강남사회복지학교 창설
④ 1957년 한국사회사업학회 창설
⑤ 1960년 공무원연금제도 시행
⑥ 1964년 산업재해보상보험제도 시행
⑦ 1967년 한국사회사업가협회 창설
⑧ 1970년 「사회복지사업법」 제정
⑨ 1983년 '사회복지사' 명칭 사용
⑩ 1985년 시·도 단위 종합사회복지관 설립
⑪ 1987년 사회복지전문요원 배치
⑫ 1988년 국민연금제도 시행
⑬ 1992년 재가복지봉사센터 전국적 설치, 운영
⑭ 1995년 「정신보건법」 제정
⑮ 1995년 「사회보장기본법」 제정
⑯ 1995년 고용보험제도 시행
⑰ 1997년 정신보건사회복지사 자격시험 도입
⑱ 1998년 사회복지시설평가 법제화(「사회복지사업법」 개정)
⑲ 1998년 16개 광역 시·도에 사회복지공동모금회 설립
⑳ 1999년 사회복지의 날(9월 7일) 제정
㉑ 2000년 일반직 사회복지전담공무원으로의 전환
㉒ 2000년 국민건강보험제도 시행
㉓ 2000년 국민기초생활보장제도 시행
㉔ 2003년 사회복지사 1급 국가시험 실시
㉕ 2005년 지역사회복지협의체 시행
㉖ 2005년 「저출산·고령사회기본법」 제정
㉗ 2007년 「사회적기업 육성법」 제정
㉘ 2008년 노인장기요양보험제도 시행
㉙ 2010년 「장애인연금법」 제정
㉚ 2010년 사회복지통합관리망 '행복e음' 구축
㉛ 2011년 사회보험 징수 통합제도 시행
㉜ 2014년 기초연금제도 시행(기초노령연금제도 폐지)
㉝ 2015년 「사회보장급여의 이용·제공 및 수급권자 발굴에 관한 법률」 시행에 따른 공공사회복지 전달체계의 개편
㉞ 2017년 정신건강전문요원으로서 '정신건강사회복지사' 자격 명시
㉟ 2018년 아동수당제도 시행
㊱ 2020년 노인맞춤돌봄서비스 시행
㊲ 2023년 부모급여제도 시행

Theme 6	사회복지사의 기능과 역할

1 기능 수준에 따른 사회복지사의 역할

① **직접 서비스 제공자의 역할** : 클라이언트의 욕구와 문제를 해결하기 위해 그들을 직접 만나서 서비스를 제공한다.
  예 개별상담자, 집단상담자(지도자), 정보제공자, 교육자
② **체계와 연결하는 역할** : 클라이언트에게 필요한 사회자원을 연계하여 클라이언트로 하여금 해당 자원을 충분히 활용할 수 있도록 돕는다.
  예 중개자, 사례관리자, 조정자, 중재자, 클라이언트 옹호자
③ **체계 유지 및 강화 역할** : 자신이 속한 기관의 정책, 서비스 전달체계 등을 평가하고 이를 개선하는 역할을 수행한다.
  예 조직분석가, 촉진자, 팀 성원, 자문가
④ **연구자 및 조사활용자 역할** : 적절한 개입방법을 선택하고 해당 개입방법의 효과성 및 효율성을 평가하며, 클라이언트의 변화를 모니터링하기 위해 공적·사적 세팅 모두에 대한 평가를 수행한다.
  예 프로그램 평가자, 조사자
⑤ **체계 개발 역할** : 기관의 서비스를 확대 혹은 개선하기 위해 체계를 개발하는 등 체계 발전과 관련된 역할을 수행한다.
  예 프로그램 개발자, 기획가(계획가), 정책 및 절차개발자

2 개입 수준 및 기능에 따른 사회복지사의 역할 분류(Miley et al.)

① 미시 차원(개인, 가족)

조력자	클라이언트가 직면하고 있는 문제를 보다 분명하게 해 주고 해결방안을 찾도록 도우며, 그들 자신의 문제를 보다 효과적으로 다룰 수 있는 능력을 발달시켜 주는 역할이다. **예** 알코올중독자가 자신의 문제를 깨닫고 금주방법을 찾도록 도와주는 것
중개자	클라이언트로 하여금 지역사회 내에 있는 서비스체계나 자원을 활용할 수 있도록 돕거나 안내해 주는 역할이다. **예** 가족이 없는 중증장애인에게 주거시설을 소개해 주는 것
옹호자	근본적으로 사회정의를 지키기 위한 목적으로 개인이나 집단의 입장을 지지하고 권익을 대변하는 것은 물론 사회적인 행동을 제안하는 적극적인 활동을 펼치는 역할이다. **예** 장애학생의 교육권 확보를 위해 학교당국에 편의시설을 요구하는 것
교사	클라이언트의 사회적응기능이나 문제해결능력이 향상될 수 있도록 다양한 정보를 제공하고 기술을 가르치는 등 교육하는 역할이다. **예** 장애인 거주시설에서 퇴소한 장애인과 그 가족에게 지역사회 내 다양한 주거 관련 정보를 안내하는 것

② 중범위 차원(공식적 집단, 조직)

촉진자	조직의 기능이나 상호작용, 직원들 간의 협조나 지지를 촉진하며, 조직 간 정보교환이 원활히 이루어지도록 하여 업무의 효과성 및 효율성을 높인다.
중재자	서로 다른 조직이나 집단 간 이해관계 갈등을 해결하여 서로 간에 만족스러운 결과를 얻을 수 있도록 돕는다. 특히 의사소통의 갈등이나 의견 차이를 조정하되, 어느 한쪽의 편을 들지 않은 채 서로의 입장을 명확히 밝히도록 돕는다.
훈련가	기관 직원들의 전문가적인 능력을 계발시키기 위해 직원 세미나, 워크숍, 슈퍼비전 등에 참여하여 해당 직원들을 교육 및 훈련시킨다.

③ 거시 차원(지역사회, 전체사회)

계획가	지역사회에 충족되지 못한 욕구나 새롭게 대두되는 욕구를 충족시키도록 새로운 정책, 서비스, 프로그램을 계획하는 등 변화과정을 계획(기획)하는 역할을 말한다.
행동가	사회적 불의, 불평등, 박탈 등에 관심을 가지고 갈등, 대면, 협상 등을 활용하여 사회적 환경이 개인의 욕구를 보다 잘 충족하도록 변화시키는 역할을 말한다.
현장개입가	서비스를 필요로 하는 지역주민들을 파악하고 서비스 대상자가 적절한 서비스를 찾을 수 있도록 원조하기 위해 직접 지역사회에 들어가 활동하는 역할을 말한다.

④ 전문가집단 차원(동료, 사회복지전문가집단)

동료	사회복지사들이 서로 간에 모니터링 역할을 하여 전문가로서의 윤리를 준수하도록 격려하며, 동료 간 상호지지를 제공하고 다른 전문가와의 접촉을 통해 협력관계를 구축한다.
촉매자	효과적인 서비스 전달체계의 발전을 도모하기 위해 타 전문직에 협조를 구하거나 전문가 조직을 통한 국가적 또는 국제적 활동을 펼치는 역할을 말한다.
연구자/학자	이론적 혹은 실천적 전문직으로의 발전을 위한 활동을 수행하며, 지식개발을 위해 과학적 조사를 실시하여 그 결과를 동료들과 공유하는 역할을 말한다. 특히 자신이 제공한 서비스를 과학적이고 체계적으로 평가하는 등 실증적 사회복지실천을 수행한다.

실제기출 [2025]

체계론적 관점에서 가족에 관한 설명으로 옳은 것은?

① 가족의 항상성은 어떤 행동이 허용되는가를 결정하는 가족규칙을 통해 공고해진다.
② 일탈행동이나 갈등상황에 대해 부적 환류를 적용하면 최초의 일탈이나 갈등을 증폭시키는 작용을 한다.
③ 가족은 상위체계와는 독립적으로 존재하며 그 안에 다양한 하위체계를 포함한다.
④ 경직된 경계를 가진 가족은 독립성과 자율성이 결여되어 있다.
⑤ 부모-자녀 하위체계는 가족을 이끄는 책임을 지는 하위체계로 권위를 갖는 것이 중요하다.

정답 ①

해설
② 부적 환류(Negative Feedback)는 체계가 변화를 거부한 채 안정적인 상태를 유지하려는 방향으로 피드백이 이루어지는 것을 말한다. 체계가 규범에서 벗어나는 행동을 저지하여 안정성을 유지하려는 일탈 감소의 역할을 한다.
③ 가족은 상위체계와 독립적으로 존재하지 않으며, 가족체계 내의 어느 한 요소의 변화가 가족 전체에 영향을 미치는 순환적 인과성(Circular Causality)의 특징을 가진다.
④ 경직된 경계선(Rigid Boundary)을 가진 가족은 독립적이고 자율적으로 기능할 수는 있으나 충성심 및 소속감이 부족하여 도움이 필요할 때 원조를 요청하는 능력이 부족하다.
⑤ 가족의 하위체계(예 부부 하위체계, 부모 하위체계, 부모-자녀 하위체계, 형제(자매) 하위체계 등) 중 부모 하위체계에 해당하는 설명이다. 참고로 부모-자녀 하위체계는 부모가 자녀에게 엄격함과 허용을 적절히 조화시키는 것이 중요하다.

Theme 7	사회복지실천 대상체계 및 문제 Ⅰ

1 개인과 사회복지실천

① **개별사회사업(Casework)의 개념** : 사회환경과 개인과의 개별적 의식조정을 통해 인격발달을 도모하는 제반 과정을 개별사회사업이라 한다.
② **개별사회사업의 구성(4P)**
사람(Person), 문제(Problem), 장소(Place), 과정(Process)

2 가족과 사회복지실천

① **가족대상 사회복지실천의 개념** : 가족은 세대, 성, 관심 등에 따라 경계 및 하위체계를 가지므로 다양한 관점에서 접근해야 한다.
② **가족체계 관련 용어**
   ㉠ 정적 환류(Positive Feedback) : 체계가 안정적인 상태를 거부한 채 체계 자체를 변화시키려는 방향으로 피드백이 이루어지는 것을 말한다.
   ㉡ 부적 환류(Negative Feedback) : 체계가 변화를 거부한 채 안정적인 상태를 유지하려는 방향으로 피드백이 이루어지는 것을 말한다.
   ㉢ 가족체계에서의 다중종결성(Multifinality)과 동등종결성(Equifinality)
      • 다중종결성 : 체계를 구성하는 요소들의 상호작용 성격에 따라 유사한 조건이라도 각기 다른 결과를 초래하는 경우를 말한다.
      • 동등종결성 : 서로 다른 조건이라도 유사한 결과를 초래하는 경우를 말한다.
   ㉣ 가족치료에 있어서 사이버네틱스(Cybernetics) : 기계의 자동제어장치 원리를 가족체계에 도입·응용한 것이다.
③ **가족 하위체계 간의 경계**
   ㉠ 경직된 경계선(Rigid Boundary) : 부모와 자녀 간에 타협, 협상할 여지가 거의 없으며, 하위체계들 간의 경계 또한 매우 엄격하다.
   ㉡ 애매한(모호한) 경계선 또는 밀착된 경계선(Enmeshed Boundary) : 체계 간의 경계가 불분명하고 미분화되어 있으며, 가족성원들 간의 구분이 모호하고 거리감이 거의 없다.
   ㉢ 명확한 경계선 또는 분명한 경계선(Clear Boundary) : 가족성원들 간에 분명한 경계와 자율성이 있으며, 서로의 경계를 침범하지 않는다.

④ 가족체계의 외부와의 경계
  ㉠ 폐쇄형 가족체계(Closed Family Systems) : 가족성원들의 외부와의 상호작용과 출입을 엄격히 제한한다.
  ㉡ 개방형 가족체계(Open Family Systems) : 가족성원들의 행위를 제한하는 규칙이 집단의 합의과정에서 도출된다.
  ㉢ 방임형 또는 임의형 가족체계(Random Family Systems) : 가족성원들은 각자 자신의 영역과 가족의 영역을 확보하면서 개별적인 패턴을 만들어간다.
⑤ 가족치료의 모델
  ㉠ 정신분석학적 모델 : 정신분석학적 치료방법인 동일시, 전이 등의 방법을 통해 가족이나 개인의 내면에 있는 문제들을 정화한다.
  ㉡ 보웬의 모델 : 가족 내 하위체계의 변화가 다른 부분의 변화를 야기한다는 점에 초점을 두어, 개인이 가족자아로부터 분화된 확고한 자아를 수립하도록 유도한다.
  ㉢ 구조적 모델 : 가족구조의 불균형을 해소하기 위해 가족구조를 재구조화함으로써 가족이 적절한 기능을 수행할 수 있도록 돕는다.
  ㉣ 의사소통모델 : 가족 간에 존재하는 의사소통 과정과 형태를 중시하며, 정보의 내용과 정보가 받아들여지는 관계에 초점을 둔다.
  ㉤ 경험적 모델 : 가족 관계의 병리적 측면보다는 긍정적인 측면에 초점을 두어, 모호하고 간접적인 가족 내 의사소통의 명확화를 강조한다.
  ㉥ 행동학적 모델 : 정적 강화행동 등 학습이론의 원리를 이용하여, 가족이 직면하고 있는 문제에 대해 행동치료적인 기법을 적용한다.
  ㉦ 전략적 모델 : 이론보다는 문제행동을 변화시키는 데 초점을 두어, 치료자가 다양한 전략을 고안한다.

집단사회복지실천에서 집단구성과 구조에 관한 설명으로 옳지 않은 것은?

① 일반적으로 사회적 목표모델보다 치료모델의 집단 규모가 더 작다.
② 아동집단은 성인집단에 비해 모임 시간은 더 짧게 빈도는 더 자주 설정한다.
③ 집단구성원의 동질성이 강할수록 성원 간 방어와 저항도 더 많이 발생한다.
④ 물리적 공간을 결정할 때 좌석배치까지 고려한다.
⑤ 개방형 집단이 폐쇄형 집단에 비해 위기상황에 처한 사람들에게 더 융통성 있는 참여기회를 제공한다.

정답 ③

해설

집단성원 개개인의 집단참여 동기나 목적이 집단의 목적과 동일할 때 집단성원들은 집단 과정에서 많은 것을 얻을 수 있으며, 집단성원들의 연령, 교육수준, 문제유형 등이 서로 유사할 때 집단성원들 간의 상호작용이 더욱 활발해질 수 있다.

| Theme 8 | 사회복지실천 대상체계 및 문제 Ⅱ |

1 집단과 사회복지실천

① 집단사회복지실천의 원칙

ㄱ 개별화의 원칙 : 집단 내 개인의 특성 및 욕구, 개성, 능력 등을 반영한다.

ㄴ 수용의 원칙 : 개인의 감정, 태도, 행동을 이해하며, 개성과 독특성을 인정하고 수용하기 위해 노력한다.

ㄷ 참가의 원칙 : 자발적인 참여를 독려하며, 참여를 방해하는 요소들을 제거한다.

ㄹ 체험의 원칙 : 심리적·행동적 체험을 통해 자신감과 성취감을 얻을 수 있도록 한다.

ㅁ 갈등해결의 원칙 : 집단 내에서 발생하는 갈등상황들을 구성원 스스로가 해결할 수 있도록 지지한다.

ㅂ 규범의 원칙 : 집단 내에서 준수해야 하는 규범에 대해 인지시킨다.

ㅅ 계속평가의 원칙 : 지속적인 성장과 발달을 유도하기 위하여 수시로 집단 활동을 분석·평가한다.

② 집단구성의 특징

ㄱ 동질성과 이질성 : 집단이 유지되기 위해서 집단은 동질적이면서 또한 이질적이어야 한다.

ㄴ 집단의 크기 : 집단의 크기는 목적을 효과적으로 성취할 수 있을 만큼 작아야 하고, 성원이 만족스러운 경험을 할 수 있도록 커야 한다.

ㄷ 집단의 개방수준(집단유형) : 집단사회복지사는 신규성원을 받아들일 것인지(개방집단), 받아들이지 않고 기존의 성원으로만 집단 활동(폐쇄집단)을 할지 결정해야 한다.

ㄹ 집단의 지속기간 및 회합의 빈도 : 시간이 제한적인 집단은 정해진 기간 내에 목표를 달성하기 위하여 노력하므로 생산적일 수 있다는 장점이 있다.

ㅁ 물리적 환경의 배려 : 물리적 환경은 성원들에게 비밀성, 친밀감, 편안감, 집중도의 측면에 상당한 영향을 미친다.

ㅂ 기관의 승인 : 후원기관으로부터의 승인은 특히 학교, 상담소, 병원 등에서 치료집단을 발전시키고 지도하는 데 필수적이다.

③ 집단의 분류

ㄱ 치료집단 : 성원의 사회·정서적 욕구에 대한 만족을 증가시키려는 목표를 갖는다. 교육, 성장, 치유, 사회화 등을 목적으로 한다.

지지집단	이혼가정의 취학아동모임, 아동양육의 어려움을 함께 나누는 한부모집단, 암환자가족 모임 등
교육집단	부모역할 훈련집단, 위탁가정의 부모가 되려는 집단, 청소년 성교육집단, 특정 약물이나 질환에 대해 정보를 획득하려는 집단 등
성장집단	부부를 위한 참만남집단, 청소년 대상의 가치명료화집단, 리더십 향상집단, 잠재력 개발집단, 여성을 위한 의식고양집단, 은퇴 후의 삶에 초점을 맞추는 노인집단 등
치유집단	학교폭력 피해아동의 외상 치유를 위한 집단, 심리치료를 받는 외래환자집단, 금연집단, 약물중독자집단, 보호관찰처분을 받은 청소년집단 등
사회화 집단	과거 정신장애환자였던 사람들의 모임집단, 공격성을 가진 아동들의 집단, 자기주장 훈련집단, 춤이나 악기연주 등의 여가활동을 포함하는 한부모집단 등

ㄴ 과업집단 : 과업의 달성을 위해, 성과물을 산출해내기 위해 또는 명령을 수행하기 위해 만들어진다. 팀, 위원회, 행정집단 등이 해당한다.

ㄷ 자조집단 : 핵심적인 공통의 관심사가 있다는 점에서 치료집단이나 과업집단과 구별된다. 단(斷)도박모임, 동성애자옹호집단 등이 해당한다.

2 지역사회복지실천의 유형

① 지역사회개발모델

ㄱ 지역주민의 적극적인 참여와 강력한 주도권을 강조한다.

ㄴ 새마을운동, 지역사회복지관의 지역개발사업, 자원봉사운동 등이 해당된다.

② 사회계획모델

ㄱ 실업, 비행, 범죄, 주거문제, 정신건강 등의 사회문제를 해결하고자 하는 기술적인 과정을 강조한다.

ㄴ 정부 관련 부서, 도시계획국, 지역사회복지협의회 등이 중심이 된다.

③ 사회행동모델

ㄱ 사회정의와 민주주의에 입각하여 지역사회의 소외된 계층에 대한 처우 개선 등을 지역사회에 요구하는 방식이다.

ㄴ 인권운동, 학생운동, 여권신장운동, 환경보호운동, 노동조합, 급진정당 등이 해당된다.

다음 사례에서 **콤튼과 갤러웨이**(B. Compton & B. Galaway)의 사회복지실천 대상과 체계의 연결로 옳은 것은?

> 학교사회복지사 A는 학교 징계위원회로부터 상담명령을 받은 학교폭력 가해자인 학생 B를 만났다. B는 비밀보장을 요청하며 상담을 해달라고 하였다. 그러나 담임교사와 학교는 학생과의 면담을 모두 보고하도록 요구하였다. 결국 A는 이 문제를 학교사회복지사협회와 의논하여 학교에 사회복지사의 비밀보장 의무에 대한 공문을 요청하였다. A는 가해자로 지목된 다른 학생 C, D와 B를 대상으로 집단 프로그램을 운영하였다.

① 학교 징계위원회 – 응답체계
② 학교사회복지사협회 – 전문가체계
③ 학교사회복지사 A – 행동체계
④ 담임교사 – 표적체계
⑤ 가해자 학생 C, D – 변화매개체계

<u>정답</u> ②

<u>해설</u>

콤튼과 갤러웨이(B. Compton & B. Galaway)의 6체계 모델

• 표적체계 : 목표를 달성하기 위해 변화시키는 것이 필요한 대상(예 가해자 학생 B, C, D)
• 클라이언트체계 : 서비스나 도움을 필요로 하는 사람(예 학교 징계위원회)
• 변화매개체계 : 사회복지사와 사회복지사를 고용하고 있는 기관 및 조직(예 학교사회복지사 A)
• 행동체계 : 변화노력을 달성하기 위해 상호작용하는 사람(예 담임교사, 학교)
• 전문체계(전문가체계) : 전문가단체, 전문가를 육성하는 교육체계, 전문적 실천의 가치와 인가 등(예 학교사회복지사협회)
• 문제인식체계(의뢰–응답체계) : 잠재적 클라이언트를 사회복지사의 관심영역으로 끌어들이기 위해 행동하는 체계(예 의뢰체계–학교 징계위원회, 응답체계–가해자 학생 B)

| Theme 9 | 사회복지실천의 통합적 접근 |

1 환경 속의 인간(Person In Environment)

인간을 이해하기 위해서는 인간 고유의 심리 내적인 특성은 물론 환경 또는 상황까지 통합적으로 고려해야 하며, 인간과 환경을 하나의 총체로 이해하는 통합적인 관점이다.

2 통합적 방법론

사회복지실천의 기본이론과 실천틀, 즉 개념, 활동, 과업, 기술 등에 공통적인 기반이 있음을 전제로 해서 실천과 관련된 개념들을 소개하는 동시에 개념 사이의 유기적인 관계를 설명한다. 다양한 클라이언트의 체계와 수준에 접근할 수 있다.

3 통합적 접근의 주요 이론

① 체계이론
  ㉠ 사람과 자원 간의 상호작용, 개인과 체계가 기능을 효율적으로 발휘하는 데 있어서 당면하는 문제 등에 초점을 맞춘다.
  ㉡ 체계의 구조적 특성 : 개방체계, 폐쇄체계, 경계, 홀론
  ㉢ 체계의 진화적 특성 : 균형, 항상성, 안정상태, 엔트로피, 네겐트로피
  ㉣ 체계의 행동적 특성 : 투입(Inputs), 전환(Throughputs), 산출(Outputs), 환류(Feedback)
② 생태체계이론
  ㉠ 체계이론과 생태학적 관점을 통합한 것이다.
  ㉡ 환경과 상호작용하고 다른 사람과 관계를 맺는 인간의 능력은 타고난 것이라는 데 기반을 둔다.

4 통합적 접근의 주요 모델

① 4체계 모델

  ㉠ 1973년 핀커스와 미나한(Pincus & Minahan)이 체계이론을 사회사업실천에 응용한 접근방법이다.

  ㉡ 4가지 체계유형

  - 표적체계(Target System) : 목표 달성을 위해 변화시킬 필요가 있는 대상
  - 클라이언트체계(Client System) : 서비스나 도움을 필요로 하는 사람들
  - 변화매개체계(Change Agent System) : 사회복지사와 사회복지사가 속한 기관 및 조직
  - 행동체계(Action System) : 변화매개인들이 변화노력을 달성하기 위해 서로 상호작용하는 사람들

② 6체계 모델(문제해결과정 모델)

  ㉠ 콤튼과 갤러웨이(Compton & Galaway)는 핀커스와 미나한이 제시한 표적체계, 클라이언트체계, 변화매개체계, 행동체계의 4가지 체계에 2가지 체계, 즉 전문가체계와 문제인식체계(의뢰-응답체계)를 추가하였다.

  - 전문체계 또는 전문가체계(Professional System) : 전문가단체, 전문가를 육성하는 교육체계 등이 포함(예 사회복지사협회 등).
  - 문제인식체계(Problem Identification System) 또는 의뢰-응답체계(Referral-Respondent System) : 잠재적 클라이언트를 사회복지사의 관심영역으로 끌어들이기 위해 행동하는 체계

③ 생활모델

  ㉠ 저메인과 기터만(Germain & Gitterman)이 생태체계 관점을 토대로 개발한 통합적 방법론 모델이다.

  ㉡ 문제를 개인의 성격장애가 아닌 과도한 스트레스를 유발하는 생활상의 문제로 정의한다.

④ 단일화모델

  ㉠ 골드스테인(Goldstein)이 사회체계모델, 사회학습모델, 과정모델을 기초로 체계화한 모델이다.

  ㉡ 사회학습과 관련된 사회복지사의 기능에 관심을 기울이며, 이와 같은 사회학습의 과정을 통해 개인이나 소집단은 물론 조직이나 지역사회 등의 큰 체계들을 변화시킬 수 있다고 주장하였다.

① 클라이언트의 행동과 외모, 몸짓, 태도 등에 주의를 기울이는 기술
② 클라이언트가 자신에 대해 미처 알지 못한 것을 깨달을 수 있도록 설명해 주는 기술
③ 클라이언트의 언어적, 비언어적 메시지의 차이를 파악할 수 있는 기술
④ 사회복지사의 편견에 의해 판단하지 않도록 주의를 기울여야 하는 기술
⑤ 클라이언트의 침묵이 언제, 어떤 이야기 도중 발생하였는지를 파악하는 기술

정답 ②

해설

클라이언트가 이야기한 내용에서 클라이언트 스스로 미처 자각하지 못하고 있는 의미와 관계성을 사회복지사가 설명해 주는 기술로 해석(Interpretation)이 있다. 해석은 클라이언트의 표현 및 행동 저변의 단서를 발견하고 그 결정적 요인들을 찾아서 클라이언트로 하여금 자신의 행동, 감정, 생각을 새로운 시각으로 볼 수 있도록 돕는다.

실제기출 [2025]

클라이언트와의 관계형성을 위해 사회복지사가 자신의 생각이나 경험을 공유하는 면담기술은?

① 직 면
② 경 청
③ 자기노출
④ 해 석
⑤ 질 문

정답 ③

해설

Theme 10의 '2. 면접의 기술' 참고

Theme 10 | 면접(면담)의 방법과 기술

1 면접의 방법

① 면접의 특성
 ㉠ 목적지향적인 활동으로서, 개입 목적에 따라 의사소통 내용이 제한된다.
 ㉡ 한정적ㆍ계약적인 것으로서, 사회복지사와 클라이언트 간에 상호 합의한 상태에서 진행된다.

② 면접의 유형(형태)

정보수집면접 또는 사회조사면접	• 클라이언트의 상황에 대해 필요한 정보 수집 및 사회조사를 하기 위한 것이다. • 클라이언트의 개인적ㆍ사회적 문제와 관련된 인구사회학적 요인, 현재의 문제, 개인력 및 과거력, 가족력, 사회적ㆍ직업적 기능 수준 등에 관한 정보를 수집한다.
사정면접	• 서비스를 위한 평가와 적격성을 결정하기 위한 것이다. • 문제 상황, 클라이언트의 강점, 문제해결 과정의 장애물 등을 탐색하며 클라이언트의 욕구 우선순위를 설정하여 문제해결을 위한 목표 및 개입방법 등을 결정한다.
치료면접	• 클라이언트와 클라이언트의 상황을 변화시키거나 모두를 변화시키기 위한 것이다. • 클라이언트의 자신감과 자기효율성을 강화하며, 문제해결 능력을 위해 필요한 기술을 훈련시킨다.

2 면접의 기술

① 관찰(Observation)
 ㉠ 클라이언트가 말하고 행동하는 것에 주의를 기울이는 기술이다.
 ㉡ 클라이언트의 언어적 표현은 물론 비언어적 표현도 관찰 대상이 된다.

② 경청(Listening)
 ㉠ 클라이언트의 감정과 사고가 어떤 것인지 이해하며 파악하고 듣는 기술이다.
 ㉡ 면접에서의 경청이 일상 대화에서의 경청과 다른 점은 '선택적'이라는 점이다. 즉, 사회복지사는 클라이언트가 핵심적인 문제에서 벗어난 이야기를 할 때는 주목하지 않고, 클라이언트가 현재의 심경과 문제를 토로할 때에 주목하여 경청한다.

③ 질문(Question)
　㉠ 면접자는 몇 마디 질문으로 클라이언트에게 많은 이야기를 하도록 해야 한다.
　㉡ 유도질문, 모호한 질문, 이중질문, '왜' 질문, 폭탄형 질문을 삼가며, 개방형 질문과 폐쇄형 질문을 적절히 혼합한다.

개방형 질문	질문의 범위가 포괄적이며, 클라이언트에게 가능한 한 많은 대답을 선택할 기회를 제공한다.
폐쇄형 질문	질문의 범위가 매우 좁고 한정적이며, 클라이언트가 대답할 수 있는 범위를 '예/아니요' 또는 다른 단답식 답변으로 제한한다.

④ 반영(Reflection)
　클라이언트의 말과 행동에서 표현된 기본적인 생각, 감정, 태도를 사회복지사가 다른 참신한 말로 부연해 주는 기술이다.

⑤ 명료화(Clarification)
　클라이언트의 말 속에 내포되어 있는 것을 명확하게 해 주는 것이다.

⑥ 직면(Confrontation)
　클라이언트의 감정, 사고, 행동의 모순을 깨닫도록 하는 기술이다.

⑦ 해석(Interpretation)
　㉠ 클라이언트가 이야기한 내용에 사회복지사가 새로운 의미와 관계성을 부여하여 언급하는 것이다.
　㉡ 클라이언트의 내면세계에 접근하는 깊이의 수준은 '반영 → 명료화 → 직면 → 해석' 순으로 볼 수 있다.
　㉢ 클라이언트와의 신뢰관계가 충분히 형성된 후에 해석기술을 활용한다.

⑧ 초점화(Focusing)
　㉠ 클라이언트와의 의사소통에 있어서 중요한 부분을 강조하거나 집중시키고자 할 때 사용하는 표현적 의사소통기술이다.
　㉡ 클라이언트로부터 사적 질문을 받을 경우 간단히 답하고 초점을 다시 돌리는 것이 좋다.

⑨ 요약(Summarizing)
　면접을 시작하거나 마칠 때 혹은 새로운 주제로 전환하려고 할 때 이전 면접에서 언급된 내용을 간략히 요약하여 기술하는 것이다.

⑩ 자기노출(Self-disclosure)
　사회복지사가 면접을 효과적으로 전개하기 위해 클라이언트에게 자신에 대한 주관적인 정보, 즉 자신의 경험이나, 생각 느낌 등을 클라이언트에게 노출하는 기술로 이를 통해 사회복지사와 클라이언트 간의 보다 깊은 이해를 도모할 수 있다.

Theme 11 | 사회복지실천의 관계론

1 관계의 기본요소 및 특성

① 전문적 관계의 기본요소 : 타인에 대한 관심, 헌신과 의무, 권위와 권한, 진실성과 일치성 등
② 전문적 관계의 특성
  ㉠ 서로 합의된 의식적 목적이 있다.
  ㉡ 클라이언트의 욕구가 중심이 된다.
  ㉢ 시간적인 제한을 둔다.
  ㉣ 전문가 자신의 정서를 통제하는 관계이다.
  ㉤ 특화된 지식 및 기술, 그리고 전문직 윤리강령에서 비롯되는 권위를 가진다.

2 관계형성에 대한 7대 기본원칙(Biestek)

① 개별화
  ㉠ 개인으로서 처우 받고 싶은 욕구를 말한다.
  ㉡ 클라이언트 개개인의 독특한 자질을 이해하며, 클라이언트의 차별화된 특성에 따라 상이한 방법을 적용해야 한다.
  ㉢ 방 법
    • 클라이언트에 대한 세심한 주의와 배려가 필요하다.
    • 클라이언트의 개인적인 비밀을 보장한다.
    • 클라이언트의 참여를 유도한다.
② 의도적인 감정표현
  ㉠ 클라이언트가 자신의 긍정적 · 부정적인 감정을 자유로이 표명하고자 하는 욕구에 대한 인식이다.
  ㉡ 사회복지사는 주의 · 집중하여 클라이언트의 말에 주의를 기울여야 하고 비난조의 어투를 피하며 격려하는 태도를 보여야 한다.
  ㉢ 클라이언트가 스트레스나 긴장에서 벗어날 수 있도록 편안한 분위기를 만드는 데 힘쓴다. 클라이언트의 감정표현에 진지한 자세로 경청함으로써 심리적인 지지를 표현한다.
③ 통제된 정서적 관여
  ㉠ 문제에 대한 공감을 얻고 싶은 욕구를 말한다. 클라이언트의 면접은 주로 정서적인 면과 연관되므로, 사회복지사 또한 클라이언트의 감정에 호응하고 정서적으로 관여한다.
  ㉡ 사회복지사는 클라이언트의 감정에 민감성과 이해로 반응하되, 완전한 관여가 아닌 통제된 관여로써 임해야 한다.
  ㉢ 사회복지사의 전문적인 판단에 따라 방향이 설정되어야 한다.

④ 수용
  ㉠ 가치 있는 개인으로 인정받고 싶은 욕구를 말한다. 사회복지사는 클라이언트의 장점과 약점, 긍정적인 감정과 부정적인 감정 등 클라이언트의 다양한 특징들을 있는 그대로 이해하고 다루어야 한다.
  ㉡ 수용의 대상은 선한 것이 아니라 참된 것이다.
  ㉢ 수용은 클라이언트의 일탈된 태도나 행위를 허용하는 것이 아니라 사회적 · 논리적 판단기준에 따라 평가하지 않는다는 의미이다.
  ㉣ 사회복지사는 클라이언트가 안도감을 갖게 하여 현실적인 방법으로 문제 대처를 할 수 있도록 도와야 한다.
⑤ 비심판적 태도
  ㉠ 심판받지 않으려는 욕구를 말한다. 문제에 대한 판단에 있어서 클라이언트의 유죄성 또는 책임성을 배제하는 것이다.
  ㉡ 사회복지사는 클라이언트의 태도 · 기준 · 행동 등에 대해 객관적인 자세를 유지해야 한다.
⑥ 자기결정
  ㉠ 자신이 선택과 결정을 내리고 싶은 욕구를 말한다. 클라이언트의 자기결정권을 존중하여 스스로 해결책을 선택할 수 있도록 한다.
  ㉡ 클라이언트가 자기수용을 할 수 있도록 지지하며, 클라이언트의 잠재력을 발견하고 이를 적극적으로 활용할 수 있도록 한다.
⑦ 비밀보장
  ㉠ 자신의 비밀을 간직하려는 욕구를 말한다. 전문적인 직업관계에서 나타나게 되는 클라이언트에 대한 비밀정보의 보호이다. 사회복지사의 윤리적 의무이며 절대적인 것은 아니다.
  ㉡ 상대적 비밀보장(비밀보장 권리가 제한되는 경우)
    • 서비스 제공 시 거치는 단계상의 사람들이 클라이언트의 정보를 함께 공유하는 경우
    • 사회복지사가 슈퍼바이저에게 사례를 보고하고 지도받을 경우
    • 교육적 목적으로 사례를 발표하게 되는 경우
    • 다른 기관과 함께 클라이언트를 도와야 하는 경우
    • 법원의 명령에 따라 정보를 공개해야만 하는 경우
    • 비밀보장이 인간의 존엄성과 생명의 존중이라는 사회복지실천의 절대가치를 위배하는 경우

1 접수

① 개념 : 인테이크(Intake) 단계라고 한다. 어떤 사람의 문제해결을 위해 사회복지사가 그런 사람을 처음 접촉하여 그의 문제와 욕구를 파악하고, 관련 기관에서 그의 문제해결을 충족시킬 수 있을지를 결정하는 과정을 말한다.

② 접수의 내용

  ㉠ 클라이언트의 문제와 욕구를 확인한다.

  ㉡ 클라이언트의 가족관계, 학교 및 직장생활, 주위환경 등에서의 적응상태를 확인한다.

  ㉢ 클라이언트가 기관을 찾게 된 상황을 파악한다.

  ㉣ 클라이언트가 문제를 보고 느끼는 방식을 파악한다.

  ㉤ 원조 목적과 원조에서 기대하는 바를 명확히 한다.

  ㉥ 클라이언트의 욕구가 기관의 자원 정책과 부합되는지의 여부를 판단한다.

  ㉦ 클라이언트에게 기관의 기능에 대해 설명한다.

③ 접수단계에서 사회복지사의 과제(과업) : 클라이언트의 문제 확인, 라포(Rapport) 형성 또는 원조관계의 수립, 클라이언트의 동기화, 클라이언트의 양가감정 수용 및 저항감 해소, 기관에서 제공하는 서비스 적격 여부 확인, 필요시에 다른 기관으로 의뢰

④ 접수 절차

  ㉠ 문제 확인 : 클라이언트의 실제 문제가 무엇인지 정확하게 파악하고 기관에서 그에 관한 서비스를 제공할 수 있는지 평가하여야 한다.

  ㉡ 라포 형성 : 기관을 찾는 클라이언트들이 일반적으로 보이는 두려움과 양가감정을 해소하기 위해 사회복지사와 상호 긍정적인 친화관계를 형성하는 것이다.

  ㉢ 의뢰 : 클라이언트의 문제와 욕구를 기관에서 해결할 수 없는 경우 혹은 문제해결에 더 적합한 기관이 있을 경우 다른 기관으로 클라이언트를 보내는 것이다. 의뢰 시에는 반드시 클라이언트의 동의가 필요하다.

⑤ 비자발적인 클라이언트의 동기화를 위한 행동지침(Kirst-Ashman & Hull, Jr.)

  ㉠ 사회복지사는 비자발적 클라이언트들이 스스로 원해서 찾아온 것이 아니라는 사실을 명심한다.

  ㉡ 서비스에 대한 저항의 실체를 있는 그대로 이해한다.

  ㉢ 부정적인 감정을 표출하도록 유도한다.

  ㉣ 클라이언트가 원하는 것을 어느 수준까지 해결해 줄 수 있는지를 고려하고, 희망을 갖게 하고 용기를 준다.

  ㉤ 사회복지사에 대한 신뢰감이 즉시 형성될 것이라는 무리한 기대를 가지지 않도록 한다.

2 자료수집

① 자료수집의 내용

  ㉠ 현재 상황

  • 문제의 직접적 요인 및 상황을 악화시킨 요인

  • 해당 문제에 대한 클라이언트의 과거 대처 방식

  • 문제와 관련된 중요한 타자에 대한 정보

  • 클라이언트와 영향을 주고받는 환경에 대한 정보

  • 사회적 · 경제적 · 심리적 요인이 클라이언트 및 가족에게 미치는 영향

  ㉡ 생활력

  • 개인력 : 인간관계, 생활사건, 클라이언트의 감정 등

  • 가족력 : 원가족의 가족관계, 현재의 가족구성 등

  • 클라이언트의 기능 : 클라이언트의 신체적 · 정서적 · 지적 · 행동적 기능, 대인관계능력, 문제해결능력 등

  • 클라이언트의 자원 : 현재 이용하고 있는 서비스, 활용 가능한 자원 등

  • 클라이언트의 한계 및 장점 : 문제해결에 있어서 클라이언트 개인 혹은 그를 둘러싼 환경 속에서의 한계, 장점, 동기 등

② 자료수집의 정보원

  ㉠ 클라이언트의 이야기

  ㉡ 클라이언트의 심리검사 결과

  ㉢ 클라이언트에 대한 비언어적 행동관찰

  ㉣ 클라이언트가 직접 작성한 양식

  ㉤ 중요한 타자와의 상호작용 및 가정방문

  ㉥ 클라이언트에 대한 사회복지사의 개인적 경험

  ㉦ 부수정보(가족, 이웃, 친구, 친척, 학교, 다른 기관으로부터 얻게 되는 정보) 등

실제기출 [2025]

사정의 특성으로 옳지 않은 것은?

① 클라이언트의 생활 속에서 욕구를 발견하고 문제를 정의한다.
② 클라이언트와 사회복지사 양자가 참여하는 상호과정이다.
③ 환경 속의 클라이언트를 이해하고 계획의 근거를 마련하는 이중초점을 지닌다.
④ 클라이언트의 독특한 상황과 관련하여 개별화되어야 한다.
⑤ 클라이언트에 대한 서비스 제공 여부를 판단한다.

정답 ⑤

해설

클라이언트에 대한 서비스 제공 여부를 판단 및 결정하여, 필요시에 다른 기관으로 의뢰하는 것은 접수(Intake)의 주요 과제이다.

실제기출 [2023]

생태도 작성에 관한 내용으로 옳은 것을 모두 고른 것은?

ㄱ. 용지의 중앙에 가족 또는 클라이언트체계를 나타내는 원을 그린다.
ㄴ. 중심원 내부에 클라이언트 또는 동거가족을 그린다.
ㄷ. 중심원 외부에 클라이언트 또는 가족과 상호작용하는 외부체계를 작은 원으로 그린다.
ㄹ. 자원의 양은 '선'으로, 관계의 속성은 '원'으로 표시한다.

① ㄹ
② ㄱ, ㄷ
③ ㄴ, ㄹ
④ ㄱ, ㄴ, ㄷ
⑤ ㄱ, ㄴ, ㄷ, ㄹ

정답 ④

해설

ㄹ. 자원의 양은 '원'으로, 관계의 속성(혹은 정도)은 '선'으로 표시한다.

Theme 13 | 사회복지실천과정 Ⅱ (사정)

1 사정의 개념

① 사정은 정보를 수집·분석·종합화하면서 다면적으로 공식화하는 과정이다.
② 사정은 클라이언트와 사회복지사의 지속적인 상호작용 과정으로서 사실상 개입의 전 과정 동안 계속된다.
③ 수평적 탐색(현재의 기능, 인간관계 등)과 수직적 탐색(과거력, 개인력 등)이 적절히 이루어져야 한다.
④ 클라이언트의 문제와 욕구에 따라 개별화하여 클라이언트가 제시한 문제에 중점을 두고 탐색한다.
⑤ 수집한 정보에 대한 분석과 함께 사회복지사의 전문적 시각에 의한 판단과정이 수행된다.
⑥ 클라이언트를 사회적·환경적 맥락에서 이해하는 이중초점(Dual Focus)을 가진다.
⑦ 사정을 통해 클라이언트를 완전히 이해하는 것은 불가능하다.

2 사정을 위한 유용한 질문

① 클라이언트는 어떤 사람이며, 그의 욕구는 무엇인가?
② 클라이언트는 자신의 문제에 대해 어떻게 생각하고 있는가?
③ 클라이언트의 문제는 언제, 어디서, 어떻게 발생했는가?
④ 클라이언트의 문제는 얼마나 지속적으로 진행되어 왔는가?
⑤ 클라이언트는 문제에 대해 어떤 의미를 부여하고 있는가?
⑥ 클라이언트는 문제를 해결하기 위해 어떠한 노력을 해왔으며, 그 노력은 효과가 있었는가?
⑦ 클라이언트에게 문제를 해결하기 위한 의지가 있는가?
⑧ 클라이언트의 문제에 관여된 사람은 누구인가?
⑨ 클라이언트는 자신의 문제와 관련해 어떤 사람 또는 집단으로부터 영향을 받고 있는가?
⑩ 클라이언트는 자신의 문제와 관련하여 어떤 사람 또는 집단에게 영향을 미치고 있는가?
⑪ 클라이언트의 강점과 약점은 무엇인가?
⑫ 클라이언트가 활용할 수 있는 자원에는 어떤 것들이 있는가?
⑬ 클라이언트의 문제해결을 위해 필요한 자원은 무엇인가?

3 사정의 주요 도구

① 가족 차원의 사정도구

ⓐ 가계도(Genogram) : 클라이언트의 3세대 이상에 걸친 가족관계를 도표화하여 가족의 구조, 가족 및 구성원의 관계, 동거가족 현황, 세대 간의 반복유형, 과거의 결혼관계 등에 대한 상세한 정보를 제공한다.

ⓑ 생태도(Ecomap) : 환경 속의 클라이언트에 초점을 두고 클라이언트의 상황에서 의미 있는 체계들과의 관계를 그림으로 표현한다. 생태도 중앙에 클라이언트의 가족에 해당하는 원을 그린 후 원 내부에 클라이언트와 그의 가족성원을 표시한 후 원의 주변에는 가족과 상호작용하는 환경체계를 표시한다. 자원의 양은 '원'으로, 관계의 속성은 '선'으로 표시함으로써 특정 문제에 대한 개입계획을 세우는 데 유효한 정보를 제공한다.

ⓒ 생활력도표(Life History Grid) : 각각의 가족구성원의 삶에 있어서 중요한 사건이나 시기별로 중요한 문제의 전개 상황을 시계열적으로 도표화함으로써 현재 역기능적인 문제 등을 특정 시기의 어려움이나 경험 등과 연관시켜 이해할 수 있도록 해준다.

ⓓ 생활주기표(Life Cycle Matrix) : 클라이언트의 생활주기와 가족성원의 발달단계별 과업을 도표화한 것이다.

ⓔ 사회적 관계망 격자 또는 사회관계망표(Social Network Grid) : 클라이언트의 환경 내에 영향을 미치는 중요한 사람이나 체계로부터 물질적·정서적 지지, 원조 방향, 충고와 비판, 접촉 빈도 및 시간 등에 관한 정보를 제공한다.

② 집단 차원의 사정도구

ⓐ 소시오그램(Sociogram) : 집단 내에 있어서 집단성원들 간의 견인과 반발, 선호도와 무관심의 형태를 분석하고 그 강도와 빈도를 측정함으로써 집단 내 개별성원의 관계 위치를 비롯하여 집단 그 자체의 구조 또는 상태를 발견하여 평가한다.

ⓑ 소시오메트리(Sociometry) : 특정 활동에 대해 개별성원들이 상호작용하기를 원하는 정도를 평가하도록 집단성원들에게 요청함으로써 집단성원들의 호감도 및 집단응집력 수준에 관한 정보를 제공한다.

ⓒ 의의차별척도(Semantic Differential Scale) : 본래 어떤 대상이 개인에게 주는 주관적인 의미를 측정하는 방법으로서, 집단사정을 위해서는 2개의 상반된 입장에서 하나를 선택하도록 하여 집단성원들로 하여금 각자 동료성원에 대해 평가를 내리도록 하는 것이다.

1 목표설정(계획)

① 개념 : 사회복지사와 클라이언트가 진행과정을 점검하는 것을 돕고, 특정한 개입과 원조과정의 효과성을 측정하는 성과의 기준이 된다.

② 성과목표와 과정목표

　㉠ 성과목표(Outcome Objectives)
　　• 일련의 프로그램을 수행한 결과 클라이언트체계의 변화로 나타나는 최종목표를 말한다.
　　• 클라이언트의 인지 변화가 나타나는 단기목표, 단기목표 경험 후 행동변화로 나타나는 중기목표, 클라이언트의 궁극적인 변화로 이어지는 장기목표로 구분된다.

　㉡ 과정목표(Process Objectives)
　　• 과업이 어떻게 수행되고 성취될 것인지를 나타내는 목표를 말한다.
　　• 무엇으로 어떻게 결과에 도달할 것인지에 대한 목표 진술과 함께 과정목표에 의해 실행되어야 할 구체적인 행동들이 포함된다.

③ 목표설정의 이유

　㉠ 개입 과정에서의 방향을 명확하게 제시한다.
　㉡ 개입 결과를 평가할 수 있는 기준을 마련한다.
　㉢ 개입전략 방법을 선택하고 개발할 수 있도록 한다.
　㉣ 클라이언트의 변화 정도 및 효과성 여부를 모니터링할 수 있도록 한다.
　㉤ 사회복지사와 클라이언트의 성취목표가 같음을 보증한다.
　㉥ 과정의 연속성을 유지하며, 불필요한 부분을 사전에 방지한다.

④ 목표설정 시 유의해야 할 점

　㉠ 명시적이고 측정이 가능해야 한다.
　㉡ 목표달성이 가능한 것이어야 한다.
　㉢ 기관의 가치나 기능과 일치해야 한다.
　㉣ 사회복지사의 지식과 기술에 상응하는 것이어야 한다.
　㉤ 반드시 클라이언트가 바라는 바와 연결되어야 한다.
　㉥ 성장을 강조하는 긍정적인 형태이어야 한다.
　㉦ 사회복지사의 중요한 권리나 가치에 부합해야 한다.
　㉧ 본격적인 개입에 들어가기에 앞서 클라이언트와 충분한 토의를 거쳐 합의점을 찾도록 해야 한다.

⑤ 클라이언트가 복합적인 문제를 가진 경우 목표설정의 우선순위

　　㉠ 가장 시급하게 해결하여야 할 문제

　　㉡ 가장 단기간에 성취하여 만족감을 느낄 수 있는 문제

　　㉢ 클라이언트가 목표달성에 전력을 다할 동기를 가지고 있는 문제

　　㉣ 기관의 기능에 적합하고 사회복지사의 능력에 준하여 달성 가능한 문제

더 알아보기

계획의 단계(Kirst-Ashman & Hull. Jr.)
- 1단계 – 클라이언트와 함께 작업하기
- 2단계 – 문제의 우선순위 정하기
- 3단계 – 문제를 욕구로 전환하기
- 4단계 – 개입수준 평가하기
- 5단계 – 일차적 목적 설정하기
- 6단계 – 목표를 구체화하기
- 7단계 – 클라이언트와 계약을 공식화하기

2 계 약

① 개념 : 목표설정과 그것을 달성하기 위한 전략, 역할, 개입, 평가방법 등을 구체적인 활동용어로 기술한 계획에 대해 사회복지사와 클라이언트가 서로 동의하는 것을 계약이라 한다.

② 계약의 요소(Hepworth & Larsen)

　　㉠ 달성될 목표

　　㉡ 참여자의 역할

　　㉢ 사용될 개입방법

　　㉣ 세션(Session)의 길이, 빈도, 시간

　　㉤ 진행에 대한 평가방법(모니터링 방법)

　　㉥ 계약의 재협상에 대한 조항

　　㉦ 기타 시작 날짜, 세션 취소 및 변경, 비용 등

③ 계약의 형식

　　㉠ 서면계약 : 가장 공식적인 유형으로서, 사회복지사와 클라이언트가 동의한 바를 서면으로 작성하고 서명한다.

　　㉡ 구두계약 : 목표와 책임을 규명한다는 점에서 서면계약과 같지만, 구두로 계약한다는 점에서 차이가 있다.

　　㉢ 암묵적 합의 : 실제로 서명화 또는 언어화하지 않았어도 묵시적으로 합의한 계약을 말한다.

1 개입의 개념

① 클라이언트를 원조하고자 하는 활동과정으로 실제로 변화를 일으키는 단계이다.

② 직접적 개입과 간접적 개입으로 구분할 수 있다. 직접적 개입은 개인, 가족, 집단을 대상으로 사회복지사가 클라이언트에게 직접 개입하는 방법인 반면, 간접적 개입은 클라이언트의 욕구에 반응하도록 환경의 변화를 이끌어내는 방법을 의미한다.

2 직접적 개입기술

① 의사소통기술

ㄱ. 클라이언트의 정서적 안정 및 자아기능 회복을 돕는 개입기술

- 격려 : 클라이언트의 가능성에 대한 확신을 표현하는 사회복지사의 진술
- 일반화(보편화) : 클라이언트의 생각, 느낌, 행동이 그와 비슷한 상황에 있는 다른 사람과 같다는 사회복지사의 진술
- 재보증 : 클라이언트의 능력이나 자질에 대해 사회복지사가 신뢰를 표현함
- 환기 : 클라이언트의 부정적 감정이 문제해결에 방해가 될 경우 감정의 강도를 약화시키는 기법
- 인정 : 클라이언트가 어떤 행동을 하거나 중단한 이후 이에 대해 긍정적으로 평가해 줌

ㄴ. 클라이언트의 인지능력 향상 및 상황에의 인식을 돕는 개입기술

- 직면 : 클라이언트의 말과 행동이 불일치하고 감정을 왜곡하거나 부정하고 있을 때 이를 지적하는 기법
- 도전 : 클라이언트가 자신의 문제를 보증하거나 합리화하여 변화를 거부할 때 사용
- 초점화 : 클라이언트가 자기 문제를 언어로 표현할 때 산만한 것을 점검해 줌
- 명료화 : 클라이언트의 말 중에서 모호하거나 모순된 점이 발견될 때, 이를 명확히 이해하고 넘어가기 위해 사용
- 재명명(재구성) : 문제 상황에 대한 클라이언트의 관점을 변화시키기 위해 클라이언트가 부여하는 의미를 수정함
- 정보제공 : 클라이언트에게 의사결정이나 과업수행에 필요한 정보를 제공함
- 조언 : 클라이언트가 해야 할 것을 추천하거나 제안하는 기술

② 행동변화기술

강화와 처벌, 모방(모델링), 토큰경제(토큰강화), 타임아웃

③ 문제해결기술

문제에 대한 구체적인 언급, 한 번에 한 가지 문제에 초점두기, 긍정적·건설적 방식으로의 문제 공유

④ 사회기술훈련

강화, 과제, 모방(모델링), 역할연습 등 다양한 기술의 훈련 또는 역할관계에서의 효과적인 기능수행을 위한 학습

⑤ 스트레스 관리기술

긴장완화 훈련, 점진적 이완훈련, 명상 등 불쾌 스트레스(Distress)에의 적절한 대처 및 운동, 과제수행 등 유쾌 스트레스(Eustress)에의 적절한 반응

3 간접적 개입기술

① 서비스 조정 : 문제해결에 있어서 클라이언트의 이익을 최우선으로 하기 위해 다른 서비스 제공자와 협력하여 서비스를 연결하거나 의뢰하는 등의 노력을 기울인다.

② 프로그램 계획 및 개발 : 새로운 자원과 프로그램을 계획·개발하여 클라이언트가 필요로 하는 서비스를 확보한다.

③ 환경조작 : 클라이언트의 사회적인 역량을 강화하기 위해 주위환경에 영향력을 행사한다.

④ 옹호 : 클라이언트의 권익수호를 위해 제도나 정책의 의사결정자들에 대해 개인 또는 집단의 영향력을 행사한다.

4 개입단계에서 사회복지사의 과업

① 계획된 방법으로 서비스 제공

② 계획 수정이 필요한 경우 재사정 실시

③ 클라이언트와 서비스 제공자 간 갈등 발생 시 조정 등

집단사회복지실천기술에 관한 설명으로 옳은 것은?

① 집단 과정의 명료화기술은 성원들이 어떻게 상호작용하고 있는지를 인식하도록 돕는 기술이다.
② 사회복지사와의 의사소통을 집단성원들 간 의사소통보다 중시해야 한다.
③ 사회복지사는 특정한 집단 과정에 선택적으로 반응해서는 안 된다.
④ 직면은 집단 초반에 구성원의 참여를 촉진하는 기술이다.
⑤ 집단의 목표는 집단 과정을 통해 성취하면 되므로 처음부터 설명할 필요는 없다.

정답 ①

해설

② 사회복지사는 '집단성원들 간 의사소통의 연계기술'을 통해 집단성원들로 하여금 사회복지사와 주로 의사소통을 하기보다는 성원들 간에 의사소통을 촉진하도록 돕는다.
③ 사회복지사는 '반응기술'을 통해 특정한 집단 과정에 선택적으로 반응함으로써 개별성원이나 전체집단이 적절한 방향으로 나아가도록 돕는다.
④ '직면기술'은 집단의 저항을 극복하고 집단성원을 동기화시킬 수 있는 행동기술이다. 집단 초반에 구성원의 참여를 촉진하는 기술은 집단 과정 촉진 기술로서 집단성원들의 참여를 유도하는 '참여촉진기술'이다.
⑤ 사회복지사는 집단의 초기단계(시작단계)에서 집단의 목적과 목표에 대해 설명하며, 그에 대해 집단성원들의 의견이나 관심사를 표현하도록 촉구하고 그들의 의견을 반영해야 한다.

Theme 16 | 사회복지실천과정 Ⅴ[개입 (2)]

1 가족체계의 개입

① 가족에 접근하는 관점

    ㉠ 횡적차원 : 가족을 공간적·체계적 차원에서 고려하는 관점

    ㉡ 종적차원 : 가족을 시간적·발달적 차원에서 고려하는 관점

② 가족의 역기능

    ㉠ 위 장   ㉡ 대칭적 관계

    ㉢ 이중구속의 메시지   ㉣ 보완적 관계

    ㉤ 밀착된 가족   ㉥ 유리(분리)된 가족

    ㉦ 희생양   ㉧ 가족규칙

    ㉨ 지속적인 가족신화   ㉩ 부모화

③ 주요 개입방법

    ㉠ 가족조각(Family Sculpting) : 특정 시기의 정서적인 가족관계를 사람이나 다른 대상물의 배열을 통해 나타내는 것이다. 가족조각의 목적은 가족관계 및 가족의 역동성을 진단함으로써 치료적인 개입을 하는 데 있다.

    ㉡ 재구조화(Restructuring) : 가족성원들이 문제를 다른 시각으로, 즉 새로운 방식으로 이해하도록 하는 것이다.

    ㉢ 역할연습 또는 역할극(Role Playing) : 가족의 문제 상황을 구체적으로 재현하거나 새로운 행동을 연습하는 데 활용된다.

    ㉣ 증상처방(Prescribing The Symptom) : 문제행동을 계속하도록 지시하여 역설적 치료 상황을 조장하는 것으로서, 가족치료에서는 가족이 그 가족 내에서 문제시해 온 행동을 과장하여 계속하도록 하는 기법이다. '치료의 이중구속'이라고도 한다.

    ㉤ 과제할당(Task Setting) : 가족성원들 간의 상호교류에서 자연스럽게 발전될 수 있는 행위를 실연해 보도록 하기 위해, 가족이 수행할 필요가 있는 영역을 개발하도록 하기 위해 분명하고 구체적인 과업을 제공한다.

    ㉥ 실연(Enactment) : 가족 갈등을 치료상황으로 가져와 성원들이 갈등을 어떻게 처리하는지 직접 관찰하며, 상호작용에서 나타나는 문제를 수정하고 이를 구조화하도록 한다.

    ㉦ 코칭(Coaching) : 치료자가 가족문제를 가진 내담자에게 개방적이고 직접적으로 접근하는 기법이다.

2 집단체계의 개입

① 집단상담자로서 사회복지사의 기능
　　㉠ 지도적 기능 : 집단이 지나치게 피상적인 대화에 빠져 헤어날 수 없는 상태에 도달한 경우 지도적 기능을 수행한다.
　　㉡ 자극적 기능 : 집단이 무감각 상태에 빠지는 경우 새로운 활기를 불어넣기 위해 자극적 기능을 수행한다.
　　㉢ 확장적 기능 : 집단의 의사소통이나 상호작용이 한 영역에 고착되어 있는 경우 이를 확장하기 위해 노력한다.
　　㉣ 해석적 기능 : 집단성원들의 마음속에 내재된 무의식을 의식의 영역으로 끌어올리기 위해 다양한 이론과 기술을 토대로 해석을 시도한다.
② 개입기술 : 집단 과정 촉진 기술, 자료수집 및 사정 기술, 행동 기술

3 지역사회체계의 개입

① 사회적 지지체계의 개발
　　㉠ 클라이언트의 기존 사회적 지지체계 활성화 및 새로운 지지체계를 개발한다.
　　㉡ 자원봉사 프로그램을 통해 지역사회복지에 대한 지역주민의 관심을 유발한다.
② 서비스 조정
　　㉠ 한 기관 또는 서로 다른 기관의 전문가들이 서비스 연결이나 의뢰를 통해 특정 클라이언트의 사례에 접근한다.
　　㉡ 사례관리를 통해 클라이언트의 욕구를 파악하여 적절한 서비스를 연결한다.
③ 프로그램 개발 : 클라이언트의 욕구충족을 위한 방안이나 문제해결 방법이 없는 경우 프로그램 및 지역자원을 개발한다.
④ 옹 호
　　㉠ 클라이언트의 욕구불만을 야기하는 다양한 사회적 불평등 및 제도·정책상의 문제에 관심을 기울인다.
　　㉡ 클라이언트의 입장을 대변하여 사회행동을 펼쳐나간다.
⑤ 사회적 지지의 유형
　　㉠ 정서적 지지 : 관심, 애정, 신뢰, 존중감, 경청 등
　　㉡ 정보적 지지 : 정보, 제안, 지시 등
　　㉢ 물질적(도구적) 지지 : 현금, 현물, 노동력 등
　　㉣ 평가적 지지 : 수용, 피드백, 긍정적 자기평가 등

1 종 결

① 종결과정에서 사회복지사의 역할
   ㉠ 개입목표의 달성여부를 확인하고, 클라이언트가 습득한 기술이나 이득 등이 유지될 수 있도록 돕는다.
   ㉡ 클라이언트와의 접촉빈도를 점차 줄여가며, 종결과 관련되어 겪을 수 있는 정서적인 문제들을 다룬다.
   ㉢ 개입이 실패하거나 결과가 좋지 않을 경우 클라이언트의 감정에 초점을 두어 다룬다.
   ㉣ 종결 이후의 사후세션에 대해 계획을 세운다.
   ㉤ 사회복지사가 떠나는 경우 클라이언트가 이를 준비하고 받아들일 수 있도록 미리 말하는 것이 좋으며 그와 관련된 감정을 다루고 과제들도 해결해야 한다.

② 종결 유형에 따른 사회복지사의 반응
   ㉠ 시간제한이 있는 종결 : 클라이언트가 얻은 것을 명확히 하며, 종결에 따른 클라이언트의 상실감을 줄이도록 돕는다.
   ㉡ 시간제한이 없는 종결 : 종결 시기는 클라이언트에게 더 이상의 서비스 제공이 필요하지 않거나 현 시점에서 더 이상 이득이 되지 않는다고 판단하는 경우 내리도록 한다.
   ㉢ 일정 기간만 제공되는 서비스의 종결 : 클라이언트에 대해 지속적인 개입이 필요하다고 판단하는 경우 다른 사회복지사 또는 다른 적합한 기관에 의뢰하는 것이 바람직하다.
   ㉣ 사회복지사의 이동으로 인한 종결 : 클라이언트가 종결의 상황에 대해 정서적으로 준비할 수 있도록 배려해야 한다.
   ㉤ 클라이언트의 일방적 종결 : 클라이언트에게 부정적인 감정에 대해 논의하기를 원한다는 의사를 표시하며, 종결에 대해 신중히 생각할 것을 권고한다.

③ 종결 후 타 기관 또는 다른 사회복지사에게 의뢰할 때 주의사항
   ㉠ 서비스에 대해 비현실적으로 보증하는 것은 피한다.
   ㉡ 새로운 서비스에 대해서 클라이언트가 느끼는 불신이나 걱정 등을 다룬다.
   ㉢ 가능한 대안을 제시하고 클라이언트가 스스로 결정하도록 돕는다.
   ㉣ 클라이언트에게 의뢰하는 기관의 서비스에 대해 명확하게 설명하지만 그곳의 사회복지사가 사용할 방법까지 구체적으로 알려주지 않는다.

④ 사후세션 또는 사후관리(Follow-up Service)
  ㉠ 종결 후 일정 기간(1~6개월 사이)이 지나서 클라이언트가 잘 적
     응하고 있는지, 변화의 유지 정도를 확인하는 것이다.
  ㉡ 사회복지사가 지속적으로 관심을 갖고 있다는 것을 보여줌으로
     써 클라이언트가 종결의 충격을 최소화할 수 있다.
  ㉢ 적절한 원조를 계획하거나 종결 이후 발생한 문제나 잔여 문제
     를 다룰 수 있는 기회를 제공하기도 한다.

2 평 가

① 평가의 목적 : 효과성 및 효율성 정도를 파악하고 개선을 위한 정보
   를 입수하며, 시행에 필요한 직원의 수, 자원의 종류 및 필요량을
   파악할 수 있다.
② 평가의 유형
  ㉠ 형성평가(과정평가) : 프로그램의 수행이나 전달과정 중에 실시하
     는 평가조사로서, 현재와 미래에 관련된 프로그램 수행상의 문제
     해결이나 결정을 내리기 위해 실시한다. 특히 개입이 이루어지는
     동안 발생하는 자료를 수집하여 환류하는 것을 중시한다.
  ㉡ 성과평가(총괄평가) : 프로그램 운영이 끝날 때 행해지는 평가
     조사로서, 해당 프로그램이 달성하고자 했던 목표를 얼마나 잘
     성취했는가의 여부를 평가한다.
  ㉢ 양적 평가 : 수량화된 자료를 가지고 적절한 통계적 방법을 활
     용하여 입수한 자료의 속성을 계량화함으로써 그 결과를 기술·
     분석한다.
  ㉣ 질적 평가 : 프로그램을 평가하는 데 있어서 인간과 사회현상에
     대한 자연주의적·해석적 접근을 통해 이해하고 규명하는 데 초
     점을 둔다.
  ㉤ 만족도평가 : 프로그램 참여자들이 해당 서비스에 대해 만족하
     고 있는지, 제공된 서비스가 클라이언트의 실제 욕구충족이나
     문제해결에 도움이 되었는지 등을 평가한다.
  ㉥ 실무자평가 : 프로그램 과정 중 실무자의 행동이나 태도가 개입
     에 어떠한 영향을 미쳤는지 파악하기 위한 것으로서, 클라이언
     트의 피드백에 의해 평가가 이루어진다.

사례관리자의 역할에 관한 예로 옳은 것은?

① 중개자 : 독거노인의 식사지원을 위해 지역사회 내 무료급식소 연계
② 상담가 : 욕구사정을 통해 클라이언트에 대한 체계적인 개입 계획을 세움
③ 조정자 : 사례회의에서 시청각장애인의 입장을 대변하여 이야기함
④ 옹호자 : 지역사회 기관 담당자들이 모여 난방비 지원사업에 중복 지원되는 대상자가 없도록 사례회의를 실시함
⑤ 평가자 : 청소년기 자녀와 갈등을 겪고 있는 부모와 자녀 사이에 개입하여 상호 만족스러운 합의점을 도출함

정답 ①

해설

② 계획가(Planner)로서 사례관리자의 역할에 해당한다.
③ 옹호자(Advocate)로서 사례관리자의 역할에 해당한다.
④ 조정자(Coordinator)로서 사례관리자의 역할에 해당한다.
⑤ 중재자(Mediator)로서 사례관리자의 역할에 해당한다.

사례관리의 원칙에 해당하지 않는 것은?

① 서비스의 개별화
② 서비스의 접근성
③ 서비스의 연계성
④ 서비스의 분절성
⑤ 서비스의 체계성

정답 ④

해설

Theme 18의 '3. 사례관리의 개입 원칙' 참고

Theme 18 | 사례관리와 사례관리자의 역할

1 사례관리의 특성 및 목적

① 복잡하고 다양한 욕구와 문제들을 가진 클라이언트의 증가로 등장하였으며, 서비스의 통합적 제공을 중요시한다.
② 개인의 욕구를 충족시키며 삶의 질을 개선하도록 한다.
③ 보호의 연속성·지속성을 보장함으로써 보호서비스가 중단되지 않도록 한다.
④ 개인의 욕구를 지역을 기반으로 하는 공식적·비공식적 자원과 연계시킨다.
⑤ 서비스의 조정을 통해 효과적인 서비스를 제공한다.
⑥ 환경의 이용을 원활히 함으로써 개인의 잠재력을 개발하며, 능력을 최대화하도록 한다.
⑦ 가족 및 1차 집단의 보호능력을 극대화시킨다.
⑧ 일차적 보호자원들과 공적 보호체계를 통합한다.

2 사례관리의 필요성

① 클라이언트의 욕구가 더욱 다양화·복잡화되고 있다.
② 클라이언트에 대한 지속적인 지원을 위한 통합적인 서비스가 요구되고 있다.
③ 클라이언트 및 그 가족의 과도한 책임부담이 사회적인 문제로 제기되고 있다.
④ 탈시설화 및 재가복지서비스를 강조하는 추세이다.
⑤ 복잡하고 분산된 서비스 체계로 인해 서비스 공급의 중복과 누수를 방지할 필요가 있다.
⑥ 사회복지서비스의 공급주체가 다원화되고 있다.
⑦ 산업화에 따라 가족의 기능이 약화되었다.
⑧ 사회적 지지체계의 중요성에 대한 목소리가 커지고 있다.
⑨ 노령화 등의 인구사회학적인 변화가 뚜렷해지고 있다.

3 사례관리의 개입 원칙

① 개별화 : 클라이언트 개개인의 신체적·정서적 특성 및 사회적 상황에 맞는 서비스를 제공한다.
② 포괄성 : 클라이언트의 다양한 욕구를 충족시킬 수 있도록 포괄적인 서비스를 제공한다.

③ 지속성(연속성) : 클라이언트 및 주위환경에 대한 지속적인 점검을 통해 클라이언트의 사회적 적응을 향상시킨다.

④ 연계성 : 분산된 서비스 체계들을 서로 연계하여 서비스 전달체계의 효율성을 도모한다.

⑤ 접근성 : 클라이언트가 쉽게 기관 및 자원에 접근할 수 있도록 돕는다.

⑥ 자율성 : 서비스 과정에 있어서 클라이언트의 자율성을 극대화하며, 자기결정권을 보장한다.

⑦ 체계성 : 서비스와 자원을 효율적으로 조정·관리함으로써 서비스 간 중복을 줄이고 자원의 낭비를 방지한다.

⑧ 통합성 : 서비스 통합은 서비스가 잘 조정되어 중복되지 않고 적절히 높은 질을 갖도록 한다.

4 사례관리자의 주요 역할

① 중개자(Broker)

클라이언트가 필요로 하는 자원을 소정의 사회기관으로부터 제공받지 못하거나, 지식이나 능력이 부족하여 다른 유용한 자원을 활용하지 못할 경우에 사례관리자가 다른 유용한 자원과 클라이언트를 연결시킨다.

② 옹호자(Advocate)

클라이언트가 스스로 자신을 대변하고 옹호할 수 있는 능력이 부족할 때 그들을 대변하여 그들의 요구사항을 만들어 내고, 가능한 한 자원이 적절히 공급될 수 있도록 노력한다.

③ 평가자(Evaluator)

프로그램의 효과성, 효율성 및 비용의 효과성을 검토하기 위하여 사례관리 과정 전반에 관한 정보와 자료를 수집하고 분석하는 것이다.

④ 조정자(Coordinator)

클라이언트의 문제와 원조자들로부터 도움이 필요한 욕구를 사정하고, 원조를 수행하는 과정에서 클라이언트의 욕구와 자원과의 관계, 클라이언트와 원조자들 간의 관계에서 필요한 조정과 타협의 책임이 있다.

⑤ 계획가(Planner)

클라이언트의 욕구를 충족시키기 위한 사례계획, 치료, 서비스 통합, 기관의 협력 및 서비스망을 설계한다.

⑥ 중재자(Mediator)

개인이나 집단의 갈등 파악과 조정 및 논쟁이나 갈등을 해결하고 어느 한쪽의 편을 들지 않은 채 서로의 입장을 명확히 밝히도록 돕는다.

1 제1단계 – 접수(Intake)

서비스를 필요로 하는 클라이언트의 장애나 욕구를 개략적으로 파악하여 기관의 서비스에 부합하는지의 여부를 판단한다.

2 제2단계 – 사정(Assessment)

① 감별(Screening)을 통해 클라이언트가 서비스를 받을 자격이 있다고 판단되면 사정이 계획된다. 개입, 치료양식을 선택할 목적으로 클라이언트의 문제와 상황을 검토하기 위한 절차로 클라이언트의 현재 기능수준과 욕구를 파악한다.
② 사정의 범주 : 욕구와 문제의 사정, 자원의 사정, 장애물의 사정

3 제3단계 – 계획(Service Plan)

① 욕구와 문제를 사정한 후 사례관리자는 이를 해결할 수 있는 자원을 연결시키기 위해 일련의 개입 계획을 수립하게 된다. 확인된 클라이언트의 문제, 성취될 결과, 목표달성을 위해 추구되는 서비스 등에 관해 클라이언트, 사회적 관계망, 다른 전문가, 사례관리자가 합의를 발달시켜 나가는 일련의 과정이다.
② 사례계획의 6가지 항목(Kirst-Ashman & Hull. Jr.)
　㉠ 필요한 서비스에 대한 우선순위의 영역
　㉡ 각 영역 내에서 클라이언트의 진행과정을 평가하기 위한 장단기의 구체적 측정목표
　㉢ 목표성취를 위한 구체적인 행동
　㉣ 클라이언트의 의뢰가 이루어지는 기관
　㉤ 구체적인 시간계획
　㉥ 서비스 전달 및 활용상에서의 잠정적 장애물 및 이를 해결하기 위한 방안

4 제4단계 – 개입 또는 계획의 실행(Intervention)

① 의의 및 특징
　㉠ 서비스 계획 및 확립된 절차에 따라 이루어진 업무를 수행하는 과정이다.
　㉡ 필요한 양질의 서비스나 자원을 확보하여 이를 제공하는 것으로, 사례관리자에 의한 서비스 제공방식에 따라 직접적 개입과 간접적 개입으로 구분된다.

② 직접적 개입과 간접적 개입

직접적 개입	• 클라이언트의 서비스 접근과 활용기술 및 능력을 고양시키려는 노력과 관련된다. • 클라이언트를 교육시키는 것, 클라이언트의 결정 및 행동을 격려·지지하는 것, 위기 동안 적절히 개입하는 것, 클라이언트를 동기화시키는 것 등이 있다. • 사례관리자는 안내자, 교육자, 정보제공자로서의 역할을 수행한다.
간접적 개입	• 클라이언트를 대신하여 클라이언트의 주변체계나 클라이언트와 체계 간의 관계를 변화시키려는 노력과 관련된다. • 클라이언트에게 필요한 자원체계를 연계 또는 서비스를 중개하는 것, 클라이언트를 대신하여 다양한 체계에 대한 클라이언트 욕구를 옹호하는 것 등이 있다. • 사례관리자는 중개자, 연결자, 옹호자로서의 역할을 수행한다.

5 제5단계 – 점검(Monitoring) 및 재사정(Reassessment)

① 클라이언트에게 제공되는 서비스의 적시성, 적절성, 충분성, 연속성을 보장하기 위해 서비스 제공체계의 서비스 전달 및 실행을 추적하고 이를 점검 및 재사정하는 과정이다.

② 점검의 주요 목적
   ㉠ 서비스 개입계획이 적절히 이행되고 있는지를 검토한다.
   ㉡ 서비스 지원계획의 목표달성 정도를 검토한다.
   ㉢ 서비스와 지원의 산출 결과를 검토한다.
   ㉣ 클라이언트의 욕구 변화 유무 및 서비스 계획 변경의 필요성에 따라 개입 계획의 수정 여부를 검토한다.

6 제6단계 – 평가(Evaluation) 및 종결(Disengagement)

① 사례관리에서 결과를 평가하는 것은 매우 중요하며, 이러한 자료들은 궁극적으로 사례관리의 효과성을 제시하는 주요한 근거가 된다.

② 사례관리 평가의 주요 유형
   ㉠ 클라이언트에 관한 서비스 및 개입 계획에 대한 평가
   ㉡ 목적달성 여부에 대한 평가
   ㉢ 전반적인 사례관리 서비스 효과에 대한 평가(서비스의 최종 효과성 검토)
   ㉣ 클라이언트의 만족도에 대한 평가

Theme 1 | 사회복지실천기술

1 사회복지실천기술의 이해

① 사회복지실천기술은 클라이언트의 문제, 욕구, 능력 등에 대한 사정을 비롯하여 자원개발, 사회구조 변화 등에 있어서의 숙련성을 의미한다. 또한 클라이언트의 문제 상황에 대한 변화를 위해 심리사회적으로 개입할 수 있는 사회복지사의 전반적인 능력을 말한다.

② 사회복지실천의 방법

직접 실천	• 클라이언트와의 직접적인 대면접촉을 통해 서비스를 제공하는 실천방식이다. • 주로 개인, 가족, 집단을 대상으로 대인관계 및 환경과의 상호작용 능력을 강조함으로써 사회적인 기능 향상을 도모한다. • 임상사회사업 분야에서 클라이언트에 대한 상담 및 면접, 치료 등의 형태로 운영된다.
간접 실천	• 클라이언트와의 직접적인 대면접촉 없이 클라이언트의 문제해결을 위해 간접적으로 조력한다. • 지역사회를 중심으로 클라이언트를 둘러싼 환경체계에 개입하여 지역의 자원 및 지지체계를 발굴해 이를 연계한다. • 지역사회조직, 지역복지계획, 사회복지정책, 사회복지행정 등의 형태로 운영된다.

2 사회복지실천의 전문성

① 사회복지실천을 위한 사회복지사의 전문지식(Johnson et al.)

㉠ 인간행동과 발달에 관한 지식

인간의 행동적 특성을 이해하고 환경의 상호적 영향력을 파악하며, 인간의 정서적·심리적·사회적 발달단계와 환경의 물리적·사회적·문화적 특성 등과 관련된 지식

㉡ 인간관계와 상호작용에 관한 지식

효과적인 의사소통에 필요한 지식으로 개인, 가족, 집단, 지역사회, 조직이나 기관들 간의 관계와 상호작용을 촉진

㉢ 실천이론과 모델에 관한 지식

전문적인 원조관계에 필요한 지식으로, 실천과정에서의 개입방법과 전략 등을 선택하는 데 필요한 지식

ⓔ 특정 분야와 대상집단에 관한 지식

클라이언트 집단이나 실천상황, 기관 등에 관한 지식으로 실무에 도움

ⓜ 사회정책과 서비스에 관한 지식

전문가와 기관을 포함한 전달체계에 관한 지식으로 사회정책의 영향력, 사회정책을 발전시키기 위한 사회복지사의 역할 등에 관한 지식

ⓗ 사회복지사 자신에 관한 지식

실천에 영향을 미치는 전문가의 감정이나 가치, 태도, 행동 등을 인식하고 책임감을 갖도록 도움

② 사회복지 전문직의 속성(Greenwood)

ⓐ 기본적인 지식과 체계적인 이론체계

ⓑ 클라이언트와의 관계에서 부여된 전문적(전문직) 권위와 신뢰

ⓒ 전문가집단의 힘과 특권

ⓓ 사회로부터의 승인

ⓔ 명시적이며 체계화된 윤리강령

ⓕ 전문직의 문화

③ 전문직으로서 사회복지사가 지녀야 할 속성

예술적 속성	• 사랑(동정)과 용기 • 전문적 관계 형성 • 창의성과 상상력 • 희망과 에너지 • 판단력, 사고력, 직관적 능력 • 개인적인 가치관 • 자신만의 전문가로서의 스타일
과학적 속성	• 사회문제에 대한 인식 • 사회현상에 대한 인식 • 사회복지 전문직에 대한 지식 • 사회복지실천방법에 대한 지식(관찰, 자료수집, 분석, 실험조사 등) • 사회제도 및 정책, 사회서비스 및 프로그램에 대한 지식

④ 전문적 관계의 기본 요소

ⓐ 타인에 대한 관심 또는 배려

ⓑ 헌신과 의무

ⓒ 권위와 권한

ⓓ 진실성과 일치성

Theme 2	사회복지실천에서의 가치와 윤리

1 사회복지실천의 가치

① **클라이언트의 개별성 및 존엄성** : 사회복지사의 전문적 관계는 개인의 가치와 존엄성을 존중함으로써 확립되며, 상호참여, 수용, 신뢰, 정직, 갈등의 조정을 통해 발전한다.

② **클라이언트의 자기결정권** : 클라이언트가 자신의 선택에 의해 결정할 수 있도록 하여 원조과정에 능동자로서 참여하도록 유도한다.

③ **사회적 형평성** : 모든 개인이 자신의 신분이나 지위, 사회적 배경 등에 관계없이 자원에 동등하게 접근할 수 있도록 함으로써, 자신이 가진 잠재력을 최대한 발휘할 수 있도록 지지한다.

④ **사회적 연대성** : 사회구성원으로서 모든 개인은 욕구충족에 어려움을 겪는 이들을 위해 연대적 책임의식을 가진다.

2 사회복지실천의 윤리문제

① **가치의 상충** : 사회복지사가 가장 빈번하게 겪게 되는 윤리적 딜레마로서, 2가지 이상의 가치가 상충되는 경우를 말한다.

② **의무의 상충** : 의무의 상충으로 인한 윤리적 딜레마는 인간을 다루는 수단으로서 선호하는 가치와 밀접하게 연관된다. 기관의 목표가 클라이언트 이익에 위배될 때 의무상충으로 윤리적 딜레마가 발생할 수 있다.

③ **클라이언트체계의 다중성** : 복합적인 문제를 가진 가족의 경우에 누가 클라이언트인가, 누구의 이익이 최우선인가, 어떤 문제에 우선성이 있는가 또는 개입의 초점은 무엇인가 하는 것이다.

④ **결과의 모호성** : 클라이언트가 스스로 자기결정을 할 수 없는 경우에 클라이언트를 대신해서 또는 클라이언트와 함께 결정을 내려야 하는 상황에서 최선책이 무엇인가 하는 것이다.

⑤ **능력 또는 권력의 불균형** : 클라이언트와 사회복지사 또는 사회복지사 간의 정보, 능력 또는 권력의 불균형으로 인해 윤리적인 딜레마가 초래된다.

3 로웬버그와 돌고프(Loewenberg & Dolgof)의 윤리적 원칙에 따른 우선순위

① 윤리원칙1(생명보호의 원칙) : 인간의 생명보호가 다른 모든 원칙에 우선한다.

② 윤리원칙2(평등과 불평등의 원칙) : 인간은 개개인의 능력과 권력에 따라 동등하게 또는 차별적으로 취급받을 권리가 있다.

③ 윤리원칙3(자율과 자유의 원칙) : 인간의 자율·자유에 대한 권리는 소중하지만 무제한적인 것은 아니다.

④ 윤리원칙4(최소 해악·손실의 원칙) : 클라이언트의 문제해결을 위해 부득이하게 대안을 선택할 수밖에 없는 경우에는 언제나 클라이언트에게 최소로 유해한 것을 선택하도록 한다.

⑤ 윤리원칙5(삶의 질 원칙) : 삶의 질을 긍정적인 방향으로 발전시킬 수 있도록 선택이 이루어져야 한다.

⑥ 윤리원칙6(사생활 보호와 비밀보장의 원칙) : 클라이언트의 인격과 사생활 보호를 위해 클라이언트의 비밀이나 사생활은 보호되어야 한다.

⑦ 윤리원칙7(진실성과 정보 개방의 원칙) : 사회복지사는 클라이언트에게 진실된 태도를 유지해야 하며, 관련 정보는 공개해야 한다.

4 리머(Reamer)의 윤리적 원칙에 따른 우선순위

① 인간행위의 필수적 전제조건(생명, 건강, 음식, 주거, 정신적 균형)에 대한 권리는 추가적인 재화의 공급에 대한 권리에 우선한다.

② 개인의 복지권은 타인의 사생활 및 자기결정권에 우선한다.

③ 개인의 자기결정권은 그 자신의 복지권에 우선한다.

④ 개인의 복지권은 법률, 규칙, 규정 및 조직의 질서에 우선한다.

⑤ 공공재를 증진시킬 의무(주택, 교육, 공공부조)는 개인의 완전한 재산권에 우선한다.

더 알아보기

가치와 윤리의 비교

가 치	윤 리
• '무엇이 좋고 바람직한가?'의 문제	• '무엇이 옳고 그른가?'의 문제
• 윤리보다 더 근본적인 것으로 바람직한 경향성을 의미	• 가치의 기반 위에 구현된 행동지침을 의미
• '좋다/싫다, 바람직하다/바람직하지 않다' 등으로 표현	• '옳다/그르다, 정당하다/부당하다' 등으로 표현

Theme 3	의사소통 및 상담면접기술

1 경청(Listening) 및 적극적 경청(Active Listening)

① 클라이언트의 감정과 사고가 어떤 것인지 이해하며 파악하고 듣는 기술이다.
② 사회복지사는 관심의 초점을 클라이언트에게 두며, 클라이언트의 말에 주의를 기울인다.
③ 적극적 경청은 클라이언트의 언어적인 표현은 물론 비언어적인 표현까지 자세히 살피며, 클라이언트가 말한 단어의 뜻 자체보다는 클라이언트의 잠재적인 감정에 주목한다.

2 질문(Question)

사회복지사가 질문을 많이 사용하여 클라이언트에게 지속적으로 응답을 요구하는 것은 바람직하지 못하며, 질문을 사용할 경우 그 방법 및 분량, 적절한 시기 등을 고려해야 한다.

3 반영(Reflection)

① 사회복지사가 클라이언트의 행동 속에 내재된 내면감정을 정확히 파악하여 이를 클라이언트에게 전달해주는 것을 말한다.
② 사회복지사는 클라이언트의 행동을 유심히 관찰하여 말로써 표현한 것뿐만 아니라 자세, 몸짓, 목소리, 눈빛 등 비언어적 행동에서 나타나는 감정까지도 반영해 주어야 한다.

4 명료화(Clarification)

클라이언트의 말 중에서 모호한 점이나 모순된 점이 발견될 때, 이를 명확히 이해하고 넘어가기 위해 다시 그 점을 사회복지사가 질문함으로써 클라이언트가 그 의미를 명백하게 하도록 하는 기술이다.
예 "~라고 말한 것은 구체적으로 무엇을 뜻합니까?"

5 초점화(Focusing)

① 클라이언트와의 의사소통에 있어서 중요한 부분을 강조하거나 집중시키고자 할 때 사용하는 표현적 의사소통기술에 해당한다.
② 특히 클라이언트가 문제의 본질에서 벗어난 주제에 대해 이야기할 때 목표를 향해 나아가도록 새롭게 방향을 되돌리거나 주의를 기울이고자 할 경우 유효하다.

6 요약(Summarizing)

지금까지 다뤄온 내용을 정확하고 간결하게 제시함으로써 상담 도중에 나타난 문제점, 진행 정도 및 다음 단계에 대한 계획을 파악하는 데 도움을 준다.

예 "지금까지 말한 것을 정리해보면 …"

7 직면(Confrontation)

① 클라이언트의 말이나 행동이 일치하지 않은 경우 또는 클라이언트의 말에 모순점이 있는 경우 사회복지사가 그것을 지적해 주는 기술이다.

② 어느 정도 신뢰관계가 형성된 다음에 사용해야 하며, 직면에 앞서 반드시 공감적인 분위기가 조성되어야 한다.

③ 사회복지사는 클라이언트에 대해 평가하거나 비판하는 인상을 주지 않도록 해야 하며, 이를 위해 클라이언트가 보인 객관적인 행동과 인상에 대해 서술적으로 표현하는 것이 바람직하다.

8 자기노출(Self-disclosure)

사회복지사는 자기노출로써 클라이언트에게 유사성과 친근감을 전달할 수 있으며, 이를 통해 사회복지사와 클라이언트 간의 보다 깊은 이해를 도모할 수 있다.

9 침묵 다루기

① 사회복지사는 '조용한 관찰자'의 태도로 클라이언트의 침묵을 섣불리 깨뜨리려 하지 말고, 인내심을 가지고 어느 정도 기다려 보는 것이 바람직하다.

② 사회복지사에 대한 저항으로 침묵이 발생하는 경우 사회복지사는 침묵과 원인이 되는 클라이언트의 숨은 감정을 언급하고 다루어 나가야 한다.

10 나 전달법(I-Message)

사회복지사와 내담자 간에 보다 분명하고 직접적으로 메시지를 소통하도록 하는 방법이다.

11 재명명(Relabeling) 또는 재구성(Reframing)

클라이언트로 하여금 문제를 다른 시각에서 보거나 다른 방법으로 이해하도록 하여 부정적인 생각을 보다 새롭고 긍정적인 시각으로 변화하도록 돕는다.

1 정신역동모델의 의의 및 특징

① 클라이언트의 과거의 외상적 경험, 과거 경험이 현재 증상과의 관계가 있을 경우 사용되는 모델로, 현재의 문제원인을 과거의 경험에서 찾는다.
② 발달단계상 성적 에너지인 리비도(Libido)가 어느 한 곳에 머물러 있는 '고착(Fixation)', 불안을 일으키는 내적 위험에 대한 방어기제로서 적응이 곤란할 때 이전 단계로 되돌아가려는 '퇴행(Regression)'을 고려한다.
③ 자기분석을 통한 성장에의 의지가 높은 클라이언트에게 효과적이다.
④ 위기개입모델, 과제중심모델, 해결중심모델 등과 달리 비교적 장기적인 개입모델이다.

2 주요 기법

① 자유연상(Free Association)
클라이언트로 하여금 의식에 떠오르는 것이면 모든 것을 이야기하도록 하는 것이다.
② 해석(Interpretation)
클라이언트의 통찰력 향상을 위해 상담자의 직관에 근거하여 설명하는 것이다.
③ 꿈의 분석(Dream Analysis)
㉠ 꿈을 통해 나타나는 무의식적인 소망과 욕구를 해석하여 통찰력을 갖도록 한다.
㉡ 꿈은 2가지 수준의 내용, 즉 잠재적 내용과 현시적 내용을 가지고 있다.
④ 저항의 분석(Resistance Analysis)
저항(Resistance)은 불안으로부터 자신을 방어하려는 경향을 말하는 것으로서, 사회복지사는 클라이언트의 주의를 집중하게 하고 저항들 가운데 가장 분명한 것을 해석한다.
⑤ 전이의 분석(Transference Analysis)
㉠ 전이(Transference)는 클라이언트가 과거에 타인과의 관계에서 경험하였던 소망이나 두려움 등의 감정을 사회복지사에게 보이는 반응으로서, 반복적이고 부적절하며, 무의식적으로 일어나고 퇴행하는 특징을 갖는다.
㉡ 전이의 장면에서 사회복지사는 사랑 또는 증오의 대치대상이 되는데, 사회복지사는 이를 분석함으로써 클라이언트의 통찰력을 증진시킨다.

⑥ 직면(Confrontation)
  ㉠ 클라이언트가 문제해결의 과정에서 저항하는 모습을 보이거나 비순응적인 태도를 보이거나 혹은 클라이언트의 말과 행동 사이에 불일치나 모순이 있는 경우 그것을 직접적으로 지적하는 것이다.
  ㉡ 직면은 핵심이 되는 문제 자체에 초점을 두기보다는 내담자의 불일치성(Discrepancy)에 초점을 맞춘다.
⑦ 훈습(Working-through)
  클라이언트로 하여금 저항이나 전이에 대한 이해를 심화, 확장하여 통합적으로 이해하도록 한다.

❸ 정신역동모델 개입과정

관계형성 (제1단계)	사회복지사는 본격적인 원조과정으로 들어가기 위해 클라이언트와 신뢰관계를 형성한다.
동일시를 위한 자아구축 (제2단계)	클라이언트는 자신을 사회복지사와 동일시하기 시작하면서 세상을 좀 더 현실적으로 볼 수 있게 된다.
자아정체감 형성 원조 (제3단계)	사회복지사는 클라이언트가 독립된 자아정체감을 형성할 수 있도록 원조한다.
자기이해 원조 (제4단계)	사회복지사는 클라이언트가 자신의 행동과 함께 그 행동의 연원을 이해할 수 있도록 원조한다.

사회복지실천과정의 간접개입기법 중 환경조정이 필요한 상황에 해당하지 않는 것은?

① 아동이 가정에서 성적 학대를 받을 때
② 화재로 장애청소년의 부모가 사망했을 때
③ 직장에서 성폭력 예방을 위한 교육 프로그램을 제공할 때
④ 자연재해로 집을 잃었을 때
⑤ 고령의 노인이 가정에서 학대를 받을 때

정답 ③

해설

교육 프로그램을 제공하여 클라이언트의 행동을 촉진하거나 기능을 향상시키는 등 직접적 영향을 주는 것은 직접적 개입기법에 해당한다.

실제기출 [2024]

심리사회모델에 관한 설명으로 옳은 것을 모두 고른 것은?

ㄱ. 심리사회모델을 체계화하는 데 홀리스(F. Hollis)가 공헌하였다.
ㄴ. "직접적 영향주기"는 언제나 사용 가능한 기법이다.
ㄷ. "환기"는 클라이언트의 긍정적 감정을 표출시킨다.
ㄹ. 간접적 개입기법으로 "환경조정"을 사용한다.

① ㄱ, ㄹ   ② ㄴ, ㄷ
③ ㄷ, ㄹ   ④ ㄴ, ㄷ, ㄹ
⑤ ㄱ, ㄴ, ㄷ, ㄹ

정답 ①

해설

ㄴ. '직접적 영향주기(지시)'는 클라이언트의 행동을 촉진하거나 기능을 향상시키기 위한 조언, 충고, 제안 등을 통해 사회복지사의 의견을 클라이언트가 받아들이도록 하는 기법이다. 다만, 이 기법은 클라이언트의 자기결정권을 훼손할 수 있으므로 조심스럽게 사용되어야 한다.
ㄷ. '환기'는 클라이언트로 하여금 사실과 관련된 감정을 끄집어냄으로써 카타르시스를 경험하도록 돕는 기법이다. 다만, 이때 감정은 고통, 당황, 분노, 불안 등 부정적 감정을 포함한다.

Theme 5	개별사회복지실천모델 Ⅱ (심리사회모델, 문제해결모델)

1 심리사회모델

① 의의 및 특징
　㉠ 심리사회모델은 해밀턴(Hamilton)과 홀리스(Hollis)가 체계화한 것으로 진단의 중요성을 강조한다.
　㉡ 인간의 문제를 심리적·사회적 문제로 이해하는 동시에 사회적인 환경도 함께 고려함으로써 '상황 속 인간'을 강조한다.
　㉢ 사회복지사와 클라이언트의 관계형성을 강조하여 사회복지사가 클라이언트를 수용하고, 자기결정을 하도록 돕는다.
　㉣ 클라이언트의 과거와 현재의 경험과 관련한 내적 갈등을 이해하고 통찰함으로써 클라이언트가 성장할 수 있다고 본다.

② 직접적 개입기법
　㉠ 지지 : 사회복지사가 클라이언트를 수용하고 원조하려는 의사와 클라이언트의 문제해결능력에 대한 확신을 표현함으로써 클라이언트의 불안을 줄이고 자기존중감을 증진시키는 과정이다.
　㉡ 지시(직접적 영향주기) : 클라이언트의 행동을 촉진하거나 기능을 향상시키기 위한 조언, 충고, 제안 등을 통해 사회복지사의 의견을 클라이언트가 받아들이도록 하는 개입과정이다.
　㉢ 탐색-기술(묘사)-환기 : '탐색-기술(묘사)'은 클라이언트의 문제와 관련하여 클라이언트, 클라이언트의 환경 혹은 클라이언트와 환경과의 상호작용에 관한 사실을 그대로 말할 수 있도록 도와주는 의사소통이다. 또한 '환기'는 사실과 관련된 감정을 끄집어냄으로써 카타르시스를 경험하도록 원조하는 것이다.
　㉣ 인간-상황(개인-환경)에 대한 고찰 : 클라이언트를 둘러싼 최근 사건에 대해 6가지 하위 영역으로 분류하여 고찰하는 심리사회요법의 핵심이다.
　　• 타인, 건강, 상황에 대한 클라이언트의 인식
　　• 클라이언트의 행동이 자신과 타인에게 미치는 영향
　　• 클라이언트의 내면에 대한 인식
　　• 클라이언트 행동의 원인에 대한 이해
　　• 자기평가
　　• 사회복지사의 치료 및 원조과정에 대한 반응
　㉤ 유형-역동에 대한 고찰 : 사회복지사는 클라이언트의 성격 혹은 행동의 유형과 심리 내적인 역동에 대해 고찰한다. 또한 클라이언트가 사용하는 방어기제를 분석하고 클라이언트가 가지고 있는 내부대상, 분리, 개별화 정도 등에 대해 고찰한다.

ⓗ 발달적 고찰 : 성인기 이전의 생애 경험과 이러한 경험이 현재
기능에 미치는 영향에 대해 고찰하는 것을 의미한다.
③ 간접적 개입기법 – 환경조정
　㉠ 클라이언트가 필요로 하는 자원을 발굴하여 제공 · 연계한다.
　㉡ 클라이언트에 대한 옹호 및 중재활동을 한다.
　㉢ 클라이언트 스스로 주변을 변화시킬 수 있도록 원조한다.

2 문제해결모델

① 의의 및 특징
　㉠ 1957년 펄만(Perlman)이 진단주의의 입장에서 기능주의를 도
입하여 문제해결이론을 제시하였다.
　㉡ 치료보다는 현재의 문제에 대처하는 개인의 문제해결능력을 회
복시키는 데 그 목적이 있다.
　㉢ 사회복지사는 클라이언트를 문제해결능력이 부족한 사람으로
보고 그들의 잠재능력을 향상시키기 위해 노력한다.
　㉣ 문제해결모델의 구성요소로서 4대 요소는 사람(Person), 문제
(Problem), 장소(Place), 과정(Process)의 4P이며, 이후 1986년
에 4P에서 전문가(Professional Person), 제공(Provision)이 포
함되어 6P 이론으로 보완되었다.
② 평 가
　㉠ 클라이언트로 하여금 문제해결 과정에 적극적으로 참여하도록
함으로써 인간존중 및 자기결정권을 중시하는 사회복지실천의
가치에 부합한다.
　㉡ 클라이언트의 잠재적 문제해결능력을 강조함으로써 일시적으로
자아 기능이 약해진 클라이언트에게 적합한 모델이다.

실제기출 [2025]

과제중심모델에 관한 설명으로 옳은 것은?

① 개인의 신념체계의 변화를 강조한다.
② 특정 이론보다는 경험적 자료를 통해 개입의 기초를 마련한다.
③ 인간의 신념이나 생각은 정서와 행동에 영향을 미친다고 가정한다.
④ 클라이언트가 무력한 상태에서 힘을 가진 상태로 이동하는 것을 목표로 한다.
⑤ 변화는 항상 일어나며 불가피한 것으로 본다.

정답 ②

해설

① 개인의 신념체계의 변화를 강조한 것은 인지행동모델이다. 인지행동모델은 인간의 비합리적 사고 또는 신념이 부적응을 유발한다고 보고, 인지재구성 또는 인지재구조화를 통해 클라이언트의 역기능적이고 비합리적인 신념체계를 보다 기능적이고 합리적인 신념체계로 대체할 수 있도록 한다.
③ 인지행동모델에 관한 설명이다.
④ 임파워먼트모델(권한부여모델, 역량강화모델)은 무기력 상태에 있거나 필요한 자원을 스스로 활용하지 못하는 클라이언트를 대상으로 자신의 삶과 상황에 대해 더 많은 통제력을 갖도록 돕는다. 클라이언트로 하여금 생활상의 문제에 직면하여 스스로의 삶에 대해 결정을 내리고 행동에 옮길 수 있도록 힘을 부여한다.
⑤ 해결중심모델은 인간의 삶에 있어서 안정은 일시적인 반면 변화는 지속적이고 불가피하므로, 변화 자체를 치료를 위한 해결책으로 활용한다.

실제기출 [2024]

다음 설명에 해당하는 모델로 옳은 것은?

• 구조화된 개입
• 개입의 책임성 강조
• 클라이언트의 자기결정권 강조
• 클라이언트의 환경에 대한 개입

① 심리사회모델   ② 위기개입모델
③ 해결중심모델   ④ 인지행동모델
⑤ 과제중심모델

정답 ⑤

해설

Theme 6의 '2. 과제중심모델(과업중심모델)' 참고

| Theme 6 | 개별사회복지실천모델Ⅲ(행동수정모델, 과제중심모델) |

1 행동수정모델

① 의의 및 특징

㉠ 토마스(Thomas)가 행동주의를 토대로 하여 실천모델로 발전시켰다.

㉡ 문제행동에 대한 변화를 목표로 바람직한 적응행동은 강화하는 반면, 바람직하지 못한 부적응행동은 소거하는 행동수정의 원리를 토대로 한다.

㉢ 클라이언트의 적응행동을 증강시키기 위해 학습원리를 적용하며, 클라이언트로 하여금 일상생활에까지 확대시킬 수 있는 적극적이고 바람직한 행동반응을 치료장면을 통해 연습시킨다.

② 주요 기법

강화 (Reinforcement)	바람직한 반응이 일어날 확률을 높이기 위한 것으로서 '정적 강화(Positive Reinforcement)'와 '부적 강화(Negative Reinforcement)'로 구분된다.
소거 (Extinction)	강화물을 계속 주지 않을 때 반응의 강도가 감소하는 것을 말한다. 예를 들어, 아이의 버릇없는 행동이 반복될 때 아무런 반응을 보이지 않는 것이 효과적일 수 있다.
토큰경제 (Token Economy)	클라이언트와 행동계약을 체결하여 적응행동을 하는 경우 토큰(보상)을 주어 강화하는 기법이다.
타임아웃 (Time-out)	문제행동을 중지시킬 목적으로 문제가 일어나는 상황으로부터 클라이언트를 일정 시간 분리시키는 기법이다.

2 과제중심모델(과업중심모델)

① 의의 및 특징

㉠ 1972년 미국 시카고 대학교의 리드(Reid)와 엡스타인(Epstein)이 대인관계, 사회적 역할수행, 정서적 어려움 등 생활상의 여러 문제들을 다루기 위해 이론적 실천모델로서 발전시켰다.

㉡ 시간제한적인 단기개입모델로서, 보통 주 1~2회, 전체 8~12회 정도로 운영되며, 종결이 계획되어 있다.

㉢ 클라이언트의 문제를 자원 혹은 기술의 부족으로 이해하며, 클라이언트가 동의한 과제를 중심으로 개입한다.

㉣ 절차나 단계가 구조화되어 있으며, 고도의 구조성이 요구된다.

㉤ 클라이언트의 심리내적 역동보다는 현재의 활동을 강조하며, 환경에 대한 개입이 이루어진다.

㉥ 문제해결을 위한 계약관계이며, 개입의 책무성이 강조된다.

㉦ 클라이언트의 참여증진과 자기결정권의 극대화를 가져오므로 주체성 확보에 유리하다.

② 개입과정

　ⓐ 제1단계 – 시작하기

　　• 다른 기관으로부터 의뢰된 비자발적 클라이언트의 경우 의뢰이유, 의뢰기관이 제시한 목표, 클라이언트의 목표에 대한 이해도, 목표달성을 위한 외부기관의 자원 등을 파악한다.

　　• 자발적 클라이언트의 경우 클라이언트가 제시하는 문제와 우선순위를 확인한다. 만약 기관에서 서비스를 받는 것이 적합하지 않은 것으로 판단되는 경우 다른 기관을 추천한다.

　ⓑ 제2단계 – 문제 규정(규명)

　　• 클라이언트가 현재 자신의 문제를 어떻게 보고 있는지 탐색한다.

　　• 클라이언트와 함께 표적문제를 구체적으로 설정하며, 표적문제의 우선순위를 정한다.

　ⓒ 제3단계 – 계약

　　• 클라이언트와의 동의하에 계약이 이루어지며, 이때 계약은 계약 당사자인 사회복지사와 클라이언트의 판단에 의해 추후 변경이 가능하다.

　　• 계약 내용에는 주요 표적문제와 구체적인 목표, 사회복지사와 클라이언트의 과제, 개입 일정 및 기간, 면접 날짜 및 장소, 참여자 등이 포함된다.

　ⓓ 제4단계 – 실행

　　• 후속 사정을 통해 초기 사정에서 불충분한 부분들을 보완하며, 이때 사정은 개입의 초점이 되는 현재 문제에 국한하여 집중적인 탐색이 이루어진다.

　　• 과제를 개발하고 클라이언트의 과제수행을 지지하며, 과제수행의 장애물을 찾아내어 이를 제거·완화·변경한다.

　ⓔ 제5단계 – 종결

　　클라이언트로 하여금 달성한 것을 확인하도록 하며, 이를 스스로 수행해 나갈 수 있도록 돕는다.

실제기출 [2025]

골란(N. Golan)의 위기발달 단계로 옳은 것은?

① 위험사건 – 촉발요인 – 취약단계 – 위기단계 – 재통합
② 취약단계 – 위험사건 – 촉발요인 – 위기단계 – 재통합
③ 취약단계 – 위험사건 – 위기단계 – 촉발요인 – 재통합
④ 위험사건 – 취약단계 – 위기단계 – 촉발요인 – 재통합
⑤ 위험사건 – 취약단계 – 촉발요인 – 위기단계 – 재통합

정답 ⑤

해설
Theme 7의 '1. 위기개입모델' 중 '④ 위기 반응의 단계(Golan)' 참고

실제기출 [2024]

위기개입모델의 중간단계 활동으로 옳지 않은 것은?

① 위기상황에 대한 초기사정을 실시한다.
② 클라이언트의 일상생활에 활용할 수 있는 자원과 지지체계를 찾아낸다.
③ 목표달성을 위한 구체적인 과제들에 대해 작업한다.
④ 위기사건 이후 상황과 관련된 자료를 보충한다.
⑤ 현재 위기와 관련된 과거 경험을 탐색한다.

정답 ①

해설
Theme 7의 '1. 위기개입모델' 중 '⑤ 위기개입모델의 각 단계별 주요 활동(Golan)' 참고

1 위기개입모델

① 의의 및 특징

ㄱ 위기상황에 처해 있는 개인이나 가족을 초기에 발견하여 초기단계에서 원조활동을 수행한다.

ㄴ 위기개입의 제1목표는 클라이언트가 최소한의 위기 이전의 기능수준으로 회복하도록 돕는 데 있다.

ㄷ 위기개입은 상대적으로 단기적 접근에 해당하며, 구체적이고 관찰이 가능한 문제들이 위기개입의 표적대상이 된다.

ㄹ 위기개입을 할 때에는 가장 적절한 치료전략을 수립해야 하며, 단순히 차선책으로 접근해서는 안 된다.

ㅁ 무의식적 · 정신내면적 갈등의 해결에는 역점을 두지 않으며, 만성적 클라이언트에게는 부적절한 방법이다.

② 위기개입의 목표(Rapoport)

ㄱ 위기로 인한 증상을 제거한다.

ㄴ 위기 이전의 기능수준을 회복하도록 돕는다.

ㄷ 촉발사건에 대해 이해한다.

ㄹ 클라이언트나 가족이 사용하거나 지역사회 자원에서 이용할 수 있는 치료기제를 규명한다.

ㅁ 현재의 스트레스를 과거의 생애경험 및 갈등과 연결한다.

ㅂ 새로운 인식, 사고, 정서 양식을 개발하며, 새로운 적응적 대처기제를 개발한다.

③ 위기개입의 원칙

ㄱ 즉시 이루어져야 하며, 가급적 위기상태 직후부터 6주 이내에 해결되어야 한다.

ㄴ 위기와 더불어 그 위기에 대한 클라이언트의 반응에 초점을 둔다.

ㄷ 위기상황과 관련된 현재의 구체적인 문제에 초점을 두며, 클라이언트의 과거에 대한 탐색에 몰두하지 않는다.

ㄹ 위기개입의 목표와 실천과정은 간결하고 구체적이어야 한다.

ㅁ 사회복지사는 적극적이고 직접적인 역할을 수행한다.

ㅂ 정보 제공, 정서적 지지, 사회적 지지체계 개발 등을 포함한다.

ㅅ 위기로 인해 절망적 감정을 느끼는 클라이언트에게 희망을 고취해 주어야 한다.

ㅇ 사회복지사는 클라이언트와 신뢰관계를 조성하며, 클라이언트가 바람직한 자기상(Self Image)을 가질 수 있도록 원조해야 한다.

④ 위기반응의 단계(Golan)

  ⊙ 제1단계 – 위험한 사건(Hazardous Event)

  ⊙ 제2단계 – 취약 상태(Vulnerable State)

  ⊙ 제3단계 – 위기촉진요인(Precipitating Factor)

  ⊙ 제4단계 – 실제 위기 상태(Active Crisis)

  ⊙ 제5단계 – 재통합(Reintegration)

⑤ 위기개입모델의 각 단계별 주요 활동(Golan)

시작 단계	• 클라이언트와 친화관계를 형성하며, 위기상황에 대한 초기사정을 실시한다. • 클라이언트와 함께 표적 문제를 설정한다.
중간 단계	• 위기사건 이후 상황과 관련된 자료를 보충한다. • 현재 위기와 관련된 과거 경험을 탐색한다. • 클라이언트의 일상생활에 활용할 수 있는 자원과 지지체계를 찾아낸다. • 목표달성을 위한 구체적인 과제들에 대해 작업한다.
종결 단계	• 종결에 대한 저항을 다룬다. • 성취하지 못한 것들에 대해 점검하며 가까운 미래의 활동계획에 대해 논의한다.

2 현실치료모델

① 의의 및 특징

  ⊙ 글래서(Glasser)가 정신분석의 결정론적 입장에 반대하여 그에 반대되는 치료적 접근방법을 개발하였다.

  ⊙ 인간은 자신의 욕구를 충족시키기 위해 행동하며, 그러한 행동은 인간이 스스로 선택하고 결정한 것이라는 점을 강조한다.

  ⊙ 현실치료는 내담자로 하여금 스스로의 삶을 더욱 효과적으로 통제할 수 있도록 하며, 결과에 대해 스스로 책임질 것을 강조한다.

② 개입의 원칙(Glasser)

  ⊙ 보호와 존중(존경)으로 좋은 관계를 형성한다.

  ⊙ 책임감 있는 행동을 한다.

  ⊙ 성공을 향한 개인의 힘과 잠재력에 초점을 둔다.

  ⊙ 클라이언트의 책임감이 없거나 비효율적인 행동에 대한 변명을 금지시킨다.

  ⊙ 실제로 달성할 수 있는 바람을 평가하는 과정을 가지도록 한다.

  ⊙ 클라이언트가 자신의 행동을 변화시키기 위한 계획을 세우고 이를 수행하도록 가르친다.

1 인지행동모델

① 의의 및 특징
- ㉠ 인간의 행동이 무의식적인 힘이 아닌 의지에 의해 결정되며, 부정확한 지각과 생각이 부적응행동을 초래한다고 가정한다.
- ㉡ 개인의 역기능적인 사고가 잘못된 생각 또는 인지체계에 의해 나타나며, 그것이 정서상의 왜곡과 함께 행동에 직접적인 영향을 미친다는 것을 기본전제로 한다.

② 엘리스(Ellis)의 합리적·정서적 행동치료(REBT)
- ㉠ 개념 : 인지재구조화를 통해 비합리적 사고를 합리적인 사고로 대치하고자 한다.
- ㉡ 비합리적 신념의 예(Ellis)
  - 인간은 주위의 모든 중요한 사람들에게서 항상 사랑과 인정을 받아야만 한다.
  - 인간은 모든 면에서 반드시 유능하고 성취적이어야 한다.
  - 인간의 불행은 외부 환경 때문이며, 인간의 힘으로는 그것을 통제할 수 없다.
  - 인생에 있어서 어떤 난관이나 책임을 직면하는 것보다 회피하는 것이 더욱 쉬운 일이다.
  - 인간의 문제에는 항상 정확하고 완전한 해결책이 있으므로, 이를 찾지 못하는 것은 매우 유감스러운 일이다.

③ 벡(Beck)의 인지치료(Cognitive Therapy)
- ㉠ 개념
  - 역기능적이고 자동적인 사고 및 도식, 신념, 가정의 대인관계 행동에서의 영향력을 강조하며, 이를 수정하여 내담자의 정서나 행동을 변화시키는 데 역점을 둔다.
  - 구조화된 치료이자 단기적·한시적 치료로서 '여기-지금(Here & Now)' 내담자가 가지고 있는 문제를 파악하며, 그에 대한 교육적인 치료를 수행하는 과정으로 이루어진다.
- ㉡ 주요 인지적 오류
  - 이분법적 사고(Dichotomous Thinking)
  - 선택적 요약(축약) 또는 선택적 추상화(Selective Abstraction)
  - 임의적 추론(Arbitrary Inference)
  - 개인화(Personalization)
  - 과잉일반화(Overgeneralization)
  - 재앙화(Catastrophizing)

④ 인지행동모델의 개입기법

설 명	클라이언트의 정서가 어떻게 행동에 영향을 미치는지를 '사건-인지-정서적 결과'의 ABC 모델을 통해 설명하기 위해 사용된다.
역설적 의도	특정 행동에 대한 클라이언트의 불안을 감소시키기 위해 의도적으로 문제의 행동을 하도록 지시를 내린다.
내적 의사소통의 명료화	클라이언트가 자신의 생각과 이야기 속에 감춰진 인지적 오류와 비합리적인 신념에 대해 통찰하도록 클라이언트 스스로에게 피드백을 준다.
인지재구조화	클라이언트의 역기능적 사고를 순기능적 사고로 대치할 수 있도록 돕는다.
모델링	관찰학습 과정을 통해 클라이언트가 원하는 행동을 학습할 수 있도록 한다.
시 연	긍정적인 행동에 대한 반복적인 연습을 통해 이를 숙달되도록 한다.
자기지시기법	자기탐지, 목표선택, 목표행동 등의 과정을 통해 자신이 변화시키고자 하는 행동에 대해 계획을 세우도록 한다.
체계적 둔감화	클라이언트에게 가장 덜 위협적인 상황에서 가장 위협적인 상황으로 순차적으로 적응해 나갈 수 있도록 한다.
점진적 이완훈련	근육이나 신경의 긴장을 감소시키는 것으로, 일상생활에서 유발되는 스트레스에 대처할 수 있도록 한다.

2 클라이언트중심모델(인간중심모델)

① 의의 및 특징
  ㉠ 미국의 심리학자인 로저스(Rogers)에 의해 체계화된 비지시적인 모델로서, 치료자와 클라이언트 간의 위계적인 관계를 수평적인 관계로 전환시켰다.
  ㉡ 개입방향에 대한 1차적인 책임이 클라이언트에게 있도록 클라이언트의 문제에 대해 과거사보다 '지금-여기'를 강조한다.

② 주요 개념
  ㉠ 실현화 경향
  ㉡ 자아실현 욕구
  ㉢ 긍정적 관심
  ㉣ 조건부 가치

③ 클라이언트와의 바람직한 관계형성 방법
  ㉠ 일치성 또는 진실성
  ㉡ 감정이입적 이해와 경청
  ㉢ 무조건적인 긍정적 관심
  ㉣ 자기결정권 존중 및 수용

실제기출 [2025]

임파워먼트모델의 실천기법으로 옳은 것을 모두 고른 것은?

ㄱ. 강점 사정하기
ㄴ. 자원 확보하기
ㄷ. 촉진적 개입하기
ㄹ. 합류하기

① ㄱ, ㄴ
② ㄴ, ㄷ
③ ㄱ, ㄴ, ㄷ
④ ㄱ, ㄷ, ㄹ
⑤ ㄱ, ㄴ, ㄷ, ㄹ

정답 ③

해설

ㄹ. 합류 또는 합류하기(Joining)는 치료자가 가족성원들과의 관계형성을 위해 가족을 수용하고 가족에 적응함으로써 기존의 가족구조에 참여하는 방법으로, 특히 구조적 가족치료모델에서 사용하는 실천기법이다.

임파워먼트모델의 주요 실천기법
• 강점 사정하기
• 문제해결기술 습득하기
• 자원 확보와 체계 활용하기
• 촉진적 개입하기

실제기출 [2025]

해결중심모델의 주요 원리로 옳지 않은 것은?

① 건강한 것에 초점을 둔다.
② 개입의 목적을 증상 감소에 둔다.
③ 현재에 초점을 맞추며 미래지향적이다.
④ 클라이언트와의 협력관계를 중요시한다.
⑤ 탈이론적이며 비규범적이다.

정답 ②

해설

해결중심모델은 병리적인 것 대신 건강한 것에 초점을 두는데, 이는 클라이언트를 증상을 가진 환자가 아닌 삶에 대해 몇 가지 불평을 가진 사람으로 간주하는 데서 비롯된다.

1 임파워먼트모델(권한부여모델, 역량강화모델)

① 의의 및 특징

ⓐ 1970년대 후반 일반체계이론과 생태체계적 관점을 이론적 기반으로 하여 나타난 강점 중심의 실천모델이다.

ⓑ '권한부여'란 무기력 상태에 있거나 필요한 자원을 스스로 활용하지 못하는 클라이언트를 대상으로 자신의 삶을 통제할 수 있도록 원조하는 것이다.

ⓒ 클라이언트로 하여금 생활상의 문제에 직면하여 스스로의 삶에 대해 결정을 내리고 행동에 옮길 수 있도록 힘을 부여한다.

ⓓ 클라이언트가 스스로의 능력을 발휘하는 데 있어서 장애가 되는 요소들을 제거하고 자신의 능력을 육성하여 권한을 획득하도록 돕는다.

ⓔ 클라이언트가 자신의 생활과 경험에서의 전문가임을 강조한다.

ⓕ 사회복지사와 클라이언트 간 상호협력적 파트너십을 강조한다.

② 개입과정 및 과업

ⓐ 제1단계 – 대화(Dialogue)

• 클라이언트와 상호협력적인 관계를 수립하며, 초기방향으로서 목표를 설정한다.

• 클라이언트와의 파트너십(협력관계) 형성하기, 현재 상황을 명확히 하기(도전들을 자세히 설명하기), 방향 설정하기(일차적 목표 설정하기) 등

ⓑ 제2단계 – 발견(Discovery)

• 클라이언트가 가지고 있는 강점을 확인하고 대인 상호적인 정보를 연결하며, 자원역량에 대한 사정을 통해 해결방안을 모색한다.

• 강점 확인하기, 자원체계 조사하기(잠재적 자원을 사정하기), 자원역량 분석하기(수집된 정보를 조직화하기), 해결책 고안하기(구체적인 행동계획을 수립하기) 등

ⓒ 제3단계 – 발전 또는 발달(Development)

• 클라이언트가 가진 기존의 자원을 활성화시키고 새로운 자원 및 기회를 창출하며, 목표에 도달하기 위한 새로운 대안들을 개발한다.

• 자원을 활성화하기, 동맹관계를 창출하기, 기회를 확장하기, 성공을 인식(인정)하기, 결과(달성한 것)를 통합하기 등

2 해결중심모델

① 해결중심모델의 주요 원칙

　㉠ 병리적인 것 대신 건강한 것에 초점을 둔다.

　㉡ 클라이언트의 강점과 자원, 건강한 특성을 발견하여 치료에 활용한다.

　㉢ 탈이론적 · 비규범적이며 클라이언트의 견해를 존중한다.

　㉣ 변화는 항상 일어나며 불가피하다.

　㉤ 현재와 미래를 지향한다.

　㉥ 클라이언트의 자율적인 협력을 중요시한다.

② 해결중심모델의 개입목표 설정

　㉠ 잘 정의된 목표는 긍정적이고 과정의 형태로 이루어지며 '지금 –여기'에 초점을 두고 가능한 한 상세하다.

　㉡ 클라이언트에게 중요한 것을 목표로 설정하며, 작고 구체적이고 행동적인 것을 목표로 설정할 필요가 있다. 또한 클라이언트가 갖고 있지 않은 것보다 갖고 있는 것에 초점을 두며, 목표를 문제해결 과정의 마지막으로 보기보다는 시작으로 간주할 필요가 있다.

③ 해결중심모델에서 사용하는 주요 질문기법

　㉠ 상담 전 변화질문 : 상담 전 변화가 있는 경우 클라이언트가 이미 보여준 해결능력을 인정하며, 이를 강화하고 확대할 수 있도록 격려한다.

　㉡ 기적질문 : 문제가 해결된 상태를 상상해보는 것으로, 해결을 위한 요구사항들을 구체화 · 명료화하는 데 도움을 준다.

　㉢ 예외질문 : 문제해결을 위해 우연적이며 성공적으로 실행한 방법을 찾아내어 이를 의도적으로 실행하도록 하는 것이다.

　㉣ 척도질문 : 숫자를 이용하여 클라이언트에게 자신의 문제, 문제의 우선순위, 성공에 대한 태도, 정서적 친밀도, 자아존중감, 치료에 대한 확신, 변화를 위해 투자할 수 있는 노력, 진행에 관한 평가 등의 수준을 수치로 표현하도록 하는 것이다.

　㉤ 대처질문 : 어려운 상황에서의 적절한 대처 경험을 상기시키도록 함으로써 클라이언트로 하여금 스스로의 강점을 발견하도록 돕는 것이다.

　㉥ 관계성질문 : 클라이언트와 중요한 관계에 있는 사람들의 관점에서, 그들이 클라이언트 자신의 문제에 대해 어떻게 생각할지 추측해 보도록 하는 것이다.

적중예상

해결중심모델에 관한 설명으로 옳은 것은?

① 클라이언트에게 대처행동을 가르치고 훈련함으로써 부적응을 해소하도록 한다.

② 탈이론적이고 비규범적이며 클라이언트의 견해를 존중한다.

③ 문제의 원인을 클라이언트의 심리내적 요인에서 찾는다.

④ 클라이언트의 문제를 자원 혹은 기술 부족으로 본다.

⑤ 문제와 관련이 있는 환경과 자원을 사정하고 개입 방안을 강조한다.

정답 ②

해설

Theme 9의 '2. 해결중심모델' 중 '① 해결중심모델의 주요 원칙' 참고

개념쏙쏙

1. 임파워먼트모델의 개입과정은 '대화 – ( ) – 발전(발달)'으로 이루어진다.

2. 해결중심모델에서 문제가 해결된 상태를 상상하도록 하는 질문기법을 ( )(이)라고 한다.

3. ( )은/는 어려운 상황에서의 적절한 대처 경험을 상기시키도록 하는 질문기법이다.

정답

1. 발견
2. 기적질문
3. 대처질문

Theme 10	가족 대상의 사회복지실천

1 가족과 가족복지실천

① 가족의 기능
- ㉠ 애정의 기능
- ㉡ 성적 통제의 기능
- ㉢ 자녀출산 · 양육 및 사회화의 기능
- ㉣ 경제적 기능
- ㉤ 정서적 안정 및 지지의 기능
- ㉥ 문화 및 전통 계승의 기능

② 현대가족의 변화
- ㉠ 가족의 개념은 시대와 문화의 영향을 받는다.
- ㉡ 단독가구 및 무자녀가구가 증가하면서 비전통적인 가족 유형이 늘고 있다(형태의 다양화).
- ㉢ 과거에 가족이 수행했던 기능이 상당 부분 사회로 이양되었다 (기능의 축소).
- ㉣ 저출산으로 가족규모가 축소되었다(규모의 축소).

③ 가족복지실천의 원칙
- ㉠ 가족을 돕기 위한 최적의 장소는 그 가족의 집이다.
- ㉡ 가족이 스스로 문제를 해결할 수 있도록 가족의 역량을 강화한다.
- ㉢ 가족개입은 가족의 특성에 따라 개별화되어야 한다.
- ㉣ 가족의 즉각적인 욕구에 우선적으로 반응하며, 장기적인 목표를 추구하여야 한다.
- ㉤ 한 성원에 대한 개입 노력이 전체 가족에게 영향을 미칠 수 있다.
- ㉥ 가족사회복지사와 가족 간에는 협력적인 원조관계가 이루어져야 한다.
- ㉦ 가족을 위한 사회복지실천의 목표는 인종, 국가, 종교와 상관없이 모든 집단을 위한 사회정의를 증진하는 것이다.

2 가족 대상 사회복지실천의 주요 개념

① 순환적 인과성(Circular Causality)
가족체계 내의 한 구성원의 변화는 다른 구성원을 자극하여 반응을 이끌어내게 되고, 이것이 또 다시 다른 구성원을 자극함으로써 가족 전체에 영향을 미치게 된다.

② 의사소통의 이중구속(Double Bind)

역설적 의사소통의 대표적 유형으로서, 한 사람이 다른 사람에게 논리적으로 상호 모순되고 일치하지 않는 2가지 메시지를 동시에 전달하는 것을 말한다.

③ 환류고리(Feedback Loop)

가족체계는 환류고리에 따라 규범을 강화하며, 규범에서 지나치게 벗어나는 행동을 부적 환류(Negative Feedback) 과정을 통해 저지함으로써 항상성을 유지하려는 한편, 정적 환류(Positive Feedback) 과정을 통해 체계 내외의 변화에 적응하려고 한다.

④ 비합산의 원칙(Non-summation Principle)

전체가 단순한 부분들의 합이 아닌 그보다 커질 수도 작아질 수도 있으며, 전체는 부분들로 환원되지 않는다는 것이다.

3 가족생활주기(Family Life Cycle)

발달단계	발달과업
결혼전기 가족	• 부모-자녀 관계로부터 분리하기 • 이성관계의 긴밀한 발전을 유지하기
결혼적응기 가족	• 부부체계 형성에 따른 새로운 역할에 적응하기 • 배우자 가족과의 관계 및 친족망 형성하기
학령 전 자녀 가족	• 자녀를 수용하고 가족으로 통합하기 • 부모의 역할을 통해 새로운 행동유형을 발전시키기
학령기 자녀 가족	• 사회제도를 흡수하기 위해 가족의 경계를 개방적으로 만들기 • 새로운 역할변화를 수용하기 • 자녀의 변화하는 발달적 요구에 효과적으로 대응하기
십대자녀 가족	• 자녀의 독립 및 자율성에 대한 새로운 상황에 대처하기 • 노년을 위한 준비를 시작하기
자녀독립 가족	• 성장한 자녀가 직업활동을 수행할 수 있도록 준비시키기 • 자녀와의 관계를 성인과의 관계로 전환하기 • 자녀의 결혼을 통해 새로운 가족구성원을 받아들임으로써 가족 범위를 확대시키기
중년기 가족	• 자신의 부모의 죽음에 대처하기 • 빈 둥지 증후군에 대처하기 • 쇠퇴하는 신체적·정신적 기능에 대처하기
노년기 가족	• 은퇴에 대처하기 • 자녀의 배우자와 손자녀와의 새로운 관계를 형성하기 • 배우자, 형제, 친구의 죽음에 대처하기 • 자신의 삶을 회고하고 죽음을 준비하기

Theme 11	가족문제의 사정

1 가족사정의 목표

① 가족단위 접근의 적합성 여부, 개입의 유형 등을 결정하며, 구체적으로 어떤 변화가 필요한지를 판단한다.
② 현실적 목표에 기초한 장단기 목표를 수립한다.

2 가족사정의 주요 도구

① 가계도(Genogram)
  ㉠ 의의 및 특징
    • 보웬(Bowen)이 고안한 것으로, 클라이언트의 3세대 이상에 걸친 가족관계를 도표로 제시함으로써 현재 제시된 문제의 근원을 찾는다.
    • 가족의 구조, 가족 및 구성원의 관계, 동거가족 현황, 과거의 결혼관계 등에 대한 상세한 정보를 제공한다.
  ㉡ 가계도의 작성지침
    • 남성은 사각형, 여성은 원, 결혼관계의 경우 수평선, 사실혼의 경우 점선으로 표시한다.
    • 자녀는 연령순에 따라 배치하되 왼쪽에서부터 나이가 많은 사람을 위치시킨다.
    • 별거는 한 점의 교차선으로, 이혼은 두 점의 교차선으로 표시하며, 이때 연도를 표시하는 것이 유용하다.
    • 구성원이 사망한 경우 해당 구성원의 사각형 혹은 원의 내부를 X로 표시하며, 사망연도를 기입한다.
  ㉢ 가계도를 통해 알 수 있는 정보
    • 가족구성원에 대한 정보(성별, 나이, 출생 및 사망 시기, 직업 및 교육수준, 결혼 및 동거관계 등)
    • 가족구조 및 가족관계의 양상(자연적 혈연관계 또는 인위적 혈연관계)
    • 가족 내 하위체계 간 경계의 속성
    • 가족 내 반복적으로 나타나고 있는 사건의 연결성
    • 가족 내 삼각관계
    • 가족성원의 역할 및 기능의 균형상태 등
    • 그 밖에 가족양상의 다세대적 전이, 세대 간 반복되는 유형 등 종단·횡단, 종합·통합적인 가족의 속성

② 생태도(Ecomap)
  ㉠ 의의 및 특징
    • 하트만(Hartman)이 고안한 것으로, 클라이언트의 상황에서 의미 있는 환경체계들과의 역동적 관계를 그림으로 표현한 것이다.
    • 클라이언트의 가족관계를 비롯하여 소속감과 유대감, 가족의 자원, 가족과 외부환경의 상호작용, 접촉빈도 등을 묘사한다.
  ㉡ 생태도의 작성지침
    • 생태도 중앙에 클라이언트의 가족에 해당하는 원을 그린 후 클라이언트와 그의 가족성원을 표시한다.
    • 가족이 일상생활을 통해 상호작용하는 학교, 직장, 친구, 동료, 사회복지기관 등의 환경체계를 중심에 위치한 원의 주변으로 표시한다.
    • 클라이언트와 그의 가족성원들이 환경체계와 맺고 있는 관계의 정도를 다양한 형태의 선으로 표현하며, 에너지의 흐름을 화살표로 나타낸다. 예를 들어 실선은 긍정적인 관계를, 점선은 빈약하고 불확실한 관계를 의미한다.
  ㉢ 생태도를 통해 알 수 있는 정보
    • 가족과 그 가족의 생활공간 내에 있는 사람 및 기관 간의 관계
    • 가족이 위치한 지역사회의 안전성과 쾌적성
    • 개별 가족성원들과 환경체계들 간의 관계
    • 가족과 환경 간의 경계의 성격, 가족 내 역동
    • 가족체계의 욕구와 자원의 흐름 및 균형상태
    • 가족체계의 스트레스 요인 등
③ 생활력표 또는 생활력도표(Life History Grid)
  각각의 가족구성원의 삶에 대해 중요한 사건(주요 생애경험)이나 시기별로 중요한 문제의 전개에 대해 표로 나타내는 방법이다.
④ 사회적 관계망 격자(사회적 관계망표, Social Network Grid)
  ㉠ 클라이언트 개인이나 가족의 사회적 지지체계를 사정하기 위한 도구이다.
  ㉡ 사회적 관계망은 클라이언트의 환경 내에 영향을 미치는 중요한 사람이나 체계를 지칭하며, 사회적 관계망 격자는 이러한 사람이나 체계로부터의 물질적·정서적 지지, 정보 또는 조언, 원조 방향, 접촉 빈도 및 시간 등에 관한 정보를 제공한다.

Theme 12 | 가족치료의 모델 Ⅰ (다세대적, 구조적)

1 다세대적 가족치료모델

① 의의 및 특징

　㉠ 보웬(Bowen)은 현재 가족의 문제를 파악하기 위해 여러 세대에 걸친 가족체계를 분석해야 한다는 점을 강조하였다.

　㉡ 가족을 일련의 상호 연관된 체계 및 하위체계들로 이루어진 복합적 총체로 인식하여 한 부분의 변화가 다른 부분의 변화를 야기한다고 본다.

　㉢ 개인이 가족자아로부터 분화되어 확고한 자신의 자아를 수립할 수 있도록 가족성원의 정서체계에 대한 합리적인 조정을 강조한다.

② 주요 개념

　㉠ 자아분화

　　• 정서적인 것과 지적인 것의 분화를 의미하며, 감정과 사고가 적절히 분리되어 있는 경우 자아분화 수준이 높은 것으로 간주한다.

　　• 개인이 가족의 정서적인 혼란으로부터 자유롭고 독립적인 사고나 행동을 할 수 있는 과정을 의미한다.

　㉡ 삼각관계 및 탈삼각화

　　• 스트레스는 두 사람(부부)의 관계체계에서 발생하는 관계의 균형을 유지하기 위한 시도 과정에서 발생한다.

　　• 삼각관계(Triangle)는 스트레스의 해소를 위해 두 사람 간의 상호작용체계에 다른 가족성원을 끌어들임으로써 갈등을 우회시키는 것이다.

　　• 보웬은 삼각관계를 가장 불안정한 관계체계로 보았으며, 실제로 삼각관계가 불안이나 긴장, 스트레스를 감소시키는 데에 일시적인 도움은 줄 수 있지만 가족의 정서체계를 혼란스럽게 만들어 증상을 더욱 악화시키는 것으로 보았다.

　　• 탈삼각화(Detriangulation)는 가족 내 삼각관계를 교정하여 미분화된 가족자아 집합체로부터 벗어나도록 돕는 기법이다.

　㉢ 다세대 전수과정

　　• 가족의 분화 수준과 기능이 세대 간 전수되는 과정을 일컫는 것으로, 가족체계 내 문제가 세대 간 전이를 통해 나타남을 의미한다.

　　• 자아분화 수준이 낮은 가족이 부적절한 가족투사로 삼각관계를 형성하여 가족 내 지나친 정서적 융합 또는 단절을 여러 세대에 걸쳐 지속시킴으로써 정신적·정서적 장애를 유발한다.

② 구조적 가족치료모델

① 의의 및 특징

ⓐ 미누친(Minuchin)이 제안한 것으로서, 가족구조를 재구조화하여 가족이 적절한 기능을 수행할 수 있도록 돕는 방법으로 개인을 생태체계 또는 환경과의 관계에서 이해한다.

ⓑ 가족을 하나의 체계로 보며, 개인의 문제를 정신적 요인보다 체계와의 관련성에 둔다. 또한 가족의 구조를 변화시킴으로써 체계 내 개인의 경험이 변화되어 구조를 평가하고 새로운 구조로 변화시키는 전략을 사용한다.

ⓒ 가족 간의 명확한 경계를 강조하고 특히 하위체계 간에 개방되고 명확한 경계를 수립하는 것을 치료의 목표로 삼는다.

ⓓ 경직된 경계선에서의 분리와 혼돈된 경계선에서의 밀착이 모두 가족의 문제를 유발할 수 있으므로 명확한 경계선이 설정되어야 하며, 명확한 경계선에서 가족성원들은 지지받고 건강하게 양육되며 독립과 자율이 허락된다.

ⓔ 사회복지실천에서는 소년비행, 거식증, 약물 남용 가족성원이 있는 가족이나 사회·경제적 수준이 낮은 가족에 성공적으로 적용되어 왔다.

② 주요 개념

ⓐ 경계 만들기(Boundary Making)

개인체계뿐만 아니라 하위체계 간의 경계를 명확히 함으로써 가족성원 간 상호 지지의 분위기 속에서 독립과 자율을 허용하도록 하는 것이다.

ⓑ 합류 또는 합류하기(Joining)

치료자가 가족성원들과의 관계형성을 위해 기존의 가족구조에 참여하는 방법이다.

ⓒ 실연(Enactment)

가족 갈등을 치료상황으로 가져와 성원들이 갈등을 어떻게 처리하는지 직접 관찰하도록 함으로써 상호작용에서 나타나는 문제를 수정하고 이를 재구조화한다.

ⓓ 균형 깨기 또는 균형 깨뜨리기(Unbalancing)

가족 내 희생당하거나 낮은 위치에 있는 구성원을 위해 가족체계 내의 지위나 권력구조를 변화시킨다.

1 경험적 가족치료모델

① 의의 및 특징

㉠ 사티어(Satir)는 가족의 기능으로서 의사소통의 방식에 관심을 기울였다.

㉡ 치료자는 가족성원들이 각자 자신의 감정과 욕구에 민감하고 이를 가족과 나누며, 기쁨뿐만 아니라 실망, 두려움, 분노에 대해서도 대화하고 수용할 수 있도록 돕는 데에 초점을 둔다.

② 주요 개념

㉠ 가족조각(Family Sculpting)

가족의 상호작용 양상을 공간 속에 배치하는 방법으로서, 특정 시기의 정서적인 가족관계를 사람이나 다른 대상물의 배열을 통해 나타내는 것이다.

㉡ 가족그림(Family Drawing)

가족성원 각자에게 가족이 어떻게 조직되어 있는지 생각나는 대로 그리도록 하는 것이다.

㉢ 역할연습 또는 역할극(Role Playing)

• 가족의 문제 상황을 구체적으로 재현하거나 새로운 행동을 연습하는 데 활용된다.

• 가족성원들은 가족 내 다른 성원의 역할을 수행해 봄으로써 다른 성원의 내면에 대해 보다 깊이 이해할 수 있다.

③ 의사소통 유형

일치형	• 의사소통 내용과 내면의 감정이 일치함으로써 매우 진솔한 의사소통이 가능하며, 알아차린 감정이 언어로 정확하고 적절하게 표현된다. • 자신 및 타인, 상황을 신뢰하고 높은 가치관을 가지고 있으며, 심리적으로도 안정된 상태이다.
회유형 (아첨형)	자신의 내적 감정이나 생각을 무시한 채 타인의 비위와 의견에 맞추려 한다.
비난형	• 회유형과 반대로 자신만을 생각하며, 타인을 무시하고 비난하는 양상을 보인다. • 약해서는 안 된다는 의지로 자신을 강하게 보이도록 하기 위해 타인을 통제하고 명령한다.
초이성형 (계산형)	• 자신 및 타인을 모두 무시하고 상황만을 중시한다. • 비인간적인 객관성과 논리성의 소유자로서 원리와 원칙을 강조한다.
산만형 (혼란형)	위협을 무시하고 상황과 관계없이 행동하며, 말과 행동이 불일치하고 정서적으로 혼란스러워 보인다.

2 전략적 가족치료모델

① 의의 및 특징
헤일리(Haley)가 의사소통 가족치료의 전통을 계승하여 제안한 것으로서, 인간행동의 원인에는 관심이 없으며, 단지 문제행동의 변화를 위한 해결방법에 초점을 둔다.

② 주요 개념
ㄱ) 증상처방(Prescribing The Symptom) 또는 역설적 지시(Paradoxical Directives)
- 문제행동을 계속하도록 지시하여 역설적 치료 상황을 조장하는 것이다.
- 클라이언트가 자기 자신이나 가족의 변화를 위해 도움을 청하면서도 동시에 변화에 저항하려는 양가감정을 가지고 있음을 역으로 이용한 것으로, '치료의 이중구속'이라고도 한다.

ㄴ) 재구성, 재명명, 재정의 또는 재규정(Reframing)
가족성원의 문제를 다른 시각에서 보거나 다른 방법으로 이해하도록 돕는 것이다.

ㄷ) 순환적 질문(Circular Questioning)
문제에 대한 제한적이고 단선적인 시각에서 벗어나 문제의 순환성을 깨닫도록 하기 위해 연속적으로 질문을 하는 것이다.

3 해결중심적 가족치료모델

① 의의 및 특징
ㄱ) 스티브 드 세이저(Steve de Shazer)와 인수 김 버그(Insoo Kim Berg)에 의해 개발된 것으로서, 가족의 병리적인 것보다 건강한 것에 초점을 둔다.
ㄴ) 가족에게서 강점, 자원, 건강한 특성, 탄력성 등을 발견하여 이를 상담에 활용한다.
ㄷ) 과거의 문제보다는 미래와 해결방안 구축에 관심을 기울임으로써 현재와 미래 상황에 적응하도록 돕는다.
ㄹ) 상담자와 가족이 함께 해결방안을 발견 및 구축하는 과정에서 상호 협력을 중시한다.
ㅁ) 기적질문, 예외질문, 척도질문, 대처질문, 관계성질문 등 해결지향적 질문기법을 사용한다.

② 클라이언트의 관계유형 : 불평형, 방문형, 고객형

적중예상

사티어(V. Satir)의 의사소통 가족치료모델에 관한 설명으로 옳지 않은 것은?
① 자아존중감 향상을 목적으로 한다.
② 개인의 내적 과정을 이끌어 내기 위해 빙산기법을 활용한다.
③ 효과적인 의사소통을 위해 솔직하게 표현하고 타인의 생각과 감정을 수용한다.
④ 회유형 의사소통은 기능적 의사소통이다.
⑤ 정서적 경험과 가족체계에 대한 이중적 초점을 강조한다.

정답 ④

해설

사티어의 의사소통 유형 중 회유형 의사소통은 자신의 내적 감정이나 생각을 무시한 채 타인의 비위와 의견에 맞추려 하는 상태로서 역기능적이다.

개념쏙쏙

1. 회유형과 반대로 자신만을 생각하며, 타인을 무시하고 비난하는 양상을 보이는 의사소통 유형은 (   )이다.
2. 전략적 가족치료모델에서 '역설적 지시'를 다른 말로 (   )(이)라고도 한다.
3. 기적질문, 예외질문, 척도질문, 대처질문, 관계성질문 등의 기법을 사용하는 모델은 (   ) 가족치료모델이다.

정답

1. 비난형
2. 치료의 이중구속
3. 해결중심적

1 개방집단과 폐쇄집단

개방집단	폐쇄집단
• 새로운 성원의 아이디어나 자원을 활용할 수 있다. • 새로운 성원의 참여로 집단 전체의 분위기를 조성할 수 있다. • 성원 교체에 따른 안정성이나 집단정체성에 문제가 발생할 수 있다. • 새로운 성원의 참여가 기존 성원의 집단 과업 과정에 방해요소가 될 수 있다. • 집단이 개방적일 경우 그 발달단계를 예측하기 어렵다.	• 같은 성원의 유지로 인해 결속력이 매우 높다. • 안정적인 구성으로 집단성원의 역할행동을 예측할 수 있다. • 성원의 결석이나 탈락이 집단에 부정적인 영향을 미친다. • 새로운 정보의 유입이 이루어지지 않으므로 효율성이 떨어지거나 소수 의견이 집단의 논리에 의해 무시될 수 있다.

2 집단의 구성

① 구성요소
집단, 집단구성원, 사회복지사(집단지도자), 프로그램, 장소, 목적
② 집단 성립 요건
두 사람 혹은 그 이상의 사람으로 이루어진 집합체, 소속에 의한 집단의식, 소속감, 공동의 목적이나 관심사, 지속적인 상호작용
③ 집단구성의 특징
동질성과 이질성, 집단의 크기, 집단유형, 집단의 지속기간 및 회합의 빈도, 물리적 환경의 배려, 기관의 승인
④ 집단역동을 증진시키기 위한 방안
ㄱ 집단성원들 간의 솔직한 의사소통이 이루어지도록 노력한다.
ㄴ 집단성원들이 다양한 지위와 역할을 경험할 수 있도록 한다.
ㄷ 집단의 규칙과 규범을 제정하고 이를 준수하도록 한다.
ㄹ 집단성원들로 하여금 집단 중심적인 생각과 행동을 보이도록 촉진한다.
ㅁ 긴장과 갈등은 집단관계에서 건설적인 힘이 될 수도 있으므로 이를 바람직한 방향으로 해결하기 위해 노력한다.
ㅂ 하위집단의 발생은 필연적이기 때문에 전체집단에 부정적인 영향을 주는지의 여부를 파악해야 한다.
⑤ 집단응집력 향상을 위한 방안(Corey & Toseland et al.)
ㄱ 집단성원들 간의 활발한 상호작용을 위해 집단토의와 프로그램 활동을 적극적으로 활용하도록 한다.
ㄴ 집단성원 개개인이 스스로 가치 있고 능력 있는 존재임을 인식하도록 돕는다.

ⓒ 집단성원들 간 비경쟁적 관계 및 상호협력적인 관계를 형성하도록 돕는다.
ⓓ 집단성원들이 집단 과정에 완전히 참여할 수 있는 규모의 집단을 형성하도록 한다.
ⓔ 집단성원들이 기대하는 바를 명확히 하고 집단성원의 기대와 집단의 목적을 일치시킨다.
ⓕ 집단성원으로서의 책임성을 강조한다.

3 집단의 분류

① 치료집단

일반적으로 다소 심한 정서적·개인적 문제를 가진 집단성원들로 구성되며, 이들 개개인의 행동변화, 개인적인 문제의 개선 및 재활을 목표로 한다. 집단지도자는 상당한 정도의 기술을 가진 전문가로서, 권위적인 인물 또는 변화매개인으로서의 역할을 수행한다.

ⓐ 지지집단 : 유사한 문제를 경험하는 사람들로 구성되기 때문에 자기개방 수준이 높으며, 유대감 형성에 유리하다.

ⓑ 교육집단 : 집단성원들의 지식, 정보, 기술의 향상을 주된 목적으로 하며, 지도자를 중심으로 형성된 집단이므로 집단성원들의 자기개방 수준은 비교적 낮다.

ⓒ 성장집단 : 집단성원들의 자기인식을 증진시키며, 집단역동이 강조되므로 집단성원들의 자기개방 정도가 높다.

ⓓ 치유집단 : 집단성원들이 스스로 자신의 부적응적인 행동을 변화시키도록 원조하는 것을 목적으로 한다.

ⓔ 사회화집단 : 사회적 관계에 어려움을 겪고 있는 사람들을 중심으로 집단이 형성되며, 다양한 프로그램 활동, 야외활동, 게임 등을 활용한다.

② 과업집단

과업의 달성, 성과물의 산출, 명령이나 지시의 수행 등을 목적으로 하며, 조직의 문제에 대한 해결방안을 모색한다.

③ 자조집단

서로 유사한 문제나 공동의 관심사를 가진 사람들이 자발적으로 구성하여 각자의 경험을 공유하며, 개인적으로 바람직한 변화를 위해 노력하는 상호원조집단이다. 집단사회복지사의 주도적인 역할 없이 비전문가들에 의해 구성·유지된다는 점에서 치료집단이나 지지집단과 구분된다.

1 집단의 치료적 효과(Malekoff)

① 상호지지 : 집단성원 간에 서로 지지해 줌으로써 도움을 주고받는 것이 가능하다.
② 일반화 : 자신들의 문제를 집단 내에서 서로 공통된 관심사로 일반화시킬 수 있다.
③ 희망증진 : 집단을 통해 문제의 해결점을 찾아갈 수 있고, 자신들에게 문제를 해결할 수 있는 능력이 있음을 깨닫도록 한다.
④ 이타성 향상 : 자기중심적인 상황에서 벗어나 타인을 위해 도움을 줄 수 있는 이타성을 기를 수 있다.
⑤ 새로운 지식과 기술 습득 : 서로 간에 새로운 정보를 교환하고 새로운 기술을 실험할 수 있는 기회를 제공한다.
⑥ 집단의 통제감 및 소속감 : 집단성원 모두에게 동등한 기회를 제공하고 집단의 성장을 위해 공헌하게 함으로써 훌륭한 집단으로 성장할 수 있는 기회를 제공한다.
⑦ 정화의 기능 : 자신의 문제에 대한 감정, 생각, 희망, 꿈 등을 공유함으로써 자신의 문제를 보다 객관적으로 해결할 수 있는 기회를 제공한다.
⑧ 재경험의 기회 제공 : 집단 내 상호작용 과정에서 그동안 해결되지 않은 역기능을 재경험하도록 함으로써 이를 수정하고 성장할 수 있는 기회를 제공한다.
⑨ 현실감각의 테스트 효과 : 서로 간의 잘못된 생각이나 가치를 서로에게 던져봄으로써 잘못된 생각을 수정할 수 있는 기회를 제공한다.

2 집단의 치료적 효과(Yalom)

① 희망의 고취 : 집단은 클라이언트에게 문제가 개선될 수 있다는 희망을 심어주는데 이때 희망 그 자체가 치료적 효과를 가질 수 있다.
② 보편성(일반화) : 클라이언트 자신만 심각한 문제, 생각, 충동을 가진 것이 아니라 다른 사람들도 자기와 비슷한 갈등과 생활경험, 생활상의 문제를 가지고 있다는 것을 알고 위로를 얻는다.
③ 정보전달(정보습득) : 클라이언트는 사회복지사의 강의로 자신의 문제에 대해 보다 명확하게 이해하고, 집단성원으로부터 직·간접적인 제안, 지도, 충고 등을 얻는다.
④ 이타심(이타성) : 집단성원들은 위로, 지지, 제안 등을 통해 서로 도움을 주고받는다. 자신도 누군가에게 도움을 줄 수 있고, 타인에게 중요할 수 있다는 발견은 자존감을 높여준다.

⑤ 1차 가족집단의 교정적 재현 : 집단은 가족과 유사한 점이 있다. 다시 말해 사회복지사는 부모, 집단성원은 형제자매가 되는 것이다. 클라이언트는 부모형제들과 교류하면서 집단 내에서 상호작용을 재현하는데, 그 과정을 통해 그동안 해결되지 못한 가족 갈등에 대해 탐색하고 도전한다.

⑥ 사회기술의 개발 : 집단성원으로부터의 피드백이나 특정 사회기술에 대한 학습을 통해 대인관계에 필요한 사회기술을 개발한다.

⑦ 모방행동 : 집단사회복지사와 집단성원은 새로운 행동을 배우는 데 좋은 모델이 될 수 있다.

⑧ 대인관계학습 : 집단성원과의 상호작용을 통해 자신의 대인관계에 대한 통찰과 자신이 원하는 관계형성에 대한 아이디어를 가질 수 있다. 또한 집단은 대인관계 형성의 새로운 방식을 시험해 볼 수 있는 장이 된다.

⑨ 집단응집력 : 집단 내에서 자신이 인정받고, 수용된다는 소속감은 그 자체로서 집단성원의 긍정적인 변화에 영향을 미친다.

⑩ 정화(Catharsis) : 집단 내의 비교적 안전한 분위기 속에서 집단성원은 그동안 억압되어 온 감정을 자유롭게 발산할 수 있다.

⑪ 실존적 요인들 : 집단성원과의 경험 공유를 통해 자기 자신이 다른 사람에게 아무리 많은 지도와 후원을 받는다 해도 자신들의 인생에 대한 궁극적인 책임은 스스로에게 있다는 것을 배운다.

3 집단 프로그램 구성 시 고려해야 할 사항

① 집단의 목적과 목표에 부합되어야 한다.

② 집단성원들 간의 사회적 상호작용을 위해 사전에 기본적인 욕구수준을 파악한다.

③ 비언어적 의사소통이 언어적 의사소통보다 더 효과적일 수 있다.

④ 집단성원들의 생활상 과업과 관련된 기술을 발전시켜야 한다.

⑤ 어려운 토론에 앞서 집단성원들의 관심을 표출시키기 위해 사용한다.

⑥ 집단의 응집력을 높이기 위해 참여 동기가 유사한 성원을 모집한다.

⑦ 집단역동을 사정하기 위한 진단적 도구나 정보수집을 위한 도구로 활용한다.

⑧ 수행 시 안전성을 고려해야 하며, 집단성원의 동의가 있어야 한다.

⑨ 적절한 시기에 활용되어야 하며, 정서적 안정감을 높이기 위해 쾌적한 장소를 선정한다.

실제기출 [2025]

집단의 종결단계에서 수행하는 과업으로 옳은 것을 모두 고른 것은?

ㄱ. 성원 간의 이해를 돕기 위해 자기 노출의 기회를 갖는다.
ㄴ. 집단경험을 통해 학습한 내용의 활용계획을 세운다.
ㄷ. 공통의 관심사를 찾기 위해 개방적 토론 시간을 늘린다.
ㄹ. 측정도구를 통해 성원 개인별 변화를 평가한다.

① ㄱ   ② ㄴ, ㄷ
③ ㄴ, ㄹ   ④ ㄴ, ㄷ, ㄹ
⑤ ㄱ, ㄴ, ㄷ, ㄹ

정답 ③

해설

Theme 16의 '2. 집단단계별 사회복지실천' 참고

실제기출 [2021]

집단 초기단계에 나타나는 특성으로 옳은 것을 모두 고른 것은?

ㄱ. 집단성원의 불안감과 저항이 높다.
ㄴ. 집단에 대한 오리엔테이션이 필요하다.
ㄷ. 사회복지사보다는 다른 집단성원과 대화하려고 시도한다.
ㄹ. 문제해결과정에서 나타나는 갈등과 차이점을 적극적으로 표현한다.

① ㄹ   ② ㄱ, ㄴ
③ ㄴ, ㄹ   ④ ㄷ, ㄹ
⑤ ㄱ, ㄷ, ㄹ

정답 ②

해설

- ㄷ. 집단 초기단계에는 대화 방향이 집단 상담자로서 사회복지사에게 집중되는 경향이 있다. 진정한 공동체 의식을 가질 만큼 서로를 잘 알지 못하므로 다른 집단성원과의 대화는 피상적인 수준에 머무르기 쉽다.
- ㄹ. 집단 초기단계에는 현실적인 문제에 대한 갈등과 차이점이 명백히 표현될 가능성이 적다. 이는 집단성원들이 집단에 수용되고 다른 성원들이 자신을 좋아하기를 바라기 때문이다.

Theme 16 | 집단사회복지실천모델과 집단발달단계

1 집단사회복지실천모델

① 사회적 목표모델

㉠ 인보관에서 발전한 초기 집단사회사업의 전통적 모델로서, 사회적 인식과 책임을 구성원들의 기본과업으로 한다.

㉡ 개인의 성숙과 민주시민의 역량을 개발하여 사회의식과 사회책임을 발전시키는 것이다.

㉢ 집단사회복지사는 집단 내 사회의식의 개발뿐만 아니라 책임 있는 시민으로서 적합한 행동 형태를 자극하고 강화하는 역할모델로서 기능한다.

㉣ 사회복지사는 집단의 민주적 기능을 증진시키는 상담자, 교사의 역할을 담당한다.

② 치료모델

㉠ 집단을 통해 개인을 치료하는 것으로, 집단은 개인의 목적을 달성하기 위한 도구이며 집단구조 및 과정에서의 변화는 그 자체가 목적이라기보다는 목적달성을 위한 수단이다.

㉡ 집단구성원의 개인적 욕구와 집단사회복지사의 허용 및 제한이 균형을 이룬다.

㉢ 집단사회복지사는 지시적·계획적으로 활동하며, 실용적인 목표를 달성하기 위해 힘쓴다.

③ 상호작용모델

㉠ 사회복지사는 개인과 집단의 조화를 도모하며, 상호원조적인 체계가 되도록 중재자로서의 역할을 한다.

㉡ 집단구성원 간의 지지나 재보증이 모델의 핵심이다.

㉢ 사회복지사는 집단 내 활동을 통한 대인관계 형성에 힘쓴다.

더 알아보기

집단의 규범을 알 수 있는 단서
- 집단의 문제해결 방식
- 구성원 상호 간의 정서적 관여 패턴
- 피드백에 대한 구성원의 반응

2 집단단계별 사회복지실천

① 준비단계(계획단계)
- ㉠ 집단의 목적 및 목표를 설정하며, 사전계획을 수립한다.
- ㉡ 잠재적 성원을 확인하고 정보를 수집하며, 집단에 적합한 성원을 결정한다.

② 초기단계(시작단계)
- ㉠ 집단성원들은 차례대로 돌아가면서 자신을 소개하며, 프로그램 활동 과정에 대한 정보를 공유한다.
- ㉡ 사회복지사는 집단의 목적을 명확히 하며, 이를 집단성원 모두가 공유하게 한다.
- ㉢ 집단성원 간 공통점을 찾아 연결시키며, 집단의 공통적인 목표와 함께 개별적인 목표를 수립한다.
- ㉣ 집단성원의 불안감, 저항감을 감소시키기 위해 노력하며, 집단활동의 장애물 또는 장애요인을 예측한다.
- ㉤ 계약을 통해 집단성원과 집단지도자 및 기관에 대한 기대, 책임, 의무를 구체적으로 합의한다.

③ 사정단계
- ㉠ 집단행동양식, 하위집단, 집단의 규범 등에 대해 사정한다.
- ㉡ 집단성원의 특성, 대인관계, 환경을 비롯하여 집단 내 개별성원들의 장단점을 모두 사정한다.

④ 중간단계(개입단계)
- ㉠ 집단성원 간 공통점과 차이점은 물론 집단의 상호작용, 갈등, 협조체계 등을 파악한다.
- ㉡ 집단을 구조화하며, 집단 회합이나 프로그램 활동을 마련한다.
- ㉢ 개별성원의 태도, 관계, 행동, 동기, 목표 등을 평가하며, 집단과정 및 프로그램 진행상황을 모니터링한다.

⑤ 종결단계
- ㉠ 집단 활동에 의해 성취된 변화를 유지하도록 하며, 변화의 지속성 및 생활영역으로의 일반화가 이루어지도록 돕는다.
- ㉡ 집단에 대한 의존성을 감소시키며, 종결에 따른 집단성원들의 감정적 반응을 다룬다.
- ㉢ 성원 간 피드백을 교환하도록 하며, 미래에 대한 계획을 세우도록 한다.
- ㉣ 부가적인 서비스나 자원이 필요한 경우 타 부서 혹은 타 기관으로 의뢰한다.

Theme 17	사회복지실천 기록

1 기록의 목적

책임성 부여, 정보 공유, 과정 점검 및 평가, 클라이언트에 대한 이해, 지도감독 및 교육 활성화, 사례의 지속성 유지, 타 전문직과의 의사소통, 연구·조사를 위한 자료 제공 등

2 기록의 주요 유형

① 과정기록
  ㉠ 있는 그대로 기록, 의사소통의 내용과 비언어적 표현도 기록, 슈퍼비전의 교육적 목적
  ㉡ 기억에 의한 복원으로 인해 기록이 왜곡될 가능성이 있음
  ㉢ 작성시간과 비용이 많이 소모됨

② 요약기록
  ㉠ 기관에서 가장 흔히 사용하며, 일정한 간격을 정하여 기록하거나 매순간 필요할 때마다 기록함
  ㉡ 서비스나 개입내용 요약, 클라이언트의 변화에 초점을 두어 요약, 장기 사례에 유용함
  ㉢ 클라이언트의 언어적·비언어적 표현의 전달이 미흡할 수 있음

③ 문제중심기록
  ㉠ 문제 중심으로 구성, 각 문제를 해결하기 위한 개입계획 기록
  ㉡ 다양한 전문직 간의 의사소통 및 정보교환, 기록이 간결함
  ㉢ 클라이언트의 강점보다는 문제에 중점을 둠
  ㉣ 지나치게 단순화, 클라이언트의 능력과 자원을 덜 중요시하는 경향이 있음
  ㉤ S(주관적 정보), O(객관적 정보), A(사정), P(계획)

④ 이야기체기록
  ㉠ 클라이언트, 상황, 서비스 각각의 본질적 특성을 개별적으로 반영함
  ㉡ 일정한 형식에 얽매이지 않으며 사례마다 주제별로 정리, 기록자의 관점에 크게 좌우됨

⑤ 최소기본기록
  ㉠ 가장 단순하고 경제적인 기록양식
  ㉡ 기본적인 신상정보와 클라이언트의 주요 문제 및 개입상태에 대한 정보 등만 기록
    예 클라이언트의 이름, 주소, 전화번호, 주요한 문제, 목적, 개입계획 등

3 기록의 고려사항

① 좋은 기록(Kagle)

　㉠ 서비스의 결정 및 실행(행동)에 초점을 두며, 수용된 이론에 기초한다.

　㉡ 각 단계에서의 목표, 계획, 과정, 진행, 서비스 전달 등에 관한 정보를 포함한다.

　㉢ 사회복지사의 견해와 상황에의 기술이 명확히 분리되어 있다.

　㉣ 정보의 문서화를 위해 구조화되어 있다.

　㉤ 기록이 간결하고 구체적이며, 타당하고 논리적이다.

　㉥ 전문가의 견해를 담고 있으면서도 클라이언트의 관점을 소홀히 하지 않는다.

② 좋지 않은 기록

　㉠ 근거로 제시할 만한 관찰이나 평가 없이 일방적인 결론을 내림으로써 과잉 단순화가 나타난다.

　㉡ 표현이 반복적이고 장황하며, 진부한 용어를 사용한다.

　㉢ 클라이언트에 대한 독단적인 견해로 클라이언트에게 부정적인 낙인을 붙인다.

③ 기록 시 유의사항

　㉠ 사전에 클라이언트의 동의를 얻어 기록한다.

　㉡ 면담 중 메모하는 것은 최소한으로 줄인다.

④ 클라이언트의 개인정보 보호를 위한 기록 지침(Hepworth, Rooney & Larsen)

　㉠ 서비스 신청에 필요하거나 서비스 전달 및 평가와 관련된 것만 기록한다.

　㉡ 클라이언트의 사생활이나 비밀스러운 내용 등 민감한 정보는 자세히 기록하지 않으며, 일반적인 용어로 바꾸어 기록한다.

　㉢ 정확한 정보를 기록하고, 부정확한 것으로 확인되면 삭제하거나 이전에 기록된 정보가 정확하지 않음을 추가로 기입한다.

　㉣ 사례기록은 반드시 잠금장치가 되어 있는 곳에 보관하며, 기록 파일에 빈번히 접근해야 하는 사람만이 이를 열 수 있도록 한다.

　㉤ 특별히 허가된 예외적인 경우를 제외하고 기록 파일 자체를 기관 외부로 반출하지 않는다.

　㉥ 면담 중, 회의 중 혹은 일과 중에도 사례기록을 방치하여 아무나 볼 수 있게 해서는 안 된다.

　㉦ 전산화된 기록은 암호장치를 두어 합법적 권한을 가진 사람만이 접근하도록 한다.

　㉧ 사회복지기관은 정보제공 절차에 관한 규칙을 갖추며, 이러한 절차를 사회복지사가 잘 지킬 수 있도록 훈련하고 감독한다.

Theme 1 | **지역사회의 개념 및 유형**

---

1 지역사회(Community)

① **지역사회의 개념 및 구분**

㉠ 지리적인 의미의 지역사회 : 지역적 특성에 의한 특수성 · 분리성을 강조한 개념이다.

㉡ 사회적 동질성을 띤 지역사회 : 지역사회 주민들의 일체감 · 공동생활양식 · 합의성 등이 강조되는 다른 지역과 구별될 수 있는 사회적 특성을 지닌 독립적인 지역의 개념이다.

㉢ 지리적 · 사회적 동질성을 강조하는 지역사회 : 지역사회에 대한 사회학의 개념이다.

㉣ 기능적인 의미의 지역사회 : 직업, 취미, 활동영역 등 기능적 기준에 기초한 공통적인 관심과 이해관계에 의해 형성된 공동체이다.

㉤ 갈등의 장으로서의 지역사회 : 지역사회 내의 구성원들의 경제적 자원, 권력, 권위 등의 갈등관계를 통해 지역사회의 변동이 초래된다는 개념이다.

② **지역사회의 특성**

㉠ 지리적 경계 : 지리적인 측면에서 물리적인 지리성, 지리적 경계를 지닌다.

㉡ 사회 · 문화적 동질성 : 기능적인 측면에서 지역주민들 간의 동질성, 합의성, 자조성 또는 다른 집단행위와의 상호작용을 강조한다.

㉢ 다변화 : 정보화의 시대적 흐름에 따라 새로운 형태로 다변화하고 있다.

㉣ 공동체 의식 및 정서적 유대 : 지역주민들 간의 상호 합의와 일체감을 가지며 강한 정서적 유대를 보인다.

㉤ 정치적 실체 : 지방자치의 정치구조적인 상황에 의해 개인과 국가를 연결하는 중재자적인 양상을 보인다.

③ **좋은 지역사회의 기준(Warren)**

㉠ 구성원 사이에 인격적 관계가 이루어질 수 있어야 한다.

㉡ 권력이 폭넓게 분산되어야 한다.

㉢ 다양한 소득, 인종, 종교, 이익집단이 포함되어야 한다.

㉣ 지역주민들의 자율권이 충분히 보장되어야 한다.

㉤ 정책형성 과정에서 갈등을 최소화, 협력을 최대화해야 한다.

④ 지역사회의 유형화 기준(Dunham)

　　㉠ 인구의 크기 : 대도시, 중소도시, 읍지역 등

　　㉡ 경제적 기반 : 농촌, 어촌, 산촌 등

　　㉢ 정부의 행정구역 : 특별시, 광역시 · 도, 시 · 군 · 구 등

　　㉣ 인구 구성의 사회적 특수성 : 저소득층 밀집주거지역, 외국인 주거지역, 새터민 주거지역 등

2 지역사회의 기능(Gilbert & Specht)

① 생산 · 분배 · 소비(경제제도) : 지역사회 주민들이 일상생활에 필요한 물자와 서비스를 생산하고 소비하는 과정과 관련된 기능을 말한다.

② 상부상조(사회복지제도) : 사회제도에 의해 지역주민들이 자신들의 욕구를 스스로 충족할 수 없는 경우에 필요로 하는 사회적 기능을 말한다.

③ 사회화(가족제도) : 사회가 향유하고 있는 일반적 지식, 사회적 가치, 행동양식을 그 지역사회 구성원에게 전달하는 과정을 말한다.

④ 사회통제(정치제도) : 지역사회가 그 구성원들에게 사회규범에 순응하도록 행동을 규제하는 것을 말한다.

⑤ 사회통합(종교제도) : 사회체계를 구성하는 사회단위 조직들 간의 관계와 관련된 기능을 말한다.

3 지역사회기능의 비교척도(Warren)

① 지역적 자치성 : 지역사회가 제 기능을 수행할 때 타 지역에 어느 정도 의존하는가를 말한다.

② 서비스 영역의 일치성 : 상점, 학교, 공공시설, 교회 등의 서비스 영역이 동일 지역 내에서 어느 정도 이루어지고 있는가를 말한다.

③ 지역에 대한 주민들의 심리적 동일시 : 지역주민들이 소속된 지역에 대해 어느 정도 소속감을 가지고 있는가를 말한다.

④ 수평적 유형 : 지역사회 내에 있는 상이한 단위조직들이 구조적 · 기능적으로 얼마나 강한 관련을 가지고 있는가를 말한다.

Theme 2 | **지역사회분석에 관한 이론적 관점**

1 기능주의(구조기능주의) 관점(기능이론)

① 지역사회가 다양한 체계들로 구성되어 상호관계성을 이루고 있으며, 각 체계들이 상호 의존하면서 바람직한 지역사회가 이루어진다고 본다.
② 생물학적 유기체의 관점에 근거한 것으로 지역사회의 각 부분은 체계의 기능에 기여하며, 이들 간의 상호작용에 의해 모든 체계가 기능할 수 있다.

2 갈등주의 관점(갈등이론)

① 지역사회에 존재하는 갈등 현상에 주목하며, 갈등을 사회발전의 요인과 사회통합의 관점에서 다룬다.
② 지역사회 내의 각 계층들이 이해관계에 의해 형성되며, 지역사회 구성원들 간에 경제적 자원, 권력, 권위 등이 불평등한 배분관계에 놓일 때 갈등이 발생한다고 본다.

더 알아보기

기능주의 관점과 갈등주의 관점의 비교

구 분	기능주의 관점	갈등주의 관점
주요 내용	체계의 안정을 위한 구조적 적응	갈등의 긍정적 측면에 대한 인식(사회발전의 요인)
사회의 형태	안정지향적	집단 간의 갈등
각 요소의 관계	조화, 적응, 안정, 균형	경쟁, 대립, 투쟁, 갈등
대상요인	사회부적응	사회불평등
중요 가치 결정	합의에 의한 결정	지배계급의 이데올로기
지위 배분	개인의 성취	지배계급에 유리
변 화	점진적, 누진적	급진적, 비약적

3 사회체계론적 관점

① 지역사회를 지위·역할·집단·제도들로 이루어진 하나의 체계로 보고 다양한 체계들 간의 상호작용을 강조한다.
② 전체 체계는 부분의 합 이상의 의미를 지니며, 그에 따라 체계 내 부분은 작은 변화라도 전체로 파급된다는 점을 강조한다.

4 생태학적 관점

① '환경 속의 인간'이라는 사회복지실천의 기본 관점을 반영한다.

② 지역사회를 환경의 제 요소들 간의 지속적인 상호 교류에 의해 적응·진화해 나가는 하나의 체계로 간주한다.

③ 지역사회의 변환 과정을 역동적으로 설명하기 위해 경쟁, 중심화, 분산, 집결, 분리, 우세 등의 다양한 개념들을 사용한다.

5 자원동원론적 관점

① 사회운동조직의 역할과 한계를 규명하는 이론적 관점으로서, 힘의 존이론 또는 권력의존이론에 영향을 받았다.

② 사회운동의 발전과 전개 과정은 축적된 사회적 불만의 팽배보다는 사회의 구조적 불평등이나 약자의 권리옹호를 위한 자원동원의 가능성 여부와 그 정도에 의해 결정된다.

③ 자원에는 돈, 정보, 사람, 조직성원 간의 연대성, 사회운동의 목적과 방법에 대한 정당성 등이 포함된다. 따라서 조직의 발전과 사회운동의 발전을 위한 구성원 모집, 자금 확충, 직원 고용에 힘쓰며, 참여자들의 적극적인 참여를 강조한다.

6 사회구성론적 관점

① 포스트모더니즘과 상징적 상호주의의 영향을 받았으며, 개인이 속한 사회나 문화에 따라 현실의 상황을 재구성할 수 있다는 관점이다.

② 사회복지사와 클라이언트의 만남을 새로운 현실을 창조하는 맥락으로 보지만, 사회적으로 구성된 지식을 절대적 지식으로 받아들여서는 안 되는 한계가 있다.

7 사회교환론적 관점

① 인간은 최대의 이익을 추구하는 경향이 있으며, 인간의 행동은 타인과의 보상이나 이익을 교환하는 방식으로 전개된다.

② 대표적인 학자로 호만스(Homans)와 블라우(Blau)가 있으며, 사람들 사이에 자원을 교환하는 반복된 현상으로서 사회적 행동에 주목한다.

③ 지역사회의 주요 교환자원으로는 상담, 기부금, 정보, 정치적 권력, 재정적 지원, 의미, 힘 등이 있다.

④ 지역사회에서 힘의 균형 전략으로는 경쟁, 재평가, 호혜성, 연합, 강제 등이 있다.

⑤ 인간관계에 대한 경제적 관점을 토대로 이익이나 보상에 의한 긍정적인 이득을 최대화하는 한편, 비용이나 처벌의 부정적인 손실을 최소화하는 교환의 과정을 분석한다.

실제기출 [2024]

지역사회복지실천 원칙으로 옳은 것을 모두 고른 것은?

> ㄱ. 지역사회 욕구 변화에 따른 유연한 대응
> ㄴ. 지역사회 주민을 중심으로 개입 목표 설정과 평가
> ㄷ. 지역사회 특성의 일반화
> ㄹ. 지역사회의 자기결정권 강조

① ㄱ, ㄴ
② ㄷ, ㄹ
③ ㄱ, ㄴ, ㄷ
④ ㄱ, ㄴ, ㄹ
⑤ ㄱ, ㄴ, ㄷ, ㄹ

정답 ④

해설

ㄷ. 지역사회는 있는 그대로 이해되고 수용되어야 하며, 개인과 집단처럼 지역사회도 서로 상이하므로 지역사회의 특성과 문제들을 개별화하여야 한다.

실제기출 [2016]

지역사회복지 이념에 관한 설명으로 옳은 것은?

① 정상화는 1950년대 덴마크를 비롯한 북유럽에서 시작된 이념이다.
② 탈시설화는 무시설주의를 지향하는 것이다.
③ 네트워크를 통하여 지역구성원의 개인정보를 누구나 공유할 수 있다.
④ 주민참여 이념은 주민자치, 주민복지로 설명되며 지역유일주의를 지향한다.
⑤ 사회통합은 세대 간, 지역 간 차이에서 발생하는 경제적 우위를 추구하기 위하여 노력한다.

정답 ①

해설

Theme 3의 '2. 지역사회복지(Community Welfare)' 중 '③ 지역사회복지의 이념' 참고

Theme 3	지역사회조직과 지역사회복지 및 실천

1 지역사회조직(Community Organization)

① 개 념
  ㉠ 지역사회조직은 지역주민이 당면하고 있는 공통적 요구나 어려움을 지역사회 스스로 조직적으로 해결할 수 있도록 원조해 주는 일종의 기술 과정이다.
  ㉡ 지역주민의 욕구와 문제에 관심을 가지는 개별지도사업, 집단지도사업, 지역사회 조직사업 등 전통적인 전문사회사업의 방법 중 하나이다.
  ㉢ 지역사회 문제 해결을 위해 주민의 협력 아래 계획을 세우며, 이를 위해 사회자원 조정의 과정을 총괄한다.

② 목 적
  ㉠ 사회적 욕구 파악, 우선순위 결정
  ㉡ 욕구충족을 위한 구체적인 계획 수립
  ㉢ 목적 달성을 위한 지역사회 자원의 효율적 조정·동원
  ㉣ 지역주민의 적극적인 참여 권장

③ 지역사회조직의 과정
  ㉠ 사실 파악 : 지역 실태의 조사, 앙케트, 주민의 토론 및 좌담회를 통한 검토
  ㉡ 계획 수립 : 경비, 시간 등의 계획 수립
  ㉢ 계획실시 촉진 : 사회사업계획의 인식 보급, 홍보활동, 조정활동 등의 전개
  ㉣ 자원의 활용·동원 : 인적, 물적, 사회적, 기타 각종 자원의 활용 및 동원
  ㉤ 활동 평가 : 목표의 성취도, 수행과정에서 야기된 문제점 검토

④ 지역사회조직을 위한 추진회의 원칙(Ross)
  ㉠ '추진회(Association)'는 지역사회의 현재 조건에 대한 지역주민들의 불만에 의해 결성된다.
  ㉡ 지역주민의 불만은 계획 및 실천을 위해 집약되어야 한다.
  ㉢ 지역사회에 현존하는 현재적·잠재적 호의를 활용하고, 협동적인 참여가 이루어지도록 해야 한다.
  ㉣ 공식적·비공식적 지도자들을 참여시켜야 한다.
  ㉤ 수행하는 사업에는 정서적 내용을 지닌 활동들이 포함되어야 한다.
  ㉥ 효과적인 지도자를 개발하기 위해 노력해야 한다.
  ㉦ 지역사회로부터 안전성과 신뢰성을 인정받아야 한다.

2 지역사회복지(Community Welfare)

① 개 념
- ㉠ 지역사회복지는 매우 포괄적 개념으로서, 전문 혹은 비전문인력이 지역사회 수준에 개입하여 지역사회의 각종 제도에 영향을 주고, 지역사회의 문제를 예방 및 해결하고자 하는 일체의 사회적 노력을 의미한다.
- ㉡ 사회복지사의 전문적 활동에 국한되지 않으며, 다양한 전문적·비전문적 활동을 포함한다.

② 특 성
- ㉠ 연대성·공동성 : 개인적 문제를 연대와 공동성으로 해결한다.
- ㉡ 예방성 : 주민의 욕구·문제를 조기에 발견한다.
- ㉢ 지역성 : 주민의 생활권 영역에 대한 지리적 특성을 고려한다.
- ㉣ 통합성·전체성(포괄성) : 공급자와 이용자 간의 단절된 서비스를 통합하여 제공한다.

③ 지역사회복지의 이념
- ㉠ 정상화 : 1950년대 덴마크를 비롯한 북유럽에서 시작된 이념으로, 지역주민이 사회적으로 가치 있는 역할을 수행할 수 있도록 한다.
- ㉡ 탈시설화 : 기존의 대규모 시설 위주에서 그룹홈, 주간보호시설 등의 소규모로 전개된다.
- ㉢ 주민참여 : 지역주민이 자신의 욕구·문제를 주체적으로 해결할 수 있도록 한다.
- ㉣ 사회통합 : 사회 전반의 통합을 이루는 것이다.
- ㉤ 네트워크 : 기존의 공급자 중심의 서비스에서 탈피하여 이용자 중심의 서비스로 발전하기 위한 공급체계의 네트워크화 및 관련 기관 간의 연계를 말한다.

3 지역사회복지실천(Community Welfare Practice)

① 개 념
- ㉠ 지역주민 간 상생협력화와 지역사회 기관 간 협력관계 구축에 힘쓴다.
- ㉡ 지역사회 특성을 반영한 계획 수립 및 지역사회 변화에 초점을 둔 개입을 수행한다.

② 지역사회복지실천의 원칙
- ㉠ 지역사회조직은 주민을 중심으로 개입 목표를 설정해야 한다.
- ㉡ 지역사회조직의 일차적인 클라이언트는 지역사회이다.
- ㉢ 지역사회는 있는 그대로 이해되고 수용되어야 한다.
- ㉣ 지역사회는 서로 상이하므로 지역사회의 특성과 문제는 개별화해야 한다.
- ㉤ 지역사회 주민들의 욕구와 관계는 계속 변화한다.

영국의 지역사회복지 역사에 영향을 준 사건을 과거부터 시대순으로 옳게 나열한 것은?

> ㄱ. 토인비 홀(Toynbee Hall) 설립
> ㄴ. 시봄(Seebohm) 보고서
> ㄷ. 정신보건법(Mental Health Act) 제정
> ㄹ. 바클레이(Barclay) 보고서
> ㅁ. 하버트(Harbert) 보고서

① ㄱ → ㄴ → ㄹ → ㅁ → ㄷ
② ㄱ → ㄷ → ㄴ → ㅁ → ㄹ
③ ㄱ → ㄷ → ㄹ → ㅁ → ㄴ
④ ㄴ → ㄷ → ㅁ → ㄹ → ㄱ
⑤ ㄷ → ㄱ → ㅁ → ㄹ → ㄴ

정답 ②

해설

ㄱ. 1884년
ㄷ. 1959년
ㄴ. 1968년
ㅁ. 1971년
ㄹ. 1982년

영국의 지역사회복지 역사에 해당하지 않는 것은?

① 자선조직협회(COS)는 사회진화론에 영향을 받았다.
② 토인비 홀은 사무엘 바네트(S. Barnett) 목사가 설립한 인보관이다.
③ 헐 하우스는 제인 아담스(J. Adams)에 의해 설립되었다.
④ 시봄(Seebohm) 보고서는 사회서비스의 협력과 통합을 제안하였다.
⑤ 그리피스(Griffiths) 보고서는 지방정부의 책임을 강조하였다.

정답 ③

해설

헐 하우스(Hull House)는 미국의 초창기 인보관으로서, 아담스(Adams)가 1889년 시카고(Chicago)에 건립하였다.

Theme 4 | 지역사회복지실천의 역사 I (영국, 미국)

1 지역사회복지실천

① 기본가치

문화적 다양성 존중, 자기결정과 임파워먼트, 비판의식의 개발, 상호학습, 배분적 사회정의

② 지역사회복지실천의 방향

지역사회 특성에 따른 개별화의 원칙 준수, 자기결정의 권리, 기관의 이익보다 지역주민의 욕구 우선시, 민주적 태도 견지, 다양성 존중 등

2 영국 지역사회복지실천의 역사

① 지역사회보호의 태동기(1950년대~1960년대 후반)

㉠ 제2차 세계대전 이후부터 '시설보호로부터 지역사회'라는 새로운 접근법의 개발과 실천이 이루어졌다.

㉡ 1959년 '정신보건법(Mental Health Act)'이 제정되어 지역사회보호가 법률적으로 명확히 규정되었다.

② 지역사회보호의 형성기(1960년대 후반~1980년대 후반)

㉠ 1968년 시봄 보고서(Seebohm Report)가 발표되었고, 시봄 위원회는 지역사회를 사회서비스 제공자로 인식하고 산재되어 있는 서비스의 협력 및 통합을 주장하여 대인사회서비스의 효율적인 조정에 기여하였다.

㉡ 1971년 발표된 하버트 보고서(Harbert Report)는 가족체계나 지역사회 하위단위에 의한 비공식적 서비스의 중요성을 강조하였다.

㉢ 1982년 발표된 바클레이 보고서(Barclay Report)는 지역사회 내 비공식적 보호망의 중요성을 제기하며, 공식적 사회서비스가 비공식적 서비스와 긴밀한 관계를 유지해야 한다고 주장하였다.

③ 지역사회보호의 발전기(1980년대 후반~현재)

㉠ 1988년 발표된 그리피스 보고서(Griffiths Report)는 지역사회보호를 위한 권한과 재정을 지방정부에 이양하고, 민간부문의 경쟁을 통해 서비스 제공을 다양화할 것을 주장하였다. 또한 서비스의 적절성 확보를 위한 케어 매니지먼트(Care Management)의 도입을 강조하였다.

㉡ 이후 신보수주의 이념의 영향하에서 '케어의 혼합경제' 혹은 '복지다원주의'의 논리에 의해 뒷받침되고 있다.

③ 미국 지역사회복지실천의 역사

① 자선조직 활동시기(1865~1914년)

　㉠ 남북전쟁이 끝나고 제1차 세계대전이 시작되는 시기로서, 산업화와 도시화, 이민문제와 흑인문제 등이 대두되기 시작하였다.

　㉡ 1877년 거틴(Gurteen) 목사가 뉴욕 주 버팔로(Buffalo) 시에 최초의 자선조직협회(COS)를 설립하였다.

　㉢ 1886년 코이트(Coit)가 뉴욕에 미국 최초의 인보관인 근린길드(Neighborhood Guild)를 세웠으며, 1889년 아담스(Adams)가 시카고에 헐 하우스(Hull House)를 설립하였다.

　㉣ 1908년 자선조직협회의 발전된 형태로서 자선연합회(Associated Charities)가 피츠버그에 출현하였다.

② 지역공동모금 및 협의회 발전시기(1914~1929년)

　㉠ 제1차 세계대전의 종식과 대공황으로 이어지는 시기로, 산업화와 도시화가 가속되었다.

　㉡ 정신분석과 반지성주의가 대두되었으며, 경제적 성장에 관한 비관론이 확대되었다.

　㉢ 지역공동모금제도가 등장하였으며, 사회복지기관협의회가 설립되었다.

③ 공공복지사업 발전시기(1929~1954년)

　㉠ 제2차 세계대전으로 인해 경제 및 사회분야에서 정부의 개입이 확대되었다.

　㉡ 이데올로기가 양분되고 동서양극체제가 형성됨으로써 사회적인 혼란이 심화되었다.

　㉢ 1935년 '사회보장법'이 제정되었으며, 공적부조사업을 비롯한 다양한 공공복지 프로그램이 시행되었다.

④ 지역사회복지 정착시기(1955년 이후)

　㉠ 흑인차별에 반대하는 민권운동과 사회개혁을 주장하는 학생운동이 펼쳐졌다.

　㉡ 반(反)공산주의의 이념적 논쟁을 주도했던 매카시즘(McCathyism)이 종식되었다.

　㉢ 1964년 미국의 존슨(Johnson) 행정부는 '빈곤과의 전쟁(War on Poverty)'을 선포하였다.

　㉣ 1965년 빈곤의 대물림을 방지하기 위한 시도로서 빈곤아동에 대한 종합지원서비스인 헤드스타트(Head Start) 프로그램이 도입되었다.

적중예상

다음 중 자선조직협회와 관련 있는 내용으로만 묶인 것은?

ㄱ. 가치 있는 빈민을 자립시키기 위해 자선적 구제가 제공되어야 한다.
ㄴ. 가치 있는 빈민이란 장애인, 고아, 비자발적 실업자 등과 같이 어려울 때를 대비하여 모든 노력을 기울였지만 여전히 불행에 빠져 있는 자를 말한다.
ㄷ. 개인주의적 빈곤죄악관을 이념적 토대로 삼아 빈곤의 사회적 기반을 경시하는 한계점이 있다.
ㄹ. 빈곤은 개인의 책임이 아닌 사회환경에 의한 것이므로 전반적인 사회개혁을 통해 빈곤을 극복해야 한다.

① ㄱ, ㄴ, ㄷ
② ㄱ, ㄷ
③ ㄴ, ㄹ
④ ㄹ
⑤ ㄱ, ㄴ, ㄷ, ㄹ

정답 ①

해설

ㄹ. 인보관 운동의 원칙에 해당한다.

개념쏙쏙

1. 영국의 지역사회복지 관련 보고서 중 사회적 보호계획으로 전환되어야 함을 주장한 보고서는 (　) 보고서이다.
2. 아담스(Adams)가 시카고에 설립한 인보관은 (　)(이)다.
3. (　)은/는 빈곤아동에 대한 종합지원서비스로서 1965년에 도입된 프로그램이다.

정답

1. 바클레이
2. 헐 하우스
3. 헤드스타트 프로그램

Theme 5	지역사회복지실천의 역사 Ⅱ (우리나라)

1 일제강점기 이전의 지역사회복지

① 촌락단위의 복지활동 : 두레, 계, 품앗이, 향약, 사창, 공굴 등
  ㉠ 두레(공굴 · 공굴이 · 조리 · 동네 · 논매기 · 향두품어리) : 촌락단위 조직으로서 농민들의 작업공동체
  ㉡ 계(契) : 조합적 성격을 지닌 자연발생적 조직
  ㉢ 품앗이 : 지역 내의 이웃이 서로 노동력을 차용 또는 교환하는 조직
  ㉣ 향약 : 지역사회의 발전과 지역주민들의 순화 · 덕화 · 교화를 목적으로 한 지식인들 간의 자치적인 협동조직
  ㉤ 사창(社倉) : 춘궁기에 곡식을 대출하여 가을에 이식과 함께 받아들이는 민간자치적 성격을 띤 구호제도

② 국가단위의 지역복지활동
  ㉠ 오가통(五家統) : 정부에 의하여 어느 정도 강제성을 지닌 인보제도
  ㉡ 의창(義倉) : 고려와 조선시대에 각 지방에 설치한 창고
  ㉢ 상평창(常平倉) : 풍년에 곡가가 떨어지면 관에서 시가보다 비싸게 미곡을 사두었다가 흉년에 곡가가 오를 때 싸게 방출함으로써 물가를 조절하여 농민의 생활을 돕고자 한 제도

2 일제강점기의 지역사회복지

① 조선구호령 실시 : 일본의 구호법을 기초로 하여 모자보호법과 의료보험법을 가미한 근대적 의미의 공공부조 시발점
② 태화여자관 설립 : 최초의 사회복지관이며, 1921년에 설립된 '태화기독교사회복지관'의 전신

3 해방 이후~1980년대 지역사회복지

① 1970년대까지는 대부분 외국민간원조기관에 의해 사회복지서비스가 이루어졌다.
② 1970년대 지역사회개발사업이 새마을운동사업으로 전환되어 지역사회복지실천을 위한 기반을 마련하였다.
③ 1980년대 후반부터 한국형 복지모형론이 등장했으며, 사회복지관 사업이 전국적으로 확대되었다.
④ 1987년 사회복지전문요원제도가 시행되어 공공영역에 사회복지전문요원이 배치되었다.
⑤ 1988년 「주택건설촉진법」에 따라 저소득 무주택자를 위한 영구임대아파트가 건설되면서 아파트 단지 내에 사회복지관을 의무적으로 건립하도록 하였다.

4 1990년대 지역사회복지

① 1991년 재가복지봉사센터의 설치·운영의 지침이 마련되어 1992년에 최초로 설립되었다.

② 1997년 「사회복지공동모금법」의 제정을 통해 1998년 전국 16개의 광역 시·도에 '사회복지공동모금회'가 설립되어 전국적으로 공동모금이 실시되었다.

③ 1999년에 '사회복지공동모금법'이 '사회복지공동모금회법'으로 개정되어 지역공동모금회가 중앙공동모금회의 지회로 전환되었다.

④ 1998년 「사회복지사업법」의 개정을 통해 사회복지시설평가 법제화가 이루어졌으며, 1999년부터 모든 사회복지시설이 3년마다 시설에 대한 평가를 받도록 하였다.

5 2000년대 이후 지역사회복지

① 2000년대에는 참여복지를 목표로 지역사회복지에 있어서 지역주민의 능동적인 역할을 강조하는 동시에 보편적 서비스 제공을 위해 국가의 역할이 증대되었다.

② 2000년 10월부터 국민기초생활보장제도가 전국적으로 시행되었다.

③ 2007~2010년 제1기 지역사회복지계획이 시행되었다.

④ 2010년 사회복지통합관리망 '행복e음'이 구축되었다.

⑤ 2012년 4월 지역주민 맞춤형 통합서비스체계 구축을 목적으로 희망복지지원단이 각 지방자치단체에 설치되어 5월부터 운영되었다.

⑥ 2015년 7월부터 「사회보장급여의 이용·제공 및 수급권자 발굴에 관한 법률」에 따라 '지역사회복지계획'이 '지역사회보장계획'으로 변경되었다.

⑦ 정부는 '읍·면·동 복지허브화' 추진을 위해 2016년 3월 자치단체의 조례 개정을 권고하여 기존의 '읍·면 사무소 및 동 주민센터'를 '읍·면·동 행정복지센터'로 변경하도록 하였다.

⑧ 2019년 6월부터 주거, 보건의료, 요양, 돌봄, 일상생활의 지원이 통합적으로 확보되는 지역주도형 정책으로서 지역사회 통합돌봄(커뮤니티케어) 선도사업이 실시되어 2026년 통합돌봄의 보편적 실행을 목표로 추진 중이다.

⑨ 2022년 출범한 윤석열 정부는 취약계층 위주의 선별지원에 무게를 두는 이른바 '약자 복지'를 표방하였다.

로스만(J. Rothman)의 지역사회복지실천모델에 관한 설명으로 옳은 것을 모두 고른 것은?

ㄱ. 지역사회개발모델은 지역사회 역량강화, 통합, 자조를 활동 목표로 둔다.
ㄴ. 사회계획모델에서는 변화의 매개체로 과업지향적인 소집단을 활용한다.
ㄷ. 사회행동모델에서 사회복지사의 핵심 역할은 옹호자, 선동가, 협상가이다.
ㄹ. 지역사회개발모델은 지역사회 문제해결을 위해 전문가의 주도적 개입을 강조한다.

① ㄱ, ㄷ
② ㄴ, ㄷ
③ ㄴ, ㄹ
④ ㄱ, ㄴ, ㄷ
⑤ ㄱ, ㄴ, ㄹ

정답 ①

해설
ㄴ. 변화의 매개체로 과업지향적인 소집단을 활용하는 것은 지역사회개발모델이다.
ㄹ. 지역사회 문제해결을 위해 전문가의 주도적 개입을 강조하는 것은 사회계획모델이다.

웨일과 갬블(M. Weil & D. Gamble)의 근린지역사회조직모델에 관한 설명으로 옳지 않은 것은?

① 조직화를 위한 구성원의 능력개발에 초점을 둔다.
② 일차적 구성원은 지역사회 이웃주민이다.
③ 사회복지사의 주요 역할은 조직가, 교육자, 촉진자, 코치이다.
④ 지방정부, 외부개발자, 지역주민을 변화의 표적체계로 본다.
⑤ 관심영역은 공통 관심사나 특정 이슈에 대한 정책, 행위, 인식의 변화이다.

정답 ⑤

해설
공통 관심사나 특정 이슈에 대한 정책, 행위, 인식의 변화에 초점을 두는 것은 웨일과 갬블(Weil & Gamble)의 기능적 지역사회조직모델이다. 참고로 근린지역사회조직모델은 지역주민의 삶의 질에 관심을 기울인다.

Theme 6 　지역사회복지실천모델

1 로스만(Rothman)의 지역사회복지실천모델

① 3가지 모델

- ㉠ 지역사회개발모델 : 지역주민의 자조와 자발적이고 적극적인 참여, 강력한 주도권을 강조한다.
- ㉡ 사회계획모델 : 특정 사회문제를 해결하고자 하는 기술적인 과정을 강조한다.
- ㉢ 사회행동모델 : 지역사회의 소외된 계층에 대한 처우 개선 등을 지역사회에 요구한다.

② 구체적인 실천변수

구 분	지역사회개발	사회계획	사회행동
활동의 목표	• 자조 : 지역사회의 통합과 능력의 향상 • 과정지향적	• 실재적 지역사회의 문제 해결 • 과업지향적	• 기본적인 제도의 변혁 • 과업 · 과정의 병행
구조 · 문제에 관한 가정	• 지역사회의 아노미 상태 • 다양한 관계의 결핍과 민주적 해결 능력 결여 • 정적이며 전통적인 지역사회	• 실업, 비행, 범죄 등 실재적인 사회 문제 • 정신적 · 육체적 건강 문제, 주택, 여가 문제 등	• 불리한 상황에 있는 인구집단 • 사회적 불공평 · 박탈 · 불평등
기본적인 변화전략	문제의 결정 · 해결에 관여된 자들의 광범위한 참여	• 문제와 관련된 자료의 수집 • 가장 합리적인 방안의 결정	• 대상집단에 압력을 가함 • 집단의 행동을 위한 주민동원
변화를 위한 전술 · 기법	• 합의 · 집단토의 • 지역사회의 제 집단 간의 의사소통을 가짐	• 사실의 발견 및 분석 • 합의 또는 갈등	• 갈등 또는 경쟁 • 대결 · 직접적인 행동 • 협 상
사회 복지사의 역할	• 조력자 · 조정자 역할 • 문제해결기술과 윤리적 가치를 가르치는 지도자의 역할	• 분석가 · 전문가 역할 • 프로그램 기획 및 평가자	옹호자 · 대변자 · 행동가 역할
변화의 매체	과업지향의 소집단 활용	공식조직 및 관료조직 중시	대중조직과 정치적 과정의 영향력
권력구조	• 공동사업의 협력자 • 권력자도 지역발전에 노력	권력의 소재가 전문가의 고용자 또는 후원자	행동의 외적 권력구조는 밖에 존재하는 반대세력
공익에 대한 개념	• 합리주의 • 목적과 의사주체의 단일성	• 이상주의 • 목적과 의사주체의 단일성	• 현실주의 • 목적과 의사주체의 다양성

② 테일러와 로버츠(Taylor & Roberts)의 5가지 모델

① **지역사회개발모델** : 시민의 자조적 활동, 시민역량 개발, 자체적 리더십 개발 등을 통한 지역사회개발을 추구한다.

② **프로그램 개발 및 조정모델** : 자선조직협회 및 인보관운동에 근거하며, 지역사회의 변화를 효율적으로 유도하기 위해 프로그램을 개발 및 조정한다.

③ **계획모델** : 다양한 지역단위에서 합리성 및 전문성을 토대로 보다 합리적이고 비용 효과적인 변화를 유도한다.

④ **지역사회연계모델** : 지역사회의 문제를 해결하기 위해 클라이언트의 개별적인 문제와 지역사회의 문제를 연계하는 방식이다.

⑤ **정치적 권력강화모델 또는 정치적 행동 및 역량강화모델** : 사회적으로 배제된 집단의 사회참여를 지원 및 지지하고, 자신들의 권리를 확보할 수 있도록 집단의 역량을 강화한다.

③ 웨일과 갬블(Weil & Gamble)의 지역사회복지실천모델

① **근린지역사회조직모델** : 구성원의 조직능력을 개발, 범지역적인 계획, 외부개발에 영향을 미칠 수 있는 능력을 개발한다.

② **기능적 지역사회조직모델** : 행위와 태도의 옹호 및 변화에 초점을 둔 사회정의를 위한 행동 및 서비스를 제공한다.

③ **지역사회의 사회 · 경제개발모델** : 지역주민의 관점에 입각하여 개발계획을 주도하며, 사회경제적 투자에 대한 지역주민의 활용 역량을 제고한다.

④ **사회계획모델** : 선출된 기관이나 인간서비스계획 협의회가 지역복지계획을 마련하는 등 행동을 하기 위한 제안을 실시한다.

⑤ **프로그램 개발 및 지역사회연계모델** : 지역사회서비스의 효과성 증진을 위한 새로운 프로그램을 개발하는 동시에 기존 프로그램을 확대 혹은 재조정한다.

⑥ **정치 · 사회행동모델 또는 정치적 · 사회적 행동모델** : 정책 및 정책입안자의 변화에 초점을 둔 사회정의 실현활동을 전개한다.

⑦ **연대활동모델 또는 연합모델** : 연합의 공통된 이해관계에 대응할 수 있도록 자원 동원, 영향력 행사를 위한 다조직적 권력기반을 형성한다.

⑧ **사회운동모델** : 특정 집단 · 이슈에 대해 새로운 패러다임을 제공할 수 있는 사회정의의 실현을 행동화한다.

실제기출 [2025]

지역사회개발모델에서 사회복지사의 핵심 역할이 아닌 것은?

① 치료자
② 조력자
③ 촉진자
④ 안내자
⑤ 교육자

정답 ①

해설

지역사회개발모델에서 사회복지사는 민주적인 절차와 자발적인 협동을 통해 과업의 성취보다는 과정 중심의 목표에 중점을 두는 안내자, 조력자, 조정자, 촉진자, 교육자, 능력부여자 등의 역할을 수행한다. 이에 반해 지역사회개발모델에서 사회복지사의 치료자로서 역할은 좀 더 직접적이고 구체적인 개입을 전제로 하는데, 이는 마치 치료자가 클라이언트를 진단(Diagnosis)하고 개별적인 특성에 따라 치료기법을 적용하는 것처럼 지역사회 자체를 대상으로 진단하고, 지역주민들 스스로 치료하게 하거나 경우에 따라 직접 치료조치를 강구한다는 점에서 과정지향적 활동목표를 가진 지역사회개발모델의 핵심역할로 보기는 어렵다.

[참고]
로스(Ross)는 지역사회개발모델에서 사회복지사의 역할로 안내자(Guide), 조력자(Enabler), 전문가(Expert), 치료자 또는 사회치료자(Therapist)를 강조한 바 있습니다. 다만, 이 문제는 로스(Ross) 등 특정 학자가 제안한 지역사회개발모델에서 사회복지사의 역할을 묻는 것은 아니며, 일반적으로 지역사회개발모델에서 사회복지사의 여러 가지 역할 중 핵심적인 역할로 보기는 어려운 것을 고르는 취지의 문제입니다. 참고로 이 문제에 대해 몇몇 수험생들이 시행처인 한국산업인력공단에 이의를 제기하였으나 받아들여지지 않았습니다.

Theme 7 | 사회복지사의 역할 및 기술

1 사회복지사의 역할

① 지역사회개발모델에서의 역할(Ross)

㉠ 안내자로서의 역할 : 일차적 역할, 주도능력, 객관적인 입장, 지역사회와의 동일시, 자기역할의 수용, 역할에 대한 설명

㉡ 조력자로서의 역할(지역사회조직의 과정을 용이하게 하는 역할) : 불만을 집약하는 일, 조직화를 격려하는 일, 좋은 대인관계를 육성하는 일, 공동목표를 강조하는 일

㉢ 전문가로서의 역할(필요한 자료를 제공하고 직접적인 충고를 하는 역할) : 지역사회진단, 조사기술, 타 지역사회에 관한 정보 제공, 방법에 대한 조언 제공, 기술상의 정보 제공, 평가

㉣ 치료자 또는 사회치료자로서의 역할 : 협력적인 작업을 방해하는 요인 제거

② 사회행동모델에서의 역할

㉠ 그로서(Grosser)의 견해 : 조력자, 중개자, 옹호자, 행동가

㉡ 그로스만(Grossman)의 견해 : 조직가로서의 역할

더 알아보기

지역사회복지실천모델에 따른 사회복지사의 역할

지역사회개발모델	로스	안내자, 조력자, 전문가, 사회치료자
사회계획모델	모리스와 빈스톡	계획가
	샌더스	분석가, 계획가, 조직가, 행정가
사회행동모델	그로서	조력자, 중개자, 옹호자, 행동가
	그로스만	조직가

2 사회복지사의 실천기술

① 옹호기술

㉠ 옹호의 유형 : 자기옹호, 개인옹호, 집단옹호, 지역사회옹호, 정치·정책적 옹호, 체제변환적 옹호

㉡ 옹호의 구체적 전술 : 설득, 공청회 또는 증언청취, 표적을 난처하게 하기, 정치적 압력, 미디어 활용, 청원·탄원서

② 연계(네트워크)기술 : 사회복지사가 클라이언트를 적절한 지역사회자원과 연계하는 기술로서, 관련 기관들 간의 상호 신뢰와 호혜성의 원칙에 의해 유지된다.

③ **조직화기술** : 지역사회의 당면 문제를 해결하기 위해 전체 주민을 대표하는 일정 수의 주민을 선정하여 모임을 구성하는 것을 의미한다.

④ **자원개발 · 동원기술**
　㉠ 지역사회의 조직 및 구조를 활용하기 위해 기존 집단(조직), 개인의 직접적인 참여, 네트워크 등을 활용한다.
　㉡ 지역사회복지에서 가장 핵심이 되는 자원은 인적자원과 물적자원이다.
　　• 인적자원 : 지역토착지도자, 소집단지도자, 주변공공조직지도자, 잠재적 참여인물 등
　　• 물적자원 : 현금, 물품 등
　㉢ 자원개발의 방법
　　• 자원개발은 지역사회 내의 다양한 잠재적 자원을 적극적으로 개발하는 과정에 의해 전개된다.
　　• 자원의 한계성을 극복하고 지역주민들에게 양질의 서비스를 제공하기 위한 것으로서, 지역조사를 통해 지역사회 문제를 수집 · 사정하여 지역사회 내의 충족되지 않은 욕구와 함께 인적 · 물적자원을 파악하며, 이를 토대로 구체적인 대책 및 활동계획을 수립하고 지역주민들의 자주적인 참여를 이끌어내어 이들을 조직화하는 과정으로 이루어진다.
　　• 자원개발을 위한 일련의 과정에서는 이벤트, 대중매체, 광고 등의 홍보, 자원의 모집 및 면접, 교육 · 훈련, 자원 연결 또는 배치, 자원 관리, 평가 등이 포함된다.
　　• 명분연계 마케팅 또는 기업연계 마케팅(CRM ; Cause Related Marketing) : 기업의 기부 또는 봉사활동을 사회복지와 연계 → 긍정적 기업 이미지 확보, 사회복지조직의 자원개발에 기여

⑤ **임파워먼트기술**
　㉠ 1990년대 이후 사회복지실천에서 강조되고 있는 개념으로, 임파워먼트는 능력을 갖는 것, 능력을 향상시키는 것을 의미하며, 여기에는 대화, 강점확인, 자원동원기술 등이 포함된다.
　㉡ 지역주민의 강점을 인정하고 스스로 문제 해결을 위한 주도적인 역할을 함으로써 현재 처한 문제 해결뿐만 아니라 근본적인 역량을 강화하도록 원조하는 기술이다.
　㉢ 과정으로서 임파워먼트는 지역주민들이 자신의 삶에 대해 자주적 통제력을 획득하며, 삶의 질을 높이는 데 필요한 자원에 접근하려는 시도를 의미한다.
　㉣ 결과로서 임파워먼트는 주민들의 노력과 지역사회 실천가들의 개입 효과로 나타난 지역사회에 대한 주민들의 더 많은 통제력과 자원 접근성을 의미한다.

밑줄 친 사회복지사의 핵심 역할로 옳은 것은?

> A지역은 공장지대에 위치해 있어 학교의 대기오염도가 매우 높게 나타났다. 그래서 사회복지사는 학생들의 건강권 확보를 위한 조례 제정 입법활동을 하였다.

① 계획가
② 옹호자
③ 치료자
④ 교육자
⑤ 행정가

정답 ②

해설
① 계획가 : 충족되지 못한 욕구나 새롭게 대두되는 욕구를 충족시키도록 프로그램을 계획하는 역할을 한다.
③ 치료자 : 공동적인 노력을 심각히 저해하는 금기적 사고나 집단 내 긴장을 조성하고 집단을 분리시키는 요인들에 대해 적절한 진단 및 치료 활동을 수행한다.
④ 교육자 : 클라이언트에게 정보를 제공하고 적용기술을 가르친다.
⑤ 행정가 : 지역사회복지 프로그램을 계획에서 설정한 목표에 이르기까지 효율적 · 효과적으로 달성하기 위해 인적 · 물적자원을 관리한다.

개념쏙쏙

1. 사회복지사의 '조직가'로서의 역할을 강조한 학자는 (　)이다.
2. 그로서는 사회행동모델에서 사회복지사의 역할로 조력자, 중개자, 옹호자, (　)의 역할을 제시하였다.
3. 1990년대 이후 사회복지실천에서 강조되고 있는 개념으로, '능력을 가지는 것 또는 향상시키는 것'을 의미하는 것은 (　)기술이다.

해설
1. 그로스만
2. 행동가
3. 임파워먼트

Theme 8 | 사회행동의 전략 및 전술

1 사회행동의 전략

① 상대집단을 이기기 위한 힘의 확보 전략

  ⊙ 정보력 : 현재의 사건이나 상황에 대한 정보를 정부당국이나 정치인에게 제공한다.

  ⓛ 힘의 과시 : 상대집단의 반대에 맞서 불편과 손해를 가함으로써 힘을 과시한다.

  ⓒ 잠재력 : 실제로 피해를 입히기보다 피해를 입힐 수 있다는 능력이 있음을 강조한다.

  ⓔ 약점의 이용 : 상대집단의 약점을 자극하여 수치심을 가지도록 한다.

  ⓜ 집단동원력 : 집단을 조직하여 이끄는 것은 사회행동의 가장 중요한 힘이다.

② 사회행동 합법성 확보 전략

  ⊙ 사회행동은 내부 또는 외부집단의 구성원들에게 수용될 수 있어야 한다.

  ⓛ 사회적 합법성을 인정받는다는 것은 승리의 목표와 직결된다.

  ⓒ 사회적 합법성을 확보하는 데 있어서 적합한 전술을 선택하며 과격한 폭력행위를 행사하지 않도록 주의해야 한다.

③ 타 조직과의 협력 전략

기 준	협조(Cooperation)	연합(Coalition)	동맹(Alliance)
의 의	타 조직과 최소한의 협력을 유지하는 유형	참여조직들 간의 이슈와 전략을 합동으로 선택하는 보다 조직적인 유형	대규모의 조직관계망을 가지는 고도의 조직적인 유형
특 징	특정 이슈를 중심으로 유사한 목표를 가진 조직들이 일시적으로 연결됨	계속적이나 느슨하게 구조화된 협력으로, 조직적 자율성을 최대화하면서 힘을 증대시킴	기술적 정보 제공 및 로비활동에 역점을 두는 전문가를 둔 영속적인 구조
결정절차	임시적 계획이 사안에 따라 만들어짐	선출된 대표들이 정책을 결정하나, 각 개별 조직들의 비준이 있어야 함	회원조직으로부터 승인이 필요하나, 결정할 수 있는 힘은 중앙위원회나 전문직원이 가짐
존 속	언제든지 한쪽에 의해 중단될 수 있음	참여조직들은 특정 캠페인에의 참여 여부를 선택할 수 있으나 협력 구조는 지속됨	중앙위원회나 전문직원에 의해 장기적인 활동이 수행됨

2 정치적 압력전술

① 정치적 압력에 의한 정책형성 과정
  ㉠ 이슈를 논의대상으로 삼는 단계
  ㉡ 해결대안을 제시하는 단계
  ㉢ 법안의 통과를 위해 압력을 행사하는 단계
  ㉣ 실천을 하도록 영향력을 행사하는 단계

② 정치적 압력전술에 관한 기술
  ㉠ 적재적소에 압력을 가하는 기술
  ㉡ 정부관리와 정치인을 상대로 한 논쟁의 기술
  ㉢ 압력전술을 선택하는 기술
  ㉣ 정치인들에게 압력을 가하는 기술

3 법적 행동과 사회적 대결

① 법적 행동
  ㉠ '게임의 규칙'에 대한 존중을 표시하여 상대방이 그와 같은 규칙을 지키지 않는다고 주장한다.
  ㉡ 비교적 차분하고 비가시적이며, 사회행동조직의 정당성을 확실히 높일 수 있는 방법이다.
  ㉢ 가처분 청구(금지명령의 요구), 법적 소송 등이 있다.

② 사회적 대결
  ㉠ '게임의 규칙'을 무시한 채 정부나 기업에게 자신들의 요구에 승복할 것을 요구한다.
  ㉡ 상대적으로 소란스럽고 가시적이며, 불법적이거나 비윤리적인 방향으로 변질될 수 있다.
  ㉢ 폭력의 위험이 내포되어 있으며, 조직의 세를 유지하는 것이 어렵다.
  ㉣ 집회, 성토대회, 피케팅, 행진, 보이콧 등이 있다.

더 알아보기

협상(Negotiation)

사회행동모델은 갈등 또는 경쟁, 대결, 직접적인 행동, 협상 등을 변화를 위한 전술·기법으로 사용한다. 특히 협상은 갈등관계에 있는 당사자들 간에 합의를 도출하거나 차이를 조정함으로써 상호 간의 이해를 도모하기 위해 활용된다.

적중예상

사회행동의 전략·전술 중 사회적 대결 전술에 해당하는 것은?

① 적극적인 면이 부족하다.
② 시간과 비용이 많이 든다.
③ 공청회에 군중을 동원한다.
④ 주요 법령과 규칙을 명확히 알 수 있는 계기가 된다.
⑤ 지역조직의 주민회원 등을 지루하게 할 수 있다.

정답 ③

해설

③ 사회적 대결은 대중을 동원함으로써 세를 과시할 수 있는 특징이 있다.
①·②·④·⑤ 법적 행동의 특징에 해당한다.

개념쏙쏙

1. ( )(이)란 지역주민의 생활에 영향을 미치는 중요한 결정에 대한 지역주민의 통제력을 강화시키기 위해 펼치는 다각인 노력을 말한다.
2. 타 조직과의 협력 전략 중 참여조직들 간의 이슈와 전략을 합동으로 선택하는 보다 조직적인 유형은 ( )이다.
3. 사회행동의 전술 중 ( )은/는 폭력의 위험이 내포되어 있고, 조직의 세를 유지하는 것이 어려운 단점을 지닌다.

정답

1. 사회행동
2. 연합
3. 사회적 대결

Theme 9 | 지방분권과 지역사회복지

1 지방분권이 지역사회복지에 미치는 영향

① 긍정적 영향
- ㉠ 복지의 분권화를 통해 효율적인 복지집행체계의 구축이 용이해질 수 있다.
- ㉡ 지방정부의 지역복지에 대한 자율성 및 책임의식을 증대시킬 수 있다.
- ㉢ 지방정부 간 경쟁으로 복지 프로그램의 이전 및 확산이 이루어진다.
- ㉣ 지역주민의 실제적 욕구에 기반을 둔 독자적이고 차별화된 복지정책을 추진할 가능성이 높아진다.
- ㉤ 분권형 복지사회를 실현할 수 있다.

② 부정적 영향
- ㉠ 지방자치단체장의 의지에 따라 복지서비스의 지역 간 불균형이 나타날 수 있다.
- ㉡ 사회복지 행정업무와 재정을 지방에 이양함으로써 중앙정부의 사회적 책임성을 약화시킬 수 있다.
- ㉢ 지방정부가 사회개발정책에 우선을 두는 경우 지방정부의 복지예산이 감소될 수 있다.
- ㉣ 지방정부 간 재정력 격차로 복지수준의 차이가 나타날 수 있다.
- ㉤ 지방정부 간의 경쟁이 심화되어 지역 이기주의가 나타날 수 있다.
- ㉥ 복지행정의 전국적 통일성을 저해할 수 있다.

2 지방분권화에 따른 지역사회복지의 과제

① 지역사회복지의 과제
- ㉠ 공공부문의 서비스를 보완하는 서비스의 개발 및 강화
- ㉡ 사회복지종사자들의 직무능력 개발 및 책임성 강화
- ㉢ 지역사회의 종교·시민단체 등과의 상호 협조 강화
- ㉣ 복지관련 연계망 구축기반 마련
- ㉤ 공공부문에 대한 견제와 협력의 강화

② 지역복지실천현장의 과제
- ㉠ 문제해결의 주체로서 지역사회의 변화 및 주민 조직화
- ㉡ 지역복지공동의제(Agenda) 개발 및 지역복지 활동영역 확대
- ㉢ 지역복지 활동가들의 조직화 및 연대활동의 강화
- ㉣ 지역복지 교육 훈련 및 연구 활동의 강화

3 지방재정 이양

① 지방정부의 재원
  ㉠ 중앙정부의 이전재원
    • 지방교부세 : 용도 지정 없이 지방정부가 자율적으로 사용 가능한 재원
    • 국고보조금 : 용도 지정에 따라 지급규모, 대상사업, 보조율 등을 중앙정부에서 결정한 재원
  ㉡ 지방세
    • 보통세 : 취득세, 등록면허세, 레저세, 담배소비세, 지방소비세, 주민세, 지방소득세, 재산세, 자동차세 등
    • 목적세 : 지역자원시설세, 지방교육세 등
  ㉢ 세외수입 : 수수료, 사용료, 기부금 등
  ㉣ 지방채

② 보조금의 용도지정 여부에 따른 분류
  ㉠ 범주적 보조금 : 보조금의 지급 및 사용 목적이 상세히 규정되어 있는 것으로서, 중앙정부가 재정 지출에 대해 실질적인 통제력을 확보하고 있으므로 복지서비스의 전국적 통일성과 평등한 수준을 유지하는 데 적합하다.
  ㉡ 포괄보조금 : 보조금의 지급 및 사용 목적이 포괄적으로 규정되어 있는 것으로서, 보조금 사용에 그 총액 및 용도의 범위만을 정하고 구체적인 용도를 제한하지 않으므로 집행상 재량권이 인정된다.
  ㉢ 일반보조금 : 보조금의 지급 및 사용 목적이 별도로 규정되어 있지 않은 것으로서, 지역 간 재정 격차의 축소와 지방정부의 지출능력 강화를 목적으로 한다.

③ 분권교부세
  ㉠ 지방교부세는 「지방교부세법」에 따라 산정한 금액으로서, 국가가 재정적 결함이 있는 지방자치단체에 교부하는 금액을 말한다 (지방교부세법 제2조 제1호 참조).
  ㉡ 2005년 국고보조사업을 이양받은 지방자치단체에 교부하는 재정보전 수단으로 분권교부세를 도입함으로써 지방재정분권을 본격화하였다.
  ㉢ 분권교부세는 본래 2005년부터 2009년까지 한시적으로 도입했다가 2014년까지 연장하였으나, 「지방교부세법」 개정으로 2015년에 폐지되어 보통교부세로 통합되었다.

실제기출 [2025]

지역사회보장협의체의 구성 및 역할에 관한 설명으로 옳은 것은?

① 대표협의체는 사회보장급여 제공과 관련된 조례를 제정한다.

② 대표협의체 위원에는 공무원이 포함되지 않는다.

③ 실무협의체는 사회보장급여 제공에 관한 사항을 심의·자문한다.

④ 실무협의체 위원은 10명 이상 40명 이하로 구성한다.

⑤ 읍·면·동 지역사회보장협의체는 지역사회보장계획의 시행결과를 평가한다.

정답 ④

해설

④ 실무협의체는 위원장 1명을 포함하여 10명 이상 40명 이하의 위원으로 구성한다(사회보장급여의 이용·제공 및 수급권자 발굴에 관한 법률 시행규칙 제6조 제1항).

①·③ 대표협의체는 시·군·구의 사회보장급여 제공에 관한 사항을 심의·자문한다(동법 제41조 제2항 참조).

② 대표협의체 위원에는 사회보장에 관한 업무를 담당하는 공무원이 포함된다(동법 제41조 제3항 참조).

⑤ 보건복지부장관은 시·도 지역사회보장계획의 시행결과를, 시·도지사는 시·군·구 지역사회보장계획의 시행결과를 각각 보건복지부령으로 정하는 바에 따라 평가할 수 있다(동법 제39조 제1항).

Theme 10   지역사회보장협의체

1 지역사회보장협의체

① 등장배경

㉠ 공공·민간 분야의 상호연계체계가 미흡하여 서비스의 중복 및 누락이 발생하였다.

㉡ 지역사회 보건복지 분야의 민관 대표자들과 실무자들이 참여하는 논의구조를 마련하여 지역주민에게 통합적인 서비스를 제공할 필요성이 제기되었다.

㉢ 지역사회의 공공·민간 분야의 네트워크를 강화하고 지역 내 보건복지서비스의 공급자와 수요자 간 연계·협력체계를 구축하기 위한 시도가 펼쳐졌다.

㉣ 2014년 12월 「사회보장급여의 이용·제공 및 수급권자 발굴에 관한 법률」 제정에 따라 2015년 7월부터 기존 지역사회복지협의체는 '지역사회보장협의체'로, 지역사회복지계획은 '지역사회보장계획'으로 변경되었다.

㉤ 변경된 제도는 지역사회민관협력 체계의 변화를 담고 있으며, 특히 민관협력기구의 구성·업무 범위를 보건·복지에서 사회보장(고용, 주거, 교육, 문화, 환경 등)으로 확대하고 있다.

② 협의체 구성·운영의 원칙(특성)

㉠ 지역성 : 사회보장급여가 필요한 지원대상자에 대한 현장밀착형 서비스 제공기반을 마련한다.

㉡ 참여성 : 공공과 민간의 적극적·자발적 참여가 필요하다.

㉢ 협력성 : 네트워크형 조직 구조를 통해 당면한 지역사회 복지문제 등의 현안을 해결하는 민관협력기구이다.

㉣ 통합성 : 지역사회 내 복지자원 발굴 및 유기적인 연계와 협력을 통하여 수요자의 다양하고 복잡한 욕구에 부응하는 서비스를 통합적으로 제공한다.

㉤ 연대성 : 자체적으로 해결이 곤란한 복지문제는 지역주민 간 연대를 형성 또는 인근 지역과 연계·협력을 통하여 복지자원을 공유함으로써 해결한다.

㉥ 예방성 : 지역주민의 복합적인 복지문제를 조기에 발견하여 예방할 수 있도록 노력한다.

2 지역사회보장협의체의 주요 역할

주체	주요 심의 · 자문 안건
대표협의체	• 시 · 군 · 구 지역사회보장계획 수립 · 시행 및 평가에 관한 사항 • 시 · 군 · 구 지역사회보장조사 및 지역사회보장지표에 관한 사항 • 시 · 군 · 구 사회보장급여 제공에 관한 사항 • 시 · 군 · 구 사회보장 추진에 관한 사항 • 읍 · 면 · 동 단위 지역사회보장협의체의 구성 및 운영에 관한 사항 • 그 밖에 위원장이 필요하다고 인정하는 사항
실무협의체	• 대표협의체 심의 안건에 대한 사전 논의 및 검토 • 시 · 군 · 구 사회보장 관련 시책 개발 협의 및 제안서 마련 • 실무분과 및 읍 · 면 · 동 지역사회보장협의체 현안 과제에 대한 검토 • 실무분과 공동 사업 검토 • 실무분과 간의 역할, 조정에 대한 수행
실무분과	• 분과별 자체사업 계획 · 시행 · 평가 • 지역사회보장(분야별)과 관련된 현안 논의 및 안건 도출 • 지역사회보장계획 시행과정(연차별 시행계획) 모니터링
읍 · 면 · 동 단위 지역사회 보장협의체	• 관할 지역의 지역사회보장 대상자 발굴 업무 지원 • 사회보장 자원 발굴 및 연계 업무 지원 • 지역사회보호체계 구축 및 운영 업무 지원 • 그 밖에 관할 지역 주민의 사회보장 증진을 위하여 필요한 업무 지원

3 지역사회보장계획

① 사회보장에 관한 기본계획과 연계되도록 해야 한다.

② 지역사회보장계획 수립의 기본 절차

계획 준비 → 지역분석 → 계획 작성 → 의견수렴 → 계획 확정 →
제출 → 권고 · 조정 사항 반영

③ 시 · 군 · 구 및 시 · 도 지역사회보장계획의 수립

시 · 군 · 구 지역사회 보장계획	• 제1단계 : 시장 · 군수 · 구청장은 지역주민 등 이해관계인의 의 견을 들어 지역의 복지욕구 및 복지자원을 조사한다. • 제2단계 : 시 · 군 · 구 지역사회보장계획안을 마련한다. • 제3단계 : 지역사회보장협의체의 심의를 받는다. • 제4단계 : 시 · 군 · 구 의회에 보고한다. • 제5단계 : 시 · 도지사에게 제출한다.
시 · 도 지역사회 보장계획	• 제1단계 : 시 · 도지사는 제출받은 시 · 군 · 구 지역사회보장계 획을 종합 · 조정한다. • 제2단계 : 시 · 군 · 구 지역사회보장계획을 지원하는 내용 등을 포함한 시 · 도 지역사회보장계획안을 마련한다. • 제3단계 : 시 · 도 사회보장위원회의 심의를 받는다. • 제4단계 : 시 · 도 의회에 보고한다. • 제5단계 : 보건복지부장관에게 제출한다. • 제6단계 : 보건복지부장관은 제출된 계획을 사회보장위원회에 보고한다.

실제기출 [2025]

사회복지관 사업 내용 중 서비스제공 기능에 해당하는 것은?

① 지역욕구조사 실시
② 자원봉사자 개발 및 관리
③ 사회복지현장실습 교육 및 지도
④ 독거노인을 위한 일상생활 지원
⑤ 후원자 개발을 위한 기관 소식지 제작

정답 ④

해설

④ 독거노인을 위한 일상생활 지원은 사회복지관의 서비스제공 기능 중 지역사회보호 분야에 해당한다.
① 지역욕구조사 실시는 사회복지관의 지역조직화 기능 중 복지네트워크 구축 분야에 해당한다.
② 자원봉사자 개발 및 관리는 사회복지관의 지역조직화 기능 중 자원 개발 및 관리 분야에 해당한다.
③ 사회복지현장실습 교육 및 지도는 사회복지관의 지역조직화 기능 중 복지네트워크 구축 분야에 해당한다.
⑤ 후원자 개발을 위한 기관 소식지 제작은 사회복지관의 지역조직화 기능 중 자원 개발 및 관리 분야에 해당한다.

실제기출 [2024]

사회복지관의 사업 내용 중 기능이 다른 것은?

① 지역 내 보호가 필요한 대상자 및 위기개입 대상자 발굴
② 개입 대상자의 문제와 욕구에 맞는 맞춤형 서비스 제공을 위한 사례 개입
③ 지역 내 민간 및 공공자원 연계 및 의뢰
④ 발굴한 사례에 대한 개입계획 수립
⑤ 주민 협력 강화를 위한 주민의식 교육

정답 ⑤

해설

주민이 지역사회 문제에 스스로 참여하고 공동체 의식을 갖도록 주민 조직의 육성을 지원하고, 이러한 주민 협력 강화에 필요한 주민의식을 높이기 위한 교육을 실시하는 주민조직화 사업은 사회복지관의 '지역조직화 기능'에 해당한다.

Theme 11 | 지역사회복지관

1 개념 및 주요연혁

① 개 념
  ㉠ '사회복지관'이란 지역사회를 기반으로 일정한 시설과 전문 인력을 갖추고 지역주민의 참여와 협력을 통하여 지역사회 복지 문제를 예방·해결하기 위하여 종합적인 복지서비스를 제공하는 시설을 말한다.
  ㉡ 사회복지관은 지방자치단체, 사회복지법인 및 기타 비영리법인이 설치·운영할 수 있다.

② 주요연혁
  ㉠ 1906년 : 원산 인보관운동에서 사회복지관사업 태동
  ㉡ 1921년 : 서울에 최초로 태화여자관 설립
  ㉢ 1930년 : 서울에 인보관 설치
  ㉣ 1986년 : 사회복지관 운영·국고보조사업지침 수립
  ㉤ 1989년 : 「주택건설촉진법」 등에 의해 저소득층 영구임대아파트 건립 시 일정 규모의 사회복지관 건립을 의무화
  ㉥ 2004년 : 사회복지사업법 시행규칙 사회복지관의 설치기준 신설(기존 사회복지관 설치·운영규정 폐지)
  ㉦ 2012년 : 「사회복지사업법」 개정에 따른 사회복지관의 설치 등 규정 신설

2 지역사회복지관 운영의 기본원칙

① **지역성의 원칙** : 지역사회의 특성에 따라 지역주민의 문제 및 욕구에 신속히 대응하며, 지역주민의 자발적인 참여를 유도한다.
② **전문성의 원칙** : 지역사회의 문제에 효과적으로 대처하기 위해 전문적인 지식과 기술을 보유한 인력을 활용하며 지속적으로 재교육시킨다.
③ **책임성의 원칙** : 사회복지관은 서비스 이용자의 욕구를 충족하고 지역사회문제를 해결함에 있어서 효과성을 극대화하기 위하여 최선의 노력을 기울여야 한다.
④ **자율성의 원칙** : 사회복지관은 다양한 복지서비스를 효율적으로 제공하기 위하여 사회복지관의 능력과 전문성이 최대한 발휘될 수 있도록 자율적으로 운영하여야 한다.
⑤ **통합성의 원칙** : 사회복지관은 사업을 수행함에 있어 지역 내 공공 및 민간 복지기관 간에 연계성과 통합성을 강화시켜 지역사회 복지체계를 효율적이고 효과적으로 운영되도록 하여야 한다.

⑥ 자원활용의 원칙 : 사회복지관은 주민욕구의 다양성에 따라 다양한 기능인력과 재원을 필요로 하므로 지역사회 내의 복지자원을 최대한 동원·활용하여야 한다.

⑦ 중립성의 원칙 : 사회복지관은 정치활동, 영리활동, 특정 종교활동 등에 이용되지 않게 중립성이 유지되어야 한다.

⑧ 투명성의 원칙 : 사회복지관은 자원을 효율적으로 이용하고 운영과정의 투명성을 유지하여야 한다.

3 지역사회복지관 사업의 내용

① 사례관리 기능

사업분야	내용
사례발굴	지역 내 보호가 필요한 대상자 및 위기개입 대상자를 발굴하여 개입계획 수립
사례개입	지역 내 보호가 필요한 대상자 및 위기개입 대상자의 문제와 욕구에 대한 맞춤형 서비스가 제공될 수 있도록 사례개입
서비스연계	사례개입에 필요한 지역 내 민간 및 공공의 가용자원과 서비스에 대한 정보 제공 및 연계, 의뢰

② 서비스제공 기능

사업분야	내용
가족기능 강화	가족관계증진사업, 가족기능보완사업, 가정문제해결·치료사업, 부양가족지원사업, 다문화가정, 북한이탈주민 등 지역 내 이용자 특성을 반영한 사업
지역사회 보호	급식서비스, 보건의료서비스, 경제적 지원, 일상생활 지원, 정서서비스, 일시보호서비스, 재가복지봉사서비스
교육문화	아동·청소년 사회교육, 성인기능교실, 노인 여가·문화, 문화복지사업
자활지원 등 기타	직업기능훈련, 취업알선, 직업능력개발, 그 밖의 특화사업

③ 지역조직화 기능

사업분야	내용
복지 네트워크 구축	복지서비스 공급의 효율성을 제고하고, 사회복지관이 지역복지의 중심으로서의 역할을 강화하는 사업 등(지역사회연계사업, 지역욕구조사, 실습지도 등)
주민조직화	주민의 참여, 공동체 의식 제고를 위한 주민 조직의 육성을 지원하고, 교육을 실시하는 사업 등(주민복지증진사업, 주민조직화 사업, 주민교육 등)
자원 개발 및 관리	인력, 재원 등을 발굴하여 연계 및 지원하는 사업 등(자원봉사자 개발·관리, 후원자 개발·관리 등)

실제기출 [2022]

한국사회복지협의회의 주요 사업이 아닌 것은?

① 사회복지에 관한 교육훈련
② 사회복지에 관한 계몽 및 홍보
③ 자원봉사활동의 진흥
④ 사회복지사업에 관한 기부문화의 조성
⑤ 읍·면·동이 위탁하는 사회복지에 관한 업무

정답 ⑤

해설

Theme 12의 '4. 한국사회복지협의회의 업무(사회복지사업법 제33조 및 시행령 제12조)' 참고

실제기출 [2021]

사회복지협의회에 관한 설명으로 옳지 않은 것은?

① 사회복지사업법에 근거를 둔 법정단체이다.
② 민·관협력을 위해 시·군·구에 설치된 공공기관이다.
③ 한국사회복지협의회는 기타 공공기관으로 지정되었다.
④ 사회복지기관 간 연계·협력·조정 등의 업무를 수행한다.
⑤ 광역 및 지역 단위 사회복지협의회는 독립적인 사회복지법인이다.

정답 ②

해설

사회복지협의회는 주민과 사회복지기관 및 관련 조직체에 의해 구성되고 지역사회복지의 과제를 해결하기 위해 다양한 노력을 기울이는 민간의 대표성을 지닌 조직으로서, 1983년 「사회복지사업법」 개정과 함께 법정단체로 규정되었다. 참고로 지역의 사회보장을 증진하고 사회보장과 관련된 서비스를 제공하는 관계 기관·법인·단체·시설과 연계·협력을 위해 시·군·구 단위로 설치하는 민관협력기구는 지역사회보장협의체이다.

Theme 12	사회복지협의회

1 개념

① 지역사회복지에 관심을 가진 민간단체 또는 개인의 연합체
② 지역사회의 복지욕구를 효과적으로 달성하기 위한 상호 협력 및 조정단체
③ 민간복지의 역량을 강화하는 중간 조직

2 주요 기능

① **지역사회복지활동 기능**
지역사회 전체가 가지고 있는 복지욕구를 찾아내어 이를 해결하기 위한 방안을 강구하며, 계획을 세워 실천함으로써 지역사회복지를 증진시킨다.

② **연락·조정·협의 기능**
지역사회의 다양한 복지기관 및 단체들 간의 상호 연계·협력을 통해 민간복지역량을 강화하는 동시에 중복적으로 진행되는 사업을 조정함으로써 민간자원의 효율적인 활용을 도모한다.

③ **지원·유지 기능**
위의 기능들을 잘 수행할 수 있도록 조사·연구, 정책 개발 및 제안, 교육·훈련, 정보 제공, 출판 및 홍보, 자원 조성 및 배분, 국제교류의 전개 등 지원·유지 기능을 수행한다.

3 주요 원칙

① **주민욕구 기본의 원칙**
광범위한 주민의 생활실태를 파악하고 복지에 관한 문제를 분석함으로써 그들의 다양한 욕구에 효과적으로 대응한다.

② **주민활동 주체의 원칙**
지역주민의 참여를 독려함으로써 지역복지에 대한 관심을 높인다.

③ **민간성의 원칙**
민간조직의 장점인 개척성, 즉흥성, 유연성을 통해 지역복지의 발전을 유도한다.

④ **공사협동의 원칙**
공공 및 민간의 상호 협력을 통해 지역주민의 욕구에 효과적으로 대처하며, 다각적인 지원방법을 모색한다.

⑤ 전문성의 원칙

　지역사회복지에 관한 다양한 문제들을 조사 · 분석하고 그에 적합한 대처방안을 마련하는 등의 전문성을 발휘한다.

⑥ 지역 특성 존중의 원칙

　조직 및 구조는 지역사정에 따라 결정되어야 하며, 지역적 특성에 부합하는 사업내용 및 방법을 구상하여야 한다.

4 한국사회복지협의회의 업무(사회복지사업법 제33조 및 시행령 제12조)

① 사회복지에 관한 조사 · 연구 및 정책 건의

② 사회복지 관련 기관 · 단체 간의 연계 · 협력 · 조정

③ 사회복지 소외계층 발굴 및 민간사회복지자원과의 연계 · 협력

④ 사회복지에 관한 교육훈련

⑤ 사회복지에 관한 자료수집 및 간행물 발간

⑥ 사회복지에 관한 계몽 및 홍보

⑦ 자원봉사활동의 진흥

⑧ 사회복지사업에 관한 기부문화의 조성

⑨ 사회복지사업에 종사하는 사람의 교육훈련과 복지증진

⑩ 사회복지에 관한 학술 도입과 국제사회복지단체와의 교류

⑪ 그 밖에 보건복지부장관이 위탁하는 사회복지에 관한 업무

더 알아보기

한국사회복지사협회의 업무(사회복지사업법 시행령 제22조)

• 사회복지사에 대한 전문지식 및 기술의 개발 · 보급
• 사회복지사의 전문성 향상을 위한 교육훈련
• 사회복지사제도에 대한 조사연구 · 학술대회 개최 및 홍보 · 출판사업
• 국제사회복지단체와의 교류 · 협력
• 보건복지부장관이 위탁하는 사회복지사업에 관한 업무
• 기타 협회의 목적달성에 필요한 사항

Theme 13 | 사회복지공동모금회

1 개 념

① 지역사회의 재원을 동원하고 배분하는 전문기관이다.
② 민간자원의 동원을 통해 사회복지 향상에 기여한다.
③ 서비스 공급기능 보완, 민간부문의 자원개발 및 서비스 공급 확대, 사회복지 프로그램의 전문성 제고에 기여한다.

2 특 성

① 「사회복지공동모금회법」을 설립근거로 하는 민간운동적 특성의 법정기부금 모금단체로, 현재는 공익법인 중 전문모금기관으로 분류된다.
② 조직은 중앙과 지방의 독립법인형식에서 1999년 3월 「사회복지공동모금법」의 「사회복지공동모금회법」으로의 개정을 통해 시·도별 지회형식으로 변경되었다.
③ 전체 모금액 중 법인모금액이 차지하는 비중이 개인모금액보다 크다.
④ 노블레스 오블리주 실천을 위한 아너 소사이어티(Honor Society)를 운영하고 있다.

3 배분사업의 유형

① **신청사업** : 사회복지 증진을 위해 자유주제 공모형태로 복지사업을 신청받아 배분하는 사업(프로그램사업, 기능보강사업)
② **기획사업** : 모금회가 그 주제를 정하여 배분하는 사업 또는 배분대상자로부터 제안받은 내용 중에서 선정하여 배분하는 시범적이고 전문적인 사업
③ **긴급지원사업** : 재난구호 및 긴급수호, 저소득층 응급지원 등 긴급히 지원해야 할 필요가 있는 경우에 배분하는 사업
④ **지정기탁사업** : 사회복지 증진을 위해 기부자가 기부금품의 배분지역·배분대상자 또는 사용용도를 지정한 경우 그 지정 취지에 따라 배분하는 사업

4 심 사

① **심사 기준** : 기관평가, 사업평가, 기타평가
② **일반적인 심사과정** : 예비심사 → 서류심사 → 면접심사 → 현장심사

5 사회복지공동모금회법

① 주요 내용

    ㉠ 사회복지공동모금회는 「사회복지사업법」에 따른 사회복지법인으로 한다. 모금회는 정관을 작성하여 보건복지부장관의 인가를 받아 등기함으로써 설립된다.

    ㉡ 모금회에는 회장 1명, 부회장 3명, 이사(회장·부회장 및 사무총장 포함) 15명 이상 20명 이하, 감사 2명의 임원을 둔다. 임원의 임기는 3년으로 하며, 한 차례만 연임할 수 있다.

    ㉢ 기획분과실행위원회, 홍보분과실행위원회, 모금분과실행위원회 및 배분분과실행위원회 등 분과실행위원회를 둔다.

    ㉣ 사회복지공동모금에 의한 기부금품, 법인이나 단체가 출연하는 현금·물품 또는 그 밖의 재산, 「복권 및 복권기금법」에 따라 배분받은 복권수익금, 그 밖의 수입금을 재원으로 조성한다.

    ㉤ 모금회는 보건복지부장관의 승인을 받아 복권을 발행할 수 있다.

    ㉥ 모금회는 기부금품의 접수를 효율적이고 공정하게 하기 위하여 언론기관을 모금창구로 지정하고, 지정된 언론기관의 명의로 모금계좌를 개설할 수 있다.

    ㉦ 기부금품의 기부자는 배분지역, 배분대상자 또는 사용 용도를 지정할 수 있다.

    ㉧ 모금회의 회계연도는 1월 1일부터 12월 31일까지로 한다.

    ㉨ 모금회가 아닌 자는 사회복지공동모금 또는 이와 유사한 명칭을 사용하지 못한다.

② 공동모금재원 배분기준에 포함되어야 하는 사항(법 제20조 제1항)

    ㉠ 공동모금재원의 배분대상

    ㉡ 배분한도액

    ㉢ 배분신청기간 및 배분신청서 제출 장소

    ㉣ 배분심사기준

    ㉤ 배분재원의 과부족 시 조정방법

    ㉥ 배분신청 시 제출할 서류

    ㉦ 그 밖에 공동모금재원의 배분에 필요한 사항

Theme 14 | 자원봉사

1 자원봉사의 개념 및 필요성

① 일반적 개념 : 공사조직에 자발적으로 참여하여 영리적인 반대급부를 받지 않고서도 인간의 존엄성과 민주주의 원칙에 입각하여 타인들에게 필요한 서비스를 제공함으로써 사회의 공동선을 고양시킴과 동시에 이타심의 구현을 통해 자기실현을 성취하는 활동

② 필요성
  ㉠ 자원봉사활동은 그 자체가 사회복지 일반교육의 기초
  ㉡ 여가만족, 자아실현 등 인간의 기본적 욕구 충족
  ㉢ 아동, 노인, 장애인 등에 대한 지역사회 차원에서의 정상화, 통합화의 복지적 관점 대두

2 자원봉사활동의 기본원칙(자원봉사활동 기본법 제2조 제2호)

① 무보수성
② 자발성
③ 공익성
④ 비영리성
⑤ 비정파성(非政派性)
⑥ 비종파성(非宗派性)

3 자원봉사센터

① 주요 목적
  ㉠ 지역사회의 문제를 해결하기 위해 다양한 자원봉사자들의 참여를 촉진하고 개발·육성한다.
  ㉡ 자원봉사자를 필요로 하는 기관과 단체들의 자원봉사자 수급 및 관리를 지원하여 효과적인 자원봉사활동이 이루어지도록 지원한다.
  ㉢ 지역사회 자원의 조직화와 소통·조정·연계를 통해 지역사회의 문제해결을 돕는다.
  ㉣ 지역사회 내에서 자원봉사에 대한 인식을 증진하고 자원봉사자의 위상을 제고하여 활동을 진흥시킨다.

② 유 형

구 분	특 징
공급자 중심	민간단체의 민간형태 비사회사업적 영역에서 기관 본연의 목적을 수행하기 위해 자원봉사를 활용한다(예 교육기관, 기업, 종교사회봉사 등).
수요자 중심	사회사업적 목적을 수행하기 위해 자원봉사자를 직접 활용한다(예 사회복지 관련 시설, 병원의료사회사업실, 시민단체, 환경단체 등).
조정자 중심	자원봉사의 수요와 공급을 적절히 조정하고, 자원봉사센터 간 효율적인 연계 역할을 수행한다(예 보건복지부, 행정안전부, 여성가족부, 문화체육관광부 등 공공 형태의 중앙정부 관할 자원봉사센터 등).

4 자원봉사활동 기본법

① 주요 내용

　㉠ 국가와 지방자치단체는 자원봉사활동의 진흥에 관한 시책을 마련하여 국민의 자원봉사활동을 권장하고 지원하여야 한다.

　㉡ 자원봉사센터를 법인으로 하여 운영하거나 비영리 법인에 위탁하여 운영하여야 한다.

　㉢ 법령에 따라 지원을 받는 자원봉사단체 및 자원봉사센터는 그 명의 또는 그 대표의 명의로 특정 정당이나 특정인의 선거운동을 하여서는 아니 된다.

　㉣ 행정안전부장관은 관계 중앙행정기관의 장과 협의하여 자원봉사활동의 진흥을 위한 국가기본계획을 5년마다 수립하여야 한다.

　㉤ 국가는 국민의 자원봉사활동에 대한 참여를 촉진하고 자원봉사자의 사기를 높이기 위하여 매년 12월 5일을 자원봉사자의 날로 하고 자원봉사자의 날부터 1주일간을 자원봉사주간으로 설정한다.

② 자원봉사진흥위원회

　㉠ 자원봉사활동에 관한 주요 정책을 심의하기 위하여 행정안전부장관 소속으로 관계 공무원 및 민간 전문가로 구성된 자원봉사진흥위원회를 둔다.

　㉡ 자원봉사진흥위원회는 다음의 사항을 심의한다.

> • 자원봉사활동의 진흥을 위한 정책 방향의 설정 및 협력 · 조정
> • 자원봉사활동의 진흥을 위한 국가기본계획과 연도별 시행계획에 관한 사항
> • 자원봉사활동의 진흥을 위한 제도 개선에 관한 사항
> • 그 밖에 자원봉사활동의 진흥에 필요한 사항

③ 한국자원봉사협의회

　㉠ 자원봉사단체는 전국 단위의 자원봉사활동을 진흥 · 촉진하기 위하여 한국자원봉사협의회를 설립할 수 있다.

　㉡ 협의회는 법인으로 하며, 정관을 작성하여 행정안전부장관의 인가를 받아 등기함으로써 설립된다.

| Theme 15 | 재가복지 및 자활사업 |

1 재가복지봉사서비스

① 역할

- ㉠ 재가복지봉사서비스 대상자 및 가정의 욕구 조사, 문제 진단
- ㉡ 대상자 및 가정에 대한 직·간접적인 서비스 제공
- ㉢ 지역사회 내의 인적·물적자원의 동원·활용
- ㉣ 재가복지봉사서비스에 대한 자체 사업평가 후 활용
- ㉤ 사회복지사업을 비롯한 각종 취미·교양 등에 대한 교육 제공
- ㉥ 다양한 자원의 연계를 통해 계층 간 연대감 고취

② 운영원칙

- ㉠ 자립성의 원칙 : 재가복지의 근본 목적인 요보호대상자의 신체적·정신적·사회적 자립을 위해 힘써야 함
- ㉡ 연계성의 원칙 : 행정기관이나 사회봉사단체 등과 항시 연결체제를 구축하여 대상자의 다양한 욕구를 충족시켜야 함
- ㉢ 능률성의 원칙 : 인적·물적자원의 효율적인 운영을 통해 비용을 최소화함
- ㉣ 적극성의 원칙 : 대상자의 요청을 기다리지 않고 적극적으로 발굴하려는 자세를 가져야 함

③ 대상자

- ㉠ 국민기초생활보장 수급권자
- ㉡ 기타 저소득층 가정으로서 재가복지봉사서비스가 필요하다고 인정되는 자
- ㉢ 미신고시설 생활자(장애인, 여성, 아동, 노인 등)
- ㉣ 재가복지봉사서비스를 필요로 하는 지역주민

④ 재가복지봉사서비스의 종류

가사서비스	집안청소, 급식 및 취사, 세탁, 청소 등
간병서비스	병간호, 병원안내, 병원동행, 병원수속대행, 약품구입, 신체운동 등
정서서비스	상담, 말벗, 여가 및 취미활동 제공 등
결연서비스	서비스 대상자에 대한 재정적 지원 알선, 의부모·의형제 맺어주기 등
의료서비스	지역보건의료기관과의 연계·결연, 수시방문진료 등
자립지원서비스	직업보도, 기능훈련, 취업알선 등
주민교육서비스	보호대상자의 가족, 이웃, 친지를 비롯한 지역주민을 위한 재가보호서비스 방법에 대한 교육
그 밖에 사회복지관 내의 시설을 활용한 서비스 등	

2 자활사업

① 의의 및 목적

⊙ 우리나라의 대표적인 노동연계복지 프로그램으로서, 2000년 10월 국민기초생활보장제도의 시행과 함께 본격적으로 실시되었다.

ⓛ 국민기초생활보장제도가 지닌 근로 유인 문제를 해결하기 위해 근로능력이 있는 사람들에 대한 자활사업에의 참여를 규정하고 있다.

② 자활사업 참여 자격

조건부수급자	자활사업 참여를 조건으로 생계급여를 지급받는 수급자(의무참여)
자활급여특례자	의료급여 수급자가 자활근로, 자활기업 등 자활사업 또는 국민취업제도에 참가하여 발생한 소득으로 인하여 소득인정액이 기준 중위소득의 40%를 초과한 경우
일반수급자	근로능력이 없는 생계급여 수급(권)자 및 조건부과 유예자, 의료·주거·교육급여 수급(권)자 중 참여 희망자
특례수급가구의 가구원	의료급여특례, 이행급여특례가구의 근로능력이 있는 가구원 중 자활사업 참여를 희망하는 자
차상위자	근로능력이 있고, 소득인정액이 기준 중위소득 50% 이하인 사람 중 비수급권자
근로능력이 있는 시설수급자	• 생계·의료급여 수급자 : 행복e음 보장결정 필수 • 일반시설생활자(주거·교육급여 수급자 및 기타) : 차상위자 참여 절차 준용

③ 지원체계

지역자활센터	근로능력이 있는 저소득층에게 집중적·체계적인 자활지원 서비스 제공
광역자활센터	광역단위의 자활사업 인프라를 구축하여 활성화 도모
한국자활복지 개발원	자활지원을 위한 조사·연구 및 프로그램 개발·평가, 자활 관련 기관 간의 협력체계 구축 등 지원업무를 전담
자활기관협의체	시장·군수·구청장이 직업안정기관·자활사업실시기관 및 사회복지시설 등의 장으로 상시적인 협의체 구성

사회적경제에 관한 설명으로 옳은 것을 모두 고른 것은?

> ㄱ. 사회적경제 주체는 정부와 시장이다.
> ㄴ. 사회통합과 공동체 의식 증진에 기여할 수 있다.
> ㄷ. 호혜와 연대에 기초한 사회적 자본으로 시장경제의 대안이 된다.
> ㄹ. 사회적경제 조직의 유형에는 협동조합, 마을기업, 자활기업 등이 있다.

① ㄱ　　　　　② ㄱ, ㄴ
③ ㄴ, ㄷ　　　④ ㄱ, ㄷ, ㄹ
⑤ ㄴ, ㄷ, ㄹ

정답 ⑤

해설

사회적경제의 주요 주체
- 사회적기업 : 취약계층에게 사회서비스 또는 일자리를 제공하거나 지역사회에 공헌함으로써 지역주민의 삶의 질을 높이는 등의 사회적 목적을 추구하면서 재화 및 서비스의 생산·판매 등 영업활동을 하는 기업이다.
- 마을기업 : 지역주민이 각종 지역자원을 활용한 수익사업을 통해 공동의 지역문제를 해결하고, 소득 및 일자리의 창출을 위해 설립·운영하는 마을단위의 기업이다.
- 자활기업 : 2인 이상의 수급자 또는 차상위자가 상호 협력하여, 조합 또는 사업자의 형태로 탈빈곤을 위한 자활사업을 운영하는 업체를 말한다.
- 협동조합 : 재화 또는 용역의 구매·생산·판매·제공 등을 협동으로 영위함으로써 조합원의 권익을 향상하고 지역사회에 공헌하고자 하는 사업조직을 말한다.

사회적경제 주체에 해당하는 것을 모두 고른 것은?

> ㄱ. 사회적기업
> ㄴ. 마을기업
> ㄷ. 사회적협동조합
> ㄹ. 자활기업

① ㄱ, ㄴ　　　　② ㄱ, ㄷ
③ ㄴ, ㄷ　　　　④ ㄱ, ㄷ, ㄹ
⑤ ㄱ, ㄴ, ㄷ, ㄹ

정답 ⑤

해설

실제기출 [2025] 해설 참고

Theme 16 │ 사회적경제

1 사회적경제의 개념

① 사회적경제는 사각지대에 놓인 사회적 약자들에게 재화와 서비스를 공급하는 '제3부문'으로서, 시장 및 정부의 영역과 일부 긴밀히 연계되어 있으면서도 독자적인 운영을 통해 사회적 재화와 서비스를 공급하는 경제활동을 말한다.

② 자본주의 시장경제가 사적 이윤의 극대화를 추구하는 경제시스템인 반면, 사회적경제는 사회적 가치에 기반을 두고 공동 이익을 목적으로 하는 경제시스템이다.

③ 사회적경제의 주체는 사회적기업, 마을기업, 협동조합, 자활기업 등을 포함한다.

2 사회적기업

① 취약계층에게 사회서비스 또는 일자리를 제공하거나 지역사회에 공헌함으로써 지역주민의 삶의 질을 높이는 등의 사회적 목적을 추구하면서 재화 및 서비스의 생산·판매 등 영업활동을 하는 기업이다.

② 국가는 사회서비스 확충 및 일자리 창출을 위하여 사회적기업에 대한 지원대책을 수립하고 필요한 시책을 종합적으로 추진하여야 하며, 지방자치단체는 지역별 특성에 맞는 사회적기업 지원시책을 수립·시행하여야 한다.

③ 사회적기업을 운영하려는 자는 법령에 따른 인증 요건을 갖추어 고용노동부장관의 인증을 받아야 하며, 고용노동부장관은 인증을 하려면 고용정책심의회의 심의를 거쳐야 한다.

④ 사회적기업은 사회적 일자리 창출 등 사회적 가치 실현을 중요시하는 만큼, 특히 상법상 회사의 경우 이윤을 사회적 목적에 재투자하는 것을 인증 요건으로 한다.

3 마을기업

① 지역주민이 각종 지역자원을 활용한 수익사업을 통해 공동의 지역문제를 해결하고, 소득 및 일자리의 창출을 위해 설립·운영하는 마을단위의 기업이다.

② 공동체성, 공공성, 기업성, 지역성 등을 운영원칙으로 한다.

③ 마을기업의 설립과정에 지역주민 또는 지역 내 다양한 이해관계자 등을 참여시켜야 하며, 의견을 수렴하고 반영하도록 노력하여야 한다.

④ 시·군·구의 적격 검토, 시·도의 지정 요건 등 심사, 행정안전부의 최종 심사를 거쳐 마을기업으로 지정된다.

⑤ 마을기업은 사업 성격에 따라 '지역자원 활용형', '사회서비스 제공형', '마을 관리형'으로 구분된다.

4 협동조합

① 재화 또는 용역의 구매·생산·판매·제공 등을 협동으로 영위함으로써 조합원의 권익을 향상하고 지역사회에 공헌하고자 하는 사업조직이다.

② 협동조합을 설립하려는 경우에는 5인 이상의 조합원 자격을 가진 자가 발기인이 되어 정관을 작성하고 창립총회의 의결을 거친 후 주된 사무소의 소재지를 관할하는 시·도지사에게 신고하여야 한다. 시·도지사는 협동조합의 설립신고를 받은 때에는 즉시 기획재정부장관에게 그 사실을 통보하여야 한다.

③ 협동조합 중 지역주민들의 권익·복리 증진과 관련된 사업을 수행하거나 취약계층에게 사회서비스 또는 일자리를 제공하는 등 영리를 목적으로 하지 아니하는 협동조합을 '사회적협동조합'이라고 한다.

5 소셜벤처기업

① 사회적기업가 정신을 가진 기업가가 기존과는 다른 혁신적인 기술이나 비즈니스 모델을 통해 사회적 가치와 경제적 가치를 동시에 창출하는 기업이다.

② 소셜벤처기업은 사회성, 혁신성장성을 요건으로 하며, 이는 다음의 기준에 따라 판별된다.

사회성	• 사회적경제기업 관련 인증 • 사회적 가치 추구 정도 • 사회적 가치 실현능력 • 대표자의 사회적 가치 창출수준 등
혁신성장성	• 기술의 혁신성 • 사업의 성장성 • 연구개발 역량 • 대표자 기술역량 등

③ 소셜벤처기업을 판별·관리하고, 이들 기업을 지원하기 위한 종합정보망으로서 '소셜벤처스퀘어'를 운영하고 있다.

더 알아보기

우리나라 사회적경제의 주체들로는 사회적기업, 마을기업, 협동조합, 소셜벤처기업 등이 있습니다. 각 주체들의 주무부처는 서로 다른데, 자활기업은 보건복지부, 사회적기업은 고용노동부, 마을기업은 행정안전부, 협동조합은 기획재정부, 소셜벤처기업은 중소벤처기업부에서 관장합니다.

1 지역사회복지운동의 의의

① 주민참여 활성화에 의해 복지에 대한 권리의식과 시민의식을 배양하는 사회권(복지권) 확립의 운동이다.
② 지역사회의 다양한 자원 활용 및 관련 조직 간의 유기적인 협력이 이루어지는 동원운동(연대운동)이다.
③ 지역주민의 주체성 및 역량을 강화하고 지역사회의 변화를 주도하는 조직운동이다.
④ 인간성 회복을 위한 인도주의 정신과 사회적 가치로서 사회정의를 실현하고자 하는 사회개혁운동이다.

2 주민참여

① 개념 : 지역주민들이 공식적인 정부의 의사결정 과정에 관여하여 정책이나 계획에 욕구를 반영하도록 하는 적극적인 노력이다.
② 주민참여의 단계 : 아른스테인(Arnstein)은 주민참여를 8단계로 나누고 이를 참여의 효과, 즉 권력분배 수준의 측면에서 3개의 범주로 구분하였다.

구 분	주민참여	참여의 효과
8단계	주민통제(Citizen Control)	주민권력 수준 (Degree of Citizen Power)
7단계	권한위임(Delegated Power)	
6단계	협동관계(Partnership)	
5단계	주민회유(Placation)	형식적 참여 (Degree of Tokenism)
4단계	주민상담(Consultation)	
3단계	정보제공(Informing)	
2단계	대책치료(Therapy)	비참여 (Non-participation)
1단계	여론조작(Manipulation)	

㉠ 조작 또는 여론조작(제1단계) : 행정과 주민이 서로 간의 관계를 확인한다는 점에서 의의를 찾을 수 있다. 다만, 공무원이 일방적으로 교육 및 설득을 하고, 주민은 단순히 참석하는 데 그친다.
㉡ 처방 또는 대책치료(제2단계) : 주민의 욕구불만을 일정한 사업에 분출시켜 치료하는 단계이다. 다만, 이는 행정의 일방적인 지도에 그친다.
㉢ 정보제공(제3단계) : 행정이 주민에게 일방적으로 정보를 제공한다. 다만, 이 과정에서 환류는 잘 일어나지 않는다.
㉣ 주민상담 또는 협의(제4단계) : 공청회나 집회 등의 방법으로 주민의 행정 참여를 유도한다. 다만, 이는 형식적인 수준에 그친다.

ⓜ 회유 또는 주민회유(제5단계) : 각종 위원회 등을 통해 주민의 참여 범위가 확대된다. 다만, 최종적인 판단은 행정기관에 있다는 점에서 제한적이다.

ⓗ 협동관계 또는 파트너십(제6단계) : 행정기관이 최종적인 의사결정권을 가지고 있으나 주민들이 경우에 따라 자신들의 주장을 협상으로 유도할 수 있다.

ⓢ 권한위임(제7단계) : 주민들이 특정 계획에 대해 우월한 결정권을 행사하며, 집행단계에 있어서도 강력한 권한을 행사한다.

ⓞ 주민통제(제8단계) : 주민들이 스스로 입안하며, 결정에서부터 집행 그리고 평가단계에 이르기까지 통제한다.

3 비영리 민간단체

① NGO(비정부조직, Non-Governmental Organization)

㉠ '비정부기구' 또는 '비정부조직(단체)'을 지칭한다.

㉡ 지역, 국가 또는 국제적으로 조직된 자발적인 비영리 시민단체로서, 특히 국경을 넘어 활동하는 단체를 가리킬 때 사용하기도 한다.

㉢ 보통 정부정책에 대한 감시 및 사회적인 문제에 대한 이슈화를 비롯하여 다양한 서비스와 인도주의적 기능을 수행하며, 특히 다수의 권익을 옹호하고 사회적 약자의 입장을 대변하는 역할을 한다.

예 국제기아대책기구, 월드비전, 국경없는의사회, 그린피스(Greenpeace) 등

② 비영리 민간단체의 기능

㉠ 견제 기능 : 국가와 시장이 지닌 권력을 비판하고 감시함으로써 이들을 견제한다.

㉡ 복지 기능 : 정부가 제공하지 못하는 사회서비스를 제공한다.

㉢ 대변 기능 : 사회적 약자들의 권익을 대변한다.

㉣ 조정 기능 : 정부와 이익집단 간의 갈등 혹은 이익집단과 다른 이익집단 간의 갈등을 조정한다.

㉤ 교육 기능 : 일반 시민들로 하여금 공동체 의식 배양을 통한 참여민주주의를 배울 수 있도록 한다.

알고 가자! 시험은 이렇게 출제되었다!

2025년 제23회 시험분석

제1영역 '사회복지정책론'은 전반적으로 고른 영역에서 다양한 내용들이 출제되었으나, 일부 생소한 문제들이 등장하여 수험생들을 당혹스럽게 만들었을 것으로 보입니다. 정의(Justice)에 관한 새로운 관점으로서 샌델(Sandel)의 정의론, 중상주의 시기의 인구증가 정책, 복지국가에서 권능부여국가로의 변화 양상 등이 사회복지사 시험에 처음 등장하였고, 이전에 하나의 선지로만 제시되었던 최저임금제에 관한 내용도 정식 문항으로 출제되었습니다. 특히 정치철학 분야의 최신 흐름이라 할 수 있는 샌델의 정의론이 출제되었다는 점은 평소 복지정책 관련 최근 경향에도 관심을 기울여야 한다는 점을 시사합니다.

제2영역 '사회복지행정론'은 새로운 영역에서 신출문제들이 출제된 것도, 난도 높은 문항들이 출제된 것도 아니므로 비교적 쉽게 접근할 수 있었던 것으로 보입니다. 물론 재무·회계 및 예산 관련 문항들이 약간 어렵게 느껴질 수도 있겠으나, 기본 학습이나 상식 수준에서 맞힐 수 있는 문항들도 제법 눈에 띄었습니다.

제3영역 '사회복지법제론'은 다른 과목영역과 달리 출제분포가 고르지 않은 양상을 보이고 있습니다. 사회복지관련법의 입법 시기에 관한 내용을 굳이 2문항이나 낼 필요가 있었는지, 사회보장기본법의 내용을 5문항씩이나 낼 필요가 있었는지 의문이지만, 그로 인해 예상치 못한 특별법을 맞닥뜨려 불합격의 공포를 느끼지 않아도 된 만큼 수험생들 입장에서는 환영할 만한 출제방식이었다고 볼 수 있습니다. 그래도 기본법에서 다수의 문항을 소진한 나머지 정작 중요한 내용을 담고 있는 사회보장급여법이나 국민연금법을 놓친 것은 분명 문제의 소지가 있습니다.

2024년 제22회 시험분석

제1영역 '사회복지정책론'은 다소 까다롭게 출제되었습니다. 사회복지의 잔여적 개념과 보편적 개념, 선별주의와 보편주의 등 매해 출제되는 기본적인 문제도 있으나, 길버트와 테렐(Gilbert & Terrell)의 전달체계 재구조화 전략이나 미국의 공공부조제도인 TANF와 관련하여 세부적인 내용을 묻는 문제도 출제되었습니다. 그러나 수험생들을 더욱 곤혹스럽게 한 것은 국민기초생활보장제도 수급자 선정 소득기준이나 긴급복지지원제도의 주요 지원 횟수와 같이 최근 정책 경향을 묻는 문제가 출제되었다는 점입니다. 또한 사립학교 교직원의 건강보험료 부담비율을 묻는 문항에서 출제오류가 인정되었습니다.

제2영역 '사회복지행정론'은 전반적으로 고른 영역에서 다양한 내용이 출제되었습니다. 문항들 중에는 굳이 학습을 하지 않고도 맞힐 수 있을 정도로 쉬운 문항도 있으나, 관련 내용을 충분히 학습해야 답안을 명확히 선택할 수 있는 문항도 있었습니다.

제3영역 '사회복지법제론'은 문제 출제가 예상된 범위 내에서 이루어진 만큼 사회복지사업법, 사회보장기본법 등에서 다수의 문제가 출제돼 과거의 출제패턴으로 되돌아온 것으로 보입니다. 다만, 일부 문항들에서 처음 선보인 법률조항과 함께 출제자의 의도적인 함정 지문이 시험의 난이도를 유지시켰다고 볼 수 있습니다.

2023년 제21회 시험분석

제1영역 '사회복지정책론'은 문항이 전반적으로 기존의 출제범위를 크게 벗어나지 않았고 선택지도 비교적 간략하게 제시된 만큼, 핵심내용을 충분히 숙지한 수험생들이라면 어렵지 않게 풀 수 있었을 것으로 보입니다. 다만, 사회복지전달체계 재구조화 전략에 관한 문제나 근로장려금의 계산문제가 처음 등장하였으므로, 관련 내용을 점검해 둘 필요가 있겠습니다.

제2영역 '사회복지행정론'은 지난 제20회 시험에서 다소 까다로운 양상을 보인 것과 달리, 전반적으로 무난한 난이도를 보였습니다. 사회복지행정의 기능과 특징, 조직의 구조와 특성, 리더십이론, 슈퍼비전, 인적자원관리, 예산모형, 비영리조직 마케팅, 프로그램 평가 등 다양한 영역에서 고른 출제비중을 보였습니다. 다만, 한 가지 기억해야 할 것은 최근 우리나라 사회복지행정의 역사 및 양상, 사회복지전달체계의 개편 과정, 사회복지행정환경의 변화 등이 사회복지사 시험에서 중요하게 다루어지고 있다는 점입니다.

제3영역 '사회복지법제론'은 다소 까다롭게 출제되었습니다. 사회서비스법에서 기존에 빈번히 출제되었던 노인복지법, 장애인복지법에 관한 문제가 출제되지 않은 반면, 건강가정기본법, 정신건강증진 및 정신질환자 복지서비스 지원에 관한 법률이 처음 출제되었습니다. 또한 사회보험법에서 고용보험법, 산업재해보상보험법에 관한 문제를 시행령이나 시행규칙에서 출제함으로써 법규의 세부사항을 학습하지 않은 수험생들을 당혹스럽게 만들었습니다.

제3과목
사회복지정책과 제도

제1영역   사회복지정책론

제2영역   사회복지행정론

제3영역   사회복지법제론

사회복지정책론

실제기출 [2025]

사회복지정책의 목적으로 옳지 않은 것은?

① 빈부 간 갈등 예방과 사회통합
② 개인의 자립과 성장
③ 소득재분배에 의한 평등 추구
④ 사회안전망 강화와 생존권 보장
⑤ 개인의 능력에 따른 분배구조 확대

정답 ⑤

해설

자본주의 사회는 개인의 능력이나 경쟁을 지나치게 강조한 나머지 사회적 불평등과 인간소외 현상을 가져왔다. 따라서 사회복지정책은 인간존엄성과 사회연대의식을 기초로 사회통합과 질서유지를 도모하며, 소득재분배에 의한 사회적 평등을 실현하고자 한다.

실제기출 [2024]

사회복지의 잔여적 개념과 제도적 개념에 관한 설명으로 옳은 것을 모두 고른 것은?

ㄱ. 잔여적 개념에 따르면 개인은 기본적으로 가족과 시장을 통해 욕구를 충족시킨다.
ㄴ. 제도적 개념에 따르면 가족과 시장에 의한 개인의 욕구 충족이 실패했을 때 국가가 잠정적·일시적으로 그 기능을 대신한다.
ㄷ. 잔여적 개념은 작은 정부를 옹호하고 시장과 민간의 역할을 중시하는 보수주의자들의 선호와 맥락을 같이한다.
ㄹ. 제도적 개념은 사회복지를 시혜나 자선으로 보지 않지만 국가에 의해 주어진 것이므로 권리성은 약하다.

① ㄱ
② ㄹ
③ ㄱ, ㄷ
④ ㄴ, ㄷ
⑤ ㄴ, ㄷ, ㄹ

정답 ③

해설

ㄴ. 잔여적 개념에 대한 설명에 해당한다.
ㄹ. 제도적 개념은 상대적으로 권리성이 강하다.

Theme 1 | 사회복지정책의 개요

1 사회복지정책의 개념

① 국민의 복지 증진을 위해 복지국가가 사용하는 수단이다.
② 사회생활을 영위해 나가는 데 필요한 인간의 기본적 욕구를 충족시키거나 사회문제를 해결하기 위한 목적으로 사회복지 프로그램을 형성 및 구체화하고 가치를 권위적으로 배분하는 활동이다.
③ 사회적 약자들을 위한 복지서비스 지원은 물론 모든 사람들의 삶의 질에 영향을 미치는 교육, 주택, 조세제도, 노동시장정책 등을 포괄한다.
④ 사회복지서비스와 다른 공공서비스들과의 차별성
　㉠ 사람들의 개별적(배타적) 욕구를 충족시키고자 한다.
　㉡ 사람들의 욕구를 직접적으로 충족하려는 경향이 있다.
　㉢ 사람들의 욕구를 비시장적으로 해결하며, 주로 이차분배에 관여한다.
　㉣ 사람들의 욕구를 주로 공식적 기구나 제도를 통해 충족한다.
　㉤ 사람들의 욕구를 비영리적 부문에서 해결한다.
　㉥ 사람들의 욕구를 일방적 이전의 형태로 해결한다.
　㉦ 사람들의 욕구 가운데 주로 소비적인 욕구를 해결한다.

더 알아보기

사회복지의 잔여적 개념과 제도적 개념

잔여적 개념	개인은 기본적으로 가족과 시장을 통해 욕구를 충족시킨다. 따라서 사회복지는 가족이나 시장경제가 개인의 문제나 욕구를 해결할 수 없는 경우에 한해 국가가 개인의 기본적인 삶을 유지할 수 있도록 해 주는 보완적인 기능을 수행한다.
제도적 개념	개인이 가족이나 시장을 통해 모든 욕구를 충족시킬 수는 없다. 따라서 사회복지는 국가가 모든 국민으로 하여금 그들의 능력을 최대한 발휘하고 사회적 기능을 향상시킬 수 있도록 사회제도로써 사회서비스를 포괄적·지속적으로 제공한다.

② 사회복지정책의 가치

① 평등(Equality)
- ㉠ 수량적 평등(절대적 평등, 결과의 평등) : 사람의 욕구나 능력, 기여의 차이 없이 사회적 자원을 똑같이 분배, 가장 적극적 평등
- ㉡ 비례적 평등(실질적 평등, 형평 또는 공평) : 개인의 욕구·능력·업적·기여에 따라 사회적 자원을 상이하게 배분하는 것, 열등처우의 원칙
- ㉢ 기회의 평등 : 결과가 평등한가 아닌가의 측면은 완전히 무시한 채 결과를 얻을 수 있는 과정상의 기회만을 똑같이 주는 개념, 가장 소극적 평등, 최소한의 국가개입 주장(보수주의자)

② 효율성(Efficiency) : 사회복지정책에서는 수단으로서의 의미
- ㉠ 수단으로서의 효율성 : 특정한 목표를 달성하는 데 가능한 한 적은 자원을 투입하여 최대한의 효과를 얻는 것을 의미
- ㉡ 배분적 효율성(파레토 효율) : 다른 사람의 효용을 저해하지 않고서는 특정 사람의 효용을 높이는 것이 불가능한 상태를 의미

③ 자유(Freedom)
- ㉠ 소극적 자유 : 국가로부터 간섭받지 않을 자유
- ㉡ 적극적 자유 : 국가에 대해 일정한 급부를 요구할 수 있는 자유

③ 사회복지정책의 일반적인 기능

① 사회통합과 정치적 안정
② 사회문제 해결과 사회적 욕구 충족
③ 개인의 자립 및 성장, 잠재능력 향상을 통한 재생산의 보장
④ 기회의 재분배를 통한 사회구성원의 사회화
⑤ 소득재분배와 최저생활 확보

실제기출 [2024]

영국 사회복지정책의 역사에 관한 설명으로 옳은 것을 모두 고른 것은?

> ㄱ. 길버트법은 빈민의 비참한 생활과 착취를 개선하기 위해 원외구제를 허용했다.
> ㄴ. 스핀햄랜드법은 빈민의 임금을 보충하기 위해 가족 수에 따라 보조금을 지급할 수 있게 했다.
> ㄷ. 신빈민법은 열등처우의 원칙을 적용하였고 원내구제를 금지했다.
> ㄹ. 왕립빈민법위원회의 소수파 보고서는 구빈법의 폐지보다는 개혁을 주장했다.
> ㅁ. 베버리지 보고서를 근거로 하여 가족수당법, 국민부조법 등이 제정되었다.

① ㄱ, ㄷ
② ㄷ, ㅁ
③ ㄱ, ㄴ, ㅁ
④ ㄴ, ㄷ, ㄹ
⑤ ㄴ, ㄹ, ㅁ

정답 ③

해설

ㄷ. 신빈민법(신구빈법)은 빈민을 가치 있는 빈민과 가치 없는 빈민으로 분류하고, 노동능력이 있는 빈민에 대한 원외구제를 폐지하여 이들에 대한 구빈을 작업장 내에서의 구빈으로 제한하였다(→ 작업장 활용의 원칙 혹은 원내구제의 원칙).
ㄹ. 왕립빈민법위원회(구빈법 왕립위원회)의 소수파는 기존의 구빈제도를 전면 폐지하고, 노동 가능한 빈민들을 위해 직업알선 및 직업훈련 프로그램 등 전국적인 서비스를 조직해야 한다고 주장하였다.

실제기출 [2023]

1942년 베버리지 보고서에서 규정한 5대 악에 해당되지 않는 것은?

① 무 지
② 질 병
③ 산업재해
④ 나 태
⑤ 결핍(궁핍)

정답 ③

해설

베버리지 보고서에 규정된 영국 사회의 5대 사회악 및 해결방안
- 불결(Squalor) : 주택정책
- 궁핍 또는 결핍(Want) : 소득보장(연금)
- 무지(Ignorance) : 의무교육
- 나태(Idleness) : 노동정책
- 질병(Disease) : 의료보장

1 소극적 국가개입단계

① 엘리자베스 구빈법(1601) : 빈민구제에 대한 최초의 국가 책임, 공공부조의 효시

② 정주법(1662) : 거주지 제한법, 빈민의 도시 유입 방지, 농업 노동력 확보 목적

③ 작업장법(1722) : 직업보도 프로그램 성격, Bristol 작업장이 최초, 원내구제, 이윤추구적 빈민고용론의 효시(부랑 억제와 이윤획득 목적), 청부제도

④ 길버트법(1782) : 작업장의 인도주의화, 원외구호 시도, 유급구빈사무원 채용

⑤ 스핀햄랜드법(1795) : 빵 가격과 부양가족의 수에 따라 지방세에서 임금을 보조하고 최저생계비를 보장함(가족수당제도, 최저생활보장, 임금보조제도)

⑥ 신구빈법(1834) : 1832년 왕립위원회 조사, 구빈비용의 감소, 열등처우원칙의 명문화, 작업장 활용의 원칙(원외구제 금지), 전국 균일처우의 원칙

2 민간복지운동

① 자선조직협회(COS, 1869) : 자선의 중복 방지 목적, 상류특권계층 중심, 개인적 · 도덕적 빈곤관, 우애방문원 활동, 공공의 구빈정책 반대

② 인보관 운동(1884)
  ㉠ 빈곤의 원인을 개인의 성격이나 생활습관 때문이 아닌 자본주의 제도의 모순에 따른 사회적 문제로 봄
  ㉡ 1884년 토인비 홀(최초의 인보관)
  ㉢ 3R : 거주(Residence) · 조사(Research) · 개혁(Reform)

3 사회개혁단계

① 실증연구를 통한 빈곤관의 변화 : 찰스 부스(1889)의 『런던시민의 생활과 노동』, 시봄 라운트리(1901)의 『빈곤 도시생활의 연구』, 페이비안협회의 홍보활동

② 다수파와 소수파 보고서
  ㉠ 다수파 보고서 : 개인적 빈곤관에 의한 구빈법 개혁, 지방정부에 의한 개별적 서비스 제공 주장

ⓛ 소수파 보고서 : 기존의 구빈법 폐지, 중앙정부에 의한 보편적 서비스 제공 주장

③ 자유당 정부의 사회보험 도입 : 노령연금법(1908), 국민보험법(1911)

4 복지국가 단계

① 베버리지 보고서(1942)
- ㉠ 국가에 의한 사회보험 중심으로 국민의 소득을 보장하는 사회보장 개념
- ㉡ 케인스의 유효수요론에 의하여 정부에 의한 시장개입(수정자본주의) 주장

② 시장실패 : 시장에서 이루어지는 자원의 비효율적인 분배 현상을 의미

③ 복지국가 발전의 개념 : 복지혜택의 포괄성, 적용범위의 보편성, 복지혜택의 적절성, 복지 재분배 효과

5 복지국가 재편단계

① 개념 : 1970년대 오일 파동에 따른 경기침체로 지속적인 복지재정지출의 축소현상(영국의 대처리즘, 미국의 레이거노믹스, 일본의 나카소네 정부)

② 복지국가 위기의 4가지 차원

경제문제	실업과 물가 상승이 동시에 일어나는 스태그플레이션에 의한 경기침체
재정문제	경기침체에 따른 복지지출 증가와 조세수입 감소로 인한 재정적자
정부문제	복지정책 시행과정에서 일어나는 관료의 경직성 혹은 비효율성을 의미
정당성문제	복지국가 확대를 주장하는 정치 세력에 대한 일반 대중들의 지지 철회

③ 복지국가 위기에 대한 3가지 관점

신보수주의	시장에 대한 국가개입을 축소하고 자유경쟁시장으로 돌아가야 한다고 주장
마르크스 주의	복지국가를 자본주의의 산물로 간주하여 개념 자체를 부정
실용주의	복지국가 발전 과정상의 시행착오와 경기침체로 인한 일시적 현상으로 간주하여 경제 상황이 호전되고 지방분권화와 민영화의 방법을 통해 효율적으로 운영되면 위기 극복이 가능하다고 봄

Theme 3	사회복지정책의 변화

1 독일 : 비스마르크(Bismarck)의 사회보험입법

① 비스마르크가 지주계급과 노동자계급에 대한 견제를 근본적인 목적으로 최초의 사회보험제도를 시행하였다.

② 일정 소득수준 미만의 노동자와 가족들을 질병, 산업재해, 노령 등의 사회적 위험으로부터 보호하고자 하였으며, 국가의 주도하에 질병보험법(1883년), 산업재해보험법(1884년), 노령 및 폐질보험법(1889년)을 제정하였다.

③ 공제조합적 성격이 강하였으며, 개인과 가족의 복지증진보다는 노동력의 보호를 통한 산업입국과 국가 산업정책의 추진에 정향된 제도였다.

④ 사회보험의 제도화를 통해 사회의 빈곤화를 예방하고, 노동자들을 국가에 결속시키고자 하였다.

⑤ 육체노동자와 저임금 화이트칼라 노동자를 대상으로 한 최초의 사회보험은 1883년 제정된 질병(건강)보험이다.

⑥ 산재보험의 재원은 사용자만의 보험료 부담으로 운영되었다.

⑦ 노령폐질연금은 노동자와 사용자가 동일한 보험료를 지불하였으며, 육체노동자와 저임금 화이트칼라 노동자를 대상으로 시행되었다.

2 영국

① 구빈법 왕립위원회
  ㉠ 1905년 구빈법과 그 밖의 빈곤구제제도의 운영을 조사하여 개혁의 방향을 강구하는 것을 목적으로 조직되었다.
  ㉡ 18명의 위원들로 구성되었으며, 자선조직협회를 중심으로 한 자유방임주의자들의 다수파와 페이비언협회를 중심으로 한 사회개혁주의자들의 소수파로 양분되었다.
  ㉢ 당시 자유당 정부는 다수파의 의견을 수렴하여 여러 가지 사회복지 관련 법령들을 제정하였으며, 실업노동자법(1905년), 노령연금법(1908년), 직업소개법(1909년), 최저임금법(1909년), 그리고 국민보험법(1911년) 등이 있다.

② 베버리지 보고서(Beveridge Report)
  ㉠ 1941년 6월에 창설된 '사회보험 및 관련 사업에 대한 각 부처의 연락위원회'의 위원장이었던 베버리지가 1942년에 제출한 보고서이다.

ⓛ 궁핍에 대한 진단을 통해 수익능력의 상실 또는 방해와 함께 가족 규모에 비해 적은 수입이 그 원인임을 밝히면서, 빈곤을 퇴치하기 위해서는 사회보험에 의한 소득재분배가 이루어져야 한다고 주장하였다.

ⓒ 사회보험체계는 '적용대상자의 범위를 늘릴 것', '보장 내용을 늘릴 것', '연금 비율을 높일 것' 등의 3가지 차원에서 발전되어야 한다고 보았다.

3 미 국

① 사회보장제도의 발전

ⓐ 세계대공황으로 인해 대량의 실업자와 빈곤자가 양산되었고, 이것이 미국의 정치·경제·사회 전반에 부정적인 영향을 미쳤다.

ⓛ 실업자 구제, 부흥 및 개혁의 과업을 목적으로 루즈벨트 대통령이 뉴딜 정책을 발표하였다.

ⓒ 연방정부의 적극적인 개입을 통한 경제회복을 주된 목적으로 1935년 사회보장법이 제정되었으며, 최초로 '사회보장'이라는 용어를 공식화하였다.

ⓔ 구제(Relief), 부흥(Recovery), 개혁(Reform)을 위한 정책과 함께 다양한 사회보험, 공공부조, 보건 및 복지서비스 프로그램을 실시하였다.

② 사회보장제도의 침체

ⓐ 1980년대 레이건 대통령이 '작은 정부(Small Government)'를 표방하면서 복지를 위한 공공지출을 축소하였으며, 그에 따라 의료부조(Medicaid), 아동부양가족원조(AFDC) 등의 공공부조 급여수준이 삭감되었다.

ⓛ 이른바 레이거노믹스(Reaganomics)로 불리며, 여기에는 다음의 내용이 포함되었다.

• 소득세 및 법인세 감소
• 연방정부차원의 복지 기능 축소 및 지방정부로의 이양 등

더 알아보기

빈곤가족한시지원 또는 임시가족부조(TANF)

• 1961년 요보호아동가족부조(AFDC ; Aid to Families with Dependent Children)는 1988년 가족지원법(The Family Support Act) 제정에 따라 사실상 폐지되었고, 1997년 빈곤가족한시지원(TANF)이 이를 대체하였다.

• 빈곤가족한시지원(TANF)은 개인의 책임을 강조하고 근로연계복지를 강화하는 방향으로 시행되었는데, 일생에 걸쳐 60개월까지만 아동부양비 수급을 가능하도록 제한한 한편, 수급 개시 이후 2년이 지나면 아동부양 부모가 반드시 노동력제공 활동에 참여할 것을 규정하였다.

Theme 4	복지국가의 위기 및 대응

1 복지국가 위기의 배경

① 경기침체와 국가재정위기
② 관료 및 행정기구의 팽창과 비효율성
③ 혼합경제와 포디즘적 생산체계의 붕괴
④ 독점자본주의의 축적과 정당화 간의 모순
⑤ 전후 합의의 붕괴와 노동연대의 약화 등

2 복지국가 위기의 양상

① 시장 기능이 강조되었으나, 국가의 시장규제나 경제개입은 축소되었다.
② 석유파동과 함께 스태그플레이션이 심화되며 사회복지 지출이 급격히 팽창하였음에도 불구하고 재원 마련을 위한 재정 수입이 감소되었다.
③ 국가-자본-노동 간의 화해적 정치구조에 균열이 발생되었다.
④ 사회주의 이념의 쇠퇴와 함께 노동자계급의 구성이 다양화되며 상대적으로 복지국가의 정치적 기반이 약화되었다.
⑤ 소품종 대량생산 시대에서 다품종 소량생산 시대로 접어들면서 근로자들과 기업의 분산이 가속화되어 복지국가의 확대기반인 조합주의의 붕괴가 초래되었다.
⑥ 전통적인 사회적 위험(노령, 실업, 질병, 장애)은 물론 새로운 사회적 위험(인구고령화, 가족구조의 변화, 노동시장 구조의 변화 등)이 복지수요의 증대를 가져왔다.

3 복지혼합(Welfare Mix)

① 1980년대 영국의 대처리즘(Thatcherism)과 미국의 레이거노믹스(Reaganomics) 등으로 대표되는 신보수주의의 입장을 대변하는 용어이다.
② 복지국가의 위기 직후 대두되었으며, 한 사회에서 복지의 총량은 다양한 복지의 혼합으로 구성된다는 의미를 지닌다.
③ 복지공급 주체의 다양화를 표방하는 복지다원주의(Welfare Pluralism) 양상을 나타낸다.
④ 전달체계의 복잡성을 증가시키는 경향이 있다.
⑤ 복지의 다양한 공급주체들 간의 기능적 재분배를 강조한다.

⑥ 복지혼합의 주요 유형
　　㉠ 계약 또는 위탁계약 : 재화나 서비스의 배분이나 공급권을 일정
　　　　기간 동안 특정 개인이나 집단에게 부여하는 것으로, 일종의 공
　　　　급자 지원방식이다.
　　㉡ 증서 또는 바우처 : 정부가 이용자로 하여금 재화나 서비스를
　　　　구매할 수 있도록 증서(바우처)를 지급하는 것으로, 일종의 수요
　　　　자 지원방식이다.
　　㉢ 세제혜택 : 정부가 공급자나 수요자에게 세제혜택을 줌으로써
　　　　재화나 서비스의 제공 및 수혜의 폭이 넓어지도록 유도하는 간
　　　　접지원방식이다.

4 제3의 길

① 1997년 영국의 블레어(Blair) 수상이 시장의 효율성과 사회적 연대
　성의 조화를 목표로 제시하였다.
　　㉠ 제1의 길 : 베버리지 보고서에 의한 분배의 강조
　　㉡ 제2의 길 : 대처(Thatcher) 수상에 의한 경제성장의 강조
　　㉢ 제3의 길 : 블레어 수상에 의한 경제안정 및 사회복지 향상에의
　　　　동시적 노력
② 시민들의 경제생활을 보장하는 동시에 시장의 활력을 높이고자 하
　는 전략이다.
③ 국민들에게 경제적 혜택을 직접 제공하기보다는 인적자원에의 투
　자 및 사회적 자본의 확충을 강조하는 기든스(Giddens)의 사회투
　자국가론을 지지한다.
④ 권리와 의무의 조화, 근로와 복지의 연계, 사회복지 공급주체의 다
　원화(복지다원주의), 생산적 복지, 적극적 복지를 표방한다.

5 새로운 사회적 위험

① 제조업에서 서비스업 중심으로 전환, 산업의 고부가가치화
② 노동자계급 세력의 약화 및 소득양극화
③ 비정규직 증가, 임금 및 근로조건의 불평등 확대
④ 가족구조의 변화(가족해체 현상의 증가), 출산율의 감소, 인구의 고
　령화(노인 부양비의 증가)
⑤ 일 · 가정 양립의 문제
⑥ 개인의 적극적인 참여를 전제조건으로 하는 프로그램 확대
⑦ 국가 간 노동인구 이동 증가

적중예상

복지국가 위기론이 등장하게 된 사회경제
적 배경으로 볼 수 없는 것은?

① 신자유(보수)주의 이념의 확산
② 스태그플레이션의 심화
③ 소품종 대량생산 체계의 약화
④ 냉전체제의 붕괴
⑤ 국가-자본-노동 간의 화해적 정치구
　조 균열

정답 ④

해설

복지국가 위기론은 1970년대 오일쇼크(Oil
Shock)로 인한 물가상승과 대량실업 사태
와 연관된 것으로서, 1945년부터 40여 년
간 지속된 자본주의와 사회주의의 대립을
의미하는 냉전체제와 연결되지 않는다. 냉
전체제의 붕괴는 1980년대 후반 고르바초
프(Gorbachov)에 의한 시장경제의 도입과
함께 시작되었으며, 1990년대 탈냉전시대
의 새로운 세계 질서 수립에 의해 붕괴되
었다.

개념쏙쏙

1. 복지혼합은 전달체계의 복잡성을 완
　화시키는 경향이 있다.　　　(O / X)
2. 경기침체와 국가재정위기는 복지국가
　위기의 배경으로 볼 수 있다. (O / X)
3. '제3의 길' 전략에서 베버리지 보고서
　에 의한 분배의 강조한 것은 제2의 길
　이다.　　　　　　　　　　　(O / X)

정답

1. X, 확대
2. O
3. X, 제1의 길

Theme 5	복지국가 및 복지국가 이념모델

① 복지국가의 개념

① 티트머스(Titmuss) : 복지국가는 사적인 시장에서는 제공될 수 없는 특별한 서비스를 모든 시민에게 제공하는 국가이다.
② 윌렌스키(Wilensky) : 복지국가는 모든 국민에게 최소한의 소득, 영양, 보건, 주택, 교육 등을 자선이 아닌 정치적 권리로서 인정하는 국가이다.
③ 미쉬라(Mishra) : 복지국가는 국민 최저수준의 삶이 보장되도록 정부의 책임을 제도화한 국가이다.

② 복지국가의 이념모델

① 윌렌스키와 르보(Wilensky & Lebeaux)의 모델
　㉠ 잔여적(보충적) 모델(Residual Model) : 가족이나 시장이 제 기능을 발휘하지 못하여 개인의 욕구가 충족되지 않을 때 사회복지정책이 보충적으로 개입하여 응급조치 기능을 수행한다.
　㉡ 제도적(보편적) 모델(Institutional Model) : 사회복지정책은 각 개인이나 집단, 지역사회가 만족할 만한 수준의 삶을 누릴 수 있도록 제도적인 기능을 수행한다.
② 티트머스(Titmuss)의 모델
　㉠ 잔여적(보충적) 모델(Residual Model) : 가족이나 시장이 제 기능을 발휘하지 못해 개인의 복지욕구를 해결하지 못하는 경우 일시적으로 개입하는 것으로 특히 공공부조 프로그램을 강조한다.
　㉡ 산업적 업적성취 모델(Industrial-achievement-performance Model) : 사회복지의 급여를 생산성, 즉 개인의 시장 및 사회에 대한 업적이나 기여도, 공헌 정도에 따라 결정하는 것으로, 특히 사회보험 프로그램을 강조한다.
　㉢ 제도적 재분배 모델(Institutional Redistributive Model) : 시장에서의 1차적 분배에 따른 사회적 불평등과 사회적 형평 차원에서 재분배를 시행하여 사회적·보편적 형평 및 사회통합을 지향하는 것으로, 특히 보편적 프로그램을 강조한다.
③ 조지와 윌딩(George & Wilding)의 모델
　㉠ 반집합주의(Anti-Collectivism)
　　• 소극적 자유, 개인주의, 불평등을 중심적인 가치로 한다.
　　• 복지국가를 자유로운 시장 활동의 걸림돌로 간주하면서, 시장이 주도적인 역할을 수행해야 한다고 본다.
　　• 수정이데올로기 모형에서 '신우파(The New Right)'로 수정되었다.

ⓛ 소극적 집합주의(Reluctant Collectivism)
- 소극적 자유, 개인주의, 실용주의를 중심적인 가치로 한다.
- 반집합주의에 비해 실용적인 성격을 가진다.
- 시장체계의 약점을 보완하기 위해 복지에 대한 정부의 개입을 조건부로 인정한다.
- 수정이데올로기 모형에서 '중도노선(The Middle Way)'으로 수정되었다.

ⓒ 페이비언 사회주의(Fabian Socialism)
- 적극적 자유, 평등, 우애를 중심적인 가치로 한다.
- 복지국가를 사회주의의 한 과정으로 인식한다.
- 시장경제의 문제점을 제거하기 위해 정부가 적극적으로 개입해야 한다고 주장한다.
- 수정이데올로기 모형에서 '사회민주주의 또는 민주적 사회주의(Democratic Socialism)'로 수정되었다.

ⓔ 마르크스주의(Marxism)
- 적극적 자유, 결과적 평등을 중심적인 가치로 한다.
- 자본주의 사회에서 빈곤 문제는 필연적으로 발생한다고 본다.
- 복지국가를 자본과 노동계급 간 갈등의 결과로 본다. 즉, 복지국가를 자본주의의 산물이자 자본주의 체제를 강화하는 수단으로 간주하므로, 그러한 개념 자체를 부정한다.

ⓜ 페미니즘(Feminism)
- 가부장적 복지국가를 비판하지만 양성평등을 위한 사회복지 정책의 역할을 인정한다.
- 복지국가가 여성의 평등과 경제적 욕구해결에 실패했음을 주장한다.

ⓗ 녹색주의(Greenism)
- 복지국가가 경제성장을 통해 환경문제를 유발한다고 주장하면서, 그에 대해 반대의 입장을 보인다.
- 경제성장은 물론 정부의 복지 지출에 대해서도 반대의 입장을 보인다.

적중예상

다음 중 윌렌스키와 르보(Wilensky & Lebeaux)의 복지국가 이념모델로서 제도적 모델에 대한 설명으로 옳은 것은?

① 개인의 욕구가 가족이나 시장에 의해 우선적으로 충족되어야 한다는 점을 강조한다.
② 수급자의 최저생활보장을 목표로 한다.
③ 특수집단 혹은 특정 개인을 복지 대상으로 한다.
④ 서비스는 자선의 성격을 띠므로 낙인의 문제를 유발한다.
⑤ 개인이 자신의 능력개발을 위해 사회복지의 혜택을 받는 것을 정상적인 것으로 본다.

정답 ⑤

해설
① · ② · ③ · ④ 잔여적 모델의 특징에 해당한다.

개념쏙쏙

1. 티트머스는 (   )을/를 사적인 시장에서는 제공될 수 없는 특별한 서비스를 모든 시민에게 제공하는 국가라고 정의하였다.
2. 소극적 집합주의는 수정이데올로기 모형에서 (   )(으)로 수정되었다.
3. (   )은/는 복지국가가 여성의 평등과 경제적 욕구해결에 실패했음을 주장한다.

정답
1. 복지국가
2. 중도노선
3. 페미니즘

에스핑-안데르센(G. Esping-Andersen)의 복지국가 유형에 관한 설명으로 옳은 것은?

① 복지국가 유형을 탈상품화, 계층화 등을 기준으로 분류하였다.
② 보수주의 복지국가는 탈가족주의와 통합적 사회보험을 강조한다.
③ 자유주의 복지국가는 공공부조의 비중과 탈상품화 수준이 낮은 편이다.
④ 사회민주주의 복지국가는 국가의 책임을 최소화하고 시장을 통해 문제해결을 한다.
⑤ 보수주의 복지국가의 예로는 프랑스, 영국, 미국을 들 수 있다.

정답 ①

해설

② 보수주의 복지국가는 전통적 가족과 교회의 기능 및 역할을 강조함으로써 보수적인 양상을 보인다.
③ 자유주의 복지국가는 저소득층을 대상으로 소득조사에 의한 공공부조 프로그램을 강조한다.
④ 국가의 책임을 최소화하고 시장을 통해 문제해결을 하는 복지국가 유형은 자유주의 복지국가에 해당한다. 반면, 사회민주주의 복지국가에서 시장 기능은 공공부문의 기능에 의해 최소화되며, 사회통합이 중요한 목표가 된다.
⑤ 프랑스는 보수주의 복지국가로 분류되나, 영국과 미국은 자유주의 복지국가로 분류된다.

에스핑-앤더슨(G. Esping-Andersen)의 3가지 복지체제에 관한 설명으로 옳지 않은 것은?

① 보수주의 복지체제 국가는 가족의 중요성을 강조한다.
② 자유주의 복지체제 국가에서 탈상품화 정도가 가장 높다.
③ 사회민주주의 복지체제 국가는 보편주의를 강조한다.
④ 보수주의 복지체제 국가의 예로 독일, 프랑스, 이탈리아가 있다.
⑤ 자유주의 복지체제 국가의 사회보장 급여는 잔여적 특성이 강하다.

정답 ②

해설

자유주의 복지국가는 노동력의 탈상품화 정도가 최소화되어 나타난다.

1 에스핑-안데르센(Esping-Andersen)의 유형

① 복지국가의 유형화 기준
　㉠ 탈상품화
　　• 근로자가 자신의 노동력을 상품으로 시장에 내다 팔지 않고도 살아갈 수 있는 정도를 말한다.
　　• 탈상품화가 높을수록 복지선진국에 해당한다.
　㉡ 사회계층화 : 국가가 계급차별이나 신분지위를 어느 정도의 수준으로 확대 또는 축소하는가에 따라 복지국가의 양상이 달라진다.
　㉢ 국가와 시장의 상대적 비중 : 국내총생산(GDP) 대비 공적연금·민간연금·개인연금의 비중, 민간기업연금의 비중, 총 연금지출 중 사회보장연금·공무원연금·기업연금·개인연금의 비중, 만 65세 이상 노인가구의 소득원천구성 등으로 측정한다.

② 복지국가의 분류
　㉠ 자유주의 복지국가(Liberal Welfare State)
　　• 국가복지가 민간복지를 보완한다.
　　• 시장의 효율성, 노동력의 상품화, 근로의욕의 고취를 강조한다.
　　• 저소득층을 대상으로 소득조사에 의한 공공부조 프로그램을 강조한다.
　　• 노동력의 탈상품화 정도가 최소화되어 나타난다.
　　• 미국, 영국, 호주 등의 국가가 해당된다.
　㉡ 보수주의(조합주의) 복지국가(Conservative-corporative Welfare State)
　　• 전통적 가족과 교회의 기능 및 역할을 강조함으로써 보수적인 양상을 보인다.
　　• 전통적으로 가부장제가 강하여 전형적인 남성생계부양자 모델에 속한다.
　　• 사회복지 대상자를 노동자, 고용주로 양분하는 것이 아닌, 산업별·직업별·계층별로 다른 종류의 복지급여를 제공한다.
　　• 사회보험 프로그램을 강조한다.
　　• 프랑스, 독일, 오스트리아 등의 국가가 해당한다.

ⓒ 사회민주주의(사민주의) 복지국가(Social Democratic Welfare State)
- 보편주의에 입각하며, 평등을 지향한다.
- 시민권에 기초한 보편적이고 포괄적인 복지체계를 구축하고자 하며, 특히 중산층을 중요한 복지의 대상으로 포괄한다.
- 사회권을 통한 노동력의 탈상품화 효과가 가장 크다.
- 스웨덴, 덴마크, 노르웨이 등이 해당한다.

2 퍼니스와 틸튼(Furniss & Tilton)의 유형

① 적극적 국가(Positive State)
- ⊙ 정부의 경제정책에 대한 적극성을 특징으로 하며, 사회보험을 강조한다.
- ⓒ 대표적인 국가로 미국을 들 수 있다.

② 사회보장국가(Social Security State)
- ⊙ 경제와 연관된 복지를 통해 국민의 최저생활을 보장하고자 한다.
- ⓒ 공공부조나 사회복지서비스를 도입한다.
- ⓒ 대표적인 국가로 영국을 들 수 있다.

③ 사회복지국가(Social Welfare State)
- ⊙ 노동조합의 활성화 및 노동자, 여성, 장애인 등의 정치적 참여를 촉진한다.
- ⓒ 보편적인 사회복지서비스를 제공하고자 한다.
- ⓒ 대표적인 국가로 스웨덴을 들 수 있다.

3 미쉬라(Mishra)의 유형

① 분화된 복지국가(Differentiated Welfare State)
- ⊙ 사회복지는 경제와 구분되고 대립된다.
- ⓒ 경제에 부정적인 영향을 미치는 사회복지를 제한함으로써 잔여적인 양상을 보인다.
- ⓒ 대표적인 국가로 미국, 영국을 들 수 있다.

② 통합된 복지국가(Integrated Welfare State)
- ⊙ 사회복지와 경제는 구분되지 않고 상호의존적이다.
- ⓒ 집합적 책임을 강조하며, 사회구성원들의 이익이 통합되는 복지정책의 형태를 추구한다.
- ⓒ 대표적인 국가로 오스트리아, 스웨덴을 들 수 있다.

적중예상

다음 중 퍼니스와 틸튼의 복지국가 유형에 해당하는 것은?

ㄱ. 적극적 국가
ㄴ. 사회보장국가
ㄷ. 사회복지국가
ㄹ. 조합주의국가

① ㄱ, ㄴ, ㄷ
② ㄱ, ㄷ
③ ㄴ, ㄹ
④ ㄹ
⑤ ㄱ, ㄴ, ㄷ, ㄹ

정답 ①

해설
조합주의국가는 에스핑-안데르센(Esping-Andersen)에 의한 복지국가의 유형에 해당한다.

개념쏙쏙

1. 탈상품화가 높을수록 복지선진국에 해당한다. (O / X)
2. 에스핑-안데르센의 유형 중 보수주의 복지국가는 국가복지가 민간복지를 보완한다는 개념이다. (O / X)
3. 미쉬라의 분화된 복지국가의 대표적인 예로 스웨덴을 들 수 있다. (O / X)

정답
1. O
2. X, 자유주의 복지국가
3. X, 미국, 영국

[참고]
'Esping-Andersen'은 교재에 따라 '에스핑-안데르센', '에스핑-앤더슨' 등으로도 제시되고 있습니다. 우리말 번역에 의한 발음상 차이일 뿐 동일인물에 해당합니다.

사회복지정책의 발달을 설명하는 이론으로 옳은 것을 모두 고른 것은?

ㄱ. 시민권이론은 정치권, 공민권, 사회권의 순서로 발달한 것으로 본다.
ㄴ. 권력자원이론은 노동조합의 중앙집중화 정도, 좌파정당의 집권을 복지국가 발달의 변수로 본다.
ㄷ. 이익집단이론은 다양한 이익집단들의 정치적 활동을 통해 복지국가가 발달한 것으로 본다.
ㄹ. 국가중심이론은 국가 엘리트들과 고용주들의 의지와 능력에 의해 결정된다고 본다.
ㅁ. 수렴이론은 그 사회의 기술수준과 산업화 정도에 따라 사회복지의 발달이 수렴된다고 본다.

① ㄱ, ㄴ, ㄹ
② ㄱ, ㄷ, ㅁ
③ ㄴ, ㄷ, ㄹ
④ ㄴ, ㄷ, ㅁ
⑤ ㄷ, ㄹ, ㅁ

정답 ④

해설
ㄱ. 시민권이론의 주창자인 마샬(Marshall)은 시민권 확대 과정을 정치적 · 역사적 맥락에서 파악하였으며, 18세기 이래로 '공민권', '정치권 또는 참정권', '사회권'이 점진적으로 발전해 왔다고 주장하였다.
ㄹ. 국가중심이론은 적극적 행위자로서 국가를 강조하고 사회복지정책의 발전을 국가 관료제의 영향으로 설명한다.

사회복지정책의 발달이론 중 의회민주주의의 정착과 노동자 계급의 조직화된 힘을 강조하는 이론은?

① 산업화론
② 권력자원이론
③ 확산이론
④ 사회양심이론
⑤ 국가중심이론

정답 ②

해설
Theme 7의 '5. 권력자원이론(사회민주의이론)' 참고

Theme 7 | 사회복지정책 관련 이론

1 사회양심이론

① 인도주의에 입각한 사회적 의무감이 복지정책을 확대할 수 있다고 본다.
② 사회구성원들의 집단양심을 사회복지의 변수로 본다.
③ 사회복지정책을 국가의 자선활동으로 간주한다.
④ 인도주의적 특성을 지나치게 강조하여 국가의 역할에 대한 왜곡된 견해를 갖도록 한다.
⑤ 사회복지정책 과정에서 정치적 맥락의 중요성을 간과하고 있다.

2 산업화이론(수렴이론)

① 윌렌스키와 르보(Wilensky & Lebeaux)는 산업사회의 사회구조를 결정짓는 주요 요인이 이데올로기나 계급 간의 갈등 혹은 문화가 아닌 산업화에 있다고 보았다.
② 복지국가를 산업화에 의해 발생된 사회적 욕구에 대한 대응으로 보며, 복지국가의 발전을 산업화로 인한 경제성장과 함께 이루어지는 것으로 본다.
③ 산업사회에서 기술 및 경제가 사회복지정책의 구조와 내용을 결정한다는 것이 지나치게 결정론적이다.
④ 산업화와 사회복지의 확대를 자동적인 것으로 간주하여 산업화 정도와 복지국가의 다양한 제도 형태와의 연계성을 잘 설명하지 못한다.

3 시민권이론

① 마샬(Marshall)은 시민권 확대 과정을 정치적 · 역사적 맥락에서 파악하였으며, 18세기 이래로 '공민권(Civil Right)', '정치권(Political Right)', '사회권(Social Right)'이 점진적으로 발전해 왔다고 주장하였다.
② 마샬은 완전한 시민권의 실현을 위한 전제조건으로 사회권을 강조하였는데, 이는 '권리로서의 복지' 또는 '복지에 대한 권리'를 의미한다는 점에서 '복지권(Welfare Right)'과 동일한 것으로 간주된다.
③ 영국을 비롯한 서구 복지국가에는 유용하게 적용될 수 있어도 공산주의 국가나 개발도상국에서는 통용되기 어렵다.
④ 사회권의 개념이 구체적으로 명료하게 규정되어 있지 못하며, 서로 다른 속성을 가진 권리들을 시민권의 범주로 한데 묶는 것은 무리이다.

4 음모이론(사회통제이론)

피븐과 클라워드(Piven & Cloward)는 사회복지는 인도주의나 엘리트들의 선한 의지의 결과가 아니며, 사회복지의 확대는 서민의 궁핍화에 따른 저항과 투쟁에 대한 지배계급의 대응책일 뿐이라고 보았다.

5 권력자원이론(사회민주주의이론)

① 사회복지정책의 발달에 있어서 정치적인 면을 중요하게 여기며, 사회복지정책의 발달을 노동자계급 혹은 노동조합의 정치적 세력의 확대 결과로 본다.

② 국가의 상대적 자율성, 노동계급의 정치적 세력화, 시장실패 교정·보완 등을 특징으로 하며, 사회복지의 확대에 있어서 좌파정당과 노동조합의 영향을 강조한다.

6 확산이론(전파이론)

① 사회복지정책의 발달이 국가 간 교류 및 소통의 과정에서 이루어진다고 본다.

② 사회복지정책의 도입을 선구적인 복지국가에 대한 모방의 과정으로 인식한다. 특히 미즐리(Midgley)는 제3세계 국가들이 식민지 시절 지배국가의 사회복지정책을 그대로 모방하여 시행한다는 점에 주목하였다.

7 이익집단이론(다원주의이론)

복지국가의 다양한 사회복지정책들을 자본과 노동 간의 대립이 아닌 다양한 관련 이익단체들 간의 대립과 타협의 산물로 해석한다. 즉, 다양한 비계급적 집단들의 이해의 조정을 통해 복지국가가 발전한다고 본다.

8 엘리트이론(엘리트주의이론)

① 모스카와 파레토(Mosca & Pareto)는 권력이 항상 소수에 의해 행사되며, 다수 일반인들에 의해서는 행사되지 않는다고 보았다.

② 사회는 엘리트와 대중으로 구분되며, 정책결정에 있어서 대중의 의견은 무시된다.

적중예상

사회복지정책의 발달이론에 관한 설명 중 옳은 것을 모두 고른 것은?

ㄱ. 시민권이론은 국가의 상대적 자율성, 노동계급의 정치적 세력화를 특징으로 한다.
ㄴ. 사회양심이론은 구성원의 집단양심을 사회복지의 변수로 본다.
ㄷ. 이익집단이론은 이익집단들의 정치적 측면을 무시한다.
ㄹ. 확산이론은 확산을 '위계적 확산'과 '공간적 확산'으로 구분한다.

① ㄱ, ㄴ, ㄷ
② ㄱ, ㄷ
③ ㄴ, ㄹ
④ ㄹ
⑤ ㄱ, ㄴ, ㄷ, ㄹ

정답 ③

해설
ㄱ·ㄷ. 국가의 상대적 자율성과 노동계급의 정치적 세력화를 특징으로 하는 것은 권력자원이론(사회민주주의이론)이고, 이익집단이론은 복지국가의 발달이 다양한 이익집단들의 이익추구 과정에서 나타났다고 보는 입장이다.

개념쏙쏙

1. (사회양심이론 / 산업화이론)은 사회복지정책을 국가의 자선활동으로 간주한다.
2. (시민권이론 / 확산이론)은 사회복지정책의 발달이 국가 간 교류 및 소통의 과정에서 이루어진다고 본다.
3. (엘리트이론 / 이익집단이론)의 대표적 학자는 모스카와 파레토(Mosca & Pareto)이다.

정답
1. 사회양심이론
2. 확산이론
3. 엘리트이론

Theme 8　복지 이데올로기

1 조합주의(코포라티즘)

① 일종의 다원주의이론의 변종으로서, 거대한 노조가 출현하여 사용자와 대등한 수준에서 임금·근로조건 등 노사 간의 주요 현안을 협상하고 정부가 이를 중재하며, 나아가 정부와 노사 간의 현안인 물가와 복지 등의 문제를 상의·결정하는 삼자협동체제를 말한다.

② 노조와 자본가단체는 평범한 압력집단(Pressure Groups)에서 거대한 힘을 가진 통치기구(Governing Institutions)로 변모한다.

③ 일반적으로 다원주의이론이 정책형성 과정에서 국가가 수동적이면서 일종의 집단 간 심판관으로서의 역할을 수행하는 것으로 본다면, 조합주의이론은 국가가 전체의 이익을 확대하고 사회질서를 유지하기 위해 의도적으로 사회집단과 개인의 이익을 통제·조정하는 수단을 갖는다는 점에서 다소 차이가 있다.

④ 조합주의이론은 이와 같이 국가가 특정 거대 이익집단들을 적절히 통제하는 한편, 정치적 결합관계를 형성함으로써 국가의 지배체제를 이끌어 간다고 주장한다.

2 케인즈주의(Keynesianism)

① 1929년에 시작된 경제대공황을 계기로 부각되었다.

② 시장실패에 대해 국가가 적절히 개입해야 한다는 것이다.

③ 국가의 시장개입을 통해 재정지출을 증대하고 금융정책 및 사회재분배정책을 확대하여 경기를 활성화함으로써 소비와 투자를 늘려 유효수요를 증대시키고자 한 것이다.

④ 1935년 미국의 사회보장법(Social Security Act)은 케인즈식 국가개입주의를 반영하고 있다.

3 신자유주의

① 복지국가가 국민의 책임보다 권리를 강조한다고 비판한다.

② 복지지출의 확대는 생산부문의 투자를 위축시켜 경제성장을 저해하며, 복지급여수급은 개인의 저축 및 투자동기를 약화시킨다고 본다.

③ 시장 자유화, 탈규제화, 민영화, 개방화, 노동시장의 유연화, 초국적 생산체계 확대, 사회복지의 잔여화 및 임의성 확대 등을 주장한다.

④ 최소한의 복지를 추구하는 '작은 정부(Small Government)'를 주장하는 한편 자유의 세계화를 강조한다는 점에서 극단적인 자유와 정부의 배제를 강조한 자유주의(Liberalism)와 구분된다.

4 신마르크스주의

① 전통적 마르크스주의에 이론적 기초를 둔 갈등주의적 시각이다.

② 복지국가의 발전을 독점자본주의의 속성과 관련시켜 분석하였다.

③ 자본의 축적 및 정당성, 생산력과 생산관계에 있어서 모순이 있음을 인식하면서, 독점자본주의의 필요에 의해 사회복지가 증대될 수 있음을 주장한다.

④ 복지정책을 자본축적의 위기나 정치적 도전을 수정하기 위한 수단으로 본다.

⑤ 국가의 자율적 역할 정도에 따라 도구주의 관점과 구조주의 관점으로 대별된다.

도구주의 관점	• 국가는 자본가들의 이익을 위한 도구로서의 역할을 수행한다고 본다. • 자본주의 사회에서는 자본가들이 경제조직을 독점하므로, 그에 힘입어 정치조직에도 강력한 영향력을 발휘하게 된다. • 자본가들은 경제위기나 사회혼란에 대비하여 자본축적이나 노동력 재생산을 필요로 하므로, 국가에 영향을 미쳐 사회복지를 증대시킨다.
구조주의 관점	• 독점자본주의는 경제구조 자체의 특성상 국가의 기능이 곧 자본가의 이익과 합치된다고 본다. • 노동자 계급은 어떠한 계급의식도 없이 개인의 단기적 이익으로 인해 분열되기 쉽고, 이는 곧 자본주의에 위협이 되므로 노동자 계급을 통제하고 분열시킬 필요가 있다. • 국가는 노동자 계급을 통제 혹은 분열시키기 위한 전략으로 사회복지정책을 확대하게 된다.

실제기출 [2023]

사회복지정책 평가가 갖는 특징으로 옳지 않은 것은?

① 정치적이다.
② 실용적이다.
③ 종합학문적이다.
④ 기술적이다.
⑤ 가치중립적이다.

정답 ⑤

해설
Theme 9의 '4. 사회복지정책 평가' 참고

실제기출 [2019]

사회복지정책 평가가 필요한 이유를 모두 고른 것은?

ㄱ. 문제해결을 위한 정책결정에 필요한 정보를 얻기 위함
ㄴ. 기존 정책의 개선에 필요한 정보를 얻기 위함
ㄷ. 정책의 정당성 근거를 확보하기 위함
ㄹ. 정책평가는 사회복지정책 이론의 형성에 기여함

① ㄱ, ㄴ, ㄷ
② ㄱ, ㄴ, ㄹ
③ ㄱ, ㄷ, ㄹ
④ ㄴ, ㄷ, ㄹ
⑤ ㄱ, ㄴ, ㄷ, ㄹ

정답 ⑤

해설
Theme 9의 '4. 사회복지정책 평가' 중 '②
정책평가의 목적 및 필요성' 참고

Theme 9 | 사회복지정책의 형성과정

1 주요 개념

① 조건(Conditions) : 어떤 사상이나 현상이 문제로 발전할 수 있는 객관적 사실들 자체
② 문제(Problem) : 어떤 사건이나 사태로 인하여 다수의 사람들이 고통을 받고 있어 그것에 대한 해결욕구를 유발시키는 불만스러운 상태나 조건
③ 요구(Demand) : 문제해결을 위해 요청하는 구체적인 행동
④ 아젠다(Agenda) : 수많은 사회문제들 중에서 정부가 그것에 대한 정책적 해결을 위해 자발적이든 비자발적이든 공식적으로 채택한 의제의 목록으로 정책의제라고도 함
⑤ 이슈(Issue) : 여러 가지 공공문제 중 논쟁의 대상이 되는 문제
⑥ 대안(Alternative) : 정책의제로 채택되어 논의되고 정의되는 과정 속에서 나타나는 여러 가지 해결방안들
⑦ 정책(Policy) : 권위를 가진 정책결정자에 의해 선택된 대안

2 사회복지정책의 형성과정

① 문제형성(제1단계) : 고통을 주는 상황이나 조건을 해결해야 할 문제로 인식하는 것
② 아젠다 형성 또는 정책의제 형성(제2단계) : 문제가 공공이나 정책결정자들의 관심을 끌어 정책형성에 대한 논의가 가능한 상태가 되는 것
③ 정책대안 형성 및 정책입안(제3단계) : 정책문제를 파악하고 이를 달성할 수 있는 정책수단으로서의 정책대안을 개발하며, 이를 비교·분석하여 정책입안의 내용을 마련
④ 정책결정(제4단계) : 대안의 선택 또는 우선순위를 확정하는 것
⑤ 정책집행(제5단계) : 결정된 정책을 구체화하는 것
⑥ 정책평가(제6단계) : 정책 활동의 가치를 따져보기 위해 정보를 수집·분석·해석하는 것

3 아젠다(정책의제)의 형성

① 아젠다(정책의제) 형성의 특징
　㉠ 아젠다 형성과정에서 초기의 이슈는 역동적인 상황에서 변화의 과정을 거친다.
　㉡ 아젠다 형성과정은 이슈를 중심으로 이해집단 간 정치적 성격이 강한 반면, 대안 구체화과정은 정치적 성격이 상대적으로 약하다.
　㉢ 체제의 편향성은 사회복지정책 아젠다의 형성을 억제시킨다.

② 아젠다(정책의제) 형성의 모델(Cobb, Ross & Ross) : 외부주도형 아젠다 형성모델, 동원형 아젠다 형성모델, 내부접근형 아젠다 형성모델

4 사회복지정책 평가

① 정책평가의 의의 및 특징
  ㉠ 정책평가는 정책이 원래 해결하고자 했던 문제를 얼마나 해결했는지 평가하는 것으로서, 정책 활동의 가치를 가늠하기 위한 정보의 수집 · 분석 · 해석 활동이다.
  ㉡ 기술적 · 실용적 · 정치적 · 가치지향적 성격을 띠며, 개별사례적인 동시에 종합학문적인 특성을 가진다.
  ㉢ 자원 사용의 경제적 합리성을 위해, 이해관계자들의 설득을 통한 지지 확보를 위해, 보다 향상된 연구를 위한 대안적 기법의 마련을 위해, 윤리적 책임성 확보를 위해 필요하다.
  ㉣ 평가목표는 정책평가자 결정이나 평가의 기준 설정에 영향을 미친다.
  ㉤ 평가는 정책담당자, 정책대상자 및 지역주민 등 다양한 인적 요인에 영향을 받는다.
  ㉥ 평가의 유용성은 정책평가의 질적 타당성, 시간적 적절성, 정책담당자의 의지에 의해 영향을 받는다.

② 정책평가의 목적 및 필요성
  ㉠ 정책 프로그램의 효과성 증진
  ㉡ 정책 활동에 대한 책임성 확보
  ㉢ 정책의 정당성 근거 확보
  ㉣ 정책 활동 통제 및 감사의 필요성
  ㉤ 문제해결을 위한 정책결정 및 기존 정책의 개선에 필요한 정보 획득
  ㉥ 관련 이익집단에 대한 설득력 있는 자료 마련
  ㉦ 새로운 정책대안 개발을 위한 기초자료 제시
  ㉧ 사회복지정책 관련 학문적 · 이론적 발전에의 기여 등

③ 정책평가의 절차 : 정책평가 목표 및 대상 설정 → 정책의 내용 · 구조 파악 → 평가기준 설정(평가 설계) → 자료의 수집 및 분석 → 평가보고서 작성 및 제출

④ 평가 유형
  ㉠ 효율성(능률성) 평가   ㉡ 효과성 평가
  ㉢ 대상효율성 평가   ㉣ 형평성 평가
  ㉤ 반응성 평가   ㉥ 민주성 평가

정책대안을 비교분석하는 기준에 관한 설명으로 옳은 것은?

① 사회적 효과성은 정책대안이 가진 사회통합 기능에 주안점을 둔다.
② 정치적 실현가능성은 정책대안이 사회계층 간 불평등을 얼마나 시정할 수 있는지와 관련된다.
③ 효율성은 정책대안이 가진 기술적 문제와 집행가능성 모두와 관련된다.
④ 사회적 형평성은 정책대안이 가진 정치적 수용가능성을 중요시한다.
⑤ 기술적 실현가능성은 정책대안이 문제해결을 위한 복지서비스를 최대한으로 창출해 낼 수 있는지를 중요시한다.

정답 ①

해설
① 사회복지정책대안의 비교분석기준으로서 사회적 효과성은 사회통합 기능에 초점을 두어 사회복지정책으로 인해 사회연대 및 사회통합이 어느 정도 달성되었는가를 평가한다.
② 정치적 실현가능성은 사회복지정책대안이 정치적으로 받아들여질 수 있는가의 여부를 말하는 것이다.
③ 효율성은 투입에 대한 산출의 비율과 관련된 것이다.
④ 사회적 형평성은 공평하고 공정한 배분을 강조하는 것이다.
⑤ 기술적 실현가능성은 사회복지정책대안이 기술적·방법적으로 실현 가능한가를 평가한다.

Theme 10 | **사회복지정책대안의 비교분석**

1 사회복지정책대안의 비교분석기준

① **효과성** : 투입에 관계없이 산출이 최대로 나타나는가의 여부로서, 정책의 목표달성이 충분히 이루어졌는가를 평가한다.
② **효율성** : 투입에 대한 산출의 비율과 관련된 것으로서, 일정한 비용으로 최대한의 복지서비스를 창출해 낼 수 있는지를 평가한다.
③ **사회적 형평성** : 공평하고 공정한 배분을 강조하는 것이다.
④ **기술적 실현가능성** : 사회복지정책대안이 기술적·방법적으로 실현 가능한지를 평가한다.
⑤ **정치적 실현가능성** : 관련 이해집단이나 일반 국민으로부터 얼마나 지지를 받고 있는지를 평가한다.

2 사회복지정책대안의 미래예측기법

① **유추법(Analogy)** : 비슷한 구조 혹은 같은 꼴 구조의 사례를 통해 미래 상황을 추정하는 방법이다.
② **경향성 분석법(Tendency Analysis)** : 시계열 분석에 기초한 것으로서, 과거의 경향이나 추세를 미래에 연장시켜 추측하는 방법이다.
③ **마르코프 모형(Marcov Model)** : 어떤 상황이 시간의 흐름에 따라 일정한 확률로 변하는 경우 그 최종적 상태를 예측하여 정책결정을 위한 확률적 정보를 제공하는 방법이다.
④ **회귀분석(Regression Analysis)** : 변수들 사이의 인과관계를 토대로 만들어낸 회귀방정식에 의해 미래를 예측하는 방법이다.
⑤ **델파이(Delphi)기법** : 미래의 사건에 관한 식견이 있는 전문가집단으로 하여금 다수의 의견을 서로 교환하는 반복적인 과정을 거치도록 함으로써 합의를 도출해내는 방법이다.

3 사회복지정책대안의 비교분석기법

① 비용-편익 분석(Cost-Benefit Analysis)
   ○ 정책대안을 집행할 때 소요되는 비용과 예상되는 편익을 비교해 보는 방법이다.
   ○ 모든 비용과 편익을 화폐가치로 환산하여 기간별로 추정하며, 이에 할인율을 적용하여 전 기간에 걸친 비용과 편익의 현재가치를 계산한다.

② 비용-효과 분석(Cost-Effectiveness Analysis)
   ○ 정책대안을 집행할 때 소요되는 비용과 예상되는 결과를 비교하는 방법이다.
   ○ 비용-편익 분석과 유사하나, 결과에 따른 각 정책의 급여를 물건이나 서비스 단위, 즉 재화단위나 용역단위 등 비화폐적으로 나타낼 수 있다.
   ○ 서로 다른 단위를 사용함으로써 직접적인 증거로 제시하기 어려운 단점이 있다.

③ 줄서기 분석기법(Queuing) : 모든 요소를 화폐가치로 환산하는 것이 가능하다면, 대기시간과 복지서비스 및 서비스 수용능력에 대한 효과적인 정보를 산출할 수 있다.

④ 모의실험기법(Simulation)
   ○ 정책대안들이 어떠한 변화를 가져올 것인가를 실제로 집행하지 않고도 비슷한 상황 속에서 분석함으로써 미래를 예측하는 방법이다.
   ○ 수학적 모형의 적용이 어려운 경우, 실제 상황에서 실행할 때 위험이 수반되는 경우, 실제 행동이 불가능한 경우, 현상의 복잡성으로 인해 문제의 구조나 함수 관계를 찾기 어려운 경우 사용할 수 있다.

⑤ 결정분석기법(Decision Analysis)
   ○ 정책대안의 결과를 예측하기 위해 나타날 수 있는 확률적 사건들을 나뭇가지와 같이 그려놓고 분석하는 방법이다.
   ○ 결정나무그림(Decision Tree)은 대안, 결과 상황, 결과 상황을 초래할 수 있는 확률, 그리고 결과 등 4가지 요소로 구성된다.

⑥ 선형계획기법(Linear Programing) : 제약점이 여러 가지이면서 목표를 나타내는 변수와 투입 변수 사이의 관계가 곧은 선의 관계를 나타내는 경우 사용할 수 있다.

적중예상

사회복지정책대안의 미래예측기법에 대한 설명으로 옳은 것을 모두 고르면?

ㄱ. 유추법은 비슷하거나 같은 꼴 구조의 사례를 통해 미래 상황을 추정한다.
ㄴ. 델파이기법은 시간에 따른 과거의 변화확률을 토대로 미래의 변화를 예측하는 방법이다.
ㄷ. 회귀분석기법은 변수들 사이의 인과관계를 전제로 한 회귀방정식으로 미래를 예측한다.
ㄹ. 마르코프 모형은 전문가들의 의견을 모으고 교환함으로써 미래를 예측하는 방법이다.

① ㄱ, ㄴ, ㄷ
② ㄱ, ㄷ
③ ㄴ, ㄹ
④ ㄹ
⑤ ㄱ, ㄴ, ㄷ, ㄹ

정답 ②

해설
Theme 10의 '2. 사회복지정책대안의 미래예측기법' 참고

개념쏙쏙

1. 사회복지정책대안의 비교분석기준 중 관련 이해집단이나 일반 국민으로부터 얼마나 지지를 받고 있는지를 평가하는 것을 (   )(이)라고 한다.
2. 사회복지정책대안의 비교분석기법 중 정책대안을 집행할 때 소요되는 비용과 예상되는 결과를 비교하는 방법을 (   )(이)라고 한다.

정답
1. 정치적 실현가능성
2. 비용-효과 분석

실제기출 [2025]

다음에서 설명하고 있는 정책결정모형은?

- 큰 범위에서의 기본적인 결정은 합리적으로 이루어지지만, 세부적 결정은 기본적 결정을 보완·수정하여 점증적으로 이루어진다고 주장하는 정책결정모형이다.
- 기본적 결정은 전체적인 방향을 설정하기 위해 중요한 대안을 탐색한 후에 이루어진다.
- 2개의 대립되는 극단의 모형들을 절충한 것에 지나지 않는다는 비판이 있다.

① 쓰레기통 모형 ② 점증모형
③ 혼합모형 ④ 만족모형
⑤ 최적모형

정답 ③

해설
혼합모형은 합리모형과 점증모형의 혼합으로서, 종합적 합리성(Comprehensive Rationality)을 토대로 기본적·거시적 결정은 합리적으로 이루어지는 반면, 세부적·미시적 결정은 점증적으로 이루어진다는 것이다.

실제기출 [2023]

정책결정모형 중 드로어(Y. Dror)가 제시한 최적모형에 관한 설명으로 옳은 것을 모두 고른 것은?

ㄱ. 합리모형과 점증모형의 단순혼합이 아닌 정책성과를 최적화하려는 데 초점을 둔다.
ㄴ. 합리적 요소와 초합리적 요소를 다 고려하는 질적 모형이다.
ㄷ. 초합리성의 구체적인 달성 방법에 대한 명확한 설명이 제시되었다.
ㄹ. 정책결정을 체계론적 시각에서 파악한다.
ㅁ. 정책결정 과정에서 실현가능성이 낮다는 비판이 있다.

① ㄱ, ㄴ ② ㄱ, ㄷ, ㄹ
③ ㄱ, ㄴ, ㄹ, ㅁ ④ ㄱ, ㄷ, ㄹ, ㅁ
⑤ ㄴ, ㄷ, ㄹ, ㅁ

정답 ③

해설
ㄷ. 초합리성의 구체적인 달성 방법이 불명확하다.

1 합리모형

① 의의 및 특징

㉠ 인간의 이성과 합리성을 전제로 정책결정 과정을 설명하며, 주어진 상황에서 최선의 정책대안을 찾아낼 수 있다고 본다.

㉡ 완전한 지식, 정보, 충분한 시간, 고도의 합리성, 최선의 판단기준이 존재한다고 가정한다.

② 비판 : 인간 능력의 한계, 시간과 비용의 문제, 미래 상황의 불확실성 등을 고려하고 있지 못하다.

2 만족모형

① 의의 및 특징

㉠ 사이몬과 마치(Simon & March)는 인간의 합리성이 제한된 것으로 생각하였다.

㉡ 현실의 복잡한 상황을 인간의 능력으로 인지하는 것은 한계가 있으며, 개인이나 조직은 이를 간소화하여 인지함으로써 최선의 대안이 아닌 만족할 만한 대안을 선택한다고 본다.

② 비 판

㉠ 만족할 만한 수준이 어느 정도의 수준인지에 대한 객관적인 판단기준이 없다.

㉡ 만족할 만한 정책대안이 나타났다고 해서 대안의 탐색을 중단하는 경우 보다 훌륭한 정책대안이 사장되므로 정책결정에 있어서 보수적인 성향을 띠게 되며, 변화나 발전보다는 무사안일의 정책결정이 조장될 수 있다.

3 점증모형

① 의의 및 특징

㉠ 린드블롬, 브레이브루크, 윌다프스키(Lindblom, Braybrooke & Wildavsky) 등이 주장한 것으로, 인간의 비합리성을 전제로 정책결정을 설명한다.

㉡ '기회주의적 정책결정' 혹은 '연속적·순차적 정책결정'으로 볼 수 있다.

㉢ 지극히 보수적인 성격을 띠는 모형으로서, 이는 기존의 사업계획이나 정책, 세출 등이 새로운 사업이나 정책의 기반이 되고, 여기에 약간의 증감이나 수정만을 가하기 때문이다.

② 비판
  ㉠ 점증모형에 따른 부분적·분산적 결정은 정책결정의 평가기준을 모호하게 만든다.
  ㉡ 과거나 현재의 정책이 존재하지 않는 경우 점증주의는 성립될 수 없다.

4 혼합모형

① 의의 및 특징
  ㉠ 에치오니(Etzioni)가 주장한 것으로서, 합리모형과 점증모형의 혼합으로 볼 수 있다.
  ㉡ 종합적 합리성(Comprehensive Rationality)을 토대로 기본적·거시적 결정은 합리적으로 이루어지는 반면, 세부적·미시적 결정은 점증적으로 이루어진다는 것이다.

② 비판
  단지 2개의 대립되는 모형, 즉 합리모형과 점증모형을 혼합·절충한 것에 지나지 않는다.

5 최적모형

① 의의 및 특징
  ㉠ 드로어(Dror)가 주장한 것으로서, 체계론적 관점에서 정책결정의 최적화에 관심을 둔다.
  ㉡ 정책결정에 있어서 합리적인 요소와 초합리적인 요소를 동시에 고려하는 질적 모형이다.

② 비판
  ㉠ 정책결정에 있어서 사회적 과정에 대한 고찰이 불충분하다.
  ㉡ 초합리성의 구체적인 달성 방법이 불명확하여 신비주의에 빠질 가능성이 있으며, 정책결정 과정에서 실현가능성이 낮다.

6 쓰레기통 모형

① 특징 : 정책결정이 합리성이나 타협에 의해 이루어지는 것이 아닌 조직화된 무정부 상태(Organized Anarchies) 속에서 나타나는 몇 가지 흐름에 의해 우연히 이루어진다고 본다.
② 비판 : 일부의 조직에서 혹은 일시적으로 나타나는 정책결정의 형태를 설명하는 데에만 적합하다.

1 사회복지정책의 분석기준

① 사회복지정책분석의 접근방법
- ㉠ 과정분석 : 사회복지정책의 형성과정을 기술적·방법적 관점에서 분석
- ㉡ 산물분석 : 사회복지정책의 선택 형태 및 내용을 분석
- ㉢ 성과분석 : 특정한 정책의 실행에 의해 나타난 결과를 기술·평가하여 효과성을 판단

② 길버트, 스펙트, 테렐(Gilbert, Specht & Terrell)은 산물분석을 기본틀로 하여 사회복지정책의 선택 차원으로서 '할당, 급여, 재정, 전달'을 제시하였다.

③ 산물분석의 한계
- ㉠ 정해진 틀에 따라 사회복지정책 내용을 분석함으로써 적용된 사회적 가치를 평가하기 어려우며, 사회복지정책의 방향성을 명확히 제시하지 못한다.
- ㉡ 산물분석 결과는 기존의 사회주류적 입장을 대변할 가능성이 높다.
- ㉢ 현행 사회복지정책에서 배제되고 차별받는 사람들의 욕구를 제대로 파악할 수 없으며, 이들을 위한 구체적인 대안을 담아내지 못한다.

2 할당의 기본원칙으로서 선별주의와 보편주의

구 분	선별주의	보편주의
원 리	개인의 욕구에 기초	사회적 권리에 기초
대 상	도움을 필요로 하는 개인	모든 국민
이 념	보수주의, 자유주의	사회민주주의, 진보주의
전 제	자산조사	욕구, 자산조사 불필요
성 격	치료적	예방적
치 료	개인의 노력	공공의 노력
모 형	잔여적 모형	제도적 모형
장 점	• 높은 목표(대상)효율성 • 자원 낭비 방지 • 비용효과성(총지출 감소)	• 사회적 통합 효과(사회적 효과성) • 최저소득 보장, 빈곤 예방 • 사회적 낙인이 발생하지 않음 • 간편한 행정 업무 • 사례의 균일성 유지 • 모든 시민의 일정 수준 구매력 유지
단 점	• 자산조사에 따른 불필요한 행정비용 발생 • 사회정책이 사회통합을 소외시킬 위험성 • 사회적 낙인 유발 • 빈곤의 덫 유발 • 복잡한 행정 업무	• 낮은 목표(대상)효율성 • 자원 낭비 발생 • 총지출 증가

---

3 할당의 세부원칙

① 귀속적 욕구에 의한 할당

　㉠ 욕구의 규범적 준거를 토대로 집단적 할당이 이루어진다.

　㉡ 65세 이상의 노인에 대한 경로우대제도, 고등학교 무상교육이 해당한다.

② 보상에 의한 할당

　㉠ 형평의 규범적 준거를 토대로 수급자 선정기준에 따른 집단적 할당이 이루어진다.

　㉡ 국가유공자에 대한 처우 및 국민연금, 국민건강보험 등의 사회보험과 국토개발 등으로 인한 이주자 보상이 해당한다.

③ 진단(진단적 차등)에 의한 할당

　㉠ 욕구의 기술적 진단을 토대로 개인적인 할당이 이루어진다.

　㉡ 장애인에 대한 장애 정도 사정, 치매나 중풍의 노인들에 대한 의료서비스가 해당한다.

④ 자산조사(소득과 재산)에 의한 할당

　㉠ 욕구의 경제적 기준을 토대로 개인적인 할당이 이루어진다.

　㉡ 국민기초생활보장제도와 같은 공공부조가 해당한다.

4 사회복지 급여의 형태

① 현 금

　수급자에게 현금을 지급하여 자신이 원하는 재화나 서비스를 선택적으로 구매할 수 있도록 하는 급여

② 현 물

　수급자에게 필요한 물품이나 서비스를 직접 급여로 제공하는 형태

③ 이용권, 증서, 또는 바우처(Voucher)

　현금급여와 현물급여의 중간형태로, 수급자가 일정한 용도에 한하여 필요로 하는 상품이나 서비스를 자유롭게 선택할 수 있도록 하는 급여

④ 기 회

　사회불이익집단에게 유리한 기회를 제공하여 시장경쟁에 적응할 수 있도록 유도하는 무형의 급여 형태

⑤ 권 력

　수급자에게 정책결정에 대한 권력을 부여함으로써 정책이 수급자에게 유리한 방향으로 결정될 수 있도록 하는 급여 형태

사회복지 공공재원에 관한 설명으로 옳지 않은 것은?

① 조세는 다른 재원에 비해서 평등을 구현하는 데 용이하다.
② 사회보험료는 소득세에 비해 상대적으로 조세저항이 약하다.
③ 사회보험료는 조세와 비교해 상대적으로 소득재분배 효과가 약하다.
④ 소득세 누진성이 낮을수록 재분배 효과가 크다.
⑤ 조세는 재원의 안정성과 지속성이 가장 강하다.

정답 ④

해설

소득세의 누진성이 높을수록 재분배 효과가 크다. 참고로 누진성(Progressivity)은 소득이 높은 사람에게 더 높은 조세부담이 발생하는 것으로, 특히 소득세가 대표적인 누진적 조세에 해당한다. 반면, 역진성(Regressivity)은 소득이 낮은 사람에게 상대적으로 높은 조세부담이 발생하는 것으로, 특히 소비세와 조세지출이 대표적인 역진적 조세에 해당한다.

사회복지서비스 공급주체로서 중앙정부에 관한 설명으로 옳은 것은?

① 서비스 수혜자의 정책결정 과정 참여가 용이하다.
② 지역주민의 욕구에 신속하게 대응할 수 있다.
③ 서비스의 지속성과 안정성 확보에 유리하다.
④ 사회통합의 저해 우려가 있고 규모의 경제 실현이 어렵다.
⑤ 이용자의 다양한 선택권을 보장하는 데 유리하다.

정답 ③

해설

③ · ④ 중앙정부 전달체계는 서비스의 통일성, 지속성, 안정성 확보에 유리하며, 규모의 경제 실현과 사회통합이나 평등과 같은 정책목표를 달성하는 데 유리하다.
① · ② 중앙정부 전달체계는 서비스 수혜자의 정책결정 과정 참여가 용이하지 않으며, 서비스에 관한 지역 수급자의 욕구 반영이 어렵다.
⑤ 이용자의 다양한 선택권을 보장하는 데 유리한 것은 민간 전달체계이다.

사회복지정책의 분석틀 II

1 사회복지정책의 재원

① 공공재원과 민간재원
  ㉠ 공공재원 : 소득세, 소비세, 재산세, 목적세, 사회보장세, 조세비용
  ㉡ 민간재원 : 이용료 또는 사용자부담, 자발적 기여, 기업복지, 가족 간 이전
② 직접세와 간접세
  ㉠ 직접세 : 재산이나 소득이 많을수록 높은 세율이 적용되는 누진적 조세
    예 소득세, 법인세, 증여세, 상속세, 종합부동산세 등
  ㉡ 간접세 : 재산이나 소득에 관계없이 과세 대상에 대해 일정한 세율이 적용되는 조세
    예 부가가치세, 개별소비세, 주세, 인지세, 증권거래세 등

2 사회복지 전달체계의 구분

① 중앙정부 전달체계
  ㉠ 장 점
    • 복지에 대한 다양한 욕구를 수용하여 프로그램을 포괄 · 조정할 수 있다.
    • 지속적이고 안정적인 서비스를 제공할 수 있다.
  ㉡ 단 점
    • 서비스에 관한 지역 수급자의 욕구반영이 어렵다.
    • 독점성으로 인해 가격과 질적인 측면에서 수급자에게 불리하다.
② 지방정부 전달체계
  ㉠ 장 점
    • 중앙정부 전달체계에 비해 지역주민의 욕구를 더 효과적으로 반영할 수 있다.
    • 지방정부 간의 경쟁으로 인해 가격과 질적인 측면에서 더 유리하며, 지역주민의 욕구에 보다 신속히 대처할 수 있다.
    • 수급자의 정책결정에 대한 참여의 기회가 확대된다.
  ㉡ 단 점
    • 지역 간 불평등이 야기되기 쉽다.
    • 프로그램의 안정성과 지속성에 있어서 불리하다.
    • 지방정부 간의 프로그램 연계에 있어서 불리하다.

③ 민간 전달체계
  ㉠ 장 점
    • 서비스의 다양성 및 전문성, 서비스 공급의 신속성·접근성·융통성 등에 유리하다.
    • 공급자 간 경쟁유도를 통해 서비스의 질을 확보할 수 있다.
    • 중앙정부, 지방정부의 사회복지활동에 대한 압력단체로서의 역할을 수행한다.
  ㉡ 단 점
    • 계약에 따른 불필요한 거래비용이 소요될 수 있다.
    • 공공재 제공, 규모의 경제 실현 등이 어렵다.

3 사회복지재화 및 서비스의 국가 제공의 필요성(시장실패의 원인)

① **공공재 성격** : 공공재의 경우 국가가 일정하게 책임을 지고 공급할 필요가 있다.

② **소득분배의 불공평** : 시장경제에서는 사회적 불평등이 야기될 가능성이 크다.

③ **불완전한 시장정보(정보의 비대칭)** : 시장은 정보의 수급이 비대칭적으로 이루어지는 경우가 있다.

④ **시장의 불완전성** : 시장은 독점·과점 등이 나타나 자동조절 기능이 약화된다.

⑤ **외부효과** : 국가는 부정적 외부효과에 대해 적절한 규제를 가해야 하며, 긍정적 외부효과를 창출하기 위해 직접적으로 개입하는 것이 바람직하다.

⑥ **규모의 경제** : 생산시장에서 대규모 생산의 경우 경제의 효율성을 위해 국가 차원에서 관리하는 것이 유리한 경우가 있다.

⑦ **도덕적 해이** : 보험계약 후 가입자들이 위험발생을 예방하려는 노력을 덜 하게 되는 현상을 말한다. 수혜자에 대한 충분한 정보를 토대로 이들의 행위를 적절히 통제할 수 있는 강제적인 방식이 효율적일 수 있다.

⑧ **역의 선택** : 비대칭적인 정보로 인해 보험시장에 바람직하지 않은 결과가 초래되는 현상이다.

⑨ **위험발생의 비독립성** : 보험가입자의 위험발생이 다른 사람의 위험발생과 상호독립적이지 못한 경우 국가의 개입에 의한 강제적인 방식이 요구된다.

적중예상

사회복지 재화나 서비스를 국가가 제공해야 하는 이유를 모두 고른 것은?

ㄱ. 긍정적인 외부효과
ㄴ. 정보의 비대칭성 문제 해결
ㄷ. 역선택(Adverse Selection)의 문제 해결
ㄹ. 근로 및 저축동기 강화

① ㄱ, ㄴ, ㄷ
② ㄱ, ㄷ
③ ㄴ, ㄹ
④ ㄹ
⑤ ㄱ, ㄴ, ㄷ, ㄹ

정답 ①

해설
Theme 13의 '3. 사회복지재화 및 서비스의 국가 제공의 필요성(시장실패의 원인)' 참고

개념쏙쏙

1. 재산세, 취득세는 (직접세 / 간접세)에 해당한다.
2. 지역주민의 욕구에 보다 신속히 대처할 수 있는 것은 (중앙정부 / 지방정부) 전달체계이다.
3. 사회복지재화 등의 국가의 제공에 비하여 시장경제에서는 사회적 불평등이 야기될 가능성이 (적다 / 크다).

정답
1. 직접세
2. 지방정부
3. 크다

사회서비스에 관한 설명으로 옳은 것은?

① 수급자 등 빈곤층만을 대상으로 한다.
② 주로 바우처 방식으로 수요자를 지원한다.
③ 전액 국비로 지원한다.
④ 단일 기관이 독점하여 공급한다.
⑤ 주로 획일화된 서비스를 제공한다.

정답 ②

해설

기존의 사회복지서비스는 공급자 지원방식으로 수요자의 선택권이 제한되어 시장 창출에 한계를 드러냈다. 이에 수요자 중심의 직접지원 또는 직접지불 방식으로 이루어지는 바우처(이용권) 제도를 도입하게 되었다.

소득재분배에 관한 설명으로 옳은 것은?

① 수평적 재분배는 공공부조를 들 수 있다.
② 세대 간 재분배는 부과방식 공적연금을 들 수 있다.
③ 수직적 재분배는 아동수당을 들 수 있다.
④ 단기적 재분배는 적립방식 공적연금을 들 수 있다.
⑤ 소득재분배는 조세를 통해서만 발생한다.

정답 ②

해설

② 세대 간 재분배는 부과방식을 통해, 세대 내 재분배는 적립방식을 통해 운영된다.
①·③ 수평적 재분배의 예로 가족수당(아동수당), 건강보험 등을, 수직적 재분배의 예로 공공부조, 누진적 소득세 등을 들 수 있다.
④ 적립방식의 연금제도는 세대 내 재분배의 예로 볼 수 있다. 반면, 현재의 자원을 동원하여 사회적 욕구를 충족시키는 단기적 재분배의 예로 공공부조를 들 수 있다.
⑤ 소득재분배는 민간부문에서 자발적인 동기에 의해 이루어지는 사적 소득이전을 통해서도 발생한다.

Theme 14	사회보장

1 사회보장의 개념

① 베버리지 보고서(1942) : '사회보장'이란 실업, 질병, 재해로 인한 소득의 감소, 은퇴로 인한 소득의 중단, 주된 소득자의 사망으로 인한 생계유지의 어려움, 출생·사망·결혼으로 인한 추가적인 비용의 지출 등에 대비한 소득보장정책이다.

② 국제노동기구(ILO ; International Labour Organization) : '사회보장'이란 사람들이 여러 가지 위험들, 즉 질병, 노령, 실업, 장애, 사망, 출산, 빈곤 등으로 인해 소득이 일시적으로 중단되거나 혹은 장기적으로 없어지는 경우, 지출이 크게 증가하여 이전의 생활을 유지하지 못할 경우, 이전의 사회생활을 할 수 있도록 하는 국가의 제반 프로그램을 말한다.

2 소득재분배(이차적 소득분배)

① 유 형

단기적 재분배	현재의 자원을 동원하여 사회적 욕구를 충족시키는 재분배 형태이다(예 공공부조 등).
장기적 재분배	여러 세대에 걸친 자원의 동원 및 소득재분배가 동시에 이루어지는 재분배 형태이다(예 국민연금 등).
수직적 재분배	소득수준을 기준으로 한 소득계층 간 재분배 형태로서, 대체적으로 소득이 높은 계층으로부터 소득이 낮은 계층으로 재분배가 이루어진다(예 공공부조, 누진적 소득세 등).
수평적 재분배	소득수준과 관계없이 특정한 사회적 기준을 토대로 해당 조건을 갖춘 사람들에게 재분배가 이루어지는 것으로, 특히 위험 미발생집단에서 위험 발생집단으로 소득이 이전되는 경우이다(예 가족수당(아동수당), 건강보험 등).
세대 간 재분배	현 근로세대와 노령세대 또는 현 세대와 미래세대 간의 소득을 재분배하는 형태이다(예 장기요양보험, 부과방식의 연금제도 등).
세대 내 재분배	동일한 세대 내에서 소득이 재분배되는 형태로서, 젊은 시절 소득을 적립해 놓았다가 노년기에 되찾는 방식이다(예 개인연금, 적립방식의 연금제도 등).
우발적 재분배	재해, 질병 등 특정한 우발적 사고로 고통받는 사람에게 소득이전이 이루어지는 형태이다(예 건강보험 등).

② 공공부조는 사회적 취약계층에 대한 최종적인 소득보장제도로서 조세를 재원으로 한다. 고소득층에서 저소득층으로 수직적 재분배가 이루어지므로 상대적으로 소득재분배 효과가 크다.

3 사회보장제도의 구분

구 분	사회보험	공공부조	사회서비스
주 체	정 부	정부 및 지방자치단체	정부 및 지방자치단체, 민간단체 및 사회복지법인
객 체	전 국민	저소득층	요보호자
목 적	빈곤 예방	빈곤 치료	사회적 적응
내 용	• 국민연금 • 국민건강보험 • 산업재해보상보험 • 고용보험 • 노인장기요양보험	• 국민기초생활보장 • 의료급여 • 긴급복지지원 • 기초연금 • 장애인연금	• 아동복지 • 노인복지 • 장애인복지 • 모자복지 • 재가복지
재 정	• 기여금(근로자) • 부담금(사용자) • 지원금(정부)	조 세	• 국가보조금 • 민간재원

4 사회보장제도의 기본원칙

① 베버리지 보고서에 의한 사회보험의 원칙(1942)
- ㉠ 정액급여의 원칙(균일급여의 원칙)
- ㉡ 정액기여의 원칙(정액부담의 원칙)
- ㉢ 행정통합의 원칙(행정책임의 통합화 원칙)
- ㉣ 급여 충분성의 원칙(급여 적절성의 원칙)
- ㉤ 포괄성의 원칙(위험과 대상의 포괄성의 원칙)
- ㉥ 피보험자 구분의 원칙(가입대상 분류의 원칙)

② 국제노동기구(ILO)에 의한 사회보장의 원칙(1952)
- ㉠ 수혜대상 보편성의 원칙
- ㉡ 비용부담 공평성의 원칙
- ㉢ 급여수준 적절성의 원칙

③ 사회보장제도의 운영원칙(사회보장기본법 제25조 참조)
- ㉠ 적용 범위의 보편성
- ㉡ 급여 수준 및 비용 부담의 형평성
- ㉢ 운영의 민주성
- ㉣ 효율성·연계성·전문성
- ㉤ 시행의 책임성

공공부조와 사회보험의 차이에 관한 설명으로 옳은 것은?

① 사회보험은 주로 보험료로 재정을 충당하며, 공공부조는 조세로 충당한다.
② 사회보험은 사후적인 성격이 강한 반면 공공부조는 예방적인 성격이 강하다.
③ 사회보험과 공공부조 모두 빈곤을 예방하는 데 목적이 있다.
④ 공공부조가 사회보험보다 계약적 권리성이 강하다.
⑤ 사회보험은 중앙과 지방정부가, 공공부조는 정부가 위임한 관리운영기구가 운영주체이다.

정답 ①

해설

②·③ 사회보험은 빈곤의 예방을 목적으로 하는 사전적 제도인 반면, 공공부조는 이미 발생한 빈곤 상황으로 인한 문제들을 해소하는 사후적 제도이다.
④ 사회보험은 수급자가 보험료를 부담하여 재정을 스스로 조달하는 만큼 강한 권리성을 가지는 반면, 공공부조는 수급자가 재정에 직접적인 기여를 하지 않으므로 권리성 측면에서 약하다.
⑤ 공공부조는 중앙과 지방정부가, 사회보험은 정부가 위임한 관리운영기구가 운영주체이다.

보건복지부장관이 관장하는 사회보험제도를 모두 고른 것은?

ㄱ. 국민연금
ㄴ. 국민건강보험
ㄷ. 산업재해보상보험
ㄹ. 고용보험
ㅁ. 노인장기요양보험

① ㄱ, ㄴ   ② ㄴ, ㄷ
③ ㄱ, ㄴ, ㅁ   ④ ㄱ, ㄷ, ㄹ
⑤ ㄷ, ㄹ, ㅁ

정답 ③

해설

ㄷ. 산업재해보상보험 사업은 고용노동부장관이 관장한다(산업재해보상보험법 제2조 제1항).
ㄹ. 고용보험은 고용노동부장관이 관장한다(고용보험법 제3조).

Theme 15   사회보험제도

1 사회보험의 특징

① 강제 가입(의무 가입)을 원칙으로 한다.
② 사회적 위험에 대비하기 위한 최저소득보장제도이다.
③ 개인의 형평성보다는 사회적 충분성(적절성)을 중시한다.
④ 기여금이 주요 운영재원이다.
⑤ 소득수준과 급여수준이 항상 정비례하는 것은 아니다.
⑥ 급여는 권리이며, 자산조사를 필요로 하지 않는다.
⑦ 사회보장 급여는 법으로 규정된다.
⑧ 기금, 재정 관리에 정부가 개입한다.
⑨ 공공기관이 관리운영을 담당한다.
⑩ 사회보험 재정의 완전적립이 불필요하다.
⑪ 보험료율은 개인이 선택할 수 없다.

2 사회보험과 공공부조의 비교

사회보험과 공공부조는 법정 이전소득이라는 점에서 공통적이지만, 다음과 같은 차이점이 있다.

구 분	사회보험	공공부조
기 원	공제조합	빈민법
목 적	빈곤의 예방(사전적)	빈곤의 완화(사후적)
대 상	모든 국민(보편적)	빈곤층(선별적)
대상효율성	상대적으로 낮음	상대적으로 높음
권리성	상대적으로 강함	상대적으로 약함
재 원	기여금과 부담금(일부는 조세)	조 세
재정 예측성	예측이 비교적 용이함	예측이 비교적 어려움
자산조사	불필요함	필요함
낙 인	사회적 낙인이 아닌 권리로 인정	낙인감 유발
재분배 효과	수평적·수직적 재분배 효과 모두 있음	수직적 재분배 효과가 큼

3 연금보험의 분류

① 기여 또는 급여의 확정 방식에 따른 분류

확정급여식 연금	• 사전에 확정된 금액으로 급여를 지급 • 주로 과거의 소득 및 소득활동 기간에 의해 결정되며, 안정적인 노후소득을 보장
확정기여식 연금	• 사전에 확정된 보험료를 부담하며, 급여액은 적립한 기여금의 운영 결과에 따라 추후 결정됨 • 연금재정 유지에는 유리하나, 투자 위험을 개인이 지게 됨

② 재정 방식(연금재정 운용 방식)에 따른 분류

적립방식	• 완전적립방식 : 제도 도입 초기부터 일관성 있게 부과 · 징수하여 적립하는 방식 • 부분적립방식 : 제도 도입 초기에는 낮은 수준으로 부과 · 징수하다가 차츰 보험료를 인상하는 방식
부과방식	• 한 해의 지출액 정도에 해당하는 잔고만을 남겨두고 그 해 연금보험료 수입을 그 해 급여의 지출로 써버리는 방식 • 현재의 근로세대가 은퇴세대의 연금급여에 필요한 재원을 부담하는 방식

4 국민건강보험의 특징

① 국내에 거주하는 국민을 적용 대상으로 하며, 법률에 의해 강제가입된다.
② 보험료 부과수준에 관계없이 관계법령에 의해 균등한 보험급여가 이루어진다.
③ 부담능력에 따라 보험료를 차등적으로 부담하게 되며, 가입자의 소득수준 등에 따라 본인부담상한액이 결정된다.
④ 외래진료의 경우 본인일부부담금은 기관의 종류 및 소재지 등에 따라 달라진다.
⑤ 월별 보험료의 총체납횟수가 6회 이상일 경우 급여가 제한될 수 있다.
⑥ 연금보험과 달리 단기성 보험으로서, 1년 단위의 회계연도를 기준으로 수입과 지출을 예정하여 보험료를 계산한다.

5 고용보험제도의 개념

실직 근로자에게 실업급여를 지급하는 전통적 의미의 실업보험 사업 외에 근로자의 실업예방 및 고용촉진을 위한 고용안정 사업, 근로자의 직업능력개발을 위한 직업능력개발 사업을 상호 연계 실시하는 사회보장제도임과 동시에 적극적 고용정책을 구현하기 위한 노동시장정책으로 고용노동부장관이 관장한다.

6 산업재해보상보험의 개념

산업재해보상보험은 공업화의 진전으로 인해 급격히 증가하는 산업재해로부터 근로자를 보호하기 위해 1964년 도입된 우리나라 최초의 사회보험제도로 고용노동부장관이 관장한다.

Theme 16 | 공공부조제도

1 공공부조의 개념 및 특성

① 국가 및 지방자치단체의 책임하에 생활유지능력이 없거나 생활이 어려운 국민에게 최저생활을 보장하고 자립을 지원하는 제도이다.
② 사회권적 기본권으로서 기본권 존중사상에 기인한 제도이다.
③ 공공부조는 신청주의를 원칙으로 한다. 즉, 신청과정을 거친다.
④ 공공부조는 보충성의 원리를 원칙으로 한다. 즉, 수급자로 선정·보장되기 전에 자신의 재산, 소득, 근로능력 등을 최대한 활용하도록 요구되며, 이를 위해 자산조사가 선행된다.
⑤ 공공부조는 고소득층에서 저소득층으로 수직적 재분배가 이루어지므로 상대적으로 소득재분배 효과가 크다.

2 공공부조의 기본원리

① 국가책임의 원리 : 공공부조를 통해 생활이 어려운 국민의 생존권을 실현하는 것을 국가의 책임으로 한다.
② 생존권 보장의 원리 : 모든 국민은 누구나 생활이 어려운 때에 국가에 대해 보호를 청구할 수 있는 권리가 있으며, 국가는 국민의 이와 같은 요구를 받아들일 의무가 있다.
③ 최저생활보장의 원리 : 공공부조의 보호수준은 건강하고 문화적인 생활수준을 유지할 수 있는 최저한도의 생활보장이어야 한다.
④ 무차별 평등의 원리 : 수급자는 급부 내용에 있어서 인종, 성별, 종교, 사회적 신분 등에 차별이 없이 평등하게 보호받을 권리가 있다.
⑤ 보충성의 원리 : 수급자는 우선적으로 자신이 가지고 있고 이용할 수 있는 자산능력 및 그 밖의 모든 것을 최대한 활용하며, 그럼에도 불구하고 최저생활을 유지할 수 없는 경우 최종적으로 그 부족분을 보충받는다.
⑥ 자립조장의 원리 : 수급자의 잠재능력을 개발·육성하여 자력으로 사회생활에 적응하도록 한다.

3 우리나라 공공부조의 확대과정

① 1961년 「생활보호법」 및 「군사원호보상법」 제정
② 1962년 「재해구호법」 제정
③ 1977년 「의료보호법」 제정
④ 1999년 「생활보호법」 폐지, 「국민기초생활 보장법」 제정
⑤ 2000년 10월 1일부터 국민기초생활보장제도 시행
⑥ 2001년 5월 「의료보호법」 전부개정, 「의료급여법」으로 변경
⑦ 2015년 7월 1일부터 맞춤형 급여체계로 개편(수급자 선정기준의 다층화)

4 국민기초생활보장제도

① 개 념

- ⊙ 우리나라의 대표적인 공공부조는 국민기초생활보장제도이다.
- ⊙ 근로능력에 관계없이 빈곤선 이하의 모든 저소득층에게 최저생활을 보장하는 한편, 근로능력자에 대해서는 빈곤에서 스스로 탈출하도록 체계적인 자립 및 자활지원 서비스를 제공함으로써 생산적 복지를 구현한다.
- ⊙ 최근 수급자격 중 부양의무자 기준이 완화되어 생계급여에 대한 부양의무자 기준이 원칙상 폐지되었다. 또한 수급자 선정을 위한 기준 중위소득이 2015년 이후 지속적으로 인상되었으며, 근로능력평가 방식도 간소화되었다.

② 급여의 종류

- ⊙ 생계급여　　⊙ 주거급여　　⊙ 의료급여　　⊙ 교육급여
- ⊙ 해산급여　　⊙ 장제급여　　⊙ 자활급여

③ 급여의 보호

- ⊙ 급여 변경의 금지 : 수급자에 대한 급여는 정당한 사유 없이 이를 불리하게 변경할 수 없다.
- ⊙ 압류금지 : 수급자에게 지급된 수급품과 이를 받을 권리는 압류할 수 없다.

더 알아보기

우리나라 근로복지연계정책의 특징

- 수급자의 근로유인을 강화하는 것을 목적으로 한다.
- 근로빈곤층의 문제에 있어서 국가의 책임을 강조하는 유럽의 복지국가 모델과 달리 개인의 책임을 보다 강조하는 미국의 빈곤가족한시지원(TANF)이나 영국의 일하는 복지(Welfare to Work) 모델에 근접해 있다.
- 취업을 위한 직업훈련을 강조하며, 취업 우선전략과 인적자원 투자전략이 활용된다.
- 대표적인 예로 근로장려세제, 자녀장려세제 등이 있다.

실제기출 [2024]

빈곤과 소득불평등의 측정에 관한 설명으로 옳은 것은?

① 반물량 방식은 엥겔계수를 활용하여 빈곤선을 추정한다.
② 상대적 빈곤은 생존에 필요한 생활수준이 최소한의 수준에 도달하지 못한 상태를 말한다.
③ 라이덴 방식은 객관적 평가에 기초하여 빈곤선을 측정한다.
④ 빈곤율은 빈곤층의 소득을 빈곤선 수준으로 끌어올리는 데 필요한 총소득을 나타낸다.
⑤ 지니계수가 1일 경우는 완전 평등한 분배상태를 의미한다.

정답 ①

해설
Theme 17의 '3. 빈곤선 계측 방식' 참고

실제기출 [2022]

빈곤의 개념에 관한 설명으로 옳지 않은 것은?

① 상대적 빈곤은 한 사회의 평균적인 생활수준을 기준으로 정한다.
② 절대적 빈곤은 최소한의 생필품을 구입하는 데 필요한 비용으로 정한다.
③ 반물량 방식은 모든 항목의 생계비를 계산하지 않고 엥겔계수를 활용하여 생계비를 추정한다.
④ 중위소득의 50%를 빈곤선으로 책정할 경우, 사회구성원 99명을 소득액 순으로 나열하여 이 중 50번째 사람의 소득 50%를 빈곤선으로 한다.
⑤ 상대적 박탈은 인간의 기본적 욕구의 기준을 생물학적 요인에만 초점을 둔다.

정답 ⑤

해설
상대적 박탈은 상대적 빈곤의 관점에서 소득과 자원 배분의 불평등에 초점을 둔다.

Theme 17 | 빈곤의 이해

1 절대적 빈곤과 상대적 빈곤

① 절대적 빈곤 : 최소한의 수준에도 미치지 못하는 생활상태
② 상대적 빈곤 : 한 사회의 평균적인 생활수준과 비교하여 빈곤을 규정하는 방식으로, 사회적 불평등에서 나타나는 빈곤상태

2 빈곤율과 빈곤갭

① 빈곤율(Poverty Rate)
  ㉠ 개인의 소득 차이를 반영하지 않고 단순히 빈곤선 소득 이하에 살고 있는 사람들의 숫자가 얼마인가를 통해 빈곤한 사람의 규모를 나타낸다.
  ㉡ 개인의 소득 차이를 반영하지 않으므로 빈곤의 수준을 명확히 파악할 수 없다.
  ㉢ 빈곤율은 다음의 공식으로 나타낼 수 있다.

$$빈곤율(\%) = \frac{빈곤선 이하 인구(혹은 가구)}{전체 인구(혹은 가구)} \times 100$$

② 빈곤갭(Poverty Gap)
  ㉠ 빈곤층의 소득을 빈곤선까지 상향시키는 데 필요한 총비용을 말하는 것으로서, 빈곤의 심도를 나타낸다.
  ㉡ 빈곤한 사람들 간의 소득 차이를 알 수 없다.
  ㉢ 빈곤선을 기준으로 빈곤선 이하(혹은 미만)에 있는 사람들의 빈곤선과 개인(혹은 가구)의 소득 간의 차이를 계산한 값이다.

3 빈곤선 계측 방식

① 전물량 방식 – 마켓바스켓(Market Basket) 방식 또는 라운트리(Rountree) 방식
  ㉠ 현재 우리나라에서 사용하고 있는 계측 방식이다.
  ㉡ 인간생활에 필수적인 모든 품목에 대하여 최저한의 수준을 정하고, 이를 화폐가치로 환산하여 빈곤선을 구하는 방식이다.
  ㉢ 의료, 교육 등 현물급여를 고려한 현금급여기준선의 산정과 함께 노인, 장애인 등의 가구에 대한 복지서비스 대상가구 선정기준 및 부가급여 수준을 결정하는 데 유용하다.
  ㉣ 마켓바스켓을 구성하는 데 있어서 전문가의 자의성이 개입될 수 있다.

② 반물량 방식 - 엥겔(Engel) 방식 또는 오샨스키(Orshansky) 방식
  ㉠ 영양학자에 의해 계측된 최저식품비에 엥겔계수의 역수를 곱한 금액을 빈곤선으로 보는 방식이다.
  ㉡ 전물량 방식에 비해 계측이 간편하다.
  ㉢ 어떤 계층의 엥겔계수를 적용하느냐에 따라 빈곤선이 다르게 산출되는 단점이 있다.
③ 박탈지표 방식 - 타운센드(Townsend) 방식
  ㉠ 객관적 박탈, 주관적 박탈을 측정할 수 있는 각 지표 항목을 선정하여 소득계층별로 이들 항목들을 보유하거나 누리고 있는 양태를 비교하는 방식이다.
  ㉡ 상대적 박탈감의 정도를 측정하기 위한 항목을 구성하고, 각 항목의 공통단위를 구성하는 데 어려움이 있다. 그로 인해 일반적으로 평균소득이나 중위소득을 기준으로 한다.
  ㉢ 사용자료 및 기준선에 따라 각기 다른 빈곤선이 계측될 수 있으며, 박탈지표 항목의 구성에 전문가의 자의적 판단이 개입될 수 있다.
④ 라이덴(Leyden) 방식
  ㉠ 네덜란드 라이덴(Leyden) 대학의 학자들에 의해 처음 개발된 주관적 빈곤선 계측 방식이다.
  ㉡ 사람들이 판단하는 최소소득과 그들의 실제소득 간의 관계를 분석하여 그 일치점을 빈곤의 기준선으로 정한다.
  ㉢ 사람들의 직접적인 느낌이 반영되는 장점이 있으나, 설문에 빈곤선의 개념을 정확하게 반영하는 데 어려움이 있다.

4 불평등 지수

십분위 분배율	하위 40% 가구의 소득이 전체 소득에서 차지하는 비중을 상위 20% 가구의 소득의 합으로 나눈 값으로, 십분위 분배율이 클수록 소득분배가 평등한 상태
오분위 분배율	상위 20% 가구의 소득의 합을 하위 20% 가구의 소득의 합으로 나눈 값으로, 오분위 분배율이 클수록 소득분배가 불평등한 상태
로렌츠 곡선	곡선이 아래로 볼록할수록 소득은 불균등하게 분배
지니계수	소득분배의 불평등 정도에 따라 0~1까지의 값을 가지며, 그 값이 클수록 소득분배는 불평등
센 지수	• 빈곤집단 내의 불평등 정도를 반영 • 0~1까지의 값을 가지며, 그 값이 1에 가까워질수록 빈곤의 정도가 심한 상태

Theme 1	사회복지행정의 개념과 특성

1 사회복지행정의 정의

① 사회복지정책을 개별적이고 구체적인 서비스로 전환시키는 과정이다.
② 사회복지정책으로 표현된 추상적인 것을 실제적인 사회복지서비스로 전환하는 공 · 사의 전 과정이다.
③ 광의의 사회복지행정 : 공공 및 민간기관을 포함한 사회복지조직 구성원들의 총체적인 활동을 말한다.
④ 협의의 사회복지행정 : 사회복지실천의 한 방법으로서 행정관리자에 의한 행정관리 활동을 말한다.

2 사회복지행정과 일반행정

① 공통점
  ㉠ 대안을 모색 · 실행 · 평가하는 문제해결 과정이다.
  ㉡ 지식과 기술의 창의적인 활용이 이루어지며, 미래지향적인 특징을 가진다.
  ㉢ 목표를 설정하고 달성을 위해서 인적 · 물적자원을 동원한다.
  ㉣ 가치판단을 통한 대안의 선택 과정을 거친다.
  ㉤ 관리자에 의해 수행되는 기획 및 의사결정, 평가 과정을 거친다.
  ㉥ 조직부서 간 업무의 조정이 요구되고 직무평가가 이루어진다.

② 차이점
  ㉠ 사회복지행정은 인간의 가치와 관계성을 기반으로 한다.
  ㉡ 일반행정에 비해 도덕적 · 윤리적 가치판단이 강조된다.
  ㉢ 클라이언트의 욕구충족을 기본으로, 자원을 제공, 손상된 사회적 기능을 회복, 사회적 역기능을 예방한다.
  ㉣ 사회복지행정가는 사회과학적 지식을 가지며, 조직운영에서 지역사회 협력의 중요성을 인식한다.
  ㉤ 자원의 외부의존도가 높고, 사회복지사에 대한 의존도 또한 높다.
  ㉥ 일선 직원과 수혜자와의 관계가 조직의 효과성을 좌우한다.
  ㉦ 효과성 및 효율성을 측정이 어렵고, 조직성과의 객관적 증명이 쉽지 않다.

3 사회복지행정의 이념

① 합법성 : 사회복지행정 진행 과정은 법률에 적합해야 함
② 효율성 : 재원은 한정적이므로, 한정된 재원으로 조직이 추구하는 복지행정을 펼쳐야 함
③ 효과성 : 사회복지조직 제공 서비스나 프로그램은 클라이언트의 욕구와 문제를 해결하는 데 있어서 효과적이어야 함
④ 형평성 또는 공평성 : 자유의 가치와 평등의 가치를 함께 고려해야 함
⑤ 접근성 : 사회복지조직은 가까운 거리에 위치하며, 수혜자가 어려움 없이 서비스를 이용할 수 있도록 응대해야 함
⑥ 책임성 : 사회복지행정이 목표를 달성하고자 하는 노력으로서, 그 결과는 효과성이나 효율성으로 나타남

4 사회복지행정의 기능(과정)(POSDCoRBE)

① P(Planning, 기획) : 목표, 목표를 달성하기 위한 과업 및 활동, 과업을 수행하기 위해 사용되는 방법을 정하는 단계
② O(Organizing, 조직화) : 조직구조를 설정하는 과정으로, 과업이 할당·조정됨
③ S(Staffing, 인사) : 직원의 채용과 해고, 직원의 교육훈련, 우호적인 근무조건의 유지 등이 포함되는 활동
④ D(Directing, 지시) : 기관의 효과적인 목표달성을 위한 행정책임자의 관리·감독의 과정
⑤ Co(Coordinating, 조정) : 조직 활동에서 구성원들을 상호 연관짓는 중요한 기능으로, 사회복지행정가는 부서 간, 직원들 간의 효과적인 의사소통 망을 만들어 유지·조정해야 함
⑥ R(Reporting, 보고) : 사회복지행정가가 직원, 지역사회, 이사회 등에게 조직에서 일어나는 상황을 알려주는 과정
⑦ B(Budgeting, 재정) : 조직의 재정행정가는 현재를 포함하여 중장기적인 재정계획을 수립하고 회계규정에 따라 재정운영에 대한 책임을 짐
⑧ E(Evaluating, 평가) : 클라이언트의 요구나 문제의 해결이 적절했는지에 대한 서비스의 효과성 평가, 자원의 투입 및 산출에 관련된 효율성 평가

사회복지조직 이론에 관한 설명으로 옳은 것을 모두 고른 것은?

ㄱ. 과학적 관리론 : 직무에 관한 과학적 연구와 분석
ㄴ. 관료제이론 : 표준 운영 절차를 통한 합리성과 전문성 추구
ㄷ. 인간관계론 : 조직 내 인간을 심리적, 사회적 욕구를 가진 전인격적 존재로 파악
ㄹ. 상황이론 : 조직의 상황에 관계없이 효율성을 극대화할 수 있는 이상적 방법 추구

① ㄱ, ㄴ   ② ㄷ, ㄹ
③ ㄱ, ㄴ, ㄷ   ④ ㄴ, ㄷ, ㄹ
⑤ ㄱ, ㄴ, ㄷ, ㄹ

정답 ③

해설
ㄹ. 상황이론(상황적합이론)은 효과적인 조직관리 방법이 조직이 처한 환경과 조건에 따라 달라진다고 본다. 모든 문제를 해결하기 위한 한 가지 최선의 방법은 존재하지 않으며, 외부환경이나 조직의 규모 또는 기술체계 등에 영향을 받아 여러 개의 적합하고 합리적인 조직구조나 관리방식이 존재하게 된다고 가정한다.

실제기출 [2024]

테일러(F. W. Taylor)의 과학적 관리론에 관한 설명으로 옳은 것을 모두 고른 것은?

ㄱ. 직무의 과학적 분석 : 업무시간과 동작의 체계적 분석
ㄴ. 권위의 위계구조 : 권리와 책임을 수반하는 권위의 위계
ㄷ. 경제적 보상 : 직무성과에 따른 인센티브 제공
ㄹ. 사적 감정의 배제 : 공식적인 원칙과 절차 중시

① ㄱ, ㄴ   ② ㄱ, ㄷ
③ ㄴ, ㄹ   ④ ㄱ, ㄴ, ㄷ
⑤ ㄱ, ㄷ, ㄹ

정답 ②

해설
ㄴ·ㄹ. 권위의 위계구조, 사적 감정의 배제를 강조한 것은 베버(Weber)의 관료제이론이다.

Theme 2 | 사회복지행정의 이론적 배경

1 고전적 이론(Classical Model)

① 베버(Weber)의 관료제이론
합리적이고 합법적인 규칙과 최대한의 효율성을 목적으로 한 조직구조 이론
② 테일러(Taylor)의 과학적 관리론
조직구성원의 업무를 과학적으로 분석하여 활용하는 이론
③ 관료제이론과 과학적 관리론의 주요 강조점 비교

관료제 이론	• 권위의 위계구조	• 규칙과 규정
	• 사적 감정의 배제	• 분업과 전문화
	• 경력지향성	• 능률성(행정능률) 강조 등
과학적 관리론	• 목표 설정	• 직무의 과학적 분석
	• 관리의 원칙수립	• 경제적 보상 등

2 인간관계이론(Human Relatings Theory)

① 메이요의 호손실험과 인간관계이론
  ㉠ 작업능률과 생산성은 인간관계에 의해 좌우
  ㉡ 조직 내 비공식 집단은 개인의 생산성에 영향을 미침
  ㉢ 근로자는 개인으로서가 아니라 집단의 일원으로서 행동
  ㉣ 인간의 정서적인 요인과 함께 심리사회적 요인, 비공식적 요인에 역점을 두어 인간을 관리한 기술 또는 방법을 강조
② 맥그리거의 X · Y이론 및 룬트슈테트의 Z이론

X이론	고전적 접근 방법, 엄격한 통제와 지시, 낮은 욕구 수준 → 노동자는 일하기 싫어함
Y이론	인간관계적 접근 방법, 업무책임을 분담, 높은 욕구 수준 → 노동자는 일하기 좋아함
Z이론	X · Y이론의 보완, 중간적 접근, 과학자나 학자 등의 경우 자율적인 분위기만을 조성하는 것이 효과적임

3 구조주의이론(Structuralist Theory)

① 고전이론과 인간관계이론 통합, 외부환경과 관련된 여러 유형의 행정 및 조직의 역할을 강조
② 비공식 집단의 범위와 조직 내외에서 비공식 집단들 간의 관계
③ 조직과 환경 간의 상호작용
④ 조직 내 갈등을 역기능적인 것이 아닌 순기능적인 것으로 간주

4 체계이론(System Model)

생산하위체계	• 모든 조직은 생산과 관련된 과업을 수행 • 모든 조직은 '생산품'을 생산하기 위해 조직 · 운영
유지하위체계	보상체계를 확립하고, 교육, 훈련 등을 통해 조직의 안정을 추구하여 계속성을 확보하고 조직을 안정상태로 유지
경계하위체계	• 조직과 환경적인 요인을 강조 • 외부환경의 변화에 대한 적절한 반응과 대응이 목표
적응하위체계	• 조직 변화를 위한 최적의 대안을 찾기 위해 연구 · 평가 • 조직의 업무수행 능력평가 및 조직 변화의 방향을 제시
관리하위체계	• 다른 4가지 하위체계를 조정 · 통합하기 위한 리더십 제공 • 갈등의 해결과 조정, 적절한 업무환경의 제공, 외부환경의 영향에 대한 조직의 대응책 모색

5 상황이론(Contingency Theory, 개연성이론, 우연성이론)

① 조직의 상황에 따라 적절한 방법이 다르다고 전제하는 개방체계적 관점
② 이전 모형의 전제 부정, 조직 상황에 따라 조직화 방법 결정
③ 모든 문제를 해결하기 위한 한 가지 최선의 방법은 존재하지 않음
④ 장점 : 조직의 내부적 특성을 잘 설명하고 상황과 환경의 중요성을 강조하는 점은 긍정적임
⑤ 단점 : 일정한 원칙이나 지침이 없어 이론으로서의 한계가 있음

6 현대조직이론

목표관리이론 (MBO ; Management By Objectives)	참여의 과정을 통해 조직단위와 구성원들이 실천해야 할 생산활동의 단기적 목표를 명확하고 체계 있게 설정하고, 그에 따라 생산활동을 수행하도록 하며, 활동의 결과를 평가 · 피드백(환류)시키는 관리체계
총체적 품질관리 (TQM ; Total Quality Management)	• 도구, 기법, 훈련 등의 통합 시스템을 통해 항상 고객만족을 추구하는 작업을 지원하는 것 • 고객의 욕구나 필요에 따라 조직의 목표가 설정된다는 고객 중심의 관리가 강조 • 품질은 서비스 및 비즈니스 과정에 대한 내부 및 외부 고객의 요구사항을 충족하는 것
학습조직이론	클라이언트 집단에 효과적인 서비스를 제공하는 방안으로 제시되는 조직이론
애드호크라시 (Adhocracy)	• 유기적, 기능적, 임시적 조직을 구성, 프로젝트 위주로 운영 • 새로운 프로젝트가 주어지는 경우 기술이나 경험 면에서 조직 내 가장 적합한 인물로 팀을 구성

한국 사회복지행정 역사에 관한 설명으로 옳지 않은 것은?

① 1950년대에는 긴급구호와 생활(수용) 시설에서의 보호가 주를 이루었다.
② 1970년 「사회복지사업법」 제정으로 사회복지시설 운영에 관한 법적 근거가 마련되었다.
③ 1997년 「사회복지사업법」 개정을 통해 사회복지시설 평가가 법제화되었다.
④ 1998년 사회복지공동모금회가 설립되었다.
⑤ 2008년 노인장기요양보험제도 도입으로 민간기관의 서비스 제공이 금지되었다.

정답 ⑤

해설

2008년 노인장기요양보험제도 도입으로 그동안 사회복지법인을 중심으로 한 시설이 민간의 개인사업자에게까지 확대·개설할 수 있도록 허용되었다.

한국 사회복지행정의 역사에 관한 설명으로 옳지 않은 것은?

① 6.25 전쟁 이후 외국원조기관을 중심으로 사회복지시설이 설립되었다.
② 1960년대 외국원조기관 철수 후 자생적 사회복지단체들이 성장했다.
③ 1980년대 후반부터 지역사회 이용시설 중심의 사회복지기관이 증가했다.
④ 1980년대 후반부터 사회복지전문요원이 배치되기 시작했다.
⑤ 1990년대 후반에 사회복지시설 설치기준이 허가제에서 신고제로 바뀌었다.

정답 ②

해설

Theme 3의 '2. 우리나라 사회복지행정의 역사' 참고

Theme 3 | 사회복지행정의 역사

1 미국 사회복지행정의 역사

① **명목상 인정단계(1900~1935년)**
  ㉠ 1910년대 : 사회복지사에 대한 정규교육이 시작되었으며, 1920년대까지 사회복지행정 교육의 필요성이 지속적으로 주장됨
  ㉡ 1929년 : 밀포드 회의(Milford Conference)에서 사회복지행정이 개별사회사업, 집단사회사업, 지역사회조직사업과 사회복지 실천방법으로 인정

② **사실상 인정단계(1935~1960년)**
  ㉠ 1935년 : 사회보장에 대한 국가의 책임을 인정하는 내용의 사회보장법이 제정, 공공복지행정가에 대한 수요 증가
  ㉡ 1950년대 : 미국 사회복지공동모금협의회로 발전, 미국 사회복지교육협의회(CSWE)에서 사회복지행정을 대학원 교과과정으로 인정
  ㉢ 1960년 : 미국 사회복지사협회(NASW)에서 사회복지행정에 관한 보고서 발간

③ **정체의 단계(1960~1970년)**
  ㉠ 1960년대 : '빈곤과의 전쟁(War on Poverty)'을 통해 민간기관에 대한 각종 지원, 지역사회조직화가 활발히 추진
  ㉡ 1963년 : 미국 사회복지사협회(NASW) 산하에 사회복지행정위원회 설립

④ **도전과 발전의 단계(1970~1990년)**
  ㉠ 1970년대 : 다양한 과학적 관리기법이 도입
  ㉡ 1980년대 : 민간 사회복지기관들의 행정에 대한 관심이 증대, 민간 사회복지조직에서 재원조달의 문제와 책임성의 문제가 강조
  ㉢ 1980년대 : 레이건(Reagan) 행정부의 '작은 정부' 지향, 사회복지분야의 민영화

⑤ **1990년대 이후**
  ㉠ 기획 업무에서 서비스 전달 업무까지 직접 담당했던 거대 공공관료조직들의 퇴조
  ㉡ 민간조직의 전달 역할이 증대되었고, 공공기관과 민간기관의 기능이 유사해짐에 따라 공공과 민간의 조직적 구분이 모호

2 우리나라 사회복지행정의 역사

① 사회복지 전문활동의 태동(1900~1945년)

    ㉠ 자선 및 시혜의 성격, 종교단체의 박애정신과 민간단체의 봉사정신에 의해 사회복지기관이 설립·운영

    ㉡ 1927년 : 방면위원제도의 도입으로 지역사회 빈민들을 대상으로 한 개별사회사업 시행

    ㉢ 1944년 : 일본의 구호법을 기초로 한 조선구호령이 제정·시행

② 외국원조기관의 원조활동 및 사회복지행정의 시작(1946~1970년대)

    ㉠ 전쟁의 여파로 긴급구호 및 수용시설에 대한 보호, 미군정하에서 사회복지행정은 임시방편적인 양상

    ㉡ 1947년에 이화여자대학교 기독교사회사업학과, 1957년에 한국사회사업학회, 1967년에 한국사회사업가협회 창설

    ㉢ 1960년대는 군사정부가 경제개발정책을 강력히 추진한 시기로, 사회복지에 투자할 자원이 절대적으로 부족했기 때문에 민간복지기관들이 여전히 외국원조기관의 원조에 의존함

    ㉣ 1970년에 '사회복지사업법' 제정, 1970년대에 사회복지행정 분야가 대학 교과목으로 채택

③ 사회복지행정의 체계화(1980~1990년대)

    ㉠ 1985년 전국 시·도에 종합사회복지관이 설립되면서 기존 생활시설 중심의 보호에서 이용시설 중심의 보호로 전환

    ㉡ 1987년 : 사회복지전문요원제도 시행

    ㉢ 1992년 「사회복지사업법」 개정으로 사회복지전담공무원과 복지사무전담기구의 설치를 위한 법적 근거 마련

    ㉣ 1990년대 : 사회복지학과가 설치된 거의 모든 대학에서 사회복지행정을 필수과목으로 책정

    ㉤ 1997년 : 사회복지시설의 설치·운영이 허가제에서 신고제로 전환, 사회복지시설에 대한 평가제도가 도입

    ㉥ 1998년 사회복지공동모금회 설립, 1999년 사회복지행정학회 창설

④ 사회복지행정의 확립(2000년대 이후)

    ㉠ 2000년 : '국민기초생활 보장법' 시행

    ㉡ 2003년 : 사회복지사 1급 국가시험 실시

    ㉢ 2005년 : 지역사회복지협의체 운영

    ㉣ 2007년 : 사회서비스이용권(바우처) 사업 시작

    ㉤ 2009년 : 희망복지 전달체계 마련

    ㉥ 2010년 : 사회복지통합관리망 행복e음 구축

    ㉦ 2012년 : 각 지방자치단체에 희망복지지원단 설치

    ㉧ 2016년 : 읍·면·동 복지허브화 전략의 구체적인 사업계획 마련

    ㉨ 2019년 : 사회서비스원 설립·운영 및 지역사회 통합돌봄 사업 실시

    ㉩ 2020년 : 차세대 사회보장정보시스템 구축을 위한 사업 착수

Theme 4	사회복지 전달체계

1 사회복지 전달체계의 이해

① 개념 : 사회복지정책을 사회복지서비스로 전환하기 위해 사회복지서비스의 공급자와 소비자를 연결시키는 조직적 장치

② 전달체계의 구분

　㉠ 구조·기능적 구분 : 구조·기능을 중심으로 의사결정, 즉 정책을 결정하는 행정체계와 행정체계가 결정한 내용을 실행에 옮기는 집행체계로 구분

　㉡ 운영주체별 구분 : 누가 운영하느냐에 따라 공적 전달체계와 사적 전달체계로 구분

③ 전달체계 구축의 원칙

　㉠ 전문성 : 사회복지서비스의 핵심적인 업무는 반드시 전문가가 담당해야 함

　㉡ 적절성(충분성) : 사회복지서비스는 그 양과 질, 제공 기간이 충분해야 함

　㉢ 포괄성 : 사람들의 욕구와 문제는 다양하고 복잡하기 때문에 포괄적인 서비스를 필요로 함

　㉣ 지속성(연속성) : 서비스들이 상호 연계되어야 함

　㉤ 통합성 : 기관 간의 서비스가 통합적으로 제공되어야 함

　㉥ 평등성 : 모든 국민에게 평등하게 제공되어야 함

　㉦ 책임성 : 사회복지조직은 사회복지서비스의 전달에 대하여 책임을 져야 함

　㉧ 접근성(접근 용이성) : 사회복지서비스는 클라이언트가 접근하기에 용이해야 함. 특히 거리뿐만 아니라 서비스 이용 비용도 영향을 줌

　㉨ 경쟁성 : 여러 공급자들의 경쟁을 통해 소비자에게 유리한 방식으로 공급이 이루어져야 함

　㉩ 비파편성(비편파성) : 서비스의 편중이나 조건의 불확실성으로 인해 전달체계나 서비스가 제대로 연계되지 못하는 것을 지양해야 함

2 사회복지 역할분담

① 역할분담의 원리(서비스 제공의 결정기준)

구 분	내 용	제공주체
공공재 성격	공익, 사회적 필요성, 다수의 수혜자가 혜택을 보는 경우	정부가 제공
외부효과	서비스가 필요한 만큼 제공되지 않거나 더욱 많은 부담을 유발하는 부정적인 외부효과	정부가 제공
서비스에 대한 정보	서비스에 대한 국민의 정보가 적거나, 정보 공유에 많은 비용이 소요되는 경우	정부가 제공
서비스의 속성	서비스를 대규모 혹은 강제적으로 제공하는 것이 바람직한 경우	정부가 제공
보완적인 서비스	정부서비스와 민간서비스가 서로 보완적인 관계인 경우	정부와 민간이 제공
서비스의 가치	서비스가 추구하는 중요한 가치가 평등이나 공평성인 경우	정부가 제공
서비스 제공의 연속성	서비스를 안정적·지속적으로 제공할 필요가 있는 경우	정부가 제공
서비스의 표준화	서비스를 포괄·조정하여 표준화하는 것이 용이한 경우	정부가 제공
서비스의 개별화	개별화가 강한 서비스를 대상자의 특성에 따라 제공할 필요가 있는 경우	민간이 제공

더 알아보기

거버넌스 구조

거버넌스(Governance)는 공공서비스의 효율성을 높이고자 하는 새로운 조직 구조상의 변화로, 정부만이 공공서비스를 공급하는 방식이 아닌 비정부조직이나 민간영역이 함께 공공서비스를 공급하는 구조이다. 전통적 방식과 거버넌스는 다음과 같은 차이점을 가진다.

구 분	전통적 방식	거버넌스
주 체	정 부	정부, 비정부조직, 민간의 파트너십
조직구조	계층제	네트워크
권력구조	정부 권력독점	각 주체 간 권력 공유
공급방식	정부 일방주의	정부, 비정부조직, 민간의 분점주의

조직 분권화의 특성에 관한 설명으로 옳지 않은 것은?

① 최고관리자의 업무와 책임을 감소시킬 수 있다.
② 직원들의 자발적 협조를 유도할 수 있다.
③ 부서 간 협조가 늘어날 수 있다.
④ 위기와 갈등을 신속하게 해결할 수 있다.
⑤ 하위부서 재량권을 강화하는 효과가 있다.

정답 ④

해설
조직 분권화의 문제점(단점)
• 하위계층(하위부서)의 재량권 강화는 통제력 약화로 이어질 수 있다.
• 행정업무의 중복을 초래하여 업무처리가 산만해진다.
• 조직의 행정력이 분산되어 위기와 갈등을 신속하게 해결하기 어렵다.
• 타 분야 전문적인 기술의 활용이 어려워지기도 한다.

실제기출 [2024]

조직문화에 관한 설명으로 옳지 않은 것은?

① 조직의 정체성을 결정하는 일련의 가치와 신념이다.
② 조직과 일체감을 갖게 함으로써 구성원의 정체감 형성에 기여한다.
③ 조직의 믿음과 가치가 깊게 공유될 때 조직문화는 더 강해진다.
④ 경직된 조직문화는 불확실한 환경에 대처하도록 돕는다.
⑤ 조직 내에서 자연적으로 생길 수 있다.

정답 ④

해설
조직문화의 역기능
• 경직된 조직문화는 시장환경의 변화 혹은 불확실한 환경에도 불구하고 그에 신속히 대처할 수 없게 한다.
• 자율적인 조직문화는 하위부서들의 강한 독자성으로 인해 이들 부서 간 협력을 통한 조직 전체의 통합을 달성할 수 없게 한다.

| Theme 5 | 사회복지조직의 구조 |

1 공식조직과 비공식조직

① 공식조직 : 조직의 정관이나 운영규정에 의하여 임명되고 선출된 이사회, 행정책임자, 직원 및 위원회 등의 배열로서, 조직의 기구표에 배열된 가시적 지위와 관계를 의미
② 비공식조직 : 가시적이고 일상적으로 계획된 구조 외부에 존재하는 구조, 조직의 응집력을 높임
③ 공식조직의 기본요소 : 업무의 분업, 위계, 구조, 통제의 범위

더 알아보기

조직문화의 기능

조직문화는 조직구성원들에게서 뚜렷하게 나타나는 가치나 규범, 신념체계이며 조직구성원의 가치관과 사고방식 그리고 행동패턴을 결정하는 기본요소라고 할 수 있다.

순기능	• 구성원의 일탈행동을 방지하는 통제기능을 수행한다. • 구성원을 통합하여 동질감을 높여준다. • 조직의 안정성과 계속성을 유지시킨다. • 조직에 대한 몰입도를 높여준다. 문화가 강할 경우 조직몰입도가 상대적으로 높아진다. • 모방과 학습으로 구성원들로 하여금 사회적 적응을 촉진시켜 사회화하는 기능을 한다.
역기능	• 부서별 독자적인 조직문화로 인해 조정과 통합에 지장을 초래한다. • 초기에는 조직문화가 순기능을 하지만 장기적으로는 그 경직성으로 인해 변화와 개혁에 장애가 된다. • 집단사고의 폐단으로 유연성과 창의성을 떨어뜨린다.

2 수직조직과 수평조직, 행렬조직

구 분	수직조직	수평조직	행렬조직
특 징	조직의 목표달성에 중심이 되는 조직	수직조직을 지원하는 자문, 연구, 정보수집, 기획, 인사, 회계 등의 업무	권위구조를 이원화하여 합리적인 수준의 분업과 통합을 유도
장 점	권한과 책임이 분명, 신속한 결정과 안정성	전문지식 활용과 융통성, 대규모 조직에 유리	수평구조의 장점인 융통성과 수직구조의 장점인 안정성을 동시에 추구
단 점	독단적인 위험과 경직성, 비능률성 등의 위험	책임이 불분명하고 의사소통의 문제, 갈등의 위험성	구성원에게 부여되는 이중적인 책임, 책임 소재에 대한 논란 발생

3 조직구조 관련 주요 개념

① 공식화

㉠ 조직 내 직무에 대한 표준화 정도를 의미

㉡ 공식화는 구성원들의 업무 편차를 줄이는 데 효과적

㉢ 조직규모가 커질수록 공식화 정도가 높아지는 경향이 있는데, 공식화 정도가 높을수록 구성원들의 재량권이 줄어들게 됨

② 복잡성

㉠ 조직 내 분화의 정도를 의미

㉡ 분화의 종류

수평적 분화	• 종업원의 수, 과업의 양과 질에 따른 조직단위 간의 분화 정도 • 조직 내에서 전문화된 지식 및 기술을 요구하는 특징적 과업이 많을수록 수평적 분화가 많이 일어나며, 그로 인해 조직의 복잡성 증대
수직적 분화	• 조직구조의 깊이 또는 조직의 계층 수 • 분화가 증가할수록 계층 수가 늘어나며, 그로 인해 조직의 복잡성 증대
공간적 분화 (지역적 분산)	• 과업 및 권력을 지리적·장소적으로 분리 • 공간적 분화(지역적 분산)가 가중될수록 조직의 복잡성 증대

㉢ 수평적 분화에서는 통제의 범위를, 수직적 분화에서는 조정과 의사소통의 수준을 고려하여 설계

③ 집권화 및 분권화

㉠ 조직 내 의사결정의 권한이 어느 한 지점에 집중 혹은 분산되어 있는 정도를 의미

㉡ 집권화와 분권화의 장단점

구 분	집권화	분권화
장 점	• 정책의 통일성을 기할 수 있음 • 통제와 지도감독이 용이함 • 중복과 분열을 억제할 수 있음	• 직원들의 참여의식을 높이고 자발적인 협조를 유도할 수 있음 • 업무의 창의성·융통성이 증진되며, 책임감을 증진시킬 수 있음
단 점	• 관료주의·권위주의적 성격을 띰 • 형식주의에 빠져 행정의 성격을 띰 • 조직 내 창의성·자발성을 저해할 수 있음	• 하위계층의 재량권 강화는 통제력 약화로 이어질 수 있음 • 행정업무의 중복을 초래하여 업무처리가 산만해짐

최근 사회복지조직의 환경변화로 옳은 것을 모두 고른 것은?

ㄱ. 사회복지 공급주체의 다양화
ㄴ. 행정관리능력 향상으로 거주시설 대규모화
ㄷ. 성과에 대한 강조와 마케팅 활성화
ㄹ. 기업의 경영관리 기법 도입

① ㄱ, ㄴ
② ㄱ, ㄷ
③ ㄴ, ㄹ
④ ㄱ, ㄷ, ㄹ
⑤ ㄴ, ㄷ, ㄹ

정답 ④

해설
Theme 6의 '5. 최근 사회복지조직의 환경변화' 참고

사회복지조직의 환경에 관한 설명으로 옳지 않은 것은?

① 다른 기관과의 경쟁은 고려하지 않는다.
② 과학기술의 발전은 사회복지기관의 서비스에도 영향을 미친다.
③ 사회인구적 특성은 사회문제와 밀접한 관계가 있다.
④ 경제적 상황은 서비스 수요에 영향을 미친다.
⑤ 법적 규제가 많을수록 서비스에 대한 클라이언트의 접근이 제한된다.

정답 ①

해설
Theme 6의 '1. 사회복지조직의 환경' 참고

Theme 6	조직과 환경

1 사회복지조직의 환경

① 일반환경 : 조직의 거시적인 사회환경으로서 직접적이기보다는 업무환경을 통해 간접적으로 조직에 영향을 미치는 영역을 말한다.
  ㉠ 경제적 조건　　　　　　㉡ 사회 · 인구 · 통계학적 조건
  ㉢ 문화적 조건　　　　　　㉣ 정치적 조건
  ㉤ 법적 조건　　　　　　　㉥ 기술적 조건
② 과업환경 : 조직이 업무활동을 통해 직접적으로 관련을 맺고 있는 영역을 말한다.
  ㉠ 재정자원의 제공자　　　㉡ 합법성과 권위의 제공자
  ㉢ 클라이언트 제공자　　　㉣ 보충적 서비스 제공자
  ㉤ 조직이 산출한 것을 소비 · 인수하는 자
  ㉥ 경쟁조직

2 환경에 대한 체계적 관점

① 폐쇄체계적 관점
  ㉠ 다른 체계와의 상호교류에 관심을 기울이지 않으며, 상황이나 환경에 대한 관점에서 폐쇄적이다.
  ㉡ 조직의 엄격한 경계 내에서 합리적인 의사결정과 체계적인 관리를 강조한다.
  예 관료제이론, 과학적 관리론, 인간관계이론, 맥그리거(McGregor)의 X · Y이론, 룬트슈테트(Lundstedt)의 Z이론
② 개방체계적 관점
  ㉠ 상황, 환경, 기술의 영향에 따른 조직의 가변성을 강조한다.
  ㉡ 조직의 외부환경에 관심을 가지며, 조직들 상호 간의 의존적 성격을 강조한다.
  예 상황이론(상황적합이론), 조직환경이론(정치경제이론, 조직군생태이론, (신)제도이론) 등

3 조직환경에 적응하는 방식에 대한 조직이론

① 상황적합이론
  불확실하고 예측하기 어려운 환경에서 불확실성을 줄이고 환경에 대한 정보를 수집 · 분석함으로써 환경 특성에 적합한 조직 구조를 갖출 수 있다고 주장한다.

② 정치경제이론

외부환경적 요소가 조직의 내부에 영향을 미치게 되어 조직 내부의 권력관계와 조직 외부의 이익집단 간의 역학관계에 의해 조직의 의사결정에 영향을 미친다고 주장한다. 서비스 전달체계에서 업무환경을 강조하며, 생존을 위해서 환경으로부터 합법성을 부여받아야 한다.

③ (신)제도이론

제도적 환경을 조직의 행동과 구조에 영향을 미치는 핵심적 원천으로 간주하면서, 조직이 법률, 규칙, 사회적 여론 등의 제도적 규칙을 받아들이며 동조 또는 모방의 방식을 통해 성공적인 조직의 관행 및 절차를 수용하는 것으로 본다.

4 사회복지조직 관련 용어

① 레드테이프 : 불필요하게 지나친 형식이나 절차를 만드는 것
② 크리밍 현상 : 서비스 조직들이 접근성 메커니즘을 조정함으로써 보다 유순하고 성공 가능성이 높은 클라이언트를 선별하고자 하는 현상
③ 소진 또는 직무소진(Burnout)
  ㉠ 과도한 스트레스에 노출되어 신체적·정신적 기력이 고갈됨으로써 직무수행능력이 떨어지고 단순 업무에만 치중하게 되는 현상
  ㉡ 직무에 만족하지 못한 직원들은 감정의 고갈과 목적의식의 상실, 자신의 업무와 클라이언트에 대한 관심 상실 등 부정적인 태도를 보이기 쉬움
  ㉢ 사회복지조직에서 소진은 직원들 간의 과도한 경쟁을 유발하는 평가시스템의 폐해, 즉 성과평가에 따른 성과급 확대 및 연봉제 도입 등을 주된 요인으로 제시할 수 있음

5 최근 사회복지조직의 환경변화

① 사회복지 공급주체가 다양화되었으며, 시설복지에서 지역복지로 전환되었다.
② 소비자 주권에 대한 인식이 강화되었고, 욕구 충족에서 수요 충족을 위한 복지제공으로 관점이 전환되었다.
③ 원조 중심에서 자립(자활) 중심으로 전환되었다.
④ 조직의 개방화와 투명화에 대한 요구가 증가하였으며, 민영화와 경쟁성 강화 노력이 증가되었다.
⑤ 기업의 경영관리 기법이 도입되었으며 성과에 대한 강조, 마케팅 활성화, 품질관리가 강화되었다.

블레이크와 무튼(R. Blake & J. Mouton) 의 관리격자(Managerial Grid) 리더십유 형 분류에 관한 설명으로 옳은 것은?

① 효과성과 효율성에 대한 관심을 교차 하여 유형화하였다.
② 이상적 유형은 컨트리클럽형(1,9)이다.
③ 팀형(9,9)은 과업성과보다는 구성원의 사기와 공동체 의식을 중시한다.
④ 중도형(5,5)은 인간적 요소와 조직성 과 간의 타협과 균형을 추구한다.
⑤ 무기력형(1,1)은 인간적 요소에 최대 의 관심을 갖는다.

정답 ④

해설

관리격자모형(Blake & Mouton)
횡축과 종축을 따라 각각 9개의 위치로 설 정된 관리망을 통해 총 81종의 합성적 리 더십 유형을 제시하였다. 횡축은 생산(산 출)에 대한 관심 정도를, 종축은 인간에 대 한 관심 정도를 나타낸다.
• (1,1) : 방임형 또는 무기력형(무력형)
• (1,9) : 인간중심형 또는 컨트리클럽형
• (9,1) : 생산지향형 또는 과업형
• (5,5) : 중도형
• (9,9) : 이상형 또는 팀형

섬김 리더십(Servant Leadership)에 관한 설명으로 옳은 것을 모두 고른 것은?

ㄱ. 인간 존중, 정의, 정직성, 공동체적 윤리성 강조
ㄴ. 가치의 협상과 계약
ㄷ. 청지기(Stewardship) 책무 활동
ㄹ. 지능, 사회적 지위, 교육 정도, 외 모 강조

① ㄱ, ㄷ
② ㄴ, ㄹ
③ ㄷ, ㄹ
④ ㄱ, ㄴ, ㄷ
⑤ ㄱ, ㄴ, ㄷ, ㄹ

정답 ①

해설

Theme 7의 '2. 리더십에 대한 연구' 중 '⑤ 서번트 리더십이론(Servant Leader- ship Theory)' 참고

Theme 7	리더십

1 리더십의 개념

① 리더십(Leadership) 또는 지도력은 정해진 목표를 달성하기 위해 구성원들에게 영향을 행사하는 과정을 말한다.

② 리더십의 요소
　㉠ 지속성(끈기)　　　　㉡ 시간관리
　㉢ 타 협　　　　　　　㉣ 관대함(유연성)
　㉤ 창의성

2 리더십에 대한 연구

① 특성이론 또는 자질이론(Trait Theory)
　㉠ 리더십을 개인적 특성으로 가정하며, 지도자들이 가지는 공통요 소를 규명하고자 한다.
　㉡ 효과적인 지도자의 자질로, 활력 및 인내성, 설득력, 결단력, 지 적 능력, 책임성 등이 있다.
　㉢ 신체적 · 배경적 특성은 비교적 선천적인 반면, 인지적 · 정서 적 · 사회적 · 과업적 특성은 후천적이므로 지도자의 특성은 학 습될 수도 있다.

더 알아보기

지도자의 특성
• 신체적 특성 : 연령, 신장, 체중, 외모 등
• 배경적 특성 : 교육수준, 사회적 지위, 가족적 배경, 사교적 관계 등
• 인지적 특성 : 판단력, 표현력, 결단력 등
• 성격적(정서적) 특성 : 자신감, 독립성, 지배성(독점성), 공격성(자극성) 등
• 사회적 특성 : 대인관계기술, 관리능력, 협조성, 청렴성, 권력욕구 등
• 과업적 특성 : 책임감, 솔선력, 지구력, 문제 해결력, 성취욕구, 안정욕구 등

---

② 행동이론 또는 행위이론(Behavior Theory)
　㉠ 지도자의 다양한 행동들을 관찰한 후 비슷한 성향의 행동들을 분류한다.
　㉡ 효과적인 지도자는 구성원의 자존감을 높여주며, 그들과 상호 협력적인 관계를 맺는다.
　㉢ 아이오와(Iowa) 대학, 오하이오(Ohio) 대학, 미시간(Michigan) 대학의 연구, 블레이크와 머튼(Blake & Mouton)의 관리망 연 구 등이 대표적이다.
　㉣ 리더십의 유형을 크게 과업지향적인 것과 인간지향적인 것으로 구분한다.

③ 상황이론(Situational Theory)

㉠ 지도자의 행동이 상황에 따라 결정된다고 보고, 상황에 따라 다른 리더십이 요청될 수도 있다고 보는 입장이다.

㉡ 지도자가 속한 집단, 집단 목표, 구조, 성격, 사회문화적 요인, 시간적 · 공간적 요인 등이 리더십에 영향을 미친다고 본다.

㉢ 피들러(Fiedler)의 상황적합이론, 하우스(House)의 목표-경로이론, 첼라두라이(Chelladurai)의 다차원이론, 허쉬와 블랜차드(Hersey & Blanchard)의 상황적 리더십이론 등이 대표적이다.

④ 거래적-변혁적 리더십이론(Transactional-Transformational Leadership Theory)

거래적 리더십	• 구성원은 이기적이므로 개인적인 관심에 주의를 기울인다. • 리더는 조직성원의 보수나 지위를 보상하는 것과 같이 거래를 통해 조직성원의 동기 수준을 높인다. • 리더는 조직성원의 역할과 임무를 명확히 제시하며, 복종과 그에 대한 보상을 강조한다.
변혁적 리더십	• 리더십은 높은 도덕적 가치와 이상에 호소하여 조직성원의 의식을 변화시킨다. • 리더는 추종자들에게 권한부여를 통해 개혁적 · 변화지향적인 모습과 함께 비전을 제시함으로써 그들에게 높은 수준의 동기를 부여한다. • 변혁적 리더는 구성원 스스로 업무에 대한 확신감을 가질 수 있도록 동기를 부여하고 업무 결과에 대한 욕구를 자극함으로써, 구성원 스스로 추가적인 노력을 통해 기대 이상의 성과를 가져오도록 유도한다.

⑤ 서번트 리더십이론(Servant Leadership Theory)

㉠ 그린리프(Greenleaf)는 리더를 다른 사람에게 봉사하는 하인(Servant)으로, 구성원을 섬김의 대상으로 간주하였으며, 섬기는 자로서 리더가 지녀야 할 특성(혹은 요건)으로 인간 존중, 봉사, 정의, 정직성, 공동체적 윤리성 등을 강조하였다.

㉡ 구성원 성장에 대한 헌신과 함께 이를 통한 공동체 목표의 달성(혹은 공동체 의식의 형성)을 강조한다.

㉢ '섬김의 리더십'으로서 힘과 권력에 의한 조직지배를 지양하는 반면, 생산성 측면에서 자발적 행동의 정도를 중시한다.

㉣ 청지기(Stewardship) 책무 활동을 수행하므로, 사회복지조직 관리에 적합한 리더십이 될 수 있다.

㉤ 서번트 리더의 역할

방향제시자	조직의 비전을 제시해 주는 역할이다.
파트너	구성원들 간의 합의를 이끌어 내기 위해 의결들을 조율하는 역할이다.
지원자	구성원들이 업무수행을 원활히 할 수 있도록 지원하고, 일과 삶의 균형을 이룰 수 있도록 돕는 역할이다.

Theme 8 | 사회복지조직의 기획

1 개 요

① 의의 : 목표를 달성하기 위해 장래 행동에 관한 일련의 결정을 내리는 과정이다.
② 특 징
  ㉠ 미래지향적이고 계속적인 과정이다.
  ㉡ 목표달성을 위한 수단적 과정이다.
  ㉢ 목표지향적인 동시에 과정지향적이다.
  ㉣ 연속적이며 동태적인 과업이다.
  ㉤ 효율성 및 효과성 모두 관련이 있다.
  ㉥ 전문화된 지식체계에 기반을 둔다.
  ㉦ 의사결정과 관련이 있다.
③ 필요성 : 효율성·효과성·책임성·합리성 증진, 미래의 불확실성 감소, 조직성원의 사기진작

2 기획의 유형

① 조직의 위계수준에 따른 유형
  ㉠ 최고관리층 : 목표, 정책, 장기적 기획, 조직 전체 영역을 담당한다.
  ㉡ 중간관리층 : 보완적 목표, 정책결정 보조, 사업계획, 할당 기획, 프로그램 기획을 담당한다.
  ㉢ 감독관리층 : 단기 목표, 구체적인 프로그램 기획, 일정표, 운영 기획을 담당한다.
  ㉣ 관리실무자 : 일상적 업무 및 사소한 절차를 담당한다.
② 기간에 따른 유형
  ㉠ 장기기획 : 1년 이상의 기간에 걸친 기획으로 외부환경의 영향을 중시하고 주기적으로 조직의 목표를 재설정하는 것을 포함한다.
  ㉡ 단기기획 : 1년 미만에 걸친 기획으로 장기기획에 근거하고 있다.
③ 대상에 따른 유형
  ㉠ 전략적 기획 : 조직의 구체적 목표의 설정 및 변경, 구체적 목표 달성을 위한 자원, 그 자원의 획득·사용·분배에 대한 정책을 결정하는 과정이다.
  ㉡ 운영기획(관리운영기획) : 전략적 기획에서 설정된 목표를 구체적으로 실천하기 위해 중간계층 이하에서 작성하는 관리 차원의 기획이다.

❸ 스키드모어(Skidmore)의 7단계 기획 과정

목표설정	목적을 달성하기 위해 목표가 설정되며, 목표를 달성하기 위해 세부목표가 설정된다.
자원 고려	설정된 목표를 달성하기 위해 정보를 수집하며, 기관의 인적 · 물적 자원을 고려한다.
대안 모색	목표를 달성하는 데 필요한 여러 가지 대안들을 고려한다.
결과 예측	열거한 대안들을 다각도로 검토하며, 기대효과와 장단점 등을 평가한다.
계획 결정	대안들을 검토한 후 우선순위에 따라 최종적인 대안을 선택한다.
구체적 프로그램 수립	합의된 목표에 도달하기 위해 구체적인 프로그램을 기획한다. 이 단계는 도표 작성 등의 업무를 포함하며, 단계별 개요가 기록된다.
개방성 유지	프로그램의 실제 수행 과정에서 발생할 수 있는 변화에 대해 개방성과 융통성을 발휘함으로써 발전적이고 합리적인 변경이 이루어지도록 한다. 다만, 보다 나은 절차가 없는 경우 기존 계획이 유지된다.

❹ 프로그램 기획의 기법

① 시간별 활동계획 도표(Gantt Chart) : 세로에는 목표와 활동 및 프로그램을 기입하고 가로에는 시간을 기입하여 사업의 소요시간을 막대로 나타내는 도표

② 프로그램 평가 검토기법(PERT)
  ㉠ 목표달성을 위한 주요 세부목표와 프로그램의 상호 관계, 시간계획을 연결시켜 도표화
  ㉡ 임계경로(Critical Path) : 조사 시작에서 종료까지 가장 긴 경로

③ 월별 활동계획카드(Shed-U Graph) : 카드의 위쪽 가로에는 월별이 기록되고 해당 월 아래에 과업을 적은 카드를 꽂음. 시간에 따라 변경하고 이동하는 것은 편리하지만 업무 간의 상관관계를 파악하는 데는 적절하지 못함

④ 방침관리기획(PDCA Cycle) : '계획(Plan)-실행(Do)-확인(Check)-조정(Act)'의 일련의 절차를 프로그램 기획과정으로 보는 것으로서, 조직의 핵심적인 목표달성을 위해 조직의 자원을 결집시키고 조직구성원 전체의 노력을 조정하기 위한 기법

⑤ 목표에 의한 관리(MBO ; Management By Objectives)
  ㉠ 조직구성원들이 자신의 업무를 설정하는 데 참여하고, 합의에 의해 설정된 목표달성 정도에 따라 업적을 평가하는 기법
  ㉡ '목표의 발견 → 목표의 설정 → 목표의 확인 → 목표의 실행 → 평가 및 환류'의 순환적 과정으로 이루어짐

1 의사결정의 의의 및 의사결정방법

① 의의 : 일반적으로 2개 이상의 행동방안 중에서 한 가지 행동방안을 의식적으로 선택하는 것을 말한다.

② 의사결정방법

　㉠ 직관적 결정 : 합리성보다는 감정에 의거하여 결정하는 것으로 체계적 훈련이 없으므로 위험성이 크다.

　㉡ 판단적 결정 : 일상적이고 정해진 절차의 일을 하는 가운데 얻어진 지식과 경험에 의하여 결정하는 것으로 거의 대부분의 결정이 이러한 방식으로 이루어지게 된다.

　㉢ 문제해결적 결정 : 정보수집, 연구, 분석과 같은 과학적이고 객관적인 의사결정, 시간적인 여유가 있고 중요한 사항에 대한 의사결정방법에 바람직하다.

2 의사결정의 절차

① 제1단계 – 문제 정의와 욕구 규정

　개선 혹은 해결되어야 할 문제 및 욕구가 어떤 것인가를 명확히 규정한다.

② 제2단계 – 관련 정보의 수집(확보)

　문제 및 욕구와 관련된 정보를 다양한 경로를 통해 수집 및 확보한다.

③ 제3단계 – 해결 대안의 개발 및 평가

　수집된 정보와 조직의 문제해결 목표, 잠재적·현실적 제약사항 등을 고려하여 문제해결을 위한 다양한 대안을 도출하며, 각 대안의 장단점, 성공 가능성, 기대효과 등을 검토한다.

④ 제4단계 – 최선의 대안 선택

　검토된 대안들 가운데 최선의 대안을 선택한다.

⑤ 제5단계 – 선택된 대안의 실행

　선택된 대안을 모든 부서 및 조직원들에게 알리고, 그것이 성공적으로 실행될 수 있도록 조직 전체의 지원체계를 구축하도록 한다.

⑥ 제6단계 – 환류(Feedback)

　의사결정의 전 과정에 걸쳐 각 단계마다의 문제점이나 예상치 못한 상황, 유의사항에 대한 의견을 듣고, 이를 다른 의사결정에 반영한다.

실제기출 [2024]

다음 설명에 해당하는 의사결정 기법은?

- 대면하여 의사결정
- 집단적 상호작용의 최소화
- 민주적 방식으로 최종 의사결정

① 명목집단기법
② 브레인스토밍
③ 델파이기법
④ SWOT기법
⑤ 초점집단면접

정답 ①

해설

① 명목집단기법은 소집단 투표 의사결정법으로, 대화나 토론 없이 어떠한 비판이나 이의제기가 허용되지 않는 가운데 각자 아이디어를 서면으로 제시하도록 하여 우선순위를 결정한 후 최종 합의를 도출하기 위한 방법이다.
② 브레인스토밍은 집단성원들 간의 대화나 토론을 통한 자유발언의 기회를 제공하여 일정한 주제에 대해 각자 아이디어를 제시하도록 함으로써, 자유분방한 사고과정에서 우수한 아이디어를 수집하기 위한 방법이다.
③ 델파이기법은 전문가·관리자들로부터 우편이나 이메일(E-mail)로 의견이나 정보를 수집하여 그 결과를 분석한 후 그것을 다시 응답자들에게 보내어 의견을 묻는 식으로 만족스러운 결과를 얻을 때까지 계속하는 방법이다.
④ SWOT기법은 특히 전략적 기획에서 기관의 장단점에 대한 내부분석과 현재와 미래의 기관 활동에 영향을 줄 수 있는 외부환경에 대한 분석을 할 때 유용한 방법이다.
⑤ 초점집단기법은 소수 이해관계자들의 인위적인 면접집단 또는 토론집단을 구성하여 연구자가 토의 주제나 쟁점을 제공하며, 특정한 토의 주제 또는 쟁점에 대해 여러 명이 동시에 질의·응답을 하거나 인터뷰를 하는 등의 방법으로 상호작용을 통해 공동의 관점을 확인하는 방법이다.

3 의사결정의 기법

① 개인적 의사결정기법

의사결정나무분석 (Decision Tree Analysis)	문제해결을 위해 선택 가능한 대안들을 놓고, 각 대안별로 선택할 경우와 선택하지 않을 경우에 나타날 결과를 분석하여, 각 대안들이 갖게 될 장단점에 대해 균형된 시각을 갖도록 돕는 기법
대안선택흐름도표 (Alternative Choice Flow Chart)	목표가 분명하고 예상 가능한 사항의 선택에 적용될 수 있는 것으로서, '예'와 '아니요'로 답할 수 있는 질문을 연속적으로 만들어 예상되는 결과를 결정하도록 하는 도표

② 집단적 의사결정기법

델파이기법 (Delphi Technique)	• 전문가 · 관리자들로부터 우편이나 이메일(E-mail)로 의견이나 정보를 수집하여 그 결과를 분석한 후 그것을 다시 응답자들에게 보내어 의견을 묻는 식으로 만족스러운 결과를 얻을 때까지 계속하는 방법 • 전문가들이 한곳에 모이지 않아도 되고 자유로운 시간에 익명으로 의견을 개진할 수 있으나, 시간이 많이 소요되고 절차가 반복되는 동안 응답자 수가 줄어드는 단점이 있음
명목집단기법 (Nominal Group Technique)	• 전문가를 한 장소에 모아 각자의 의견을 적게 하고 이를 종합하여 정리한 다음, 정리된 의견에 대해 집단별로 의견을 발표하여 투표를 통해 최종적인 의견을 도출하는 방법 • 다양한 의견을 청취할 수 있고 감정이나 분위기상의 왜곡현상을 피할 수 있으나, 다수의 사람을 참여시킬 경우 시간이 많이 소요되는 단점이 있음
브레인스토밍 또는 집단토의 (Brainstorming)	• 집단성원들 간의 대화나 토론을 통한 자유발언의 기회를 제공하여 일정한 주제에 대해 각자 아이디어를 제시하도록 함으로써, 자유분방한 사고과정에서 우수한 아이디어를 수집하기 위한 방법 • 브레인스토밍에서는 아이디어의 양이 강조되는데, 참여자의 아이디어가 많을수록 더 우수한 아이디어가 나올 가능성이 높기 때문
변증법적 토의 (Dialectical Inquiry)	• 상반된 의견이나 견해를 가진 사람들로 두 집단을 구성하여, 그중 한 집단에서 먼저 의견을 제시하면 다른 집단에서 그에 반대하는 새로운 대안을 만들어 제시하도록 하는 방법 • 각 집단들이 사안의 찬성과 반대를 이해함을 기본으로 함

Theme 10	인적자원관리의 기초

① 인적자원관리의 개념

① 의 의

조직의 유지를 위해 조직이 필요로 하는 인사를 채용, 개발, 유지, 활용하는 일련의 관리활동체계를 말한다.

② 주요 구성요소(관리기능)

㉠ 확보관리 : 직무분석, 채용(직원모집·선발·배치)
㉡ 평가관리 : 인사고과, 직무평가
㉢ 개발관리 : 교육훈련, 지도감독, 승진, 직무순환(배치전환)
㉣ 보상관리 : 임금, 인센티브, 복리후생
㉤ 유지관리 : 인적자원 유지, 이직관리, 노사관계관리

② 인사관리 및 모집의 과정

① 인사관리의 절차 : 모집·충원 → 선발 → 임용 → 오리엔테이션 → 배치 → 활용

② 모집의 절차 : 충원계획 수립 → 직위에 대한 직무분석 → 직무기술서 및 직무명세서 작성

③ 직무분석

㉠ 개념 : 직무를 구성하고 있는 일, 즉 해당 직무의 내용 및 직무의 수행을 위한 직무조건을 조직적으로 밝히는 절차이다.

㉡ 직무분석 자료의 특징
  • 최신의 정보를 반영해야 한다.
  • 사실 그대로를 나타내야 한다.
  • 논리적인 방식으로 체계화되어야 한다.
  • 다양한 목적으로 활용될 수 있어야 한다.

④ 직무기술서

㉠ 개념 : 맡은 일과 그에 따른 책임의 내용을 구체적으로 기술한 문서로서 직무분석의 기초자료가 된다.

㉡ 직무기술서에 포함되는 정보
  • 직무 명칭(소속부서, 직무번호 등)
  • 직무개요 및 내용
  • 직무수행에 필요한 각종 장비 및 도구
  • 직무수행 방법 및 절차
  • 작업조건, 직무가 수행되는 장소 등의 환경
  • 작업활동 등

㉢ 직무기술서의 작성원칙 : 명확성(Clear), 간결성(Concise), 완전성(Complete), 일관성(Consistent)

⑤ 직무명세서
  ㉠ 개념 : 직무분석의 결과를 인사관리의 특정한 목적에 맞게 직무
    의 내용과 직무에 요구되는 자격요건에 중점을 두어 정리한 문
    서이다.
  ㉡ 직무명세서에 포함되는 정보
    • 적성 및 교육수준   • 지식 및 기능·기술수준
    • 판단력, 주도력   • 정신적 특성 및 육체적 능력
    • 의사소통기술   • 작업경험 및 자격요건
    • 책임정도   • 감각기능의 사용도와 필요도 등

③ 직원개발의 주요 방법

① 강의(Lectures)
  일정한 장소에 직원들을 모아놓고 서비스에 관한 전문지식과 기술
  및 태도를 전달하는 것으로, 짧은 시간에 많은 사람을 대상으로 교
  육내용을 체계적으로 전달할 때 사용한다.
② 회의(Conference)
  집단을 대상으로 1명 이상의 연사가 발표 또는 토론을 하거나 구성
  원들 간 상호 의견을 교환한다.
③ 토의(Discussion)
  한 주제에 대해 소수의 사람이 먼저 발표한 후 여러 사람이 그에 대
  해 토론을 벌인다.
④ 계속교육(Continuing Education)
  학교교육이 끝난 직원들을 대상으로 그들의 전문성을 유지 및 향상
  시키기 위해 필요에 따라 교육한다.
⑤ 슈퍼비전(Supervision)
  슈퍼바이저가 부하직원을 업무 과정에서 지도·감독한다.
⑥ 사례발표(Case Presentation)
  직원들이 돌아가면서 사례를 발표하고 그에 대해 토의를 하여 문제
  의 본질이나 해결책을 규명한다.
⑦ 역할연기 또는 역할 연습(Role Playing)
  인간관계훈련에 효과적인 프로그램으로, 어떤 사례나 사건을 구체
  적인 상황에 근거하여 실제 연기로 표현하도록 한 후 그에 대해 평
  가하고 토론한다.
⑧ 집단행동 또는 감수성 훈련(Sensitivity Training)
  구성원들이 어떻게 생각하고 느끼고 행동하며, 다른 사람들의 행위
  에 어떻게 반응하는지를 알 수 있도록 수용적인 분위기를 제공한다.

사회복지조직에서 수행되는 슈퍼비전에 관한 설명으로 옳지 않은 것은?

① 조직구성원 훈련 및 개발에 유용한 도구이다.
② 교육적 기능은 직원의 정신적, 심리적 부담을 완화한다.
③ 행정적 기능은 효율적으로 일하는 구조와 자원을 제공한다.
④ 슈퍼바이저는 관리자, 중재자, 멘토 역할을 한다.
⑤ 슈퍼비전 구성요소는 슈퍼바이지, 슈퍼바이저, 클라이언트, 조직 등이다.

정답 ②

해설

교육적 기능은 사회복지사의 효과적인 직무수행을 위해 필요한 지식과 기술을 제공하고 전문적 자아발달을 도모하는 것이다. 참고로 사회복지사가 능률적으로 업무를 수행할 수 있도록 심리적 자원을 제공함으로써 정신적·심리적 부담을 완화하는 것은 지지적 기능에 해당한다.

사회복지 슈퍼비전에 관한 설명으로 옳지 않은 것은?

① 행정적 기능, 교육적 기능, 지지적 기능이 있다.
② 소진 발생 및 예방에 영향을 미친다.
③ 동료집단 간에는 슈퍼비전이 수행되지 않는다.
④ 슈퍼바이저는 직속상관이나 중간관리자가 주로 담당한다.
⑤ 직무를 수행하면서 훈련을 받을 수 있다는 장점이 있다.

정답 ③

해설

동료집단 슈퍼비전은 특정한 슈퍼바이저 없이 모든 구성원들이 동등한 자격으로 참여한다.

Theme 11 | 슈퍼비전과 슈퍼바이저

1 슈퍼비전의 개념

① 사회복지조직에서 활동하고 있는 직원들이 전문성과 능력을 발휘할 수 있도록 교육, 지도 및 원조하는 과정이다.
② 궁극적 목적은 클라이언트에 대해 효과적이고 질 높은 서비스를 제공함으로써 기관의 책임성을 높이는 것이다.

2 슈퍼비전의 기능

교육적 기능 (Education)	슈퍼비전은 사회복지사의 지식과 기술 등을 향상시킨다. 메 학습·훈련의 촉진, 경험과 지식의 공유, 정보제공, 교수 및 안내, 조언 및 제안 등
관리적·행정적 기능 (Administration)	슈퍼비전은 사회복지사에게 지시와 지도를 내리고 사회복지사가 제공하는 서비스를 감독하며, 행정적 업무를 돕는다. 메 업무의 계획 및 위임, 업무에 대한 모니터링 및 평가, 업무의 협조, 행정적 책임 등
지지적 기능 (Support)	슈퍼비전은 사회복지사에게 스스로 업무를 할 수 있도록 용기를 주고 정서적·사회적 지지를 제공하는 등 동기와 사기를 진작시킨다. 메 스트레스 유발상황 방지, 스트레스 대처의 원조, 신뢰형성 및 관점의 공유, 성공을 위한 기회 제공 등

3 슈퍼비전의 모형(Watson)

① 개인교습모형(Tutorial Model) : 슈퍼바이저와 슈퍼바이지 간의 1:1 관계에 의해 슈퍼비전이 이루어진다.
② 사례상담(Case Consultation) : 업무자와 상담자의 1:1 관계 또는 다른 업무자의 참여하에 슈퍼바이저가 상담자로서 그들의 학습을 돕거나 기여를 모색한다.
③ 슈퍼비전 집단(Supervisory Group) : 개인교습모형이 확대된 형태로서, 한 사람의 슈퍼바이저와 한 집단의 슈퍼바이지로 구성된다.
④ 동료집단 슈퍼비전(Peer-group Supervision) : 특정한 슈퍼바이저 없이 모든 집단성원들이 동등한 자격으로 참여한다.
⑤ 직렬 슈퍼비전(Tandem Supervision) : 동료집단 슈퍼비전이 발전된 형태로서, 두 업무자가 동등한 입장에서 서로에게 슈퍼비전을 제공한다.
⑥ 팀 슈퍼비전(Team Supervision) : 안건을 미리 팀 구성원들에게 제시하고 그에 대한 결정을 다양한 성격을 가진 팀 동료들 간의 상호작용에 의해 구체화하도록 한다.

4 슈퍼바이저의 역할(Kadushin)

① 행정적인 상급자로서의 역할 : 하급자가 기관의 정책, 과정, 규정 등을 잘 지키고 있는지를 감독하는 역할을 한다.
② 교육자로서의 역할 : 전통적인 교육 기능을 강조하는 것으로서 직접 서비스를 제공하는 일선의 사회복지사에게 전문적인 지식, 기술을 증진시키는 역할을 한다.
③ 상담자로서의 역할 : 사회복지사의 사기 진작, 불만에 대한 도움을 제공하여 전문가로서의 가치를 느끼도록 하며, 기관에 대한 소속감 및 직무수행에 대한 안정감을 갖도록 한다.

5 슈퍼바이저의 조건(자질)

① 풍부하고 종합적인 지식의 구비
② 실천기술과 경험의 구비
③ 개방적 접근의 용이성
④ 헌신적인 사명감
⑤ 솔직한 태도(솔직성)
⑥ 감사와 칭찬의 태도

Theme 12	동기부여와 보상

1 욕구의 4가지 관점

① 규범적 욕구
② 인지적 욕구
③ 표현적 욕구
④ 비교적 욕구

2 내용이론

① 매슬로우의 욕구계층이론

    ⊙ 인간의 욕구를 타고난 것으로 보고, 욕구의 강도와 중요성에 따라 5가지로 분류하였다.

    ⊙ 하위단계에서 상위단계로 계층적으로 배열되어 하위단계의 욕구가 충족되어야 그 다음 단계의 욕구가 발생한다고 본다.

    ⊙ 욕구 5단계

1단계 (생리적 욕구)	먹고 자는 것, 종족보존 등 최하위 단계의 욕구
2단계 (안전에 대한 욕구)	추위·질병·위험 등으로부터 자신을 보호하는 욕구
3단계 (애정과 소속에 대한 욕구)	어떤 조직이나 단체에 소속되어 애정을 주고받는 욕구
4단계 (자기존중의 욕구)	소속단체의 구성원으로 명예나 권력을 누리려는 욕구
5단계 (자아실현의 욕구)	자신의 재능과 잠재력을 충분히 발휘하여 자기가 이룰 수 있는 모든 것을 성취하려는 최고수준의 욕구

② 허즈버그(Herzberg)의 동기-위생이론

    ⊙ 인간이 이원적 욕구구조, 즉 불만을 일으키는 요인과 만족을 일으키는 요인을 가진다는 욕구충족요인 이원론이다.

    ⊙ 인간이 자신의 일에 만족감을 느끼지 못하게 되면 위생요인에 관심을 기울이게 되고, 이들에 대해 만족하지 못할 경우에는 일의 능률이 크게 저하된다고 보았다.

동기요인	만족을 주는 요인(성취, 성취에 대한 인정, 도전적이고 보람 있는 일 등)
위생요인	결핍되면 불만을 유발하는 요인(정책 및 관리·감독, 작업조건, 대인관계, 돈 등)

③ 알더퍼(Alderfer)의 ERG이론

　㉠ 매슬로우의 '만족−진행'의 욕구 전개를 비판하고, '좌절−퇴행'의 욕구 전개를 주장하였다.

　㉡ 저차원 욕구와 고차원 욕구 간의 기본적인 구별이 필요하다고 보았으며, 매슬로우의 5단계 욕구를 다음과 같은 3가지 범주로 구분하였다.

존재욕구	생리적 욕구 + 안전(안정)에 대한 욕구
(인간) 관계욕구	애정과 소속에 대한 욕구 + 자기존중(존경)의 욕구 일부
성장욕구	자기존중(존경)의 욕구 일부 + 자아실현의 욕구

④ 맥클리랜드(McClelland)의 성취동기이론

　㉠ 동기부여욕구는 성취욕구, 권력욕구, 친교욕구(친화욕구, 귀속욕구)로 구성되어 있다고 보았다.

　㉡ 특히 성취욕구의 중요성을 강조하였다.

　㉢ 매슬로우의 자아실현 욕구와 흡사하며, 친교욕구는 애정과 소속에 대한 욕구와 밀접하다.

성취욕구	어려운 일을 성취하려는 욕구
권력욕구	조직의 지도자가 되어 타인을 지시 · 통제하려는 욕구
친교욕구	다른 사람과 친근하고 밀접한 관계를 맺으려는 욕구

⑤ 맥그리거(McGregor)의 X · Y이론

　㉠ 인간의 본성에 대한 상반된 가정을 토대로, 부정적인 관점을 반영한 X이론, 긍정적인 관점을 반영한 Y이론을 제시하였다.

　㉡ 일반적으로 X이론은 전통적인 인간관을, Y이론은 현대적인 인간관을 반영한다.

　㉢ 맥그리거는 Y이론의 가정이 X이론의 가정보다 타당하다고 보았으며, 의사결정 · 책임 · 도전적인 직무 등에 직원들을 참여시키는 것은 직무동기를 극대화시킨다고 주장하였다.

X이론	• 인간은 본래 일을 하기 싫어하며, 신체적 · 정신적 수고를 요하는 일을 회피하고자 한다. • 조직 내 목표달성을 위해 통제, 명령, 처벌이 필요하다. • 생리적 욕구와 안전에 대한 욕구 수준에 머문다.
Y이론	• 인간은 본래 일을 하기 좋아하며, 신체적 · 정신적 수고는 놀이나 휴식과도 같다. • 조직 내 목표달성을 위한 의지는 목표달성에 따른 보상 및 그에 대한 기대에서 비롯된다. • 고차원의 욕구, 즉 자아실현의 욕구 수준에 이른다.

1 사회복지재정

① 사회복지조직의 재정관리

　㉠ 필요한 재원을 합리적이고 계획적으로 동원·배분하고, 이를 효율적으로 사용·관리하는 과정이다.

　㉡ 사회복지재정은 민주성과 공공성, 합리성과 형평성이 강조되며, 재정관리에 있어서 프로그램 기획 및 관리기능, 회계기능 등이 강조된다.

　㉢ 사회복지법인 및 사회복지시설의 회계연도는 정부의 회계연도에 따르며, 법인의 감사는 당해 법인과 시설에 대하여 매년 1회 이상 감사를 실시하여야 한다.

　㉣ 사회복지법인의 대표이사 및 사회복지시설의 장은 관·항·목 간의 예산을 전용할 수 있다.

② 사회복지조직의 예산 수립 원칙

　㉠ 회계연도 독립의 원칙 : 재정을 적절히 통제하기 위해 1년 단위로 예산을 수립하여야 한다.

　㉡ 수지균형의 원칙 : 건전재정운영을 위해 수지균형을 조화 있게 하여야 한다.

　㉢ 예산의 목적 외 사용금지의 원칙 : 법인회계 및 시설회계의 예산은 세출예산이 정한 목적 외에 이를 사용하지 못한다.

　㉣ 예산 총계주의 원칙 : 1회계연도의 세입과 세출은 모두 예산에 계상하여야 한다.

　㉤ 예산 사전 의결의 원칙 : 예산은 회계연도가 개시되기 전에 법인 이사회의 의결을 거쳐야 한다.

> **더 알아보기**
>
> **예산통제의 원칙**
> | | | |
> |---|---|---|
> | • 개별화의 원칙 | • 강제의 원칙 | • 예외의 원칙 |
> | • 보고의 원칙 | • 개정의 원칙 | • 효율성의 원칙 |
> | • 의미의 원칙 | • 환류의 원칙 | • 생산성의 원칙 |

2 예산편성 모형

① 항목별(품목별) 예산(LIB)
  ㉠ 지출항목별 회계와 전년도에 기초하여 작성한다.
  ㉡ 대개 1회계연도를 기준으로 하는 가장 기본적인 예산형식이다.
  ㉢ 지출근거가 명확해 예산통제에 효과적이며 회계에 유리하다.
  ㉣ 예산증감의 신축성이 없고 프로그램 목표나 내용, 결과에 대한 고려가 부족하다.
  ㉤ 회계책임을 명백히 할 수 있으며, 급여와 재화 및 서비스 구매에 효과적이다.
  ㉥ 정책 및 사업의 우선순위를 소홀히 할 수 있다.

② 성과주의 예산(PB)
  ㉠ 각 기관이 예산사업의 성과 목표와 달성 방법을 제시한 뒤 예산 당국이 매년 성과를 평가하여 다음 회계연도에 반영하는 방식이다.
  ㉡ 업무에 중점을 두는 관리지향의 예산제도이다.
  ㉢ 과정 중심의 예산으로서 프로그램의 목표와 운영의 모니터링이 가능하고 자금배분을 합리적으로 할 수 있다.
  ㉣ 예산비용의 범위를 정하는 것이 쉽지 않고, 단위비용 및 비용산출 단위 책정이 어렵다.

③ 계획예산 또는 기획예산(PPBS)
  ㉠ 장기적인 계획수립과 단기적인 예산편성을 프로그램 작성을 통해 유기적으로 결합시키는 방식이다.
  ㉡ 재정을 합리적으로 배분하고 프로그램의 효과성을 높일 수 있다.
  ㉢ 산출중심의 예산으로서 중앙집권화의 우려, 목표설정의 곤란, 과정을 등한시, 성과의 계량화 곤란 등의 단점이 있다.

④ 영기준 예산(ZBB)
  ㉠ 전년도 예산을 고려하지 않으며 매년 새롭게 마련한다.
  ㉡ 현재 프로그램의 효과성, 효율성, 시급성에 따라 예산의 증감을 결정한다.
  ㉢ 프로그램 쇄신 및 효과성, 탄력성에 기여한다.
  ㉣ 관리자의 전문성과 객관성이 요구되며, 장기적인 계획으로는 부적절하다.

3 사회복지재정의 확충방안

① 사회복지부문 정부예산의 획기적 증액
② 복지세의 신설
③ 지방복지재정의 확충
④ 민간자원의 동원
⑤ 사회복지사업에 대한 세제상의 혜택 확대

1 마케팅의 이해

① 마케팅의 개념
  ㉠ 기업 마케팅
    기업이 고객을 만족시키기 위해 제품과 서비스를 창출하는 한편, 고객은 그 대가를 지불하여 제품과 서비스를 구매하는 교환활동
  ㉡ 사회복지조직 마케팅
    조직의 소비자인 클라이언트, 자원제공자, 자격부여기관 및 전체 사회로 하여금 복지조직에 대해 좀 더 많은 관심과 욕구를 갖도록 하기 위한 제반활동

② 사회복지조직에서 마케팅의 중요성이 대두되는 배경
  ㉠ 서비스 이용자의 선택권 확대
  ㉡ 서비스 제공 조직들 간 경쟁 증가
  ㉢ 고객 중심의 서비스 제공 요구 증가
  ㉣ 사회적 돌봄 서비스의 시장 방식 공급 확대
  ㉤ 공익사업과 수익사업의 적절한 운영을 위해 기업의 마케팅전략과 기법을 활용해야 한다는 목소리 증가
  ㉥ 재정자원의 확보를 위해 기관의 욕구보다는 장점을 부각시켜야 한다는 목소리 증가

③ 사회복지 마케팅의 특성
  ㉠ 두 개의 시장, 즉 사회복지기관으로부터 서비스를 제공받는 소비자(클라이언트)들로 구성된 시장, 사회복지기관의 활동을 지원해 주는 후원자들로 구성된 시장으로 이루어짐
  ㉡ 이윤추구보다는 사회적 가치 실현에 주안점을 둠
  ㉢ 무형의 서비스로 이루어지는 경우가 많아 목표 달성에 대한 측정이 어려움
  ㉣ 소비자의 개별적인 욕구를 중시하여 다양한 형태로 제공되며, 서비스와 관련된 이해집단들의 요구에 따라 복잡한 양상을 보임
  ㉤ 대상자 선정, 후원자 개발, 후원금 전달과정 등과 관련하여 윤리성과 투명성을 강조
  ㉥ 사회복지기관의 서비스는 소멸성을 가지고 있으며, 제공된 서비스를 반환하거나 되팔기 어려움
  ㉦ 소비자들의 평가에 의해 지배되기 쉬움
  ㉧ 사회복지부문의 서비스는 생산과 소비가 동시에 일어나며, 특히 사회복지기관을 포함한 비영리조직 마케팅은 서비스의 다양성과 복잡성에서 영리조직 마케팅과 차이가 있음

④ 사회복지마케팅의 과정

시장기회 분석 → 고객 및 시장 조사 → 마케팅 목표 설정 → 시장 세분화·표적시장 선정 및 포지셔닝 → 자원개발 프로그램 수집 → 마케팅 실행도구 설정 → 마케팅 관리 → 마케팅 평가

2 사회복지 기관 마케팅의 구성요소 : 마케팅 믹스(4P)

상품 또는 제품 (Product)	고객의 욕구를 충족시키기 위하여 제공하는 재화나 서비스 예 상품(프로그램)의 차별화 전략
유통 또는 입지 (Place)	고객이 서비스를 쉽게 이용할 수 있도록 하는 조직적 활동 예 장소개발, 접근편리성 등의 전략
촉진 또는 판매촉진 (Promotion)	고객의 마음에 관심을 자극하여 구매의도를 높이는 조직적 활동 예 이벤트, 광고, 자원봉사자 활용 등의 전략
가 격 (Price)	재화나 서비스를 구입하기 위해 지불하는 대가 예 가격 및 후원금 개발 전략

3 마케팅 기법

① 다이렉트 마케팅 : 후원을 요청하는 편지를 잠재적 후원자들에게 발송함으로써 후원자를 개발하는 가장 전통적인 마케팅 방법
② 고객관계관리 마케팅 : 고객과 관련된 자료를 분석하여 고객 특성에 기초한 맞춤서비스를 지속적으로 제공함으로써 가치 있는 고객을 파악·획득·유지하는 활동
③ 공익연계 또는 기업연계 마케팅 : 기업의 기부 또는 봉사활동을 사회복지와 연계함으로써 기업 이윤의 사회에의 환원을 통한 긍정적 기업이미지의 확보와 함께 사회복지조직의 프로그램 운영효율성을 동시에 달성하고자 하는 방법
④ 데이터베이스 마케팅 : 고객정보, 경쟁사정보, 산업정보 등 시장에 관한 정보를 직접 수집·분석하고 이를 데이터베이스화하여 마케팅전략을 수립하는 기법
⑤ 인터넷 마케팅 : 정보화 시대에 적합한 마케팅 기법으로서, 인터넷의 홈페이지 등을 통해 기관의 홍보와 모금을 하는 방법
⑥ 사회 마케팅 또는 소셜 마케팅 : 사회문제로부터 도출된 사회적 목표를 달성하기 위해 사회적 아이디어를 개발하고 이를 일반인들에게 수용시키기 위한 마케팅
⑦ 클라우드 펀딩 : 소셜미디어나 인터넷 등의 매체를 활용하여 필요한 자금을 불특정 다수로부터 지원받는 방법

① 정보관리시스템(MIS)

① 개 념

사회복지행정에서 정보관리시스템은 사무자동화(OA), 의사결정지원시스템(DSS), 전문가지원시스템(ESS) 등을 포함하는 개념으로 종합적 의미를 가진 정보시스템을 의미한다.

② 정보관리시스템이 필요한 이유

ㄱ. 조직의 업무효율성을 증대하고 비용을 절약하며, 신속한 서비스를 제공한다.

ㄴ. 조직 간 신속하고 정확한 의사소통 및 유관기간 간 서비스 연계가 이루어지도록 한다.

ㄷ. 상시적인 평가와 환류로 사회복지의 정확성, 객관성, 타당성을 확보한다.

ㄹ. 정보의 일괄적 처리, 자료분석 능력의 향상으로 조직성과를 대내외적으로 제시한다.

ㅁ. 공개적인 정보공유와 함께 서비스 질에 대한 모니터링이 이루어짐으로써 보다 양질의 서비스를 제공한다.

② 정보관리시스템(MIS)의 주요 유형

① 전산자료처리체계(EDPS)

ㄱ. 대량의 자료를 처리하기 위한 시스템으로, 컴퓨터를 통해 복잡한 계산을 수행한다.

ㄴ. 사무적 업무처리에 있어서 시간 및 비용을 감축함으로써 능률을 향상시키는 데 역점을 둔다.

② 관리정보체계(MIS)

ㄱ. 기업이 경영에 관한 정보를 효과적으로 제공하기 위해 컴퓨터를 통한 통합시스템을 활용한다.

ㄴ. 주로 중간관리층을 지원하는 시스템으로서, 경영관리의 효율성을 도모한다.

③ 지식기반체계(KBS)

ㄱ. 정보자원 및 정보시스템 자원을 경영의 전략적 자원으로 활용하기 위해 구축하는 시스템이다.

ㄴ. '전문가 시스템(Expert System), 사례기반추론(CBR ; Case Based Reasoning), 자연음성처리(NLP ; Natural Language Processing)'의 단계로 구분된다.

④ 의사결정지원체계(DSS)

관리정보체계(MIS)보다 발전된 것으로, 상위관리층의 문제해결을 위한 의사결정을 지원하는 대화식 시스템이다.

⑤ 업무수행지원체계(PSS)

㉠ 현장에서 업무수행에 필요한 정보를 지원하고 필요한 정보를 통합함으로써 업무수행능력을 향상시키기 위한 시스템이다.

㉡ 문제를 즉각적으로 해결할 수 있도록 하는 데 역점을 둔다.

3 MIS의 설계 시 고려해야 할 사항

① 정보체계에 대한 전담직원 별도 확보의 여부

② 전체 직원의 일상 업무에 대한 정보체계 이용, 관리자의 업무조정

③ 직원 교육을 위한 예비예산 확보 여부

④ 직원회의 시 정보체계의 활용성 · 중요성 강조

더 알아보기

MIS를 도입하여 활용 시 각 위계별로 활용되는 시스템

- 전략적 경영정보시스템
- 관리적 경영정보시스템
- 작업적 경영정보시스템

---

4 사회복지서비스의 품질

① 서비스 이용자의 입장에서는 '만족도'를 반영하는 것이다.

② 한정된 자원으로 인해 서비스의 양이 제한될 수밖에 없으므로 서비스의 질적 측면에서의 관리와 개선전략이 필요하다.

③ 5가지 주요 품질 차원 : 신뢰성, 즉응성, 확신성, 감정이입, 가시성

5 총체적 품질관리(TQM ; Total Quality Management)

① 품질에 따른 고객만족이 조직을 주도한다.

② 의사결정과정에서 전체 구성원의 참여를 활성화시키기 위한 권력의 분배가 필수적이다.

③ 고객중심의 관리 체계이다.

④ 지속적인 학습과정이자, 총체적인 관리과정이다.

프로그램 평가에 관한 설명으로 옳은 것을 모두 고른 것은?

ㄱ. 비용-편익 분석은 효율성 평가이다.
ㄴ. 비용-효과 분석은 효과성 평가이다.
ㄷ. 프로그램 종결 후 실시하는 성과평가는 총괄평가이다.
ㄹ. 효과발생의 인과 경로를 밝히는 것은 형성평가이다.

① ㄱ, ㄴ
② ㄱ, ㄷ
③ ㄱ, ㄷ, ㄹ
④ ㄴ, ㄷ, ㄹ
⑤ ㄱ, ㄴ, ㄷ, ㄹ

정답 ③

해설

ㄴ. 비용-효과 분석은 효율성 평가이다. 비용-효과 분석은 동일한 목표를 가진 프로그램들에 드는 비용을 각각 비교하여 최소비용으로 최대효과를 내는 프로그램이 가장 효율적이라는 판단에서 비롯된다.

사회복지 프로그램 평가의 목적과 그 설명으로 옳은 것은?

① 정책개발 : 사회복지실천 이념 개발
② 책임성 이행 : 재무·회계적, 전문적 책임 이행
③ 이론 형성 : 급여의 공평한 배분을 위한 여론 형성
④ 자료수집 : 종사자의 기준행동 강화
⑤ 정보관리 : 민간기관의 행정협상력 약화

정답 ②

해설

Theme 16의 '2. 프로그램 평가의 목적' 참고

Theme 16 | 프로그램의 개발과 평가

1 사회복지 프로그램

① 의 의
  ㉠ 사람을 돕는 방법
  ㉡ 사회복지사가 업무를 완수하고 이에 만족을 얻도록 하는 것
  ㉢ 사회의 구성원을 원조하고자 하는 명백한 사회의 욕구

② 기획과정
문제 확인 → 욕구사정 → 목적과 목표의 설정 → 개입전략 선정 → 프로그램 설계 → 예산편성 → 평가계획

> **더 알아보기**
>
> **프로그램 목표설정의 원칙(SMART 원칙)**
> • 구체적일 것(Specific)
> • 측정 가능할 것(Measurable)
> • 달성 가능할 것(Attainable)
> • 결과지향적일 것(Result-oriented)
> • 시간제한적일 것(Time Bounded or Time-boundary)

2 프로그램 평가의 목적

① **환류기능(정책개발)** : 프로그램의 중단·축소·유지·확대 등의 여부를 결정하는 데 필요한 정보를 제공하며, 프로그램의 내용을 수정하거나 보다 효율적인 운영에 필요한 정보도 제공한다.

② **책임성 이행** : 사회복지조직이 재무·회계적 책임, 전문적 책임을 이행하고 있는지를 평가하는 것은 물론, 사회복지조직으로 하여금 더욱더 책무를 다하도록 하는 자극제가 된다.

③ **이론 형성** : 프로그램의 기획에서부터 프로그램의 성과에 이르는 인과관계를 검토·확인·검증하는 활동을 수행함으로써 타당성이 있는 것으로 확인된 가설들은 이론으로 발전되고, 그렇지 못한 가설들은 수정하도록 하는 데 기여한다.

3 프로그램 평가의 기준

① **노력성(Effort)** : 목표 달성을 위하여 필요한 프로그램 활동의 양과 종류를 말한다.
  예 투입시간, 금전적·물질적 자원의 배분 및 사용, 클라이언트의 참여, 담당자의 제반 활동 등

② **효과성(Effectiveness)** : 프로그램을 시작하였을 때 기대된 것이 프로그램 실시 후 실제 달성된 정도를 말한다.

　예 단일사례분석, 목표달성척도, 평가 조사의 방법 등

③ **효율성(Efficiency)** : 투입과 산출의 비율을 말한다.

　㉠ 비용-편익 분석(Cost-Benefit Analysis)

　　• 목표 달성에 가장 효과적인 대안을 찾기 위해 각 대안이 초래할 비용과 편익을 비교 · 분석하는 기법이다.

　　• 어떤 프로그램과 관련된 편익, 비용들을 모두 화폐적 가치로 환산한 후 이 결과를 토대로 프로그램의 효율성을 평가한다.

　㉡ 비용-효과 분석(Cost-Effectiveness Analysis)

　　• 목표 달성에 가장 효과적인 대안을 찾기 위해 각 대안이 초래할 비용과 산출 효과를 비교 · 분석하는 기법이다.

　　• 프로그램에 투입되는 비용들은 화폐적 가치로 환산하나, 프로그램으로부터 얻게 되는 편익 또는 산출은 화폐적 가치로 환산하지 않고 산출물 그대로 분석에 활용한다.

④ **서비스의 질(Quality of Service)**

　㉠ 서비스의 우월성과 관련된 전반적인 평가나 태도를 말한다.

　㉡ 클라이언트의 서비스 품질에 대한 기대와 서비스 품질 지각의 불일치 정도를 파악할 수 있도록 해준다.

　　예 클라이언트의 서비스 만족도 조사, 단일사례분석 등

⑤ **영향성(Impact)**

　㉠ 서비스 제공 이전과 이후를 비교함으로써 프로그램의 순효과를 파악할 수 있도록 해준다.

　㉡ 성과평가(총괄평가)의 한 유형이다.

4 프로그램 평가의 논리모델 또는 로직모형

① **투입** : 프로그램에 투여되거나 프로그램에 의해 소비되는 자원

　예 이용자, 봉사자, 직원, 예산, 장비, 소모품 등

② **전환(활동)** : 임무를 수행하기 위해 프로그램에서 투입으로 활동하는 것

　예 치료 및 교육, 상담, 직업훈련, 보호 등

③ **산출** : 프로그램 활동의 직접적인 산물(실적)

　예 취업인원, 서비스 시간, 지도한 집단 수, 상담 수 등

④ **성과(결과)** : 프로그램 활동 중 또는 활동 이후의 참여자들이 얻은 이익

　예 향상된 조건, 행동의 수정, 새로운 지식 등

⑤ **영향** : 프로그램의 활동 결과로 인해 원래 의도했던 혹은 의도하지 않았던 변화가 나타나는지를 말하는 것

　예 바람직한 관계의 지속, 관심분야의 확대 등

Theme 1	사회복지법의 개념 및 용어

1 법원(法源) 및 법의 분류

① 법 원
  ㉠ 성문법으로서의 법원

헌 법	국가의 최상위법으로서 국가와 국민 간의 권리 및 의무를 규정한 기본법
법 률	국회에서 의결되어 대통령이 공포한 법
명 령	국회의 의결을 거치지 않고 대통령 이하의 행정기관이 제정한 법규 **예** 대통령령, 총리령, 부령 등
자치법규	지방자치단체가 법령의 범위 안에서 자기의 사무 또는 주민의 권리와 의무에 관하여 제정한 자치에 관한 법규 **예** 조례, 규칙
국제조약	국제법 주체 간에 국제적 권리의무의 발생 및 국제법률 관계의 설정을 위해 문서로써 명시적으로 합의한 것 **예** 조약, 협정, 협약, 의정서, 헌장 등
국제법규	우리나라가 당사국이 아닌 조약으로, 국제사회에 의해 그 규범성이 인정된 것과 국제관습법을 포괄한 것

  ㉡ 불문법으로서의 법원

관습법	사회인의 사실상 관행이 계속적이고 일반적으로 행해짐에 따라 법으로서의 효력을 가지는 불문법
판례법	법원이 내리는 판결로서 대법원의 판례에 의해 형성
조 리	사물의 도리, 합리성, 본질적 법칙을 의미

② 법의 분류방법
  ㉠ 상위법과 하위법 – 법의 수직적 체계
    • 우리나라 법체계는 헌법, 법률, 시행령, 시행규칙, 자치법규의 순서로 법 제정 형식에 따른 위계를 가지고 있다.
    • 예를 들어, 헌법은 국가의 기본법으로서 다른 법들의 상위법이므로, 헌법의 규정을 위반한 하위의 법률은 위헌법률이 되며, 그 효력은 상실된다.
  ㉡ 강행법과 임의법 – 법률 또는 법조문 적용상의 강제성 유무
    • 강행법은 법률행위 당사자의 의사에 관계없이 적용되는 법인 반면, 임의법은 법률행위 당사자의 의사에 따라 적용이 배제될 수 있는 법을 말한다.

- 일반적으로 형법, 행정법 등의 공법은 강행법에 해당하며, 민법, 상법 등의 사법은 임의법에 해당한다. 다만, 사회복지법 등의 사회법은 그 성격에 따라 구분된다.
ⓒ 일반법과 특별법 – 법 적용 및 효력의 범위
  - 일반법은 법 적용 및 효력의 범위가 넓은 법인 반면, 특별법은 보다 제한된 영역에서 적용되는 법을 말한다.
  - 특별법은 일반법에 우선한다.
ⓔ 신법과 구법 – 법의 제정 시기
  - 신법은 새로 제정된 법을 말하며, 구법은 신법에 의해 폐지되는 법을 말한다.
  - 신법의 시행시기와 구법의 종료시기가 상호 불일치할 수 있으므로, 이를 위해 신법에 경과규정 혹은 부칙을 둔다.

더 알아보기

법 적용의 우선순위
- 일반법과 특별법이 충돌할 때에는 특별법 우선의 원칙에 따라 특별법이 일반법에 우선 적용된다.
- 신법과 구법이 충돌할 때에는 신법 우선의 원칙에 따라 신법이 우선 적용된다. 이 경우 충돌된 법이 동등 효력을 가진 경우에만 해당되며, 상위법이나 특별법 관계일 때에는 적용되지 않는다.
- 즉, '신법인 특별법 〉 구법인 특별법 〉 신법인 일반법 〉 구법인 일반법' 순으로 적용된다.

② 사회복지법

① 우리나라 사회복지법의 체계
  헌법 – 사회법 – 사회복지법 – 사회보장기본법 – 사회보험법, 공공부조법, 사회서비스법
② 우리나라의 주요 사회복지법

사회 보험법	국민연금법, 국민건강보험법, 고용보험법, 산업재해보상보험법, 노인장기요양보험법, 군인연금법, 공무원연금법, 사립학교교직원 연금법 등
공공 부조법	국민기초생활 보장법, 의료급여법, 기초연금법, 긴급복지지원법, 장애인연금법 등
사회 서비스법	노인복지법, 아동복지법, 영유아보육법, 장애인복지법, 한부모가족지원법, 다문화가족지원법, 국내입양에 관한 특별법(구 입양특례법), 정신건강증진 및 정신질환자 복지서비스 지원에 관한 법률, 성매매방지 및 피해자보호 등에 관한 법률, 성폭력방지 및 피해자보호 등에 관한 법률, 가정폭력방지 및 피해자보호 등에 관한 법률, 농어촌주민의 보건복지 증진을 위한 특별법, 노숙인 등의 복지 및 자립지원에 관한 법률, 장애인활동 지원에 관한 법률, 장애아동 복지지원법 등

실제기출 [2025]

사회보장기본법상 사회보장수급권의 보호와 포기에 관한 설명으로 옳지 않은 것은?

① 사회보장수급권은 다른 사람에게 양도할 수 없다.
② 사회보장수급권은 담보로 제공할 수 없다.
③ 사회보장수급권은 정당한 권한이 있는 기관에 서면으로 통지하여 포기할 수 있다.
④ 사회보장수급권의 포기는 취소할 수 없다.
⑤ 사회보장수급권을 포기하는 것이 다른 사람에게 피해를 주는 경우에는 이를 포기할 수 없다.

정답 ④

해설
④ 사회보장수급권의 포기는 취소할 수 있다(사회보장기본법 제14조 제2항).
①·② 동법 제12조
③ 동법 제14조 제1항
⑤ 동법 제14조 제3항

실제기출 [2025]

사회보장기본법상 사회보장위원회에 관한 설명으로 옳지 않은 것은?

① 사회보장에 관한 주요 시책을 심의·조정하기 위해 국무총리 소속으로 두고 있다.
② 실무위원회를 두며 실무위원회에 분야별 전문위원회를 둘 수 있다.
③ 위원은 30명 이내로 구성한다.
④ 위원의 임기는 4년이다.
⑤ 관계 중앙행정기관의 장과 지방자치단체의 장은 위원회의 심의·조정 사항을 반영하여 사회보장제도를 운영해야 한다.

정답 ④

해설
④ 사회보장위원회 위원의 임기는 2년으로 한다. 다만, 공무원인 위원의 임기는 그 재임 기간으로 하고, 기관·단체의 대표자 자격으로 대통령이 위촉하는 위원의 임기는 대표의 지위를 유지하는 기간으로 한다(사회보장기본법 제21조 제4항 참조).
① 동법 제20조 제1항
② 동법 제21조 제6항
③ 동법 제21조 제1항
⑤ 동법 제20조 제4항

Theme 2	사회보장기본법

1 목적(법 제1조)

사회보장에 관한 국민의 권리와 국가 및 지방자치단체의 책임을 정하고 사회보장정책의 수립·추진과 관련 제도에 관한 기본적인 사항을 규정함으로써 국민의 복지증진에 이바지한다.

2 사회보장제도의 운영원칙(법 제25조)

① 국가와 지방자치단체가 사회보장제도를 운영할 때에는 이 제도를 필요로 하는 모든 국민에게 적용하여야 한다.
② 국가와 지방자치단체는 사회보장제도의 급여 수준과 비용 부담 등에서 형평성을 유지하여야 한다.
③ 국가와 지방자치단체는 사회보장제도의 정책결정 및 시행 과정에 공익의 대표자 및 이해관계인 등을 참여시켜 이를 민주적으로 결정하고 시행하여야 한다.
④ 국가와 지방자치단체가 사회보장제도를 운영할 때에는 국민의 다양한 복지 욕구를 효율적으로 충족시키기 위하여 연계성과 전문성을 높여야 한다.
⑤ 사회보험은 국가의 책임으로 시행하고, 공공부조와 사회서비스는 국가와 지방자치단체의 책임으로 시행하는 것을 원칙으로 한다. 다만, 국가와 지방자치단체의 재정 형편 등을 고려하여 이를 협의·조정할 수 있다.

3 사회보장수급권

① **사회보장을 받을 권리** : 모든 국민은 사회보장 관계 법령에서 정하는 바에 따라 사회보장수급권을 가진다(법 제9조).
② **사회보장급여의 신청** : 사회보장급여를 받으려는 사람은 관계 법령에서 정하는 바에 따라 국가나 지방자치단체에 신청하여야 한다. 다만, 관계 법령에서 따로 정하는 경우에는 국가나 지방자치단체가 신청을 대신할 수 있다(법 제11조 제1항).
③ **사회보장수급권의 보호** : 사회보장수급권은 관계 법령에서 정하는 바에 따라 다른 사람에게 양도하거나 담보로 제공할 수 없으며, 이를 압류할 수 없다(법 제12조).
④ **사회보장수급권의 제한** : 사회보장수급권이 제한되거나 정지되는 경우에는 제한 또는 정지하는 목적에 필요한 최소한의 범위에 그쳐야 한다(법 제13조 제2항).

⑤ 사회보장수급권의 포기 : 사회보장수급권은 정당한 권한이 있는 기
관에 서면으로 통지하여 포기할 수 있으며, 사회보장수급권의 포기
는 취소할 수 있다. 다만, 사회보장수급권을 포기하는 것이 다른 사
람에게 피해를 주거나 사회보장에 관한 관계 법령에 위반되는 경우
에는 사회보장수급권을 포기할 수 없다(법 제14조 제1항 내지 제
3항).

4 사회보장위원회(법 제20조 및 제21조)

① 설치 및 구성

  ㉠ 사회보장에 관한 주요 시책을 심의ㆍ조정하기 위하여 국무총리
  소속으로 사회보장위원회를 둔다.

  ㉡ 위원회는 위원장 1명, 부위원장 3명과 행정안전부장관, 고용노
  동부장관, 여성가족부장관, 국토교통부장관을 포함한 30명 이
  내의 위원으로 구성한다.

  ㉢ 위원장은 국무총리가 되고 부위원장은 기획재정부장관, 교육부
  장관 및 보건복지부장관이 된다.

  ㉣ 위원회의 위원은 다음의 어느 하나에 해당하는 사람으로 한다.

   • 대통령령으로 정하는 관계 중앙행정기관의 장으로서 법무부
   장관, 국가보훈부장관, 문화체육관광부장관, 농림축산식품부
   장관, 산업통상자원부장관, 환경부장관 및 국무조정실장

   • 근로자를 대표하는 사람, 사용자를 대표하는 사람, 사회보장
   에 관한 학식과 경험이 풍부한 사람, 변호사 자격이 있는 사람
   중에서 대통령이 위촉하는 사람

② 심의ㆍ조정 사항

  ㉠ 사회보장 증진을 위한 기본계획

  ㉡ 사회보장 관련 주요 계획

  ㉢ 사회보장제도의 평가 및 개선

  ㉣ 사회보장제도의 신설 또는 변경에 따른 우선순위

  ㉤ 둘 이상의 중앙행정기관이 관련된 주요 사회보장정책

  ㉥ 사회보장급여 및 비용 부담

  ㉦ 국가와 지방자치단체의 역할 및 비용 분담

  ㉧ 사회보장의 재정추계 및 재원조달 방안

  ㉨ 사회보장 전달체계 운영 및 개선

  ㉩ 사회보장통계

  ㉪ 사회보장정보의 보호 및 관리

  ㉫ 사회보장제도의 신설 및 변경에 따른 조정

  ㉬ 그 밖에 위원장이 심의에 부치는 사항

Theme 3 | 사회복지사업법

1 목적(법 제1조)

사회복지사업에 관한 기본적 사항을 규정하여 사회복지를 필요로 하는 사람에 대하여 인간의 존엄성과 인간다운 생활을 할 권리를 보장하고 사회복지의 전문성을 높이며, 사회복지사업의 공정·투명·적정을 도모하고, 지역사회복지의 체계를 구축하고 사회복지서비스의 질을 높여 사회복지의 증진에 이바지한다.

2 기본 이념(법 제1조의2)

① 사회복지를 필요로 하는 사람은 누구든지 자신의 의사에 따라 서비스를 신청하고 제공받을 수 있다.
② 사회복지법인 및 사회복지시설은 공공성을 가지며 사회복지사업을 시행하는 데 있어서 공공성을 확보하여야 한다.
③ 사회복지사업을 시행하는 데 있어서 사회복지를 제공하는 자는 사회복지를 필요로 하는 사람의 인권을 보장하여야 한다.
④ 사회복지서비스를 제공하는 자는 필요한 정보를 제공하는 등 사회복지서비스를 이용하는 사람의 선택권을 보장하여야 한다.

3 사회복지사업의 근거가 되는 법(법 제2조 제1호)

사회복지사업 : 다음의 법률에 따른 보호·선도(善導) 또는 복지에 관한 사업과 사회복지상담, 직업지원, 무료 숙박, 지역사회복지, 의료복지, 재가복지, 사회복지관 운영, 정신질환자 및 한센병력자의 사회복귀에 관한 사업 등 각종 복지사업과 이와 관련된 자원봉사활동 및 복지시설의 운영 또는 지원을 목적으로 하는 사업

> 국민기초생활 보장법, 아동복지법, 노인복지법, 장애인복지법, 한부모가족지원법, 영유아보육법, 성매매방지 및 피해자보호 등에 관한 법률, 정신건강증진 및 정신질환자 복지서비스 지원에 관한 법률, 성폭력방지 및 피해자보호 등에 관한 법률, 국내입양에 관한 특례법, 국제입양에 관한 특별법, 일제하 일본군위안부 피해자에 대한 생활안정지원 및 기념사업 등에 관한 법률, 사회복지공동모금회법, 장애인·노인·임산부 등의 편의증진 보장에 관한 법률, 가정폭력방지 및 피해자보호 등에 관한 법률, 농어촌주민의 보건복지증진을 위한 특별법, 식품 등 기부 활성화에 관한 법률, 의료급여법, 기초연금법, 긴급복지지원법, 다문화가족지원법, 장애인연금법, 장애인활동 지원에 관한 법률, 노숙인 등의 복지 및 자립지원에 관한 법률, 보호관찰 등에 관한 법률, 장애아동 복지지원법, 발달장애인 권리보장 및 지원에 관한 법률, 청소년복지 지원법, 그 밖에 대통령령으로 정하는 법률

4 사회복지서비스 제공의 원칙(법 제5조의2)

① 사회복지서비스를 필요로 하는 사람(이하 "보호대상자")에 대한 사회복지서비스 제공(이하 "서비스 제공")은 현물로 제공하는 것을 원칙으로 한다.

② 시장·군수·구청장은 국가 또는 지방자치단체 외의 자로 하여금 서비스 제공을 실시하게 하는 경우에는 보호대상자에게 사회복지서비스 이용권을 지급하여 국가 또는 지방자치단체 외의 자로부터 그 이용권으로 서비스 제공을 받게 할 수 있다.

③ 국가와 지방자치단체는 사회복지서비스의 품질향상과 원활한 제공을 위하여 필요한 시책을 마련하여야 한다.

④ 국가와 지방자치단체는 사회복지서비스의 품질을 관리하기 위하여 사회복지서비스를 제공하는 기관·법인·시설·단체의 서비스 환경, 서비스 제공 인력의 전문성 등을 평가할 수 있다.

⑤ 보건복지부장관은 사회복지서비스 품질 평가를 위하여 평가기관을 설치·운영하거나, 평가의 전부 또는 일부를 관계 기관 또는 단체에 위탁할 수 있다.

5 사회복지시설

① 시설의 설치(법 제34조)
  ㉠ 국가나 지방자치단체는 사회복지시설을 설치·운영할 수 있다.
  ㉡ 국가 또는 지방자치단체 외의 자가 시설을 설치·운영하려는 경우에는 보건복지부령으로 정하는 바에 따라 시장·군수·구청장에게 신고하여야 한다.

② 사회복지관의 설치 등(법 제34조의5)
  ㉠ 사회복지관은 지역복지증진을 위하여 다음의 사업을 실시할 수 있다.

> • 지역사회의 특성과 지역주민의 복지욕구를 고려한 서비스 제공 사업
> • 국가·지방자치단체 및 민간 부문의 사회복지서비스를 연계·제공하는 사례관리 사업
> • 지역사회 복지공동체 활성화를 위한 복지자원 관리, 주민교육 및 조직화 사업
> • 그 밖에 복지증진을 위한 사업으로서 지역사회에서 요청하는 사업

  ㉡ 사회복지관은 모든 지역주민을 대상으로 사회복지서비스를 실시하되, 다음의 지역주민에게 우선 제공하여야 한다.

> 「국민기초생활 보장법」에 따른 수급자 및 차상위계층, 장애인, 노인, 한부모가족 및 다문화가족, 직업 및 취업 알선이 필요한 사람, 보호와 교육이 필요한 유아·아동 및 청소년, 그 밖에 사회복지관의 사회복지서비스를 우선 제공할 필요가 있다고 인정되는 사람

③ 시설의 장(법 제35조) : 시설의 장은 상근하여야 한다.

시·군·구 지역사회보장계획 수립 및 시행절차에 관한 설명으로 옳은 것을 모두 고른 것은?

ㄱ. 시·군·구는 4년마다 지역사회보
   장계획을 수립하여야 한다.
ㄴ. 사회보장위원회의 심의와 지방의
   회 보고를 거쳐 시·도지사에게 제
   출한다.
ㄷ. 지역사회보장계획에는 사회보험에
   필요한 재원 규모와 조달 방안이
   포함된다.
ㄹ. 지역사회보장조사는 지역사회보장
   욕구조사와 자원조사로 구성된다.

① ㄱ, ㄴ
② ㄱ, ㄷ
③ ㄱ, ㄹ
④ ㄴ, ㄷ
⑤ ㄴ, ㄹ

정답 ③

해설

ㄱ. 시·도지사 및 시장·군수·구청장은
   지역사회보장계획을 4년마다 수립하
   고, 매년 지역사회보장계획에 따라 연
   차별 시행계획을 수립하여야 한다(사
   회보장급여의 이용·제공 및 수급권자
   발굴에 관한 법률 제35조 제1항).
ㄹ. 지역사회보장협의체는 지역사회보장
   조사를 통해 지역사회주민의 사회보장
   욕구 및 자원 전반에 관한 사항을 조
   사한다.
ㄴ. 시장·군수·구청장은 해당 시·군·
   구의 지역사회보장계획(연차별 시행계
   획을 포함)을 지역주민 등 이해관계인
   의 의견을 들은 후 수립하고, 지역사회
   보장협의체의 심의와 해당 시·군·구
   의회의 보고를 거쳐 시·도지사에게
   제출하여야 한다(동법 제35조 제2항
   참조).
ㄷ. 시·군·구 지역사회보장계획에는 지
   역사회보장에 필요한 재원의 규모와
   조달 방안에 관한 사항이 포함된다(동
   법 제36조 제1항 참조).

Theme 4 | 사회보장급여의 이용·제공 및 수급권자 발굴에 관한 법률

1 용어의 정의(법 제2조)

① 사회보장급여 : 보장기관이 「사회보장기본법」에 따라 제공하는 현금, 현물, 서비스 및 그 이용권을 말한다.
② 수급권자 : 「사회보장기본법」에 따른 사회보장급여를 제공받을 권리를 가진 사람을 말한다.
③ 수급자 : 사회보장급여를 받고 있는 사람을 말한다.
④ 지원대상자 : 사회보장급여를 필요로 하는 사람을 말한다.
⑤ 보장기관 : 관계 법령 등에 따라 사회보장급여를 제공하는 국가기관과 지방자치단체를 말한다.

2 기본원칙(법 제4조)

① 사회보장급여가 필요한 사람은 누구든지 자신의 의사에 따라 사회보장급여를 신청할 수 있으며, 보장기관은 이에 필요한 안내와 상담 등의 지원을 충분히 제공하여야 한다.
② 보장기관은 지원이 필요한 국민이 급여대상에서 누락되지 아니하도록 지원대상자를 적극 발굴하여 이들이 필요로 하는 사회보장급여를 적절하게 제공받을 수 있도록 노력하여야 한다.
③ 보장기관은 국민의 다양한 복지욕구를 충족시키고 생애주기별 필요에 맞는 사회보장급여가 공정·투명·적정하게 제공될 수 있도록 노력하여야 한다.
④ 보장기관은 사회보장급여와 「사회복지사업법」의 사회복지법인, 사회복지시설 등 사회보장 관련 민간 법인·단체·시설이 제공하는 복지혜택 또는 서비스를 효과적으로 연계하여 제공할 수 있도록 노력하여야 한다.
⑤ 보장기관은 국민이 사회보장급여를 편리하게 이용할 수 있도록 사회보장 정책 및 관련 제도를 수립·시행하기 위하여 노력하여야 한다.
⑥ 보장기관은 지역의 사회보장 수준이 균등하게 실현될 수 있도록 노력하여야 한다.

3 한국사회보장정보원(법 제29조)

① 한국사회보장정보원의 설립
   ㉠ 사회보장정보시스템의 운영·지원을 위하여 한국사회보장정보원을 설립한다.
   ㉡ 한국사회보장정보원은 법인으로 한다.

ⓒ 정부는 사회보장급여의 이용 및 제공이 원활히 이루어질 수 있
　도록 한국사회보장정보원의 설립·운영에 필요한 비용을 출연
　하거나 지원할 수 있다.
ⓔ 한국사회보장정보원에 관하여 이 법에서 규정한 사항 외에는
　「민법」 중 재단법인에 관한 규정을 준용한다.
② 한국사회보장정보원의 주요 업무
　⊙ 사회보장정보시스템의 구축 및 유지·기능개선·관리·교육·
　　상담 등 운영에 관한 사항
　ⓛ 지원대상자의 발굴을 위하여 필요한 자료 또는 정보의 처리 및
　　사회보장정보의 처리

④ 지역사회보장계획의 수립(법 제35조)

① 특별시장·광역시장·특별자치시장·도지사·특별자치도지사(이
　하 "시·도지사") 및 시장·군수·구청장은 지역사회보장에 관한
　계획(지역사회보장계획)을 4년마다 수립하고, 매년 지역사회보장
　계획에 따라 연차별 시행계획을 수립하여야 한다. 이 경우 「사회보
　장기본법」에 따른 사회보장에 관한 기본계획과 연계되도록 하여야
　한다.
② 시장·군수·구청장은 해당 시·군·구의 지역사회보장계획(연차
　별 시행계획을 포함)을 지역주민 등 이해관계인의 의견을 들은 후
　수립하고, 지역사회보장협의체의 심의와 해당 시·군·구 의회의
　보고를 거쳐 시·도지사에게 제출하여야 한다.
③ 시·도지사는 제출받은 시·군·구의 지역사회보장계획을 지원하
　는 내용 등을 포함한 해당 특별시·광역시·도·특별자치도의 지
　역사회보장계획을 수립하여야 한다. 특별자치시장은 지역주민 등
　이해관계인의 의견을 들어 지역사회보장계획을 수립하여야 한다.
④ 시·도지사는 지역사회보장계획을 시·도사회보장위원회의 심의
　와 해당 시·도 의회의 보고를 거쳐 보건복지부장관에게 제출하여
　야 한다. 이 경우 보건복지부장관은 제출된 계획을 사회보장위원회
　에 보고하여야 한다.
⑤ 보장기관의 장은 지역사회보장계획의 수립 및 지원 등을 위하여 지
　역 내 사회보장 관련 실태와 지역주민의 사회보장에 관한 인식 등
　에 관하여 필요한 조사(지역사회보장조사)를 실시할 수 있으며,
　시·도지사 및 시장·군수·구청장은 지역사회보장계획 수립 시
　지역사회보장조사 결과를 반영할 수 있다.

국민연금법의 내용으로 옳은 것은?

① 가입자의 가입 종류가 변동되면 그 가입자의 가입기간은 각 종류별 가입기간을 합산한 기간으로 한다.
② 국민연금사업은 기획재정부장관이 맡아 주관한다.
③ "수급권자"란 이 법에 따른 급여를 받을 권리를 말한다.
④ 국내에 거주하는 국민으로서 18세 이상 65세 미만인 자는 국민연금 가입 대상이 된다.
⑤ 「국민연금법」을 적용할 때 배우자에는 사실상의 혼인관계에 있는 자는 포함되지 않는다.

정답 ①

해설
② 「국민연금법」에 따른 국민연금사업은 보건복지부장관이 맡아 주관한다(국민연금법 제2조).
③ "수급권자"란 수급권을 가진 자를 말한다. 참고로 이 법에 따른 급여를 받을 권리는 "수급권"을 지칭한다(동법 제3조 제1항 제14호 및 제15호).
④ 국내에 거주하는 국민으로서 18세 이상 60세 미만인 자는 국민연금 가입 대상이 된다. 다만, 「공무원연금법」, 「군인연금법」, 「사립학교교직원 연금법」 및 「별정우체국법」을 적용받는 공무원, 군인, 교직원 및 별정우체국 직원, 그 밖에 대통령령으로 정하는 자는 제외한다(동법 제6조).
⑤ 「국민연금법」을 적용할 때 배우자, 남편 또는 아내에는 사실상의 혼인관계에 있는 자를 포함한다(동법 제3조 제2항).

국민연금법상 급여의 종류에 해당하는 것을 모두 고른 것은?

ㄱ. 노령연금   ㄴ. 장애인연금
ㄷ. 장해급여   ㄹ. 장애연금
ㅁ. 반환일시금

① ㄱ, ㄴ, ㄹ   ② ㄱ, ㄴ, ㅁ
③ ㄱ, ㄷ, ㅁ   ④ ㄱ, ㄹ, ㅁ
⑤ ㄴ, ㄷ, ㄹ

정답 ④

해설
ㄴ. 장애인연금은 「장애인연금법」에 따른 급여에 해당한다.
ㄷ. 장해급여는 「산업재해보상보험법」에 따른 급여에 해당한다.

Theme 5 | 국민연금법

1 목적 및 관장

① 목적(법 제1조) : 국민의 노령, 장애 또는 사망에 대하여 연금급여를 실시함으로써 국민의 생활 안정과 복지 증진에 이바지한다.
② 관장(법 제2조) : 국민연금사업은 보건복지부장관이 맡아 주관한다.

2 용어의 정의(법 제3조)

① 근로자 : 직업의 종류가 무엇이든 사업장에서 노무를 제공하고 그 대가로 임금을 받아 생활하는 자(법인 이사 및 임원 포함)를 말한다.
② 사용자 : 해당 근로자가 소속되어 있는 사업장의 사업주를 말한다.
③ 소득 : 일정한 기간 근로를 제공하여 얻은 수입에서 대통령령으로 정하는 비과세소득을 제외한 금액 또는 사업 및 자산을 운영하여 얻는 수입에서 필요경비를 제외한 금액을 말한다.
④ 평균소득월액 : 매년 사업장가입자 및 지역가입자 전원의 기준소득월액을 평균한 금액을 말한다.
⑤ 기준소득월액 : 연금보험료와 급여를 산정하기 위하여 가입자의 소득월액을 기준으로 하여 정하는 금액을 말한다.
⑥ 연금보험료 : 국민연금사업에 필요한 비용으로서 사업장가입자의 경우에는 부담금 및 기여금의 합계액을, 지역가입자·임의가입자 및 임의계속가입자의 경우에는 본인이 내는 금액을 말한다.
⑦ 부담금 : 사업장가입자의 사용자가 부담하는 금액을 말한다.
⑧ 기여금 : 사업장가입자가 부담하는 금액을 말한다.

더 알아보기

근로자에서 제외되는 자(시행령 제2조)

- 일용근로자나 1개월 미만의 기한을 정하여 사용되는 근로자(단, 1개월 이상 계속 사용되는 경우 근로자에 해당)
- 소재지가 일정하지 아니한 사업장에 종사하는 근로자
- 법인의 이사 중 소득이 없는 사람
- 1개월 동안의 소정근로시간이 60시간 미만인 단시간 근로자(단, 해당 단시간 근로자 중 생업을 목적으로 3개월 이상 계속하여 근로를 제공하는 사람으로서, 「고등교육법」에 따른 강사 또는 사용자의 동의를 받아 근로자로 적용되기를 희망하는 사람, 둘 이상 사업장에 근로를 제공하면서 각 사업장의 1개월 소정근로시간의 합이 60시간 이상인 사람으로서 1개월 소정근로시간이 60시간 미만인 사업장에서 근로자로 적용되기를 희망하는 사람, 1개월 이상 계속하여 근로를 제공하는 사람으로서 1개월 동안의 소득이 보건복지부장관이 정하여 고시하는 금액 이상인 사람은 근로자에 포함)

3 가입 대상

① 국내에 거주하는 국민으로서 18세 이상 60세 미만인 자는 국민연금 가입 대상이 된다. 다만, 「공무원연금법」, 「군인연금법」, 「사립학교교직원 연금법」 및 「별정우체국법」을 적용받는 공무원, 군인, 교직원 및 별정우체국 직원, 그 밖에 대통령령으로 정하는 자는 제외한다(법 제6조).

② 「국민연금법」의 적용을 받는 사업장에 사용되고 있거나 국내에 거주하는 외국인으로서 대통령령으로 정하는 자 외의 외국인은 ①에도 불구하고 당연히 사업장가입자 또는 지역가입자가 된다. 다만, 이 법에 따른 국민연금에 상응하는 연금에 관하여 그 외국인의 본국 법이 대한민국 국민에게 적용되지 아니하면 그러하지 아니하다(법 제126조 제1항).

4 급 여

① 급여의 종류(법 제49조)

노령연금, 장애연금, 유족연금, 반환일시금

② 급여 지급(법 제50조)

㉠ 급여는 수급권자의 청구에 따라 공단이 지급한다.

㉡ 연금액은 지급사유에 따라 기본연금액과 부양가족연금액을 기초로 산정한다.

5 연금보험료의 부과 · 징수(법 제88조)

① 보건복지부장관은 국민연금사업 중 연금보험료의 징수에 관하여 「국민연금법」에서 정하는 사항을 국민건강보험공단에 위탁한다.

② 국민연금공단은 국민연금사업에 드는 비용에 충당하기 위하여 가입자와 사용자에게 가입기간 동안 매월 연금보험료를 부과하고, 국민건강보험공단이 이를 징수한다.

③ 사업장가입자의 연금보험료 중 기여금은 사업장가입자 본인이, 부담금은 사용자가 각각 부담하되, 그 금액은 각각 기준소득월액의 1천분의 65에 해당하는 금액으로 한다.

④ 지역가입자, 임의가입자 및 임의계속가입자의 연금보험료는 지역가입자, 임의가입자 또는 임의계속가입자 본인이 부담하되, 그 금액은 기준소득월액의 1천분의 130으로 한다.

Theme 6 국민건강보험법

① 목적 및 특징

① 목적(법 제1조) : 국민의 질병·부상에 대한 예방·진단·치료·재활과 출산·사망 및 건강증진에 대하여 보험급여를 실시함으로써 국민보건 향상과 사회보장 증진에 이바지한다.
② 관장(법 제2조) : 건강보험사업은 보건복지부장관이 맡아 주관한다.
③ 특 징
　㉠ 최저한의 보장이 아닌 최적의 의료보장
　㉡ 보험료 납부의 강제성, 보험급여의 균등한 수혜
　㉢ 강제 사회보험이자 다보험자 관리방식
　㉣ 1년 단위의 회계연도를 기준으로 한 단기성 보험
　㉤ 의료보험제도와 의료보호제도를 병행한 형태

② 용어의 정의(법 제3조 및 제13조)

① 근로자 : 직업의 종류와 관계없이 근로의 대가로 보수를 받아 생활하는 사람(법인의 이사와 그 밖의 임원을 포함)으로서 공무원 및 교직원을 제외한 사람을 말한다.
② 사용자 : 다음의 어느 하나에 해당하는 자를 말한다.
　㉠ 근로자가 소속되어 있는 사업장의 사업주
　㉡ 공무원이 소속되어 있는 기관의 장으로서 대통령령으로 정하는 사람
　㉢ 교직원이 소속되어 있는 사립학교를 설립·운영하는 자
③ 공무원 : 국가나 지방자치단체에서 상시 공무에 종사하는 사람을 말한다.
④ 교직원 : 사립학교나 사립학교의 경영기관에서 근무하는 교원과 직원을 말한다.
⑤ 보험자 : 국민건강보험의 보험자는 국민건강보험공단으로 한다.

③ 적용 대상 및 상실 시기(법 제5조 및 법 제10조)

① 국내에 거주하는 국민은 건강보험의 가입자 또는 피부양자가 된다. 다만, 「의료급여법」에 따라 의료급여를 받는 사람, 「독립유공자예우에 관한 법률」 및 「국가유공자 등 예우 및 지원에 관한 법률」에 따라 의료보호를 받는 사람은 제외한다.
② 피부양자는 직장가입자의 배우자·직계존속(배우자의 직계존속 포함)·직계비속(배우자의 직계비속 포함)과 그 배우자, 형제·자매에 해당하는 사람 중 직장가입자에게 주로 생계를 의존하는 사람으로서 소득 및 재산이 보건복지부령으로 정하는 기준 이하에 해당하는 사람을 말한다.

③ 가입자의 종류 : 직장가입자, 지역가입자, 임의계속가입자

④ 자격의 상실 시기

    ㉠ 사망한 날의 다음 날

    ㉡ 국적을 잃은 날의 다음 날

    ㉢ 국내에 거주하지 아니하게 된 날의 다음 날

    ㉣ 직장가입자의 피부양자가 된 날

    ㉤ 의료급여 수급권자가 된 날

    ㉥ 건강보험을 적용받고 있던 사람이 유공자 등 의료보호대상자가 되어 건강보험의 적용배제신청을 한 날

4 보험급여

① 현물급여 : 요양급여, 건강검진

② 현금급여 : 요양비, 장애인 보조기기 급여비, 본인부담액 상한제

③ 이용권 : 임신·출산 진료비(부가급여)

5 국민건강보험공단이 관장하는 업무(법 제14조 제1항)

① 가입자 및 피부양자의 자격 관리

② 보험료와 그 밖에 「국민건강보험법」에 따른 징수금의 부과·징수

③ 보험급여의 관리

④ 가입자 및 피부양자의 질병의 조기발견·예방 및 건강관리를 위하여 요양급여 실시 현황과 건강검진 결과 등을 활용하여 실시하는 예방사업으로서 대통령령으로 정하는 사업

⑤ 보험급여 비용의 지급

⑥ 자산의 관리·운영 및 증식사업

⑦ 의료시설의 운영

⑧ 건강보험에 관한 교육훈련 및 홍보

⑨ 건강보험에 관한 조사연구 및 국제협력

⑩ 「국민건강보험법」에서 공단의 업무로 정하고 있는 사항

⑪ 「국민연금법」, 「고용보험 및 산업재해보상보험의 보험료징수 등에 관한 법률」, 「임금채권보장법」 및 「석면피해구제법」에 따라 위탁받은 업무

⑫ 그 밖에 「국민건강보험법」 또는 다른 법령에 따라 위탁받은 업무

⑬ 그 밖에 건강보험과 관련하여 보건복지부장관이 필요하다고 인정한 업무

실제기출 [2025]

고용보험법상 명시되어 있는 고용보험사업을 모두 고른 것은?

> ㄱ. 고용안정 · 직업능력개발 사업
> ㄴ. 실업급여
> ㄷ. 육아휴직 급여
> ㄹ. 자활급여

① ㄱ, ㄴ
② ㄱ, ㄷ
③ ㄴ, ㄷ
④ ㄱ, ㄴ, ㄷ
⑤ ㄴ, ㄷ, ㄹ

정답 ④

해설
ㄹ. 자활급여는 「국민기초생활 보장법」에 따른 급여에 해당한다.

고용보험사업(고용보험법 제4조 제1항)
고용보험은 이 법의 목적을 이루기 위하여 고용보험사업으로 고용안정 · 직업능력개발 사업, 실업급여, 육아휴직 급여 및 출산전후휴가 급여 등을 실시한다.

실제기출 [2024]

고용보험법의 내용으로 옳은 것은?

① "실업의 인정"이란 근로의 의사와 능력이 있음에도 불구하고 취업하지 못한 상태에 있는 것을 말한다.
② "일용근로자"란 3개월 미만 동안 고용되는 사람을 말한다.
③ 지방자치단체는 매년 보험사업에 드는 비용의 일부를 일반회계에서 부담하여야 한다.
④ 고용보험기금은 고용노동부장관이 관리 · 운용한다.
⑤ 실업급여를 받을 권리는 양도 또는 압류하거나 담보로 제공할 수 있다.

정답 ④

해설
① "실업의 인정"이란 직업안정기관의 장이 수급자격자가 실업한 상태에서 적극적으로 직업을 구하기 위하여 노력하고 있다고 인정하는 것을 말한다(고용보험법 제2조 제4호).
② "일용근로자"란 1개월 미만 동안 고용되는 사람을 말한다(동법 제2조 제6호).
③ 국가는 매년 보험사업에 드는 비용의 일부를 일반회계에서 부담하여야 한다(동법 제5조 제1항).
⑤ 실업급여를 받을 권리는 양도 또는 압류하거나 담보로 제공할 수 없다(동법 제38조 제1항).

Theme 7	고용보험법

1 목적 및 관장

① 목적(법 제1조) : 고용보험의 시행을 통하여 실업의 예방, 고용의 촉진 및 근로자의 직업능력의 개발과 향상을 꾀하고, 국가의 직업지도와 직업소개 기능을 강화하며, 근로자 등이 실업한 경우에 생활에 필요한 급여를 실시하여 근로자 등의 생활안정과 구직 활동을 촉진함으로써 경제 · 사회 발전에 이바지한다.

② 관장(법 제3조) : 고용보험은 고용노동부장관이 관장한다.

2 용어의 정의(법 제2조)

① 이직(離職) : 피보험자와 사업주 사이의 고용관계가 끝나게 되는 것을 말한다.

② 실업 : 근로의 의사와 능력이 있음에도 불구하고 취업하지 못한 상태에 있는 것을 말한다.

③ 실업의 인정 : 직업안정기관의 장이 「고용보험법」에 따른 수급자격자가 실업한 상태에서 적극적으로 직업을 구하기 위하여 노력하고 있다는 것을 인정하는 것을 말한다.

④ 보수 : 「소득세법」에 따른 근로소득에서 대통령령으로 정하는 금품을 뺀 금액을 말한다.

⑤ 일용근로자 : 1개월 미만 동안 고용되는 사람을 말한다.

3 고용보험의 피보험자, 적용 제외 대상자

① 피보험자(법 제2조 참조)
  ㉠ 「고용보험 및 산업재해보상보험의 보험료징수 등에 관한 법률」에 따라 보험에 가입되거나 가입된 것으로 보는 근로자, 예술인 또는 노무제공자
  ㉡ 「고용산재보험료징수법」에 따라 고용보험에 가입하거나 가입된 것으로 보는 자영업자

② 적용 제외 대상자(법 제10조 제1항 참조)
  ㉠ 소정(所定)근로시간이 1개월간 60시간 미만인 자
    • 1주간의 소정근로시간이 15시간 미만인 자를 포함한다.
    • 다만 3개월 이상 계속하여 근로를 제공하는 자와 일용근로자는 제외한다.
  ㉡ 공무원 : 다만 대통령령으로 정하는 바에 따라 별정직공무원 및 임기제공무원의 경우는 본인의 의사에 따라 고용보험에 가입할 수 있다.

ⓒ「사립학교교직원 연금법」의 적용을 받는 자

ⓔ 별정우체국 직원

ⓜ 농업·임업 및 어업 중 법인이 아닌 자가 상시 4명 이하의 근로
자를 사용하는 사업에 종사하는 근로자(단, 본인의 의사로 고용
보험에 가입을 신청하는 사람은 가입 가능)

③ 일부 적용(법 제10조 제2항 참조) : 65세 이후에 고용(65세 전부터
피보험 자격을 유지하던 사람이 65세 이후에 계속하여 고용된 경
우는 제외)되거나 자영업을 개시한 사람에게는 고용안정·직업능
력개발 사업을 적용하되, 실업급여는 적용하지 아니한다.

4 보험급여

① 고용안정·직업능력개발 사업(법 제19조) : 고용노동부장관은 피보
험자 및 피보험자였던 자, 그 밖에 취업할 의사를 가진 자에 대한
실업의 예방, 취업의 촉진, 고용기회의 확대, 직업능력개발·향상
의 기회 제공 및 지원, 그 밖에 고용안정과 사업주에 대한 인력 확
보를 지원하기 위하여 고용안정·직업능력개발 사업을 실시한다.

② 실업급여

ⓐ 고용보험 가입근로자가 실직하여 재취업 활동을 하는 기간에 대
해 소정의 급여를 지급하여 실업으로 인한 생계불안을 극복하고
생활안정을 도우며, 재취업의 기회를 지원하는 사후적·소극적
사회보장정책이다.

ⓑ 종류 : 구직급여, 취업촉진 수당(조기재취업 수당, 직업능력개
발 수당, 광역 구직활동비, 이주비)

③ 육아휴직 급여(법 제70조) : 고용노동부장관은 「남녀고용평등과
일·가정 양립 지원에 관한 법률」에 따른 육아휴직을 30일(출산전
후휴가기간과 중복되는 기간은 제외) 이상 부여받은 피보험자 중
육아휴직을 시작한 날 이전에 피보험 단위기간이 통산하여 180일
이상인 피보험자에게 육아휴직 급여를 지급한다.

④ 출산전후휴가 급여(법 제75조) : 고용노동부장관은 「남녀고용평등과
일·가정 양립 지원에 관한 법률」에 따라 피보험자가 출산전후휴가
또는 유산·사산휴가를 받은 경우와 배우자 출산휴가 또는 난임치
료휴가를 받은 경우로서 다음의 요건을 모두 갖춘 경우에 출산전후
휴가 급여 등을 지급한다.

ⓐ 휴가가 끝난 날 이전에 피보험 단위기간이 합산하여 180일 이상
일 것

ⓑ 휴가를 시작한 날 이후 1개월부터 휴가가 끝난 날 이후 12개월
이내에 신청할 것.

Theme 8 | 산업재해보상보험법

🔢 목적 및 관장

① 목적(법 제1조) : 산업재해보상보험 사업을 시행하여 근로자의 업무상의 재해를 신속하고 공정하게 보상하며, 재해근로자의 재활 및 사회 복귀를 촉진하기 위하여 이에 필요한 보험시설을 설치·운영하고, 재해 예방과 그 밖에 근로자의 복지 증진을 위한 사업을 시행하여 근로자 보호에 이바지한다.

② 관장(법 제2조 제1항) : 산업재해보상보험 사업은 고용노동부장관이 관장한다.

🔢 수급권자 및 적용 범위

① 수급권자 : 「산업재해보상보험법」에 따른 보험급여를 받을 수 있는 사람을 말한다. 보험급여는 수급권자의 청구에 따라 지급한다.

② 적용 범위(법 제6조 및 시행령 제2조)

「산업재해보상보험법」은 근로자를 사용하는 모든 사업 또는 사업장에 적용한다. 다만, 위험률·규모 및 장소 등을 고려하여 다음의 사업에 대하여는 이 법을 적용하지 아니한다.

㉠ 「공무원 재해보상법」 또는 「군인재해보상법」에 따라 재해보상이 되는 사업. 다만, 「공무원 재해보상법」에 따라 순직유족급여 또는 위험직무순직유족급여에 관한 규정을 적용받는 경우는 제외한다.

㉡ 「선원법」, 「어선원 및 어선 재해보상보험법」 또는 「사립학교교직원 연금법」에 따라 재해보상이 되는 사업

㉢ 가구 내 고용활동

㉣ 농업, 임업(벌목업 제외), 어업 및 수렵업 중 법인이 아닌 자의 사업으로서 상시근로자 수가 5명 미만인 사업

🔢 보험급여(법 제36조)

① 요양급여
② 휴업급여
③ 장해급여
④ 간병급여
⑤ 유족급여
⑥ 상병(傷病)보상연금
⑦ 장례비
⑧ 직업재활급여
⑨ 특별급여 : 장해특별급여, 유족특별급여

4 업무상 재해의 인정 기준

① 업무상 사고 · 질병 및 출퇴근 재해(법 제37조 제1항)

업무상 사고	• 근로자가 근로계약에 따른 업무나 그에 따르는 행위를 하던 중 발생한 사고 • 사업주가 제공한 시설물 등을 이용하던 중 그 시설물 등의 결함이나 관리소홀로 발생한 사고 • 사업주가 주관하거나 사업주의 지시에 따라 참여한 행사나 행사준비 중에 발생한 사고 • 휴게시간 중 사업주의 지배관리하에 있다고 볼 수 있는 행위로 발생한 사고 • 그 밖에 업무와 관련하여 발생한 사고
업무상 질병	• 업무수행 과정에서 물리적 인자, 화학물질, 분진, 병원체, 신체에 부담을 주는 업무 등 근로자의 건강에 장해를 일으킬 수 있는 요인을 취급하거나 그에 노출되어 발생한 질병 • 업무상 부상이 원인이 되어 발생한 질병 • 직장 내 괴롭힘, 고객의 폭언 등으로 인한 업무상 정신적 스트레스가 원인이 되어 발생한 질병 • 그 밖에 업무와 관련하여 발생한 질병
출퇴근 재해	• 사업주가 제공한 교통수단이나 그에 준하는 교통수단을 이용하는 등 사업주의 지배관리하에서 출퇴근하는 중 발생한 사고 • 그 밖에 통상적인 경로와 방법으로 출퇴근하는 중 발생한 사고

② 자해행위에 따른 업무상의 재해(법 제37조 제2항)

근로자의 고의 · 자해행위나 범죄행위 또는 그것이 원인이 되어 발생한 부상 · 질병 · 장해 또는 사망은 원칙적으로 업무상의 재해로 보지 아니한다. 다만, 그 부상 · 질병 · 장해 또는 사망이 정상적인 인식능력 등이 뚜렷하게 낮아진 상태에서 한 행위로 발생한 경우로서 대통령령으로 정하는 사유가 있으면 업무상의 재해로 본다.

③ 출퇴근 중의 사고(법 제37조 제3항)

출퇴근 경로 일탈 또는 중단이 있는 경우에는 해당 일탈 또는 중단 중의 사고 및 그 후의 이동 중의 사고에 대하여는 출퇴근 재해로 보지 아니한다. 다만, 일탈 또는 중단이 일상생활에 필요한 행위로서 대통령령으로 정하는 사유가 있는 경우에는 출퇴근 재해로 본다.

Theme 9	노인장기요양보험법

1 목적 및 관장

① **목적(법 제1조)** : 고령이나 노인성 질병 등의 사유로 일상생활을 혼자서 수행하기 어려운 노인 등에게 제공하는 신체활동 또는 가사활동 지원 등의 장기요양급여에 관한 사항을 규정하여 노후의 건강증진 및 생활안정을 도모하고 그 가족의 부담을 덜어줌으로써 국민의 삶의 질을 향상하도록 한다.

② **관장** : 장기요양보험사업은 보건복지부장관이 관장한다.

2 용어의 정의(법 제2조 참조)

① **노인 등** : 65세 이상의 노인 또는 65세 미만의 자로서 치매·뇌혈관성질환 등 대통령령으로 정하는 노인성 질병을 가진 자를 말한다.

② **장기요양급여** : 6개월 이상 동안 혼자서 일상생활을 수행하기 어렵다고 인정되는 자에게 신체활동·가사활동의 지원 또는 간병 등의 서비스나 이에 갈음하여 지급하는 현금 등을 말한다.

③ **장기요양사업** : 장기요양보험료, 국가 및 지방자치단체의 부담금 등을 재원으로 하여 노인 등에게 장기요양급여를 제공하는 사업을 말한다.

④ **장기요양기관** : 지정을 받은 기관으로서 장기요양급여를 제공하는 기관을 말한다.

⑤ **장기요양요원** : 장기요양기관에 소속되어 노인 등의 신체활동 또는 가사활동 지원 등의 업무를 수행하는 자를 말한다.

3 장기요양급여 제공의 기본원칙(법 제3조)

① 장기요양급여는 노인 등이 자신의 의사와 능력에 따라 최대한 자립적으로 일상생활을 수행할 수 있도록 제공하여야 한다.

② 장기요양급여는 노인 등의 심신상태·생활환경과 노인 등 및 그 가족의 욕구·선택을 종합적으로 고려하여 필요한 범위 안에서 이를 적정하게 제공하여야 한다.

③ 장기요양급여는 노인 등이 가족과 함께 생활하면서 가정에서 장기요양을 받는 재가급여를 우선적으로 제공하여야 한다.

④ 장기요양급여는 노인 등의 심신상태나 건강 등이 악화되지 아니하도록 의료서비스와 연계하여 이를 제공하여야 한다.

4 장기요양급여의 종류(법 제23조 참조)

① 재가급여 : 방문요양, 방문목욕, 방문간호, 주·야간보호, 단기보호, 기타 재가급여

② 시설급여

③ 특별현금급여 : 가족요양비, 특례요양비, 요양병원간병비

5 보험료(법 제8조 내지 10조)

① 보험료의 징수 : 장기요양보험료는 「국민건강보험법」에 따른 건강보험료와 통합하여 징수한다. 국민건강보험공단은 통합 징수한 장기요양보험료와 건강보험료를 구분하여 고지하며, 각각 독립회계로 관리하여야 한다.

② 보험료의 산정 : 장기요양보험료는 「국민건강보험법」에 따라 산정한 보험료액에서 법령에 따라 경감 또는 면제되는 비용을 공제한 금액에 건강보험료율 대비 장기요양보험료율의 비율을 곱하여 산정한 금액으로 한다. 장기요양보험료율은 장기요양위원회의 심의를 거쳐 대통령령으로 정한다.

③ 장애인 등에 대한 장기요양보험료의 감면 : 국민건강보험공단은 「장애인복지법」에 따라 등록한 장애인 중 장애의 정도가 심한 장애인 또는 보건복지부장관이 정하여 고시하는 희귀난치성질환자가 장기요양보험가입자 또는 그 피부양자인 경우 장기요양급여수급자로 결정되지 못한 때 장기요양보험료의 전부 또는 그 일부로서 100분의 30을 감면할 수 있다.

6 등급판정 기준(시행령 제7조)

① 장기요양 1등급 : 심신의 기능상태 장애로 일상생활에서 전적으로 다른 사람의 도움이 필요한 자로서 장기요양인정 점수가 95점 이상인 자

② 장기요양 2등급 : 심신의 기능상태 장애로 일상생활에서 상당 부분 다른 사람의 도움이 필요한 자로서 장기요양인정 점수가 75점 이상 95점 미만인 자

③ 장기요양 3등급 : 심신의 기능상태 장애로 일상생활에서 부분적으로 다른 사람의 도움이 필요한 자로서 장기요양인정 점수가 60점 이상 75점 미만인 자

④ 장기요양 4등급 : 심신의 기능상태 장애로 일상생활에서 일정 부분 다른 사람의 도움이 필요한 자로서 장기요양인정 점수가 51점 이상 60점 미만인 자

⑤ 장기요양 5등급 : 치매(노인성 질병에 해당하는 치매로 한정)환자로서 장기요양인정 점수가 45점 이상 51점 미만인 자

Theme 10 | 국민기초생활 보장법

1 목적 및 정의

① 목적(법 제1조) : 생활이 어려운 사람에게 필요한 급여를 실시하여 이들의 최저생활을 보장하고 자활을 돕는다.

② 용어의 정의(법 제2조)

　㉠ 수급권자 : 이 법에 따른 급여를 받을 수 있는 자격을 가진 사람을 말한다.

　㉡ 수급자 : 이 법에 따른 급여를 받는 사람을 말한다.

　㉢ 부양의무자 : 수급권자를 부양할 책임이 있는 사람으로서 수급권자의 1촌의 직계혈족 및 그 배우자를 말한다. 다만, 사망한 1촌의 직계혈족의 배우자는 제외한다.

　㉣ 최저생계비 : 국민이 건강하고 문화적인 생활을 유지하기 위하여 필요한 최소한의 비용으로서 보건복지부장관이 계측하는 금액을 말한다.

　㉤ 소득인정액 : 보장기관이 급여의 결정 및 실시 등에 사용하기 위하여 산출한 개별가구의 소득평가액과 재산의 소득환산액을 합산한 금액을 말한다.

　㉥ 차상위계층 : 수급권자에 해당하지 아니하는 계층으로서 소득인정액이 대통령령으로 정하는 기준 이하인 계층을 말한다.

　㉦ 기준 중위소득 : 보건복지부장관이 급여의 기준 등에 활용하기 위하여 중앙생활보장위원회의 심의·의결을 거쳐 고시하는 국민 가구소득의 중위값을 말한다.

2 기본원리 및 급여의 기본원칙

기본원리	급여의 기본원칙
·공공책임의 원리 ·최저생활보장의 원리 ·보충성의 원리 ·타 법 우선의 원리 ·자립조장의 원리 ·무차별 평등의 원리	·최저생활보장의 원칙 ·보충급여의 원칙 ·자립지원의 원칙 ·개별성의 원칙 ·가족부양 우선의 원칙 ·타 급여 우선의 원칙 ·보편성의 원칙

3 급여의 종류

① 생계급여

　㉠ 내용 : 수급자에게 의복, 음식물 및 연료비와 그 밖에 일상생활에 기본적으로 필요한 금품을 지급한다.

ⓛ 방법 : 금전을 지급하는 것으로 한다. 금전으로 지급하기 어렵거나 적당하지 아니할 경우 물품을 지급할 수 있다.

② 주거급여 : 수급자에게 주거 안정에 필요한 임차료, 수선유지비, 그 밖에 수급품을 지급한다.

③ 의료급여 : 수급자에게 건강한 생활을 유지하는 데 필요한 각종 검사 및 치료 등을 지급한다.

④ 교육급여 : 수급자에게 입학금, 수업료, 학용품비, 그 밖의 수급품을 지급한다.

⑤ 해산급여

　ⓐ 내용 : 수급자에게 조산, 분만 전과 분만 후에 필요한 조치와 보호에 대한 급여를 실시한다.

　ⓑ 방법 : 보건복지부령으로 정하는 바에 따라 수급자나 그 세대주 또는 세대주에 준하는 사람에게 지급하며, 급여를 의료기관에 위탁하는 경우에는 수급품을 의료기관에 지급할 수 있다.

⑥ 장제급여

　ⓐ 내용 : 수급자가 사망한 경우 사체의 검안 · 운반 · 화장 또는 매장, 그 밖의 장체조치를 한다.

　ⓑ 방법 : 실제로 장제를 실시하는 사람에게 장제에 필요한 비용을 지급하는 것으로 한다. 다만, 비용을 지급하기 어렵거나 비용을 지급하는 것이 적당하지 아니할 경우 물품을 지급할 수 있다.

⑦ 자활급여

　ⓐ 내용 : 수급자의 자활을 돕기 위한 금품의 지급 · 대여, 근로능력의 향상 및 기능습득의 지원, 취업알선 등 정보의 제공, 자활을 위한 근로기회의 제공, 자활에 필요한 시설 및 장비의 대여, 창업지원 등을 실시한다.

　ⓑ 방법 : 자활급여는 관련 공공기관 · 비영리법인 · 시설과 그 밖에 대통령령으로 정하는 기관에 위탁하여 실시할 수 있다. 이 경우 그에 드는 비용은 보장기관이 부담한다.

4 수급자의 권리(법 제34조 내지 36조)

① 급여 변경의 금지 : 수급자에 대한 급여는 정당한 사유 없이 수급자에게 불리하게 변경할 수 없다.

② 압류금지 : 수급자에게 지급된 수급품과 이를 받을 권리는 압류할 수 없다.

③ 양도금지 : 수급자는 급여를 받을 권리를 타인에게 양도할 수 없다.

의료급여법의 내용으로 옳은 것은?

① 「입양특례법」에 따라 국내에 입양된 아동은 25세까지 수급권자로 특례 적용된다.
② 수급권자가 업무 또는 공무로 생긴 질병 · 부상 · 재해로 다른 법령에 따른 급여나 보상을 받게 되는 경우에는 이 법에 따른 의료급여를 하지 아니한다.
③ 의료급여에 관한 업무는 수급권자의 출생지를 관할하는 시장 · 군수 · 구청장이 한다.
④ 「지역보건법」에 따라 설치된 보건소는 의료급여기관이 될 수 없다.
⑤ 시장 · 군수 · 구청장은 수급권자가 정당한 이유 없이 의료급여기관의 진료에 관한 지시에 따르지 아니한 경우에도 의료급여를 제한해서는 아니 된다.

정답 ②

해설
② 의료급여법 제4조 제1항
① 「입양특례법」에 따라 국내에 입양된 18세 미만의 아동은 이 법에 따른 수급권자가 된다(동법 제3조 제1항 제4호). 참고로 「의료급여법」은 난민에 대한 특례(제3조의2), 장애인 및 임산부에 대한 특례(제13조) 규정을 두고 있으나 국내 입양아동에 대한 별도의 특례 규정을 두고 있지 않다.
③ 이 법에 따른 의료급여에 관한 업무는 수급권자의 거주지를 관할하는 특별시장 · 광역시장 · 도지사와 시장 · 군수 · 구청장이 한다(동법 제5조 제1항).
④ 「지역보건법」에 따라 설치된 보건소 · 보건의료원 및 보건지소는 의료급여기관이 될 수 있다(동법 제9조 제1항 제2호).
⑤ 시장 · 군수 · 구청장은 수급권자가 정당한 이유 없이 이 법의 규정이나 의료급여기관의 진료에 관한 지시에 따르지 아니한 경우 이 법에 따른 의료급여를 하지 아니한다. 다만, 보건복지부장관이 의료급여를 할 필요가 있다고 인정하는 경우에는 그러하지 아니하다(동법 제15조 제1항 참조).

[참고]
「입양특례법」이 2023년 7월 18일 전부개정되어 「국내입양에 관한 특별법」의 제명으로 2025년 7월 19일부터 시행됩니다.

Theme 11	의료급여법

1 목적(법 제1조)

생활이 어려운 사람에게 의료급여를 함으로써 국민보건의 향상과 사회복지의 증진에 이바지한다.

2 수급권자(법 제3조)

① 「국민기초생활 보장법」에 따른 의료급여 수급자
② 이재민으로서 보건복지부장관이 의료급여가 필요하다고 인정한 사람
③ 「의사상자 등 예우 및 지원에 관한 법률」에 따라 의료급여를 받는 사람
④ 국내에 입양된 18세 미만의 아동
⑤ 독립유공자, 국가유공자, 보훈보상대상자 및 그 가족
⑥ 국가무형문화재의 보유자(명예보유자 포함)와 그 가족
⑦ 북한이탈주민과 그 가족
⑧ 5 · 18민주화운동 관련자 및 그 가족
⑨ 노숙인 등
⑩ 그 밖에 생활유지 능력이 없거나 생활이 어려운 사람으로서 대통령령으로 정하는 사람

3 의료급여의 내용(법 제7조)

① 진찰 · 검사
② 약제(藥劑) · 치료 재료의 지급
③ 처치 · 수술과 그 밖의 치료
④ 예방 · 재활
⑤ 입 원
⑥ 간 호
⑦ 이송과 그 밖의 의료목적 달성을 위한 조치

4 수급권자의 구분(시행령 제3조)

① 1종 수급권자

ㄱ 「의료급여법」에 따른 수급권자 중 다음의 어느 하나에 해당하는 자

> - 다음의 어느 하나에 해당하는 자만으로 구성된 세대의 구성원
>   - 18세 미만인 사람
>   - 65세 이상인 사람
>   - 「장애인고용촉진 및 직업재활법」에 따른 중증장애인
>   - 질병, 부상 또는 그 후유증으로 치료나 요양이 필요한 자 중에서 근로능력평가를 통하여 시장·군수·구청장이 근로능력이 없다고 판정한 사람
>   - 세대의 구성원을 양육·간병하는 사람 등 근로가 곤란하다고 보건복지부장관이 정하는 사람
>   - 임신 중에 있거나 분만 후 6개월 미만의 여자
>   - 「병역법」에 의한 병역의무를 이행 중인 사람
> - 「국민기초생활 보장법」에 따른 보장시설에서 급여를 받고 있는 사람
> - 보건복지부장관이 정하여 고시하는 결핵질환, 희귀난치성질환 또는 중증질환을 가진 사람

ㄴ 「재해구호법」에 따른 이재민, 「노숙인 등의 복지 및 자립지원에 관한 법률」에 따른 노숙인 등으로서 보건복지부장관이 의료급여가 필요하다고 인정하는 사람

ㄷ 일정한 거소가 없는 무연고자로 확인된 사람으로서 보건복지부장관이 의료급여가 필요하다고 인정하는 사람

ㄹ 그 밖에 보건복지부장관이 1종 의료급여가 필요하다고 인정하는 사람

② 2종 수급권자

ㄱ 「의료급여법」에 따른 수급권자 중 1종 수급권자에 해당하지 않는 사람

ㄴ 그 밖에 보건복지부장관이 2종 의료급여가 필요하다고 인정하는 사람

5 중앙의료급여심의위원회(법 제6조)

① 의료급여사업의 실시에 관한 사항을 심의하기 위하여 보건복지부에 중앙의료급여심의위원회를, 시·도 및 시·군·구에 각각 시·도 및 시·군·구 의료급여심의위원회를 둔다.

② 중앙의료급여심의위원회는 위원장을 포함하여 15명 이내의 위원으로 구성하며, 위원장은 보건복지부차관으로 한다.

③ 중앙의료급여심의위원회는 다음의 사항을 심의한다.

ㄱ 의료급여사업의 기본방향 및 대책 수립에 관한 사항

ㄴ 의료급여의 기준 및 수가에 관한 사항

기초연금법상 기초연금 수급권을 상실하게
되는 경우가 아닌 것을 모두 고른 것은?

> ㄱ. 사망한 때
> ㄴ. 국적을 상실한 때
> ㄷ. 장기요양등급판정을 받은 때
> ㄹ. 국외로 이주한 때

① ㄴ　　　　　② ㄷ
③ ㄱ, ㄴ　　　　④ ㄷ, ㄹ
⑤ ㄱ, ㄷ, ㄹ

정답 ②

해설

ㄱ·ㄴ·ㄹ. 기초연금 수급권자는 사망
한 때, 국적을 상실하거나 국외로 이주
한 때, 법령에 따른 기초연금 수급권자
에 해당하지 아니하게 된 때에 기초연
금 수급권을 상실한다(기초연금법 제
17조).

기초연금법의 내용으로 옳은 것을 모두
고른 것은?

> ㄱ. 본인과 그 배우자가 모두 기초연금
>   수급권자인 경우에는 각각의 기초
>   연금액에서 기초연금액의 100분의
>   20에 해당하는 금액을 감액한다.
> ㄴ. 기초연금 수급권자의 권리는 3년
>   간 행사하지 아니하면 시효의 완성
>   으로 소멸한다.
> ㄷ. 기초연금 수급자가 대통령령으로
>   정하는 바에 따라 사망한 것으로
>   추정되는 경우 수급권을 상실한다.

① ㄱ　　　　　② ㄱ, ㄴ
③ ㄱ, ㄷ　　　　④ ㄴ, ㄷ
⑤ ㄱ, ㄴ, ㄷ

정답 ①

해설

ㄴ. 환수금을 환수할 권리와 기초연금 수
   급권자의 권리는 5년간 행사하지 아니
   하면 시효의 완성으로 소멸한다(기초
   연금법 제23조).
ㄷ. 특별자치시장·특별자치도지사·시
   장·군수·구청장은 기초연금 수급자
   가 행방불명되거나 실종되는 등 대통
   령령으로 정하는 바에 따라 사망한 것
   으로 추정되는 경우 그 사유가 발생한
   날이 속하는 달의 다음 달부터 그 사유
   가 소멸한 날이 속하는 달까지는 기초
   연금의 지급을 정지한다(동법 제16조
   제1항 제2호).

Theme 12 | 기초연금법

1 목적 및 대상

① 목적(법 제1조) : 노인에게 기초연금을 지급하여 안정적인 소득기반
을 제공함으로써 노인의 생활안정을 지원하고 복지를 증진한다.

② 기초연금 수급권자의 범위(법 제3조)

㉠ 기초연금은 65세 이상인 사람으로서 소득인정액이 보건복지부
장관이 정하여 고시하는 선정기준액 이하인 사람에게 지급한다.

㉡ 보건복지부장관은 선정기준액을 정하는 경우 65세 이상인 사람
중 기초연금 수급자가 100분의 70 수준이 되도록 한다.

2 연금액

① 선정기준액

㉠ 65세 이상인 사람 및 그 배우자의 소득·재산 수준과 생활실태,
물가상승률 등을 고려하여 산정한다.

㉡ 배우자가 있는 노인가구(→ 부부가구)의 선정기준액은 배우자가
없는 노인가구(→ 단독가구)의 선정기준액에 100분의 160을 곱
한 금액으로 한다.

㉢ 2025년 기준 선정기준액은 다음과 같다.

단독가구	부부가구
2,280,000원	3,648,000원

② 소득인정액의 산정

> 소득인정액 = 소득평가액 + 재산의 소득환산액
>
> • 소득평가액 = {0.7 × (근로소득 − 112만 원) } + 기타소득
> • 재산의 소득환산액 = [{(일반재산 − 기본재산액) + (금융재산 − 2,000만
>   원) − 부채} × 0.04(재산의 소득환산율, 연 4%) ÷ 12개월] + 고급자동차
>   및 회원권의 가액

③ 기초연금액의 산정

> 기초연금액 = {기준연금액 − (2/3 × A급여액)} + 부가연금액
>
> [단, {기준연금액 − (2/3 × A급여액)} 안의 금액이 음(−)의 값일 경우 '0'으로
> 처리함]
> 2025년도 산식 = {342,510원 − (2/3 × A급여액)} + 171,250원

④ 기초연금액의 감액(법 제8조 및 시행령 제11조)

㉠ 부부 감액 : 본인과 그 배우자가 모두 기초연금 수급권자인 경
우 각각의 기초연금액에서 기초연금액의 100분의 20에 해당하
는 금액을 감액한다.

ⓛ 소득역전방지 감액 : 소득인정액과 기초연금액을 합산한 금액이 선정기준액 이상인 경우에는 선정기준액을 초과하는 금액의 범위에서 기초연금액의 일부를 감액할 수 있다.

③ 기초연금 지급의 신청

① 수급희망자 및 대리인에 의한 신청(법 제10조)
   기초연금 수급희망자 또는 보건복지부령으로 정하는 대리인은 특별자치시장·특별자치도지사·시장·군수·구청장에게 기초연금의 지급을 신청할 수 있다.
② 관계공무원에 의한 대리신청(시행령 제13조 제3항)
   특별자치시·특별자치도·시·군·구 소속 공무원은 관할구역에 주소를 둔 기초연금 수급희망자 중 거동이 불편한 홀로 사는 사람 등의 기초연금의 지급을 대신하여 신청할 수 있다. 이 경우 기초연금 수급희망자의 동의를 받아야 한다.

④ 기초연금 수급권의 상실(법 제17조)

기초연금 수급권자는 다음의 어느 하나에 해당하게 된 때에 기초연금 수급권을 상실한다.
① 사망한 때
② 국적을 상실하거나 국외로 이주한 때
③ 기초연금 수급권자에 해당하지 아니하게 된 때

⑤ 기초연금 수급권자의 권리 보호

① 기초연금 수급권의 보호(법 제21조)
   ㉠ 기초연금 수급권은 양도하거나 담보로 제공할 수 없으며, 압류 대상으로 할 수 없다.
   ㉡ 기초연금으로 지급받은 금품은 압류할 수 없다.
② 이의신청(법 제22조)
   ㉠ 「기초연금법」에 따른 기초연금 지급의 결정이나 그 밖에 이 법에 따른 처분에 이의가 있는 사람은 특별자치시장·특별자치도지사·시장·군수·구청장에게 이의신청을 할 수 있다.
   ㉡ 이의신청은 그 처분이 있음을 안 날부터 90일 이내에 서면으로 하여야 한다. 다만, 정당한 사유로 인하여 그 기간 이내에 이의신청을 할 수 없었음을 증명한 때에는 그 사유가 소멸한 때부터 60일 이내에 이의신청을 할 수 있다.

적중예상

「기초연금법」의 내용으로 옳은 것은?

① "소득인정액"이란 본인 및 배우자의 소득평가액과 재산의 소득환산액을 합산한 금액을 말한다.
② 기초연금 수급권자가 국외로 이주하더라도 기초연금 수급권을 상실하지 않는다.
③ 기초연금으로 지급받은 금품은 압류할 수 있다.
④ 기초연금은 기초연금의 지급을 신청한 날이 속하는 달의 다음 달부터 지급한다.
⑤ 본인과 그 배우자가 모두 기초연금 수급권자인 경우에는 각각의 기초연금액에서 기초연금액의 100분의 50에 해당하는 금액을 감액한다.

정답 ①

해설

② 국적을 상실하거나 국외로 이주한 때 기초연금 수급권을 상실한다(기초연금법 제17조).
③ 기초연금으로 지급받은 금품은 압류할 수 없다(동법 제21조 제2항).
④ 기초연금의 지급을 신청한 날이 속하는 달부터 기초연금 수급권을 상실한 날이 속하는 달까지 매월 정기적으로 기초연금을 지급한다(동법 제14조 제1항).
⑤ 기초연금액의 100분의 20에 해당하는 금액을 감액한다(동법 제8조 제1항).

개념쏙쏙

1. 기초연금은 ( ) 이상인 사람으로서 소득인정액이 보건복지부장관이 정하여 고시하는 금액 이하인 사람에게 지급한다.
2. 기초연금의 수급희망자, ( ), 관계공무원은 기초연금의 지급을 신청할 수 있다.
3. 기초연금으로 지급받은 금품은 압류할 수 (있다 / 없다).

정답

1. 65세
2. 대리인
3. 없다

실제기출 [2024]

우리나라 공공부조제도에 관한 설명으로 옳지 않은 것은?

① 긴급복지지원제도는 현금급여와 민간기관 연계 등의 지원을 제공한다.
② 국민기초생활보장제도 부양의무자 기준은 복지사각지대 해소를 위해 단계적으로 완화되고 있다.
③ 긴급복지지원제도는 단기 지원의 원칙, 선심사 후지원의 원칙, 다른 법률 지원 우선의 원칙이 적용된다.
④ 의료급여 수급권자에는 「입양특례법」에 따라 국내 입양된 18세 미만의 아동이 포함된다.
⑤ 국민기초생활보장제도 급여 신청은 신청주의와 직권주의를 병행하고 있다.

정답 ③

해설
Theme 13의 '2. 긴급복지지원의 기본원칙' 참고

실제기출 [2023]

긴급복지지원법상 "위기상황"에 해당하는 사유를 모두 고른 것은?

ㄱ. 주소득자가 사망, 가출, 행방불명 등으로 소득을 상실하여 생계유지가 어렵게 된 경우
ㄴ. 본인이 중한 질병 또는 부상을 당하여 생계유지가 어렵게 된 경우
ㄷ. 본인이 가구구성원으로부터 방임 등을 당하여 생계유지가 어렵게 된 경우
ㄹ. 본인이 가구구성원으로부터 성폭력을 당하여 생계유지가 어렵게 된 경우

① ㄱ, ㄴ, ㄷ
② ㄱ, ㄴ, ㄹ
③ ㄱ, ㄷ, ㄹ
④ ㄴ, ㄷ, ㄹ
⑤ ㄱ, ㄴ, ㄷ, ㄹ

정답 ⑤

해설
Theme 13의 '1. 목적 및 정의' 참고

Theme 13 긴급복지지원법

1 목적 및 정의

① 목적(법 제1조) : 생계곤란 등의 위기상황에 처하여 도움이 필요한 사람을 신속하게 지원함으로써 이들이 위기상황에서 벗어나 건강하고 인간다운 생활을 하게 한다.

② 위기상황의 정의(법 제2조)
본인 또는 본인과 생계 및 주거를 같이하고 있는 가구구성원이 다음의 어느 하나에 해당하는 사유로 인하여 생계유지 등이 어렵게 된 것을 말한다.
㉠ 주소득자가 사망, 가출, 행방불명, 구금시설에 수용되는 등의 사유로 소득을 상실한 경우
㉡ 중한 질병 또는 부상을 당한 경우
㉢ 가구구성원으로부터 방임 또는 유기되거나 학대 등을 당한 경우
㉣ 가정폭력을 당하여 가구구성원과 함께 원만한 가정생활을 하기 곤란하거나 가구구성원으로부터 성폭력을 당한 경우
㉤ 화재 또는 자연재해 등으로 인하여 거주하는 주택 또는 건물에서 생활하기 곤란하게 된 경우
㉥ 주소득자 또는 부소득자의 휴업, 폐업 또는 사업장의 화재 등으로 인하여 실질적인 영업이 곤란하게 된 경우
㉦ 주소득자 또는 부소득자의 실직으로 소득을 상실한 경우
㉧ 보건복지부령으로 정하는 기준에 따라 지방자치단체의 조례로 정한 사유가 발생한 경우
㉨ 그 밖에 보건복지부장관이 정하여 고시하는 사유가 발생한 경우

2 긴급복지지원의 기본원칙

① 선지원 후처리 원칙 : 위기상황에 처한 자 등의 지원요청 또는 신고가 있는 경우 긴급지원담당공무원 등의 현장 확인을 통해 긴급지원의 필요성을 포괄적으로 판단하여 우선지원하고 나중에 소득, 재산 등을 조사하여 지원의 적정성을 심사한다.

② 단기 지원 원칙 : 위기상황에 처한 사람에게 일시적으로 신속하게 지원한다.

③ 타 법률 지원 우선의 원칙 : 다른 법률에 의하여 긴급지원과 동일한 내용의 구호·보호나 지원을 받고 있는 경우 긴급지원에서 제외한다.

④ 가구단위 지원의 원칙 : 가구단위로 산정하여 지원하는 것을 원칙으로 한다. 다만, 의료지원, 교육지원 등의 경우 필요한 가구구성원에 한하여 개인단위로 지원한다.

③ 긴급지원대상자(법 제5조 및 제5조의2, 시행령 제1조의2)

① 위기상황에 처한 사람으로서 이 법에 따른 지원이 긴급하게 필요한 사람으로 한다.

② 국내에 체류하고 있는 외국인 중 다음의 어느 하나에 해당하는 사람으로 한다.

⑦ 대한민국 국민과 혼인 중인 사람

ⓛ 대한민국 국민인 배우자와 이혼하거나 그 배우자가 사망한 사람으로서 대한민국 국적을 가진 직계존비속을 돌보고 있는 사람

ⓒ 「난민법」에 따른 난민으로 인정된 사람

ⓔ 본인의 귀책사유 없이 화재, 범죄, 천재지변으로 피해를 입은 사람

ⓜ 그 밖에 보건복지부장관이 긴급한 지원이 필요하다고 인정하는 사람

④ 긴급지원의 내용

① 생계지원 : 식료품비 · 의복비 등 생계유지에 필요한 비용 또는 현물 지원

② 의료지원 : 각종 검사 및 치료 등 의료서비스 지원

③ 주거지원 : 임시거소 제공 또는 이에 해당하는 비용 지원

④ 사회복지시설 이용 지원 : 사회복지시설 입소 또는 이용서비스 제공이나 이에 필요한 비용 지원

⑤ 교육지원 : 초 · 중 · 고등학생의 수업료, 입학금, 학교운영지원비 및 학용품비 등 필요한 비용 지원

⑥ 그 밖의 지원 : 연료비나 그 밖에 위기상황의 극복에 필요한 비용 또는 현물 지원

⑤ 긴급지원의 기간 등(법 제10조)

종 류	기본(A) (시 · 군 · 구청장)	연장(B) (시 · 군 · 구청장)	추가연장(C) (긴급지원 심의위원회)	최대 지원기간 (D=A+B+C)
생 계	3개월	–	3개월 범위	6개월
의 료	1회(선지원)	–	1회	2회
주 거	1개월(선지원)	2개월 범위	9개월 범위	12개월
사회복지 시설 이용	1개월(선지원)	2개월 범위	3개월 범위	6개월

* 단, 생계 · 주거 · 사회복지시설 이용의 지원금은 각 지원기준에 따라 매월 단위 지급을 원칙으로 함

Theme 14 | 노인복지법

1 목적(법 제1조)

노인의 질환을 사전예방 또는 조기발견하고 질환상태에 따른 적절한 치료·요양으로 심신의 건강을 유지하고, 노후의 생활안정을 위하여 필요한 조치를 강구함으로써 노인의 보건복지증진에 기여한다.

2 노인의 날 등(법 제6조)

① 노인의 날 : 매년 10월 2일
② 어버이날 : 매년 5월 8일
③ 노인학대예방의 날 : 매년 6월 15일
④ 경로의 달 : 매년 10월

3 노인복지시설(법 제31조)

노인주거복지시설	양로시설, 노인공동생활가정, 노인복지주택
노인의료복지시설	노인요양시설, 노인요양공동생활가정
노인여가복지시설	노인복지관, 경로당, 노인교실
재가노인복지시설	방문요양서비스, 주·야간보호서비스, 단기보호서비스, 방문목욕서비스, 재가노인지원서비스 등
노인보호전문기관	노인학대에 관한 업무 담당(중앙노인보호전문기관, 지역노인보호전문기관)
노인일자리지원기관	지역사회 등에서 노인일자리의 개발·지원, 창업·육성, 안전관리 및 노인에 의한 재화의 생산·판매 등을 직접 담당하는 기관
학대피해노인 전용쉼터	노인학대로 인하여 피해를 입은 노인을 일정 기간 보호하고 심신 치유 프로그램을 제공하기 위하여 설치·운영

4 요양보호사와 요양보호사교육기관(법 제39조의2 및 제39조의3)

① 노인복지시설의 설치·운영자는 보건복지부령으로 정하는 바에 따라 노인 등의 신체활동 또는 가사활동 지원 등의 업무를 전문적으로 수행하는 요양보호사를 두어야 한다.
② 요양보호사가 되려는 사람은 요양보호사교육기관에서 교육과정을 마치고 시·도지사가 실시하는 요양보호사 자격시험에 합격하여야 한다. 시·도지사는 요양보호사 자격시험에 합격한 사람에게 요양보호사 자격증을 교부하여야 한다.
③ 시·도지사는 요양보호사의 양성을 위하여 보건복지부령으로 정하는 지정기준에 적합한 시설을 요양보호사교육기관으로 지정·운영하여야 한다.

5 노인학대의 예방 및 신고

① 노인보호전문기관의 설치 등(법 제39조의5)
  ⊙ 국가는 지역 간의 연계체계를 구축하고 노인학대를 예방하기 위하여 중앙노인보호전문기관을 설치 · 운영하여야 한다.
  ⊙ 학대받는 노인의 발견 · 보호 · 치료 등을 신속히 처리하고 노인학대를 예방하기 위하여 특별시 · 광역시 · 도 · 특별자치도에 지역노인보호전문기관을 둔다.

② 노인학대의 신고(법 제39조의6)
  ⊙ 누구든지 노인학대를 알게 된 때에는 노인보호전문기관 또는 수사기관에 신고할 수 있다.
  ⊙ 다음의 어느 하나에 해당하는 자는 그 직무상 65세 이상의 사람에 대한 노인학대를 알게 된 때에는 즉시 노인보호전문기관 또는 수사기관에 신고하여야 한다.
    • 「의료법」에 따른 의료기관에서 의료업을 행하는 의료인 및 의료기관의 장
    • 방문요양과 돌봄이나 안전확인 등의 서비스 종사자, 노인복지시설의 장과 그 종사자 및 노인복지상담원
    • 장애인복지시설에서 장애노인에 대한 상담 · 치료 · 훈련 또는 요양업무를 수행하는 사람
    • 가정폭력 관련 상담소 및 가정폭력피해자 보호시설의 장과 그 종사자
    • 사회복지전담공무원 및 사회복지시설의 장과 그 종사자
    • 장기요양기관의 장과 그 종사자
    • 119구급대의 구급대원
    • 건강가정지원센터의 장과 그 종사자
    • 다문화가족지원센터의 장과 그 종사자
    • 성폭력피해상담소 및 성폭력피해자보호시설의 장과 그 종사자
    • 「응급의료에 관한 법률」에 따른 응급구조사
    • 「의료기사 등에 관한 법률」에 따른 의료기사
    • 국민건강보험공단 소속 요양직 직원
    • 지역보건의료기관의 장과 종사자
    • 노인복지시설 설치 및 관리 업무 담당 공무원
    • 「병역법」에 따른 사회복지시설에서 복무하는 사회복무요원(노인을 직접 대면하는 업무에 복무하는 사람으로 한정)

1 목적(법 제1조)

아동이 건강하게 출생하여 행복하고 안전하게 자랄 수 있도록 아동의 복지를 보장한다.

2 어린이날 및 아동학대예방의 날(법 제6조 및 제23조)

① 어린이날 : 매년 5월 5일
② 어린이주간 : 5월 1일부터 5월 7일까지
③ 아동학대예방의 날 : 매년 11월 19일
④ 아동학대예방주간 : 아동학대예방의 날부터 1주일

3 아동복지전담공무원, 아동위원, 아동학대전담공무원

① 아동복지전담공무원(법 제13조) : 전담공무원은 아동에 대한 상담 및 보호조치, 가정환경에 대한 조사, 아동복지시설에 대한 지도·감독, 아동범죄 예방을 위한 현장확인 및 지도·감독 등 지역단위에서 아동의 복지증진을 위한 업무를 수행한다.

② 아동위원(법 제14조)
　㉠ 시·군·구에 아동위원을 둔다. 아동위원은 그 관할 구역의 아동에 대하여 항상 그 생활상태 및 가정환경을 상세히 파악하고 아동복지에 필요한 원조와 지도를 행하며 전담공무원, 민간전문인력 및 관계 행정기관과 협력하여야 한다.
　㉡ 아동위원은 명예직으로 하되, 아동위원에 대하여는 수당을 지급할 수 있다.

③ 아동학대전담공무원(법 제22조)
　㉠ 시·도지사 또는 시장·군수·구청장은 피해아동의 발견 및 보호 등 법령에 따른 업무를 수행하기 위하여 아동학대전담공무원을 두어야 한다.
　㉡ 아동학대전담공무원은 「사회복지사업법」에 따른 사회복지사의 자격을 가진 사람으로 하고 그 임용 등에 필요한 사항은 해당 시·도 또는 시·군·구의 조례로 정한다.

4 아동복지시설

① 아동복지시설의 종류 및 업무(법 제52조)

아동양육시설	보호대상아동을 입소시켜 보호, 양육 및 취업훈련, 자립지원 서비스 등을 제공하는 것을 목적으로 하는 시설
아동일시보호시설	보호대상아동을 일시보호하고 아동에 대한 향후의 양육대책수립 및 보호조치를 행하는 것을 목적으로 하는 시설

아동보호치료시설	불량행위를 하거나 불량행위를 할 우려가 있는 아동, 정서적·행동적 장애로 인하여 어려움을 겪고 있는 아동, 학대로 인하여 부모로부터 일시 격리되어 치료받을 필요가 있는 아동을 보호·치료하는 시설
공동생활가정	보호대상아동에게 가정과 같은 주거여건과 보호, 양육, 자립지원 서비스를 제공하는 것을 목적으로 하는 시설
자립지원시설	아동복지시설에서 퇴소한 사람에게 취업준비기간 또는 취업 후 일정 기간 동안 보호함으로써 자립을 지원하는 것을 목적으로 하는 시설
아동상담소	아동과 그 가족의 문제에 관한 상담, 치료, 예방 및 연구 등을 목적으로 하는 시설
아동전용시설	어린이공원, 어린이놀이터, 아동회관, 체육·연극·영화·과학실험전시 시설, 아동휴게숙박시설, 야영장 등 아동에게 건전한 놀이·오락, 그 밖의 각종 편의를 제공하여 심신의 건강유지와 복지증진에 필요한 서비스를 제공하는 것을 목적으로 하는 시설
지역아동센터	지역사회 아동의 보호·교육, 건전한 놀이와 오락의 제공, 보호자와 지역사회의 연계 등 아동의 건전육성을 위하여 종합적인 아동복지서비스를 제공하는 시설
가정위탁지원센터	보호대상아동에 대한 가정위탁사업을 활성화하기 위한 시설
아동보호전문기관	학대받은 아동의 치료, 아동학대의 재발 방지 등 사례관리 및 아동학대예방을 위한 업무를 수행하는 기관
아동권리보장원	아동정책의 수립을 지원하고 사업평가 등의 업무를 수행하는 기관
자립지원전담기관	보호대상아동의 위탁보호 종료 또는 아동복지시설 퇴소 이후의 자립을 지원하기 위한 기관
학대피해아동쉼터	피해아동에 대한 보호, 치료, 양육 서비스 등을 제공하는 시설

② 아동복지시설의 설치(법 제50조)

국가 또는 지방자치단체는 아동복지시설을 설치할 수 있으며, 이 외의 자는 관할 시장·군수·구청장에게 신고하고 아동복지시설을 설치할 수 있다.

5 보호조치(법 제15조 및 제15조의3)

① 시·도지사 또는 시장·군수·구청장은 그 관할 구역에서 보호대상아동을 발견하거나 보호자의 의뢰를 받은 때에는 아동의 최상의 이익을 위하여 대통령령으로 정하는 바에 따라 보호조치를 하여야 한다.

② 시·도지사 또는 시장·군수·구청장은 보호조치 중인 보호대상아동의 양육상황을 보건복지부령으로 정하는 바에 따라 매년 점검하여야 한다.

적중예상

「아동복지법」의 내용으로 옳지 않은 것은?

① 학교의 장은 친권자가 없는 아동을 발견한 경우 그 복지를 위하여 필요하다고 인정할 때에는 시장·군수·구청장에게 친권자의 선임을 청구하여야 한다.

② 아동위원은 명예직으로 하되, 아동위원에 대하여는 수당을 지급할 수 있다.

③ 누구든지 아동의 정신건강 및 발달에 해를 끼치는 정서적 학대행위를 하여서는 아니 된다.

④ 매년 5월 5일을 어린이날로 하며, 5월 1일부터 5월 7일까지를 어린이주간으로 한다.

⑤ 법원의 심리과정에서 변호사가 아닌 아동보호전문기관의 상담원은 학대아동사건의 심리에 있어서 법원의 허가를 받아 보조인이 될 수 있다.

정답 ①

해설

① 시·도지사, 시장·군수·구청장, 아동복지시설의 장 및 학교의 장은 친권자 또는 후견인이 없는 아동을 발견한 경우 그 복지를 위하여 필요하다고 인정할 때에는 법원에 후견인의 선임을 청구하여야 한다(아동복지법 제19조 제1항).

② 동법 제14조 제4항

③ 동법 제17조 제5호

④ 동법 제6조

⑤ 동법 제21조 제1항

개념쏙쏙

1. 아동학대예방의 날은 매년 (㉠)월 (㉡)일이다.

2. 시·도지사 또는 시장·군수·구청장은 피해아동의 발견 및 보호 등 법령에 따른 업무를 수행하기 위하여 ( )을/를 두어야 한다.

해설

1. ㉠ 11
   ㉡ 19

2. 아동학대전담공무원

Theme 16	장애인복지법

1 목적 및 정의

① 목적(법 제1조)

장애인의 인간다운 삶과 권리보장을 위한 국가와 지방자치단체 등의 책임을 명백히 하고, 장애발생 예방과 장애인의 의료·교육·직업재활·생활환경개선 등에 관한 사업을 정하여 장애인복지대책을 종합적으로 추진하며, 장애인의 자립생활·보호 및 수당지급 등에 관하여 필요한 사항을 정하여 장애인의 생활안정에 기여하는 등 장애인의 복지와 사회활동 참여증진을 통하여 사회통합에 이바지한다.

② 용어의 정의(법 제2조)

㉠ 장애인 : 신체적·정신적 장애로 오랫동안 일상생활이나 사회생활에서 상당한 제약을 받는 자를 말한다.

㉡ 신체적 장애 : 주요 외부 신체 기능의 장애, 내부기관의 장애 등을 말한다.

㉢ 정신적 장애 : 발달장애 또는 정신질환으로 발생하는 장애를 말한다.

㉣ 장애인학대 : 장애인에 대하여 신체적·정신적·정서적·언어적 폭력이나 가혹행위, 경제적 착취, 유기 또는 방임을 하는 것을 말한다.

2 장애인복지의 이념 및 장애인의 날

① 장애인복지의 이념(법 제3조) : 장애인복지의 기본이념은 장애인의 완전한 사회 참여와 평등을 통하여 사회통합을 이루는 데에 있다.

② 장애인의 날 등(법 제14조)

㉠ 장애인의 날 : 매년 4월 20일

㉡ 장애인 주간 : 장애인의 날부터 1주간

3 장애인의 종류(시행령 제2조)

① 지체장애인	② 뇌병변장애인
③ 시각장애인	④ 청각장애인
⑤ 언어장애인	⑥ 지적장애인
⑦ 자폐성장애인	⑧ 정신장애인
⑨ 신장장애인	⑩ 심장장애인
⑪ 호흡기장애인	⑫ 간장애인
⑬ 안면장애인	⑭ 장루·요루장애인
⑮ 뇌전증장애인	

4 장애인복지전문인력(시행규칙 제55조)

① 의지 · 보조기 기사
② 언어재활사
③ 장애인재활상담사
④ 한국수어 통역사
⑤ 점역 · 교정사

5 장애인의 고용 촉진(법 제46조)

국가와 지방자치단체는 직접 경영하는 사업에 능력과 적성이 맞는 장애인을 고용하도록 노력하여야 하며, 장애인에게 적합한 사업을 경영하는 자에게 장애인의 능력과 적성에 따라 장애인을 고용하도록 권유할 수 있다.

6 장애인정책종합계획 및 장애실태조사

① 장애인정책종합계획(법 제10조의2 제1항)
보건복지부장관은 장애인의 권익과 복지증진을 위하여 관계 중앙행정기관의 장과 협의하여 5년마다 장애인정책종합계획을 수립 · 시행하여야 한다.

② 장애실태조사(법 제31조 제1항)
보건복지부장관은 장애인 복지정책의 수립에 필요한 기초 자료로 활용하기 위하여 3년마다 장애실태조사를 실시하여야 한다.

7 장애인고용촉진 및 직업재활법상 장애인 직업재활 실시 기관(법 제9조)

① 「장애인 등에 대한 특수교육법」에 따른 특수교육기관
② 「장애인복지법」에 따른 장애인 지역사회재활시설
③ 「장애인복지법」에 따른 장애인 직업재활시설
④ 「장애인복지법」에 따른 장애인복지단체
⑤ 「국민 평생 직업능력 개발법(구 근로직업능력 개발법)」에 따른 직업능력개발훈련시설 등

1 목적 및 정의

① 목적(법 제1조)

한부모가족이 안정적인 가족 기능을 유지하고 자립할 수 있도록 지원함으로써 한부모가족의 생활 안정과 복지 증진에 이바지한다.

② 용어의 정의(법 제4조 및 시행규칙 제2조)

㉠ 모 또는 부 : 다음의 어느 하나에 해당하는 자로서 아동인 자녀를 양육하는 자를 말한다.

> • 배우자와 사별 또는 이혼하거나 배우자로부터 유기된 자
> • 정신이나 신체의 장애로 장기간 노동능력을 상실한 배우자를 가진 자
> • 교정시설 · 치료감호시설에 입소한 배우자 또는 병역복무 중인 배우자를 가진 사람
> • 미혼자(사실혼 관계에 있는 자는 제외)
> • 배우자의 생사가 분명하지 아니한 자
> • 배우자 또는 배우자 가족과의 불화 등으로 인하여 가출한 자

㉡ 청소년 한부모 : 24세 이하의 모 또는 부를 말한다.

㉢ 한부모가족 : 모자가족 또는 부자가족을 말한다.

㉣ 모자가족 : 모가 세대주(세대주가 아니더라도 세대원을 사실상 부양하는 자를 포함)인 가족을 말한다.

㉤ 부자가족 : 부가 세대주(세대주가 아니더라도 세대원을 사실상 부양하는 자를 포함)인 가족을 말한다.

㉥ 아동 : 18세 미만(취학 중인 경우에는 22세 미만, 「병역법」에 따른 병역의무를 이행하고 취학 중인 경우에는 병역의무를 이행한 기간을 가산한 연령 미만)의 자를 말한다.

③ 한부모가족의 날(법 제5조의4 제1항)

한부모가족에 대한 국민의 이해와 관심을 제고하기 위하여 매년 5월 10일을 한부모가족의 날로 한다.

2 실태조사 및 보호대상자 조사

① 실태조사(법 제6조)

여성가족부장관은 한부모가족 지원을 위한 정책수립에 활용하기 위하여 3년마다 한부모가족에 대한 실태조사를 실시하고 그 결과를 공표하여야 한다.

② 지원대상자 조사(법 제10조)

특별자치시장 · 특별자치도지사 · 시장 · 군수 · 구청장은 매년 1회 이상 관할구역 지원대상자의 가족상황, 생활실태 등을 조사하여야 한다.

3 복지 조치(법 제13조 내지 제18조)

① 복지 자금의 대여(사업에 필요한 자금, 아동교육비, 의료비, 주택자금 등)
② 고용의 촉진(직업능력개발훈련, 직업의 알선 등)
③ 공공시설에 매점 및 시설 설치
④ 공공시설의 우선이용
⑤ 가족지원서비스
⑥ 청소년 한부모에 대한 학업 지원
⑦ 자녀양육비 이행지원
⑧ 청소년 한부모의 자립지원
⑨ 청소년 한부모의 건강진단
⑩ 미혼모 등의 건강관리 등 지원
⑪ 아동 · 청소년 보육 · 교육
⑫ 국민주택의 분양 및 임대
⑬ 한부모가족 상담전화의 설치

4 한부모가족복지시설

① 한부모가족복지시설의 종류(법 제19조)

출산지원시설	「한부모가족지원법」에 따른 '모', 혼인 관계에 있지 아니한 자로서 출산 전 임신부 혹은 출산 후 해당 아동을 양육하지 아니하는 모의 임신 · 출산 및 그 출산 아동(3세 미만에 한정)의 양육을 위하여 주거 등을 지원하는 시설
양육지원시설	6세 미만 자녀를 동반한 한부모가족에게 자녀를 양육할 수 있도록 주거 등을 지원하는 시설
생활지원시설	18세 미만(취학 중인 경우에는 22세 미만, 「병역법」에 따른 병역의무를 이행하고 취학 중인 경우에는 병역의무를 이행한 기간을 가산한 연령 미만) 자녀를 동반한 한부모가족에게 자립을 준비할 수 있도록 주거 등을 지원하는 시설
일시지원시설	배우자(사실혼 관계에 있는 사람을 포함)가 있으나 배우자의 물리적 · 정신적 학대로 아동의 건전한 양육이나 모 또는 부의 건강에 지장을 초래할 우려가 있을 경우 일시적 또는 일정 기간 동안 모와 아동, 부와 아동, 모 또는 부에게 주거 등을 지원하는 시설
한부모가족 복지상담소	한부모가족에 대한 위기 · 자립 상담 또는 문제해결 지원 등을 목적으로 하는 시설

② 한부모가족복지시설의 설치(법 제20조)
㉠ 국가나 지방자치단체는 한부모가족복지시설을 설치할 수 있다.
㉡ 국가나 지방자치단체 외의 자가 한부모가족복지시설을 설치 · 운영하려면 특별자치시장 · 특별자치도지사 · 시장 · 군수 · 구청장에게 신고하여야 한다.

실제기출 [2025]

가정폭력방지 및 피해자보호 등에 관한 법률의 내용으로 옳지 않은 것은?

① 피해자란 가정폭력으로 인하여 직접적으로 피해를 입은 자를 말한다.
② 사회복지법인과 그 밖의 비영리법인은 시장·군수·구청장의 인가를 받아 보호시설을 설치·운영할 수 있다.
③ 국가나 지방자치단체는 피해자나 피해자가 동반한 가정구성원이 아동인 경우 주소지 외의 지역에서 취학할 필요가 있을 때에는 그 취학이 원활히 이루어지도록 지원하여야 한다.
④ 유치원의 장, 어린이집의 원장, 초·중등학교의 장은 가정폭력의 예방과 방지를 위하여 필요한 교육을 실시하고, 그 결과를 여성가족부장관에게 제출하여야 한다.
⑤ 단기보호시설은 피해자 등을 6개월의 범위에서 보호하는 시설이다.

정답 ④

해설

④ 국가기관, 지방자치단체 및 「초·중등교육법」에 따른 각급 학교의 장, 그 밖에 대통령령으로 정하는 공공단체의 장은 가정폭력의 예방과 방지를 위하여 필요한 교육을 실시하고, 그 결과를 여성가족부장관에게 제출하여야 한다 (가정폭력방지 및 피해자보호 등에 관한 법률 제4조의3 제1항).
① 동법 제2조 제3호
② 동법 제7조 제2항
③ 동법 제4조의4 제1항
⑤ 동법 제7조의2 제1항 제1호

Theme 18	성폭력방지 및 피해자보호 등에 관한 법률, 가정폭력방지 및 피해자보호 등에 관한 법률

1 성폭력방지 및 피해자보호 등에 관한 법률

① 목적(법 제1조) : 성폭력을 예방하고 성폭력피해자를 보호·지원함으로써 인권증진에 이바지한다.

② 성폭력 실태조사(법 제4조 제1항) : 여성가족부장관은 성폭력의 실태를 파악하고 성폭력 방지에 관한 정책을 수립하기 위하여 3년마다 성폭력 실태조사를 하고 그 결과를 발표하여야 한다.

③ 보호시설의 종류 및 입소기간(법 제12조 제3항 및 제16조 제1항)

종 류	입소기간
일반보호시설	1년 이내(단, 1년 6개월의 범위에서 한 차례 연장 가능)
장애인보호시설	2년 이내(단, 피해회복에 소요되는 기간까지 연장 가능)
특별지원 보호시설	19세가 될 때까지(단, 2년의 범위에서 한 차례 연장 가능)
외국인보호시설	1년 이내(단, 피해회복에 소요되는 기간까지 연장 가능)
자립지원 공동생활시설	2년 이내(단, 2년의 범위에서 한 차례 연장 가능)
장애인 자립지원 공동생활시설	2년 이내(단, 2년의 범위에서 한 차례 연장 가능)

④ 보호시설의 업무(법 제13조 제1항)

㉠ 피해자 등의 보호 및 숙식 제공

㉡ 피해자 등의 심리적 안정과 사회 적응을 위한 상담 및 치료

㉢ 자립·자활 교육의 실시와 취업정보의 제공

㉣ 피해자 등의 질병치료와 건강관리를 위하여 의료기관에 인도하는 등 의료 지원

㉤ 피해자에 대한 수사기관의 조사와 법원의 증인신문 등에의 동행

㉥ 성폭력행위자에 대한 고소와 피해배상청구 등 사법처리 절차에 관하여 대한법률 구조공단 등 관계 기관에 필요한 협조 및 지원 요청

㉦ 다른 법률에 따라 보호시설에 위탁된 업무

㉧ 그 밖에 피해자 등을 보호하기 위하여 필요한 업무

⑤ 피해자 등의 의사 존중(법 제24조)

성폭력피해상담소, 성폭력피해자보호시설, 성폭력피해자통합지원센터 및 중앙디지털성범죄피해자지원센터 등의 장과 종사자는 피해자 등이 분명히 밝힌 의사에 반하여 법령에 따른 업무 등을 할 수 없다.

❷ 가정폭력방지 및 피해자보호 등에 관한 법률

① **목적(법 제1조)** : 가정폭력을 예방하고 가정폭력의 피해자를 보호·지원한다.

② **가정폭력 실태조사(법 제4조의2 제1항)** : 여성가족부장관은 3년마다 가정폭력에 대한 실태조사를 실시하여 그 결과를 발표하고, 이를 가정폭력을 예방하기 위한 정책수립의 기초자료로 활용하여야 한다.

③ **긴급전화센터의 업무(법 제4조의6 제1항)**
   ㉠ 피해자의 신고접수 및 상담
   ㉡ 관련 기관·시설과의 연계
   ㉢ 피해자에 대한 긴급한 구조의 지원
   ㉣ 경찰관서 등으로부터 인도받은 피해자 및 피해자가 동반한 가정구성원의 임시 보호

④ **가정폭력피해자 보호시설**
   ㉠ 보호시설의 설치·운영(법 제7조)
     • 국가나 지방자치단체는 가정폭력피해자 보호시설을 설치·운영할 수 있다.
     • 「사회복지사업법」에 따른 사회복지법인과 그 밖의 비영리법인은 시장·군수·구청장의 인가를 받아 보호시설을 설치·운영할 수 있다.
     • 보호시설에는 상담원을 두어야 하고, 보호시설의 규모에 따라 생활지도원, 취사원, 관리원 등의 종사자를 둘 수 있다.
   ㉡ 보호시설 종류 및 입소기간(법 제7조의2)

종 류	입소기간
단기보호시설	피해자 등을 6개월의 범위에서 보호하는 시설(단, 각 3개월의 범위에서 두 차례 연장 가능)
장기보호시설	피해자 등에 대하여 2년의 범위에서 자립을 위한 주거편의 등을 제공하는 시설
외국인보호시설	외국인 피해자 등을 2년의 범위에서 보호하는 시설
장애인보호시설	「장애인복지법」의 적용을 받는 장애인인 피해자 등을 2년의 범위에서 보호하는 시설

다문화가족지원법의 내용으로 옳지 않은 것은?

① 다문화가족은 대한민국 국적을 취득한 자로 이루어진 가족이어야 한다.
② 다문화가족이 이혼 등의 사유로 해체된 경우에도 그 구성원이었던 자녀에 대하여 이 법을 적용한다.
③ 다문화가족지원센터는 결혼이민자 등에 대한 한국어교육 업무를 수행한다.
④ 국가와 지방자치단체는 다문화가족에 대해 가족생활교육 등을 추진하는 경우, 문화의 차이를 고려한 전문적인 서비스가 제공될 수 있도록 노력하여야 한다.
⑤ 여성가족부장관은 5년마다 다문화가족정책에 관한 기본계획을 수립하여야 한다.

정답 ①

해설

① 「재한외국인 처우 기본법」에 따른 결혼이민자와 「국적법」에 따라 출생, 인지, 귀하에 의해 대한민국 국적을 취득한 자로 이루어진 가족도 「다문화가족지원법」상 다문화가족이다(다문화가족지원법 제2조 제1호 참조).
② 동법 제14조의2
③ 다문화가족지원센터는 다문화가족을 위한 교육·상담 등 지원사업의 실시, 결혼이민자 등에 대한 한국어교육, 다문화가족 지원서비스 정보제공 및 홍보, 다문화가족 지원 관련 기관·단체와의 서비스 연계, 일자리에 관한 정보제공 및 일자리의 알선, 다문화가족을 위한 통역·번역 지원사업, 다문화가족 내 가정폭력 방지 및 피해자 연계 지원, 그 밖에 다문화가족 지원을 위하여 필요한 사업 등의 업무를 수행한다(동법 제12조 제4항).
④ 국가와 지방자치단체는 다문화가족이 민주적이고 양성평등한 가족관계를 누릴 수 있도록 가족상담, 부부교육, 부모교육, 가족생활교육 등을 추진하여야 한다. 이 경우 문화의 차이 등을 고려한 전문적인 서비스가 제공될 수 있도록 노력하여야 한다(동법 제7조).
⑤ 여성가족부장관은 다문화가족 지원을 위하여 5년마다 다문화가족정책에 관한 기본계획을 수립하여야 한다(동법 제3조의2 제1항).

Theme 19 | 다문화가족지원법

1 목적 및 정의

① 목적(법 제1조)

다문화가족 구성원이 안정적인 가족생활을 영위하고 사회구성원으로서의 역할과 책임을 다할 수 있도록 함으로써 이들의 삶의 질 향상과 사회통합에 이바지한다.

② 정의(법 제2조)

㉠ 다문화가족 : 다음의 어느 하나에 해당하는 가족을 말한다.
  • 「재한외국인 처우 기본법」에 따른 결혼이민자와 「국적법」에 따라 출생, 인지, 귀화에 의해 대한민국 국적을 취득한 자로 이루어진 가족
  • 인지, 귀화에 의해 대한민국 국적을 취득한 자와 출생, 인지, 귀화에 따라 대한민국 국적을 취득한 자로 이루어진 가족

㉡ 결혼이민자 등 : 다문화가족의 구성원으로서 다음의 어느 하나에 해당하는 자를 말한다.
  • 「재한외국인 처우 기본법」에 따른 결혼이민자
  • 「국적법」에 따라 귀화허가를 받은 자

㉢ 아동·청소년 : 24세 이하인 사람을 말한다.

2 국가와 지방자치단체의 책무(법 제3조)

① 국가와 지방자치단체는 다문화가족 구성원이 안정적인 가족생활을 영위하고 경제·사회·문화 등 각 분야에서 사회구성원으로서의 역할과 책임을 다할 수 있도록 필요한 제도와 여건을 조성하고 이를 위한 시책을 수립·시행하여야 한다.

② 특별시·광역시·특별자치시·도·특별자치도 및 시·군·구에는 다문화가족 지원을 담당할 기구와 공무원을 두어야 한다.

3 다문화가족 지원을 위한 기본계획의 수립(법 제3조의2)

① 여성가족부장관은 다문화가족 지원을 위하여 5년마다 다문화가족 정책에 관한 기본계획을 수립하여야 한다.

② 기본계획에는 다음의 사항을 포함하여야 한다.

  ㉠ 다문화가족 지원 정책의 기본 방향

  ㉡ 다문화가족 지원을 위한 분야별 발전시책과 평가에 관한 사항

  ㉢ 다문화가족 지원을 위한 제도 개선에 관한 사항

  ㉣ 다문화가족 구성원의 경제 · 사회 · 문화 등 각 분야에서 활동 증진에 관한 사항

  ㉤ 다문화가족 지원을 위한 재원 확보 및 배분에 관한 사항

  ㉥ 그 밖에 다문화가족 지원을 위하여 필요한 사항

③ 여성가족부장관은 기본계획을 수립할 때에는 미리 관계 중앙행정기관의 장과 협의하여야 한다.

④ 기본계획은 다문화가족정책위원회의 심의를 거쳐 확정한다.

4 다문화가족지원의 내용(법 제5조 내지 제12조)

① 다문화가족에 대한 이해증진

② 생활정보 제공 및 교육 지원

③ 평등한 가족관계의 유지를 위한 조치

④ 가정폭력 피해자에 대한 보호 · 지원

⑤ 의료 및 건강관리를 위한 지원

⑥ 아동 · 청소년 보육 · 교육

⑦ 다국어에 의한 서비스 제공

⑧ 다문화가족 종합정보 전화센터의 설치 · 운영

⑨ 다문화가족지원센터의 설치 · 운영 등

5 적용 특례 등

① 사실혼 배우자 및 자녀의 처우(법 제14조)

다문화가족지원의 내용(법 제5조 내지 제12조)에 관한 규정은 대한민국 국민과 사실혼 관계에서 출생한 자녀를 양육하고 있는 다문화가족 구성원에 대하여 준용한다.

② 다문화가족 자녀에 대한 적용 특례(법 제14조의2)

다문화가족이 이혼 등의 사유로 해체된 경우에도 그 구성원이었던 자녀에 대하여는 이 법을 적용한다.

교육은 우리 자신의 무지를 점차 발견해 가는 과정이다.

– 윌 듀란트 –

좋은 책을 만드는 길, 독자님과 함께 하겠습니다.

2026 20일 만에 끝내는 사회복지사 1급 핵심요약집

개정10판1쇄 발행	2025년 06월 20일 (인쇄 2025년 04월 25일)
초 판 발 행	2015년 08월 27일 (인쇄 2015년 08월 27일)
발 행 인	박영일
책 임 편 집	이해욱
저 자	사회복지사 수험연구소
편 집 진 행	노윤재 · 최은서
표지디자인	김도연
편집디자인	김휘주 · 김혜지
발 행 처	(주)시대고시기획
출 판 등 록	제 10-1521호
주 소	서울시 마포구 큰우물로 75 [도화동 538 성지 B/D] 9F
전 화	1600-3600
홈 페 이 지	www.sdedu.co.kr

I S B N	979-11-383-9173-3 (13330)
정 가	22,000원